U0913643

探索　创新　超越——上海交通大学图书馆学术论文集

大学图书馆变革发展思考

主编　陈　进

上海交通大学出版社

内容提要

本书是“探索　创新　超越——上海交通大学图书馆论文集”的第3辑，以大学图书馆发展思考为主题，共收录论文43篇，内容包括：服务探索与实践研究、资源建设与情报分析、系统发展与技术应用、陈列布展与社教宣传。

本书可供图书馆、信息研究工作者阅读，也可供图书馆学的教师和学生参考。

图书在版编目(CIP)数据

大学图书馆变革发展思考 / 陈进主编. —上海：
上海交通大学出版社，2015
ISBN 978-7-313-14128-6

Ⅰ. ①大…　Ⅱ. ①陈…　Ⅲ. ①院校图书馆—图书馆工作—文集　Ⅳ. ①G258.6-53

中国版本图书馆CIP数据核字(2015)第280810号

大学图书馆变革发展思考

主　　编：陈　进
出版发行：上海交通大学出版社　　地　　址：上海市番禺路951号
邮政编码：200030　　电　　话：021-64071208
出 版 人：韩建民
印　　制：山东鸿君杰文化发展有限公司　　经　　销：全国新华书店
开　　本：787mm×960mm　1/16　　印　　张：21.75
字　　数：435千字
版　　次：2015年12月第1版　　印　　次：2015年12月第1次印刷
书　　号：ISBN 978-7-313-14128-6/G
定　　价：90.00元

版权所有　侵权必究
告读者：如发现本书有印装质量问题请与印刷厂质量科联系
联系电话：0533-8510898

序

光阴荏苒，岁月如歌。在“技术支撑服务，科研推进发展”的服务理念指引下，上海交通大学图书馆不断深化、优化服务，注重在服务过程中将理论与实践相结合，注重在服务推进的过程中总结经验，凝练思想，并结晶形成论文。2011年和2013年，《大学图书馆服务体系建设》与《大学图书馆文化体系建设》两本学术论文集相继问世，以较高水平向高校图书馆的同仁展现了上海交通大学图书馆的工作实践与探索成果，得到了业界的肯定，同时也鼓舞了我们全体馆员继续开展实践总结与理论研究的兴趣与热情。令人欣慰的是，我们图书馆每两年一度的第三本学术论文集《大学图书馆变革发展思考》，在探索和实践的基础上，又如期编辑出版。

当前，高等教育环境发生了巨大变化，我国高等教育进入了深化改革的重要时期，信息技术已经全面渗入高等教育包括教学、科研及人才培养在内的各个方面，深刻影响了大学师生的学习方法、教学方式和研究模式，出现了MOOCs、翻转课堂、e-Science等全新的学习和研究方式。随着时代的变迁，大学图书馆面临转型的巨大挑战。可以说，变革与创新已成为21世纪大学图书馆发展的主旋律。

近年来，上海交通大学图书馆一直密切关注高等教育环境发展，关注新思想、新方法、新技术对教学和科研的影响，及时根据用户（读者）需求，对空间、资源、技术及其服务等进行重新设计和整合，形成了基于IC^2创新服务模式的泛学科化服务体系，在高校图书馆界产生了一定的影响，成为高校图书馆学科化服务创新发展的一面鲜艳旗帜。

随着泛学科化服务体系的深入推行，上海交通大学图书馆在大学教学、科研及人才培养、文化建设中发挥了越来越重要的作用。可以说，图书馆的资源与服务已经渗透到了学校的各项核心活动中，图书馆也因此成为师生开展教、学、科研活动中不可或缺的重要伙伴和空间场所。这期间，我们一直在探索如何使图书馆的资源与服务更好地契合用户的需求，并且在资源建设、服务创新、技术应用、空间设施等各方面，都进行了尝试与探索，取得了很多成果与突破，形成了自身的特色与品牌。

2014 年 12 月 28 日，一座“五馆合一”的、具有图书馆、博物馆、档案馆、科学馆、艺术馆功能的新型图书馆——李政道图书馆在上海交通大学闵行校区落成开放，正式加入上海交通大学图书馆服务体系。相信，李政道图书馆的加入，必将促进大学图书馆在人才培养与文化建设中重要的、不可替代的作用，也势必掀起新一轮高校图书馆功能转型与提升的热潮。

这本论文集共收录论文 43 篇。内容涉及资源建设、服务创新、情报分析、技术应用、李政道图书馆建设与社教服务等多个方面，其中，大部分论文反映的是年轻馆员对工作经验的总结、实践成效的体会和思想水平的提升。翻阅文集，从中可以体会到馆员们鲜活的见解和独特的思考。他们的科研及服务工作虽然不尽成熟，但脚踏实地，深接地气，来源于实践，又高于实践，呈现了上海交通大学图书馆在管理、服务、资源、空间、技术等方面的变革、创新及思考。论文集《大学图书馆变革发展思考》，是上海交通大学图书馆馆员们勤勉和智慧的结晶，对于促进中国高校图书馆之间的相互切磋、经验交流与学习借鉴，定会起到抛砖引玉的良好作用。在此，也希望得到高校图书馆同行的批评指正。

是为序！

陈进

上海交通大学图书馆馆长、教授、博士生导师

2015 年 9 月 20 日

目　录

服务探索与实践研究篇

资源建设与情报分析篇

系统发展与技术应用篇

陈列布展与社教宣传篇

服务探索与实践研究篇

高校图书馆学生学术素养培养支撑体系构建*

潘　卫

摘　要　当前高等教育的发展对学生综合能力的培养日益重视，学术素养就是高校学生一种非常重要的综合能力。高校图书馆作为大学的一个学术服务机构，应该在学生学术素养培养中发挥有益的作用。本文首先对学术素养的内涵进行了界定，在此基础上，按照高校图书馆可以发挥教育作用的要素对应学生学术素养不同方面培养的关系，构建了由经典阅读导读、信息素养教育、创新空间服务、学术文化服务、公共学术平台服务五大要素组成的高校学生学术素养培养支撑体系。

关键词　大学生　学术素养　高校图书馆

在当前高等教育变革的大背景下，国内高校的育人理念已普遍从过去更多聚焦知识传授，转向对学生的知识、人格(价值观)和能力"三位一体"的培养。既要进行知识的探究性教与学，同样要重视学生价值观和人格的塑造，以及学生综合能力的培养。这其中，学术素养便是高校学生非常重要的一种综合能力，也是接受过高等教育的学生应该区别于普通大众的非常重要的素质之一，无论是高校还是学生自身，都需要重视学术素养的教育与提升。

"三位一体"教育理念的实施，必然需要高校中除教师、教室之外更多元的要素参与"教育"。高校图书馆作为大学的知识聚集与文化传承中心，承担"教育"的职能由来已久。教育部颁发的《普通高等学校图书馆规程》(2002 年版)即明确了高校图书馆要"履行教育职能和信息服务职能"[1]。长期以来，众多高校图书馆针对学生能力培养方面，开展了以各种类型信息素养教育为代表的系列工作。但如何进一步挖掘、组合图书馆自身的优势要素，全面融入高校"三位一体"育人体系，将高校图书馆以学

*　本文为上海市教委科研创新项目"支持新型教学模式的教学参考资源移动阅读服务"成果之一。

生信息素养能力培养的"育人"体系，拓展为构建学生学术素养培养支撑体系，将是本文讨论的重点问题。

1 学术素养内涵

纵观国内外已有的研究，对于"学术素养"内涵的界定，主要存在两个视角的理解。一个视角主要在语言学和人类学领域，将学术素养理解为达到大学水平所需的阅读和写作能力，或与学术相关的阅读与写作活动，而这种活动是随语境、文化、语体改变的社会实践活动，包含了学术语境下各学科所包含的多种并行的素养[2][3]。除了阅读与写作等基本的学术交流能力，还要强调批判性思考和有效的交流。另一个视角主要在教育学领域，认为学术素养是指进行学术研究时内在的规范和要求，是研究者在学术研究过程中应具备的基本素质和道德修养，是包含知识能力、鉴别能力、批判能力等诸多能力的综合。教育学领域的学术素养内涵，除了知识的积淀和基本的学术规范，同样特别强调无畏的精神、独立的意识、批判的思维和热爱的情感[4][5]。因此，我们可以从广义上来理解学术素养，即在一切与"学术"有关的社会实践活动中所体现出来的学术意识、学术思维、学术知识、学术规范、学术精神等一系列素养的综合。这里的"学术"，可以是完整的科学研究过程，也可以是日常学习、生活和工作中对待一个问题的科学的认识及其处理方式。从这个层面来看，高校对学生学术素养的培养，是对其进行专业知识、个人修养、文化传统和学术能力的一种综合培养[6]。

对高校学生学术素养培养的研究，也主要来自两大领域。一个领域是应用语言学教学方面。该领域的研究，主要将高校学生学术素养的教育，聚焦于学生学术英语写作和表达的教育。张颖、罗明江等的研究，都探讨了大学英语教学中培养学术素养的必要性和课程设置等问题[3][7]。另一个领域的研究是高等教育方面。此方面的研究视角比较宽泛，重在对高校学生学术素养培养的理论和实践进行探讨。Mary R. Lea 和 Brain V. Street 的研究，主要针对学术素养教育实践，提出了学习技能、学术社会活动和学术素养三种递进的教育模式[2]。王立珍等的研究，剖析了研究生学术素养的内涵，提出了提高研究生学术素养的策略[5]。安静等的研究，针对文科研究生，提出了文科研究生应具备的学术素养及其培养[4]。

上述研究，均从某个方面研究了高校学生学术素养的教育问题。但既然学术素养是学术意识、学术知识、学术思维、学术规范和学术精神等的一种综合能力，其教育主体应该不仅限于课堂，而应发挥高校多个蕴含"教育"功能要素的作用，共同促进学生学术素养的培养。这其中，高校图书馆作为高校中一个"教育"的要素，不应忽视其作用。而对高校图书馆如何为学生学术素养的培养提供支撑，现有的相关研究还比较欠缺。

2 高校图书馆学生学术素养支撑体系构建

高校图书馆作为大学的信息中心、知识交流中心和文化传承中心，其自身通过丰富的藏书、高雅的环境氛围、孜孜不倦求学的学子身影等所蕴含的深厚学术与文化底蕴，自古以来对大学生产生着潜移默化的学术熏陶。长期以来，高校图书馆也通过参考咨询、开设课程、讲座培训、网上课件等服务，发挥着对学生学术素养的“教育”作用。而进一步挖掘高校图书馆的学生学术素养“教育”要素，构建系统、全面、主动服务于学生学术素养培养的支撑体系，既是图书馆自身发展的需要，也是大学人才培养的需要。

按照图书馆要素对应学生学术素养不同方面培养的关系，可以构建由经典阅读导读、信息素养教育、创新空间服务、学术文化推广、公共学术平台服务五大要素组成的高校学生学术素养培养支撑体系，如图1所示。

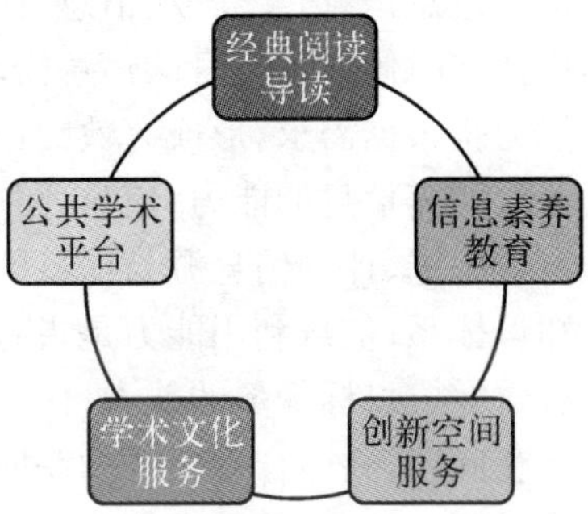

图1 高校图书馆学生学术素养培养支撑体系要素

2.1 经典阅读导读

读书推荐、阅读推广是高校图书馆长期以来针对自身丰富的藏书，挖掘其价值，在高校校园倡导校园阅读文化的一种服务，受到学生广泛欢迎。其中的经典阅读导读，更是阅读推广服务的核心。经典图书，无论是传统纸质版还是电子版，无论是学术类图书还是非学术类图书，都因其内容的高品质而成为某个领域广受赞誉的核心图书。在当今资讯泛滥、信息碎片化的时代，大学生特别需要对于经过梳理的经典图书的推荐，以帮助他们在信息的海洋中能有效把握重点，接受不同于一般大众阅读的熏陶。而将图书馆的经典阅读导读作为学生学术素养培养的一个要素，主要强调的是通过此服务，启发学生不仅要在经典图书中吸取科学、系统、全面的知识，也要从中汲取、判断、学习作者阐述的深邃的思想、科学的逻辑、规范的写作(学术类)或灵妙的文笔(非学术类)，从而得到知识、方法、批判性思考能力等学术素养的提升。

经典阅读导读的文献对象可以是图书，也可以是学术论文、学位论文、珍本善本等各种类型的文献。经典阅读导读的内容，按照服务于课程学习和课外学习两个方面来划分，主要包括教参类和非教参类经典阅读导读两大类；教参是教师根据课程教学和学科学习需要，向学生推荐的拓展阅读资料，其推荐主体是教师，对学生学术素养的培养有着直接的教育意义。当然，作为学生学术素养培养的经典阅读导读，内容上学术类和非学术类均不可偏废。经典阅读导读的形式可以多种多样，专门的教参服务、各种主题书展、阅读沙龙、阅读讲座、阅读竞赛、网络展示、新媒体推送等都是较常采用的形式。

2.2 信息素养教育

信息素养教育是高校图书馆开展的最为广泛、体系较为完善、广受大学生欢迎的一种教育形式，也是高校图书馆在学校中直接发挥“教育”职能的最典型的代表。

信息素养，是当今信息时代大学生应该具有的信息能力。对信息素养含义的界定，虽然文字表述各国并不一致，但公认的由美国大学理事会通过、美国大学与学院图书馆学会（ACRL）2000 年颁布的《高等教育信息素养能力标准》，明确信息素养包括信息意识、信息获取、信息评判、信息利用和信息伦理五大组成部分[8]。信息意识指任何时候对于自身的信息需求及其性质和范围能够有明确把握的能力；信息获取能力指根据需求，形成有效的信息获取策略，并根据此策略有效利用各种资源与工具获取所需信息的能力；信息评判能力是指在获取信息过程中或对已获取的信息，能够有效筛选、评判信息源与信息的客观、准确与可靠性，保证将有效的信息融入自身的知识体系；信息利用能力是指有效管理、组织、利用和交流信息，并能利用获取的信息有效完成目标任务的能力；信息伦理是指了解与信息获取和利用有关的经济、法律和社会问题，并能合理合法的获取和利用信息的能力。2015 年 2 月，ACRL 又签署通过了最新版的《高等教育信息素养框架》，在此框架中，对信息素养的内涵又进一步做了提升，指出信息素养能力是指能够反思与发现信息、能够理解信息的产生与评价、能够利用信息创造新知识，并合理参与学习社区的一种综合能力[9]。从中可以看出，无论是原来的信息素养能力标准，还是新提出的信息素养框架，对于信息素养是包含信息意识、信息获取、信息评判、利用信息创造新知识、合理合法交流信息等一系列能力的综合的界定，并无本质的区别。而这些能力，直接与学生的批判性思考、逻辑思维、综合创造、学术规范等学术素养要素紧密相关。

目前，高校图书馆普遍通过开设独立学分课程、举办各种形式的培训、开展与专业课教师的合作、制作网上培训课件、制作各种学术研究信息指南等，开展形式各异的信息素养教育。教育的主题包括各类学术信息资源的查找和利用、如何有效管理和共享学术信息、如何把握和跟踪学术前沿、如何通过学术信息有效分析学科发展、如何进行学术论文的写作与投稿、如何遵守知识产权、如何合理利用知识产权信息等。因此，图书馆的信息素养教育工作，是学生学术素养课堂教育的有力补充，可以说是高校图书馆对学生学术素养能力培养的最直接表现。

2.3 创新空间服务

传统认识中，高校图书馆本身就是一个学生聚集的空间场所。该场所中的藏书资源、阅览等设施以及在其中学习的学生身影，本身就是教育的要素，能够提供学生学习的便利，激发学生的学术动力。而将高校图书馆提供创新空间服务有别于传统阅览设施服务而成为学生学术素养培养的重要因素提出，则更强调的是高校图书馆主动将空间场所作为一种培养学生创新和协同能力的一种资源，通过现代的环境设计、配备各种满足群组研讨、协作学习、人际交流的先进技术设施(包括相应的软硬件条件)、组织提供各类设计、实验、创作等活动,来支持当今时代学生学术素养的培养。

高校图书馆提供创新空间服务对学生学术素养的培养,主要体现在以下方面:

- 通过设计提供适用于群组研讨的空间,配备相应的软硬件,一方面为支持探究性教与学的新型教学模式提供便利和支撑;另一方面可以促进不同学科、不同层次的学生协同、合作能力的锻炼与培养。
- 通过设计提供创客空间,提供新技术设备展示与体验、提供多媒体环境供学生进行创作,一方面无条件为学生打开创新的大门,拓宽学生创新的视野,激发学生的好奇心与学术追求的兴趣;另一方面,可以直接鼓励学生无畏地进行探索创造,培养创造力。
- 通过设计提供创意展示空间,实体、多媒体和网络空间结合,动态展示学生的创意创作过程和成果,展示优秀学生的学习记录(如学习笔记、成果作品等),激励学生的学术追求。
- 通过建立创新交流社区,虚实交互,举办创新沙龙、创新能力培训、创新经验分享等活动,启发学生创新思维碰撞,发现新的可能性,促进创新能力培养。

总之,当前特别提出创新空间服务是学生学术素养教育的重要因素,强调的是高校图书馆可以更主动、更有针对性地对学生批判性思维、实际动手解决问题、创意创新等能力的培养发挥更重要的作用,而此也正是区别于传统图书馆静态空间服务的重要方面。

2.4 学术文化服务

一所好的大学,在其发展历史上必然积累了深厚的学术文化底蕴,凝练了独有的学术文化精神。高校图书馆作为传承大学文化成果的重要载体,拥有独特的资源和平台,挖掘、展示和促进利用这些学术文化成果,对激发学生追随学长学术追求、弘扬大学学术文化有着无可替代的作用。因此,学术文化服务,也是高校图书馆培养学生学术素养的重要因素之一。

目前,高校图书馆学术文化服务对学生学术素养的培养,主要可以体现在三个方面:

- 大学文库:简言之,大学文库就是收藏保存所属大学研究者学术出版物的“书库”,既可以是实体库区,也可以是数字化网络展示区。高校图书馆通过收集、整理所属大学研究者的学术出版物,包括著作、论文、学位论文等多种出版物类型以及相关的实物,对其进行组织、挖掘、陈列和展示,梳理、揭示这些学术出版物的内容,宣传与此相关的学术人物和学术事件,可以让学生从中感悟随大学发展而形成的本大学独有的学术脉络，激发学生的自豪感和使命感，激励学生建立积极的学术价值取向。

● 大学机构知识库：机构知识库是教育与科研机构存储本机构的学术研究成果和智力资产，并向网络用户群体开放，提供有限条件的免费阅读和使用的数字文档库。在存储本机构学术研究成果方面，机构知识库与大学文库类似。但作为数字文档库，机构知识库存储的本机构学术成果种类更多、更广。除了文库包含的著作、学术论文、学位论文等，某些本身只以电子文档形式存在的学术论文预印本、教师授课的课件、开放课程视频、研究者的学术报告 PPT、研究阶段的过程文档、研究过程产生的数据等，都可以是机构知识库的存储范围而较难以在文库中直接呈现。另外，机构知识库不同于大学文库的另一个重要方面，在于它可不受区域限制，访问范围大大扩展。机构知识库的特性之一，就是让机构学术研究成果能在全球更广范围地开放共享。因此，不仅是在校学生，包括世界各地的大学校友，都可以便利地访问、利用大学的学术成果，感受大学的学术积淀，从而促进大学学术成果的有效利用，并在学生学术素养的教育上发挥积极的作用。

● 高校图书馆附属的陈列纪念馆：随着高校图书馆功能的拓展，同时也由于高校图书馆在学校具有独有的空间优势，越来越多的高校图书馆开始涉及部分博物馆、纪念馆、陈列馆的功能。这其中就包括系统展示某些科学大家各类出版物的纪念馆、某些著名学者捐赠的所有藏书的陈列馆(区)、某些特殊收藏文献类型以及某些特殊事件或主题相关文献的展示馆(区)等。高校图书馆采用各种手段和媒介对这些人和事相关文献进行挖掘、揭示，可以有效地使学生受到爱国情怀、科学精神、治学态度的熏陶和培养，从而促进学生学术素养的提升。

2.5 公共平台服务

高校图书馆作为校园的公共服务部门，也是校园中一个公共服务平台。除了提供独有的服务从而为学生学术素养的培养提供支撑之外，也可以将院系或教师专门培养学生学术素养的某些课程、某些资料、某些工具，放到图书馆这个公共平台中，提供有序而便利的服务，让更多的学生得到学术素养的教育。如院系教师为本院学生开设的学术写作课程、学术研究方法课程等的视频、课件、相关教参资料，都可以组织到图书馆的网上服务平台中，供全校学生学习。

另一个近期的典型代表是高校图书馆的研究数据与管理服务。众所周知，高校图书馆提供研究数据与管理服务，是为了有效管理、保存、发布、出版、利用、共享研究者在研究过程中产生的科学数据，为数据密集型科研提供数据支撑。事实上，高校图书馆的研究数据与管理服务，还可以依托积累与保存的大量数据，为培养学生的定量研究方法提供便利条件，也为教师在此方面的教学奠定数据基础，从而培养学生的学术素养。

综上所述，上述五个方面的要素，共同作用，相互补充，为学生学术素养各个方面的培养发挥着合力的作用(如图 2 所示)。

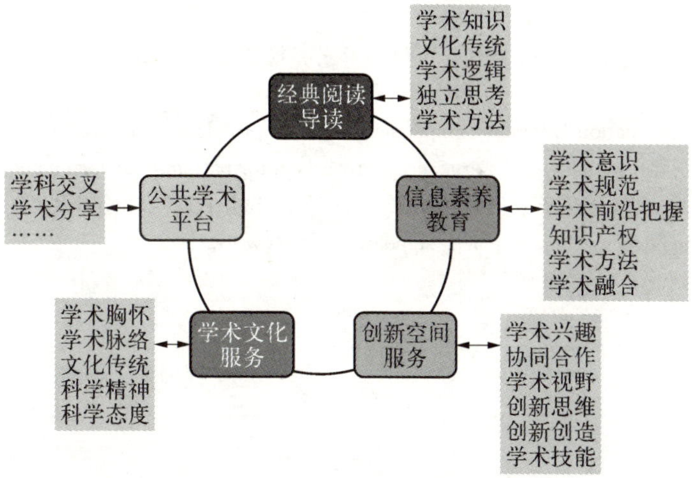

图 2　高校图书馆服务与学生学术素养培养要素关系

3　结语

大学生的学术素养教育，在当前高等教育强化人才培养职能，提升人才培养质量的大环境下，日益受到关注和重视。以笔者所在的上海交通大学来说，近期在教育教学上的一个重要战略，是促进"学在交大"各项措施的实施，学生学术素养的培养，必然成为其中一个重要的方面。反观过去的高校图书馆，虽然一直在服务的过程中承担和发挥着"教育"的作用，但各教育要素没有关联，缺乏各教育要素的整合，无法更好地体现集中的教育目标，从而也在一定程度上影响了高校图书馆教育职能的受认可度。现将这些主要教育要素形成支撑学生学术素养培养的完整体系，聚焦特定目标，发挥整合效应，也必将进一步扩大高校图书馆在学校人才培养方面的积极影响。

参考文献

[1] 普通高等学校图书馆规程(修订)[EB/OL]. [2015 - 08 - 26]. http://www.scal.edu.cn/gczn/sygc.

[2] Mary R. Lea & Brian V. Street. The "Academic Literacies" Model: Theory and Application, Theory Into Practice[J]. 2006, 45: 4, 368 - 377 .

[3] 张颖. 大学英语学术素养课程——从理论到实践. //邱东林. 大学英语教育探索与实践[M]. 复旦大学出版社, 2012, 39 - 47.

[4] 安静，王琳博. 文科研究生学术素养的内涵及培养[J]. 重庆高教研究, 2013, v1(1): 68 - 71.

[5] 王立珍，袁金英，马秀峰. 研究生学术素养的内涵及培育探析[J]. 软件导刊(教育技术), 2012, (5): 50.

[6] 常文芳. 学报在培育高校学生学术素养中的作用[J]. 阜阳师范学院学报(社会科学版),

2008,(2):171.

[7] 罗明江,罗朗. 英国高校学术写作和学术素养模式研究[J]. 黑龙江高教研究,2015,n3:59-61.

[8] ACRL. Information Literacy Competency Standards for Higher Education[EB/OL]. [2015-09-11]. http://www.ala.org/acrl/standards/informationliteracycompetency.

[9] ACRL. Framework for Information Literacy for Higher Education[EB/OL]. [2015-09-11]. http://www.ala.org/acrl/standards/ilframework.

高校图书馆阅读推广服务实践及优化策略

杨　莉　顾　江　宋海艳

摘　要　国内外高校图书馆阅读推广呈现移动和在线发展趋势,总结了阅读推广的内涵、特色、推广模式和设计流程,通过上海交通大学图书馆组织阅读推广的理论模型、服务框架、设计思路、运行模式、搭建内容等实践,阐述了开展文化校园塑造和专业阅读推广相结合的推广服务工作及优化策略,为深入推进阅读推广工作提供参考和借鉴。

关键词　阅读推广　高校图书馆　专业阅读　文化校园

近年来,阅读推广服务已成为高校图书馆与国际接轨的重要举措。随着阅读推广服务的进一步深化,阅读推广的服务机制越来越完善,形式越来越多样,阅读推广的宣传方式越来越深入人心,阅读推广的内容越来越丰富,对于馆员而言,阅读推广的途径多元化,阅读推广的范围、内容日趋繁杂分散,对于读者来说,阅读选择的渠道更加多样,从图书、电子阅读器、网页阅读,发展到手机移动阅读等多种媒体阅读并存的多元时代,促使阅读推广服务形式愈加多元化,本文总结分析了上海交通大学图书馆(以下简称上交大馆)开展阅读推广服务的实践经验,探索阅读推广理论研究,分析阅读推广服务的成效与不足,并提出优化策略。

1　阅读推广的内涵与特色

1.1　阅读推广的内涵

阅读推广服务是一个年轻的领域,2011 年国际图联素养与阅读专业委员会发布了《用研究促进图书馆的素养和阅读:图书馆员指南》,指南认为推动扫盲和阅读推广是各类型图书馆的使命。对与阅读推广的概念“使用不同策略促进休闲阅读,以及为促进个体形成言论和终身学习的习惯的阅读享受模式”[1]，让读书成为每个人日常生活中不可或缺的组成部分作为国际图联阅读推广的目标。而在我国2005年才正式成立阅读推广组织，2009年正式更名为阅读推广委员会[2]。李超平教授在课程中将阅读推广定位于通过良好策划的图书馆服务吸引公众走进图书馆，走进阅读，激发读者阅读欲望，满足阅读愿望[3]。范并思教授认为阅读是形成基本素养、提升个人竞争力的主要方式，并能使人保持个人尊严与思想自由，成为一个不会落伍于时代的人[4]，因此将阅读推广上升至是图书馆承担教育职责，推动社会进步使命所在的高度[5]。在这种大背景下，高校图书馆率先引领阅读推广工作。从高校图书馆通过文献的外借阅览等服务给予大学生阅读的支持，到现在图书馆阅读推广活动遵循图书馆核心价值，致力于消除学生群体中的信息鸿沟，尊重读者的阅读自由，以引导读者阅读，吸引读者走进图书馆为基本[6]，提出主动性的、发现性的、表述性的、创造性的阅读战略，架起阅读方法介绍向阅读研究过度的桥梁，积极推动阅读推广工作的开展。

1.2 国外高校图书馆阅读推广服务发展特色

(1) 阅读不受限制。美国哈佛大学图书馆在全国设有90多个分馆，阅览不受限，提供借阅直通服务和移动阅读服务，开放馆藏和在线阅读[7]，同时图书馆为残障人士提供阅读设备等多种阅读服务措施[8]。

(2) 组织阅读活动的形式多样及普众化。日本创价大学读书运动的活动包括书展、阅读书目推荐、探讨阅读能力衡量和提高的方法、读书能力评定制度方法等。图书在图书馆内设有“推荐图书角”，按照“阅读新手”、“学长推荐书”、“推荐给女性的书”、“创价大学池田大作先生专题图书”、“书评对象图书”的独特分类排架，同时在网上同步发布[9]。

(3) 提供“阅读认证”证书提升阅读推广的质量。韩国江原大学图书馆推出毕业资格读书认证制，要求大学生必须在校期间完成规定的阅读数量，或参加读书活动达到规定的积分点数，是一种颇有创意的阅读教育运营机制度[10]。

1.3 国内大学图书馆阅读推广服务发展特色

(1) 我国台湾地区非常重视阅读推广，并与传统文化紧密结合。2005年由台湾阅读文化基金会台湾阅读推广中心平台介绍和推广阅读服务[11]，宗旨为培养全民阅读习惯的养成，提升国民阅读能力，建构台湾成为一个富强而好礼、祥和愉悦之公民社会。台湾交通大学图书馆直接和九家书店网上连接，介绍最新新书情况[12]；台湾“中央”大学图书馆设立“在‘中央’”阅读网站[13]，主页显示“中央”大学特色，主题鲜明、内容明确，页面色彩明快，栏目内容丰富，有最新消息、主题区、阅读理论、好书推荐、图书咨询以及相关链接等。最新消息包含各种活动信息的介绍，开展阅读推广活动有名人讲座、表演艺术光环、舞蹈无言(silence dance)、图书馆咖啡屋时光、主题书展等。主题书展包含席慕容、余英时、白先勇等名人的主题书目以及环保主题、畅销书主题的书目。阅读理论有关于阅读的图书介绍、与台湾各大书店网站链接,网站因时因地介绍馆藏资源、人文资源、学校特色资源,同时注意和读者的联系和互动,值得借鉴。

(2) 大陆高校图书馆阅读推广虽然起步较晚,但发展势头猛烈。目前开展阅读推广活动的大学图书馆占高校图书馆的45.7%,阅读推广服务主要集中在推荐图书、名师讲座、读书沙龙、作品征集书展、摄影大赛等活动项目[14],或者通过围绕"世界读书日"开展各种阅读推广读书活动,如北京大学图书馆围绕世界读书日的"人间四月天读书日"阅读活动[15],上海交通大学图书馆"阅读,让校园更美丽"[16]等;其次是以图书馆主页上的借阅排行榜、专题导读和图书推荐栏目形式呈现推广阅读,如上海外国语大学图书馆[17]、南开大学图书馆[18]、东北大学图书馆[19]、深圳大学图书馆[20]等,还有同济大学图书馆以"立体阅读"为主题的阅读推广服务[21]。以清华大学、北京大学、上海交通大学、复旦大学等国内大学图书馆为代表的引进移动阅读推广服务[22],开通微博服务、微信公共平台,其中清华大学图书馆微博数量最多,且拥有国内高校中数量最多的"粉丝",在微博中不仅有参考咨询和实时咨询功能,更有多媒体资源供读者阅读,在国内高校中居于领先地位[23]。

2 阅读推广服务的建立实施

2.1 理论模型

高校图书馆是知识加工和文化传承的中心,承担着文化教育推广的重任,提升和强化图书馆的服务品质,创新和延伸图书馆的服务定位,增强和扩大图书馆的服务影响,阅读推广工作应当承担起此责任。高校图书馆阅读推广组织通过一般的普适性文化校园服务活动,由经典阅读推广逐级向专业阅读推广推进,标志着阅读推广工作进入专业自觉阶段。根据经典的"阅读推广活动效果"的理论,发现有意设计书架摆放的书籍位置,可以提高该书架的借阅率[24]。研究发现未经处理的图书的流通率没有发生显著变化,但经过阅读促进活动宣传的图书在后六个月的流通率却显著提高[25]。依据经典理论,上交大馆制订了系列的阅读推广计划,从怎样选书、怎么读书、读什么的视角带领读者进入阅读的世界,扩充读者的专业经验视野,启发读者的思考。以读者为主体,以文本为客体,以读者阅读行为为本体构建主体、客体和本体的"三元互动"的专业阅读推广阅读模型,开展阅读研究及其相关的问题和现象的深入分析,进行了以阅读实践服务活动为主题研究的教育学、心理学、图书馆学等多学科交叉的阅读推广研究,借助不同学科领域的理论与方法带动实践阅读活动的开展。

2.2 流程设计

上交大馆是国内最早开展阅读推广服务的图书馆之一,根据服务开展的基本情况,设计的服务流程精心细致。服务流程是实施阅读推广服务的必备支撑条件,流程

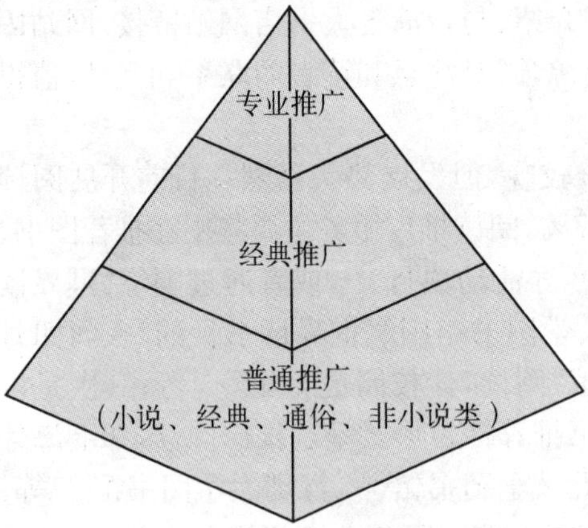

图 1　阅读推广服务框架

制订得是否周密细致直接影响服务推广的效果，它是服务的一个整体框架（见图 1）。首先明确工作目标，做好战略规划，管理机制上以分散管理、统筹协调，服务内容上以资源为重心、以阅读推广服务为中心，加强学科馆员的人才管理与培训，每一项策划工作都有其严密的流程规划，并不断拓展和深入阅读推广的力度。阅读推广服务要做好充足的前期准备，中间阶段注重服务过程精细，并完善后期跟踪反馈结果与总结，服务流程如图 2 所示。

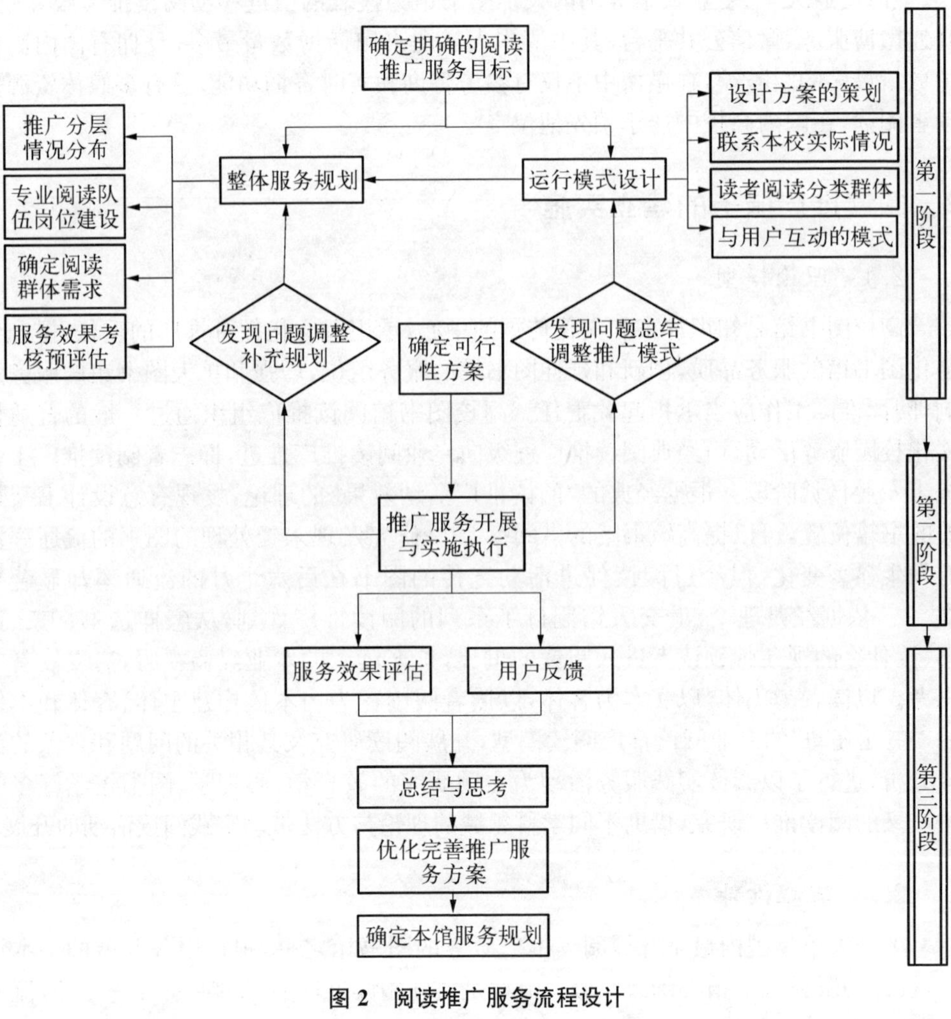

图 2　阅读推广服务流程设计

2.3 实践内容

当今，图书馆必须丰富和拓展服务内容，发挥图书馆在其学术传承、精神福祉、藏书渊源等优势，强化思想、文化的传播和影响力的服务，上交大馆把普适性阅读推广、主题阅读推广和专业阅读推广结合起来，融合共同推进阅读推广工作，如图 3 所示。

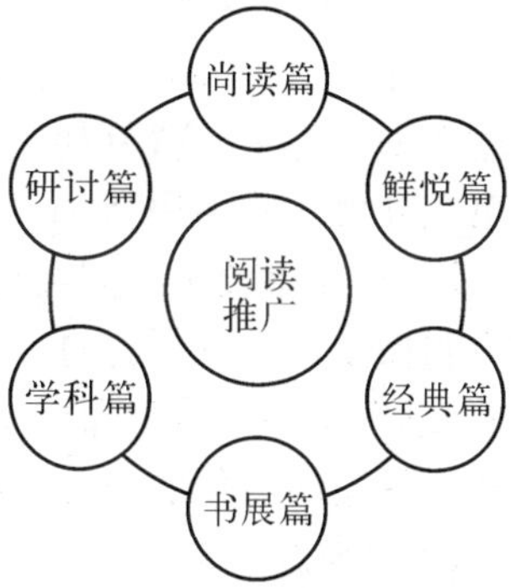

图 3 上海交通大学图书馆阅读推广系列活动(2014 年)

2.3.1 文化校园的阅读推广服务系列

文化校园的阅读推广服务主要是面向全校师生开展阅读讲座、经典展播、图书展览、阅读网站等丰富多彩的活动，通过文化氛围的营造，传播先贤睿智，阅读"经典"、"要籍"，增进学生的阅读习惯，营造良好的阅读文化氛围，提升学生的阅读修养，2014 年文化校园阅读推广推出了尚读、鲜悦和经典三个版块的活动。

1）尚读篇

随着阅读媒介形式的多元化，阅读载体表现形式的多样化，图书馆在做传统阅读的同时，顺应时代的发展，及时开发电子媒介的阅读。上交大馆发布"经典悦读 APP 阅读"和"智慧泛在课堂 iOS 客户端上线及移动学习终端外借服务"。这两个主题以电子信息设备为基础，依据图书馆自身的资源丰富和平台优势，以"思源悦读"为虚拟平台，依托 IC^2 人文拓展计划，开发了"经典悦读"APP。首期 APP 的发布，以"我的中国梦"为主题，分为"伟人/名人篇"、"国家历史篇"、"中国发展篇"、"发展思辨篇"、"大学发展篇"五大类，涵盖图书、期刊、报纸三种类型约 150 余种资源。

面向全校师生发布了智慧泛在课堂 iOS 客户端，同时推出电子教参移动学习终端(Pad)外借服务。活动展台设在主馆一楼大厅，读者可以在现场体验电子教参各类终端。图书馆备有 240 台 Pad 提供外借。每台 Pad 就是一册书，每人可借一台，借期 30 天，可预约但不可续借。此次活动有效地支持了课程学习和教学模式的改革，为创建一流大学提供教学设备助一臂之力。

读图和阅图也是读者喜欢的阅读方式，2014 年"4・23"世界读书日恰逢交大建校 118 周年之际，图书馆携手青年画家在主馆一楼大厅举办"笔墨丹青・天地新"个人画展，共展示作品 30 余幅。读者现场感受了丰富的艺术作品，提升了个人艺术修养，也是对图书馆文化艺术氛围的渲染。

2）鲜悦篇

2008 年 12 月，上交大馆承办的第五届"数字环境下图书馆前沿问题高级研讨班"，首次尝试鲜悦即 Living Library 活动，共有 15 名图情方面的专家参与本次"Living Library"沙龙访谈活动，以人为书，每个人都是一本值得学习的"书"，通过面对面的交流，信息得以即时沟通互动[26]，这一创新举措得到与会者的一致认可。随后上交大馆进一步在全校范围内开展了“以人为书、分享智慧，交大薪火、传承你我”为主题的“薪火相传 Living Library”校园活动，即读者所借阅的“书”是一本本“活的书”，由作者、学者或读者直接担当各种主题的“书”，直接回答读者提出的各种问题，利用图书馆为学子精英和广大读者搭建了一个互动交流的平台，并迅速在国内高校图书馆开展了此项服务活动。第 49 期鲜悦活动现场，以“红楼梦的文化精神”为主题，孙逊教授比较了不同经典文学作品的不同旨趣。把《三国》、《水浒》和《红楼梦》中的人物做了比较分析。对《红楼梦》女性进行了深刻的剖析，展示了一个绚烂多彩、活跃着 60 个年轻可爱生命的女性世界。读书会意在引导青年读者阅读经典，理解经典著作中深邃的文化底蕴，品味经典赋予生命、爱情新的力量和意义。

3）经典篇

经典篇是上交大馆开创文化校园服务的精髓，阅读推广工作每个项目都是一个完善的活动工程，通过书展、讲坛、图片、视觉媒体展等多种形式，开启读者全方位阅读。其中之一的法国科学文化图书展及名人图书签名活动项目由法国图书、讲座、主题图片展等组成。法国图书展展出了法国科技文化图书、法国名人著作、法国古籍书和上海交大巴黎高科卓越工程师学院教材等。活动邀请了法国国家科学院院士、诺贝尔奖得主、菲尔兹奖得主等多位法国著名学者在其著作的扉页上签名留念，法国图书展涵盖了科技和人文图书，使全校师生有机会近距离接触学术大师，深入体验法国文化，同时还举办了系列法文专题文化讲座，为全校师生献上一场纯正法兰西风情的文化盛宴，加深了中法两国师生友谊，丰富了校园国际文化活动。

2.3.2 专业阅读推广服务系列

上交大馆逐渐积累了丰富的阅读推广经验，通过阅读推广理论探讨和经典理论的应用，尤其在本科生和研究生不同层次上的阅读素养提升方面进行尝试，多方探索介入帮助读者在专业阅读学习方面的指导，以顺应国内高等教育教学改革的深化，也使教师对专业阅读的需求逐渐重视。

1）积极开展理论研讨

当阅读推广服务全面在高校馆轰轰烈烈进行之时，越来越多的专家开始呼唤阅读推广的理论深入研究与讨论，期望有坚实的理论进一步推动阅读推广服务工作的发展。在这时刻，上交大馆组织了上海地区高校馆和公共图书馆的一次理论研讨会，主题为“阅读推广呼唤理论创新——2014 上海阅读推广论坛”，大会肯定了阅读推广是当代图书馆履行文化使命所必须拓展的一项服务，阅读不仅是培育读者的行为，更是坚守民族文化、民族灵魂的定力与气魄。论坛上探讨了阅读推广理论，介绍了上海交通大学图书馆阅读推广的理念与实践，指出高校阅读推广在弘扬大学精神、营造校园文化氛围、丰富校园文化生活等方面起到了积极的推进作用。促进了学界和图书馆界对阅读理论的探讨和研究。

2）专架图书展出系列

20 世纪三四十年代美国芝加哥图书馆学院派代表人物韦普尔斯的研究表明[27]，

喜欢阅读和经常阅读并不是与生俱来的习惯，而是通过后天培养的，对阅读兴趣产生显著影响的因素依次为：性别、教育、职业、年龄、环境，合理策划阅读推广活动可以显著提高图书的借阅率，节约读者花费在选择图书上的时间。图书馆从海量馆藏引导到小范围值得阅读的有趣图书的服务都能显著提高这些图书的借阅率。上交大馆在一楼大厅设有专门展示书架，通过分析出借图书的情况，就某一主题图书进行专架展览，通过图片、图书和大屏幕主动展播等方式宣传展出。2014 年策划设计了“曾经的阅读时光”：2014 年交大人最喜欢读的书、揽月之星、方寸世界、好书回眸、高校教学参考等书展。其中媒体好书推荐榜图书展通过实体书展、大屏幕滚动推荐、书目展板、读者留言等形式展示。

3）探索学科专业主题系列

专业阅读推广与学校各学院学生所学的专业课程紧密联系。从专业推广内容来看，对于专业阅读推广与扩展相衔接的学术文献体系按“学术专著＋学位论文＋核心期刊＋特种文献”推荐，从专业读书角度去选择专业图书，发布专业图书导读及书目推荐，专业数据库的选择、电子专业文献的查找方法、文献著录工具的使用。搭建专业文献交流的平台，扩大文本阅读视域的范围。从阅读推广的时间和对象看，学科馆员推广阅读形成一定规律，专业阅读以一学期或者一学年为一个周期，对学生专业文献的阅读推荐有一定的梳理推荐过程。有利于形成专业权威的推荐。

培养创新型领袖人才是上海交通大学的根本使命，学校提出了以“能力建设为核心，以知识探究为基础，以人格养成为根本”的育人理念，并从 2009 年启动学校在体制机制上进行特殊的设计和安排，图书馆作为教学支持的重要保障部门，建立天文理学学科点，并由学科馆员担任学员联络工作，为了积极配合教学目标，根据学科建设需要，理学学科馆员提出专业阅读推广计划，得到了院系领导和教授们的赞同。

上交大馆理学与天文学学科点学科馆员主动联系致远学院教师，2014 年三月，共同合作开展“书香悠悠，数韵袅袅”的阅读推广活动。该学院致力于培养具有批判性思维能力、知识整合能力、沟通协作能力、具有多元文化理解和全球化视野的创新型科技领袖人才，为了确保这一战略目标的有效实现，根据教师开课的需求列出学生必读的和选修的专业书目，嵌入教师的专业课程，对专业图书的查询方法与技巧做了详细的介绍，课程中教师设计了专门的阅读指导环节，由学科馆员对专业图书的阅读技巧、专业图书的查询方法、电子数据库的使用方法等做了详细的介绍。在课程中设计了分组读书汇报会。读书汇报会上通过对女数学家的杰出贡献及风采，比较了中西几何学的发展，展现了她们的精神品质，讲述了数学与哲学思维、人文艺术及自然界千丝万缕的联系，让学生丰富自己的阅读内容，再由专业老师和图书馆馆员进行点评，对读者读书的热情与兴趣的提升，对读者不足之处进行了补充说明，让各小组对读书汇报有进一步的反思。通过和教师深度合作的系列指导，使学生对阅读文献，尤其是外文文献有了一定的提高。

3 优化策略

阅读推广服务的效度一直是困扰国内外高校图书馆的难题。国外阅读推广服务过程中发现这一困境，因此提出由政府机构，出版商和书店，图书馆、协会和民间组织以及传媒机构组建的四位一体的立体阅读推广机制，共同承担对社会阅读功能的倡导[28]。大学图书馆是倡导发挥阅读推广服务的主阵地，国内学术界提出读者阅读研究的推广三层机制，深入研究读者阅读行为和阅读心理[29]，对于在校学生的阅读主要集中在文学、专业和消遣娱乐的阅读，引导大学生正确地阅读、主动阅读、专业阅读是阅读推广服务的一个难题。

3.1 读者层面：加强宣传优化深化服务

上交大馆决策者重视阅读推广服务工作，从辅助教育功能角度进行顶层设计，协同与中国图书馆协会、上海图书馆协会逐步完善阅读推广活动工作，将网络推广与实体推广相融合，并加强推广的力度，形成无缝连接，融合推广。一方面加大宣传力度，如对图书推介、书展、图书漂流、主题展览、图书捐赠等活动的大力宣传；另一方面加强网络宣传，阅读推广信息放在图书馆门户的显著位置，能够让读者一进主页就能明显地看到阅读网站的进口，逐步形成同步增效推广，同时将这些信息发布到学校的大屏幕、食堂液晶屏等，扩大宣传力度，吸引更多的读者参与阅读。内容上除了图书馆借阅排行榜、新书到馆推介、阅读活动之外，在阅读内容推荐上，加大电子文献使用的服务力度，引导读者利用先进的技术和方法进行阅读，避免读者在网上盲目浏览，节省读者时间，提供不同层次读者阅读的内容和方法，充分利用思源悦读网站开展阅读指导，扩大学生知识视野，提高大学生的文学鉴赏能力，促进校园读书文化蓬勃发展。

3.2 馆员层面：内容优化加强深度

馆员要以用户为中心，研究用户阅读需求，根据需求的牵引设计不同层次不同层面的阅读推广活动。通过不同的表现形式展示阅读推广的不同主题，不断推陈出新，成为读者喜欢并乐意关注的阅读主题。在时间跨度上，重视长效的阅读推广常态化，在短期内则要紧跟潮流，迎合读者趣味，使更多的读者喜欢。馆员在阅读推广活动时注意有效地与读者沟通，能够使读者爱阅读，多阅读，想阅读，让读者认识到阅读是一切学习的基础，是人类获得知识的有效方法，阅读是自己生命的扩大，是人格宽广的基础，增加有效沟通的环节，增进活动的联系维度，增添新意，在校园中形成健康向上的读书风气，汇聚成浓郁的读书氛围，使阅读之花开遍校园的每个角落，逐年提高阅读推广服务的效度。

3.3 图书馆层面：管理优化规范服务

阅读推广作为体现图书馆核心价值的工作，管理层面应建立阅读推广长期战略规划和长效推广管理机制。阅读推广工作执行层面应采取分级管理，由馆领导，读者服务部门执行。设立专门的阅读推广岗位，具体负责阅读推广服务的项目方案策划人召集人员组成工作组，按工作组计划实施各自的工作方案，工作组起到总体推进、协同跟进的作用，同时推进实体阅读和网络阅读服务同步进行。建立专门的阅读推广专职岗位，加强阅读推广工作的专业特色，专人负责策划方案，落实推进过程中的各项事务。增加专业馆员阅读培训的机会，提升图书馆员的阅读指导能力。遇到需要其他部门协助，则通过横向协调互助完成推进工作，负责内容更新的整理，技术部负责网页后台的及时维护。形成资源与技术是阅读推广有效长期发展的基本保障，提升阅读推广工作效率，优化阅读推广工作结构，使工作有序地长期推进。

参考文献

[1] 在图书馆中用研究来促进识字与阅读：图书馆员指南[EB/OL]. 2015 - 2 - 12. http://www.doc88.com/p-2177395911461.html.

[2] 范并思. 阅读推广与图书馆学：基础理论问题分析[J]. 中国图书馆学报，2014(05)：4 - 13.

[3] 李超平. 公共图书馆宣传推广与阅读促进[M]. 北京：北京师范大学出版社，247 - 249.

[4] 范并思. 阅读推广：高校图书馆服务“新常态”[J]. 上海高校图书情报工作研究，2013(02)：1 - 4.

[5] 范并思. 阅读推广与图书馆学：基础理论问题分析[J]. 中国图书馆学报，2014(05)：4 - 13.

[6] 范并思. 阅读推广：高校图书馆服务“新常态”[J]. 上海高校图书情报工作研究，2013(02)：1 - 4.

[7] 开放馆藏计划. [EB/OL]. 2013 - 12 - 11. http://ocp.hul.harvard.edu/.

[8] 借阅直通服务. [EB/OL]. 2013 - 12 - 11. http://hul.harvard.edu/news/2011_0829.html.

[9] 周樱格. 日本图书馆阅读推广动向研究：案例分析与启迪[J]. 新世纪图书馆，2013(5)：23 - 26.

[10] 韩国江原大学[EB/OL]. [2013 - 12 - 11]. http://www.kangwon.ac.kr/.

[11] 台湾阅读推广中心. [EB/OL]. 2014 - 2 - 11. http://www.twnread.org.tw.

[12] 网络书店. [EB/OL]. 2014 - 2 - 11. http://www.lib.nctu.edu.tw/html/id-181/.

[13] 在中央阅读网站. [EB/OL]. 2014 - 2 - 11. http://rapid.lib.ncu.edu.tw:8080/bookboard/topic/2013_12/topic.php.

[14] 郑伟青. 高校图书馆阅读推广实践现状调查与分析[J]. 图书馆工作与研究，2012(8)：108 - 112.

[15] 人间四月读书天. [EB/OL]. 2013 - 10 - 12. http://www.lib.pku.edu.cn/portal/news/0000000799.

[16] 阅读让校园更美丽. [EB/OL]. 2014 - 2 - 12. http://www.lib.sjtu.edu.cn/list.do?articleType_id=179&type=140.

[17] 好书推荐. [EB/OL]. 2014 - 2 - 12. http://lib.lzu.edu.cn/.

[18] 专题书架. [EB/OL]. 2014 - 2 - 12. http://www.lib.nankai.edu.cn/.

[19] 大学生素质导读书目. [EB/OL]. 2014 - 2 - 12. http://202.118.8.4/index.html.

[20] 好书荐读.[EB/OL]. 2014 - 2 - 12. http://www.lib.szu.edu.cn/?action-booklist.

[21] 立体阅读.[EB/OL]. 2014 - 2 - 12. http://www.lib.tongji.edu.cn/.

[22] 苑世芬.高校图书馆新媒体阅读推广策略研究[J].现代情报技术,2013(1):74 - 81.

[23] 姜爱蓉,黄美君,窦天芳.数字资源整合与信息门户建设——清华大学图书馆的探索与实践[J].现代图书情报技术,2006(11):2 - 6.

[24] Gifty Boakye. The academic libraries of developing countries: towards effective book provision in the face of austerity[J]. New Library World, 1994, 95(6): 7 - 11.

[25] Goldhor. H. Experimental effects on the choice of books borrowed by public library adult patrons[J]. The Library Quarterly, 1981,51(3): 253 - 268.

[26] 徐璟. Livinglibrary:高校图书馆学科化知识服务的创新点[J].图书馆工作研究,2010(1):58 - 61.

[27] Waples D. The relationship of subject interests to actual reading[J]. Library Quarterly, 1932,2(1): 42 - 70.

[28] 王艳.图书馆与大众阅读关系研究[J].图书·情报·知识:2004(10):10 - 14.

[29] 崔波,岳修志.图书馆加强阅读推广的途径与方式[J].大学图书馆学报,2010(4):37 - 39.

面向碎片化学习的高校图书馆信息素养微课程体系管理模式探讨

董　珏

摘　要　不论教育界还是图书馆界，目前的“碎片化”教育和学习模式，过多地考虑的是如何让人们更好的接受知识，而忽略了帮助人们将接收到的知识碎片组织起来，帮助他们构建自己的知识大树。例如：“微课”繁盛但缺乏组织性，课程内容重复、知识点交叉、课后学习效果跟踪等都给这类“碎片化”的教育和学习造成了困扰。图书馆，特别是高校图书馆，作为高校的知识、科技情报的集散地，向师生传导信息技能的主要载体，应该发挥其知识组织的功能，为其所能接触或参与的“碎片化”教育和学习材料做好知识标引、知识跟踪和个性化知识组织。本文以众多高校图书馆具有信息素养课程为例，尝试建立一个基于“微课”，能辅助学习者将碎片化信息构建为知识体系的课程管理模式。

关键词　信息素养　微课　碎片化学习　组织管理模式

信息工具与信息技术的发展促成了人们追求效率的学习方式，而知识碎片化成为人类学习的挑战之一，人们对于信息的获取愈加趋向于直观、便捷、不受时间空间的限制，形成了“碎片化”的学习模式。针对新的知识获取需求，我们有了微博、微信、微传媒、微营销等短小精干的信息传播和获取方式，而在教育学领域则出现了“微课”。

“微课”的出现让很多人惊喜，也造成了很多困惑，分散、零碎、庞杂、多样的课程内容让知识体系成为“碎片”，在繁盛了知识体系枝叶的同时，也掩盖了知识体系的主干和脉络。面对需求和问题，图书馆如何对其承担的信息素养教育进行更深入的建设和推进，如何发挥其传统的对文献信息的标识、检索、组织和挖掘专长，是值得关注的。

1 国内外研究借鉴

2005年,Theo Hug就界定了微型学习概念,他认为"微型学习是处理比较小的学习单元并且聚焦于时间较短的学习活动";2006年,Peter A. Bruck把微型学习解释为"把知识分解为小的松散的但相互关联的学习单元,并且是在人们日常交流和工作中就可以进行学习的活动";Martin Lindner认为微型学习提出了"松散和分布式知识"、"即时知识"、"关联知识"等新概念[1]。国内外对于碎片化学习模式的研究集中在对教育信息化的研究和实践上,而"微课"就是目前最热的概念,成为迎合碎片化学习、惰性学习等需求的新鲜教育模式。2008年,美国新墨西哥州圣胡安学院David Penrose提出了"微课"(micro lecture)概念[2],并提出了五个建设步骤:罗列教学核心概念;写15~30秒的介绍和总结;为核心概念提供上下文背景;录制长为1~3分钟的视频;设计引导学生阅读或探索课程知识的课后任务;将教学视频与课程任务上传到课程管理系统。"微课"也成为MOOC的核心理念之一。国外很多学者也通过大量研究对这种新的教育和学习模式进行了理论和实践研究,例如美国斯坦福大学的学习实验室、挪威奥斯陆大学的Knowmobile项目等都是基于"碎片化学习"的研究平台。

在国内,从胡铁生[3]首次引进了"微课"概念后,网络化学习的理念开始向"碎片化学习"、"微型学习"、"移动学习"转移,"微课"结合"翻转课堂"、"可汗学院"、"电子书包"、"混合学习"等教育创新项目成为教育界关注的热点话题。王竹立[4]提出了新建构主义的网络学习理论和零存整取的学习策略;祝智庭[5]等也对微型学习进行了定义和解构;顾小青[6]提出对碎片化知识进行语义关联,推进深入学习;焦建利、黎加厚、张一春等学者都投入微课程的构建模式研究和实践中去。

在图书馆界,最开始在于对读者"碎片化阅读"的关注,也有一些学者将这些来自教育界、心理学界等不同领域对碎片化模式的研究和实践引进到图书馆信息素养课程、技能培训、知识传播等领域中来。例如武汉大学黄如花[7]团队开展了信息素养类课程的MOOC构建探讨;哈尔滨理工大学王晓丹[8]等开展了"碎片化培训"的探讨;很多图书馆开展了"微服务"、"微交流"、"微阅读"等的实践和探索。

2 碎片化组织模式构建

图书馆信息素养教育是一种面向高校师生传授图书馆特有的信息检索、信息组织与分析技能的教育课程。这一类的教育有几类特点:① 教学内容多而杂,例如:不同学科有不同的信息资源来源和检索技巧,工具多而杂,跨学科领域的方法较多;② 教学对象不固定,学生接受图书馆的信息素养课程不同于自己专业的必修或学校规定的通识类课程,参与意愿自主性较强;③ 教学需求不明确,正是由于受众的自主意愿不同，教什么、怎么教，很难界定，通常都是自行设计、主动营销，希望吸引更多的读者前来学习。这就导致了很多问题。以我馆的信息素养课程为例：报名的人多来的人少；感兴趣的多实际有接触的少；更有同学提出，课程的名称太过深奥，不知道能学到什么东西……针对这些问题，特别是一旦将信息素养教育与新兴的“碎片化学习”、“微课”、“翻转课堂”等模式结合起来，这类问题将变得更加突出。

2.1 模式构建的理论依据

针对“碎片化”学习模式，国外有构建主义学习理论（即学习总是与一定的社会文化背景即情境相联系的，在实际情境下进行学习，通过“同化”与“顺应”才能达到对新知识意义的建构）和联通学习观（即从“关系”中学习的理念，它让我们关注各个网络节点，聚焦各个信息“通道”充分激发我们思想潜能的一种学习观）等理论体系，国内也针对“微课”等信息化教育模式提了新构建主义等研究方向。这些研究都从不同程度上对新形势下的教和学进了构建。笔者认为，图书馆的信息素养课程若要做出一个完整的教学模式，就必须借鉴这些来自教育领域的理论与模式。但是光有教和学是不够的，正如目前微课教育提出的“李克东难题”一样，我们需要将已有的知识碎片进行组织，帮助读者在无序、随机的碎片学习中找到知识轨迹，逐步建立知识体系，同时也要帮助教师把握学习需求，合理构建课程体系，与学习活动有效交互。而对知识的标引、组织和分析，正是图书馆的专长所在。

2.2 三个纬度的交互机制

本文提出的“碎片化”教学组织和管理模式，将从“学”、“教”和“管理与组织”三个维度进行构建。

1）学习维度

人们的学习有正式与非正式两类。目前我馆的信息素养教育具有意愿上的非正式性和教育形式上的正式性。一旦这类课程网络化、碎片化后，我们不妨设想一下读者会通过何种方式来获取、选择、接受课程呢？我认为国内王竹立提出的新建构主义具有一定的参考意义。他提出的零存整取式教学的理念，以及情境、搜索、选择、写作、交流、创新、意义建构 7 个关键词与本文的主旨较为吻合。

人们对于学习的需求是具有一定情境的，例如图书馆信息素养教育的受众可能是因为信息获取、文献检索、工具使用的过程中遇到了问题，也可能是因为接受到来自图书馆的宣传信息激发了好奇和兴趣，也有可能是受到外部建议觉得多学一些信息技能可能有用。

从而他们会去搜集符合其需求的课程或资料。面对图书馆提供的既定课程，他们会有针对性地选择感兴趣或预测可能有用的课程，从而参与课堂学习。从课程中获取的信息或许有用，再从个人感知中进行记忆，进一步应用到实际场景中，如果问题能得到很好的解决，就会将课程中的知识转化为经验，不断地积累形成属于自己的技能或知识体系。

针对这类有别于传统正式、被动的学习模式，也需要提出有针对性的教学模式。

2）教学维度

国内研究微课设计和实践的学者很多。David Penrose 提出的五个建设步骤成为大多数人采纳的模式，国外的可汗学院、国的好大学在线等都是较为出色的实践案例。为了强化教学效果，越来越多的学者强调课前的引导、课间的互动和探讨、课后的反馈和进一步学习，将"微课"和"翻转课堂"、"电子书包"等概念进行了结合，形成了新的教学模式。信息素养课程的设计具有很大的灵活性，根据学习者的需求选取合适的教学内容，根据学习者触发学习的情境解构知识体系，根据知识点制作课件，上传发布，并对学习过程中出现的问题进行答疑解惑。

3）管理组织维度

教学设计与学习需求的结合并不罕见，但是如何对整个教与学的流程进行组织管理是需要付出一定工作的。首先，要细分学习对象，模拟触发学习的情境；其次，要对课程的设计进行加工处理，使其方便检索并更好地切合学习者的选择习惯；再次，要组织好营销和宣传，嵌入学习者习惯使用的信息来源；最后，要跟踪学习路径和反馈意见，挖掘潜在需求，模拟个性化的学习路径，帮助建构学习体系。在这方面，国外的可汗学院[9]的知识图谱影响较大，他将课程的知识点进行了可视化，方便学习者找到自己接受的知识点在知识体系中处于什么位置，方便学习者自主地建立学习体系。国内的好大学在线[10]则强调完善自身的数据挖掘功能，方便教师调整教学策略，制订新的方法和技巧。

2.3 碎片化组织和管理方法

以上的三个维度并不是孤立存在的，它们之间的交互和联系具有一定复杂性（见图 1）。笔者认为，学习维度是基础和触发点，教学维度是主体和主导者，而管理组织则是为两者提供数据分析、技术支持，并促进交互的纽带。

情境分析。需要对学习者进行细分，高校图书馆信息素养课程的受众主要是学校师生，那么本科生、研究生、教师的学习需求是否有区别，不同专业的师生是否有需求差异，比如检索类的课程，本科生想要查找文献通常会使用 CNKI、维普这类母语环境、综合类的数据库，而研究生和老师会使用 Web of Science 等国际化的数据库，而化学专业的研究生可能需要使用 ISCD 这类专业的外文数据库。随后是环境分析，例如研究生在本校数据库中找不到需要的外文文献，是应该调整检索方法，还是选择其他途径？

课程标引。标引的目的有两个，一个是为了方便搜索，一个是为了知识梳理。搜索本身就是一种学习[11]，一个微课必须要方便被学习者搜索到并让知识点显而易见才能被学习者选择并接受。比如，对于化学式的查找，我们可以选择的资源有哪些，各自的文献范围和应用特点是什么，检索方法有何不同。可以建立的是类似"检索—

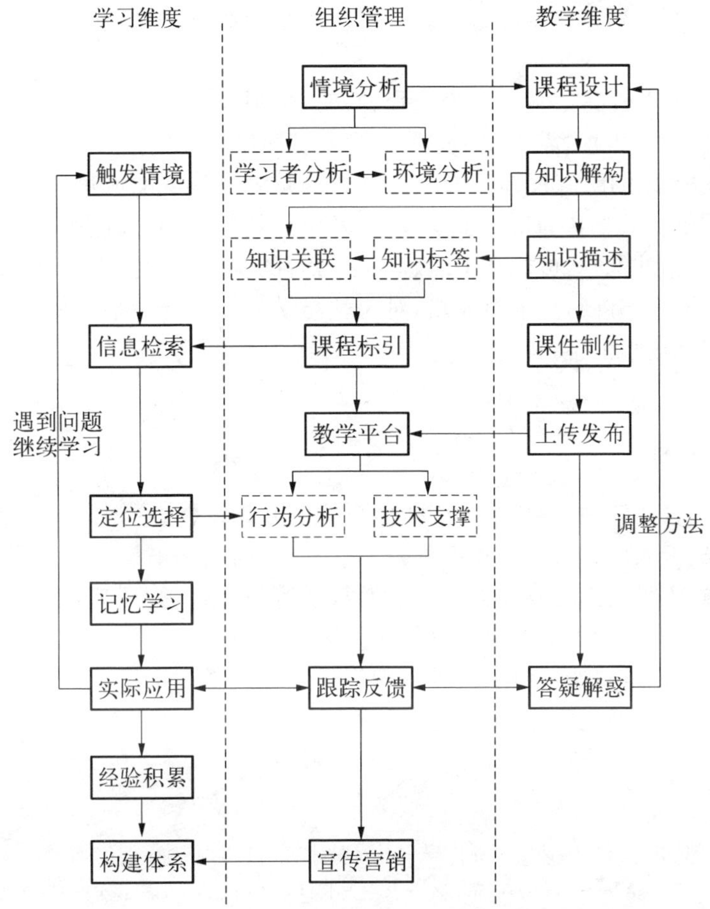

图1 信息素养微课程管理模式

化学式—XX数据库—年份—特点—常用方法/高级方法"等这类标引方法和知识关联。

教学平台。在管理体系中,其作用主要是记录学习者的行为和教学过程,搜集用户的行为数据,供后台分析和挖掘。另一个作用就是为教和学的交流提供技术平台。

跟踪反馈。是将后台的分析数据可视化,一方面帮助学习者记录学习足迹,构建知识图谱;一方面为教师提供反馈建议,帮助其改善教学思路、方法,提高教学效果。

2.4 存在的困难与进一步的工作

目前对学习模式的研究和教学模式的设计已经逐步成熟,但是对于对教与学的组织和管理仍然存在技术和实践的盲区。面临的困难主要有:

(1) 微课程体系自身的不完善,导致组织管理模式的推进困难。新的教与学模式目前虽然热门,但对于教学效果的反馈却是褒贬不一,有人推崇,有人觉得还是传统的模式更值得保留。这就导致了教学维度和学习维度的沟通不畅,组织管理难度加大。

(2) 技术成本较高。例如对于课程的知识标引,对知识点和课件的描述语言规范化是一个巨大的工程,需要较大的人力投入,目前对于高校图书馆是极大挑战。

(3) 课程效果的跟踪反馈不成熟。一方面是教学资源的大量投入,热门课程自然很多,但是仅从教学者的角度出发,学习者仍然处于一种被激发的状态,标题看起来或描述很不错的课程,可能并不能解决学习者的实际应用需求,例如工具类、技术操作类的课程。一方面,技术不成熟,对于教与学的行为记录很容易,但是对于它的挖掘、发现和推送则很难。

3　结语

任何一种教学体系,必须始终依托体系化的知识结构,否则终将流于形式,无法深入发展。随着人们学习方式和信息技术的发展,高校图书馆的信息素养教育微课程化是一个极为吸引人的发展方向。然而教学容易,组织管理却困难重重。一个教学体系的建立,并不能以上完课做完作业为终结,特别是对于已经零散化、碎片化的教学课程,更应该重视通过组织管理将知识点进行关联和组织,激发学习者的兴趣,帮助学习者找到学习线索,同时也促进教师碎片化的思考教学方法,提升教学质量。

参考文献

[1] 刘超. 微型学习研究综述[J]. 软件导刊教育技术,2011,3：6-8.

[2] Shieh D. These lectures are gone in 60 seconds[J]. Chronicle of Higher Education, 2009, 55(26): A1-A13.

[3] 胡铁生,黄明燕,李民. 我国微课发展的三个阶段及其启示[J]. 远程教育杂志,2013,(4)：36-37.

[4] 王竹立. 新建构主义：网络时代的学习理论[J]. 远程教育杂志,2011,(2)：11-18.

[5] 刘名卓,祝智庭. 微课程的设计分析与模型构建. 中国电化教育,2013,12(323)：127-131.

[6] 顾小清,冯园园,胡思畅. 超越碎片化学习：语义图示与深度学习[J]. 中国电化教育,2015,(3)：39-48.

[7] 黄如花,李英子. MOOC中富媒体素材采集的特点——以信息素养类课程为例[J]. 图书与情报,2014,(06)：8-13.

[8] 王晓丹,田永梅. 论高校图书馆的“碎片化”培训[J]. 图书馆学研究,2014,(1)：71-74.

[9] 可汗学院. [2015-08-20]. http://www.khanacademy.org.

[10] 王民,张伟. 生态化视角下的高等教育MOOC建设模式探究——以上海交通大学为例[J]. 继续教育研究,2014,(7)：4-7.

[11] 关中客. 搜索就是学习[J]. 远程教育杂志,2009,192(3)：80.

大学图书馆读者培训模式探讨与实践
——以上海交通大学图书馆为例

杨翠红　余晓蔚　邵承瑾　董　珏

摘　要　本文主要介绍上海交通大学图书馆利用其资源、技术、人员、环境等优势，从培养和提升校内师生信息素养能力的角度出发，在面向全校师生开设按需的、多类型的、滚动式的读者培训中，所进行的整体规划和实施过程。在读者培训主题的规划上，兼顾高校师生在教学和科研中各种必备的信息素养能力（例如信息获取、信息分析鉴别、信息处理、信息利用等），采用按需授课的方式加强信息素养教育；在读者培训的开展方式上，采取提升读者参与度的多效措施（例如滚动开讲、多途径宣传、提前预约、实时操练、听课奖励等）和提升主讲老师授课质量的各种激励机制（例如反馈评价、交叉听课、授课比赛、课件比赛等），全面推进读者培训。

关键词　读者培训　信息素养　宣传途径　反馈评价

1　背景

随着信息技术的快速发展和信息量的快速增长，图书馆依托资源、技术、人员、环境等优势，逐步深入开展信息素养教育，目前已发展为国内外图书馆界热点研究和参与的主题之一。高校师生面对海量信息所应具备的查找、获取、分析、利用和管理的信息素养能力，日渐成为学习研究专业知识乃至适应社会工作需求的至关重要的能力，高校图书馆面对从事科研教学的高校师生这一特殊服务对象，逐步成为承担培养和提升校内师生信息素养教育的重要基地。

上海交通大学图书馆针对校内师生的信息素养教育开展了常规课程、读者培训（因其滚动式开设也被称为滚动培训）、专题培训、嵌入式培训等多类型、多层次、全方位的信息素养教育模式，希望在立足图书馆职能的基础上，全面推广信息素养教育，使得全校师生有能力有效利用馆藏资源，进而促进图书馆学科服务深化。其中读者培训被定位为面向全校师生、全方位系统提升师生信息素养的系列培训，与其他形式的培训相比，具有长期性、实效性和普适性。

上海交通大学图书馆的读者培训工作因数据库的快速发展应运而生，最初是为了推广数据库的使用效率，帮助师生快速适应数据库而开展的数据库使用方法和技巧的介绍型讲座，随着数据库数量的不断增加、检索平台的不断更新，读者需求也发生了巨大的变化，读者培训类型由最初的介绍型讲座逐步发展为按需开设、多类型、滚动式读者培训。

2 规划

鉴于国内外高校图书馆对读者信息利用的培养目标和培养方法上，兼顾本校的实际情况和发展目标，上海交通大学图书馆（以下简称图书馆）的读者培训每个学期推出一期，从开设课程的时间上、读者的需求度、讲座的主题不同类型等多维度出发，改善和提升以往的读者培训，形成目前“按需”、“滚动式”、“多类型”的新模式，新模式下的读者培训体系如图1所示。其中，“按需”是指每期读者培训的每场讲座将根据预约人数、反馈意见等因素，按照读者的需求程度动态开设，从而使得读者培训能够从读者的角度出发，开设读者真正需要的讲座。“多类型”是指在培训的主题规划上，兼顾高校师生在教学和科研中各种应必备的信息素养能力，如获取信息的能力、分析鉴别信息的能力、管理信息的能力、利用信息的能力等，我们将培训的主题类型规划为检索与利用、科研素养、工具应用、科研数据四大类型。“滚动式”是指读者培训形式由最初的定期开设发展为现在的滚动式开设，每学期定期开设，部分培训主题按照

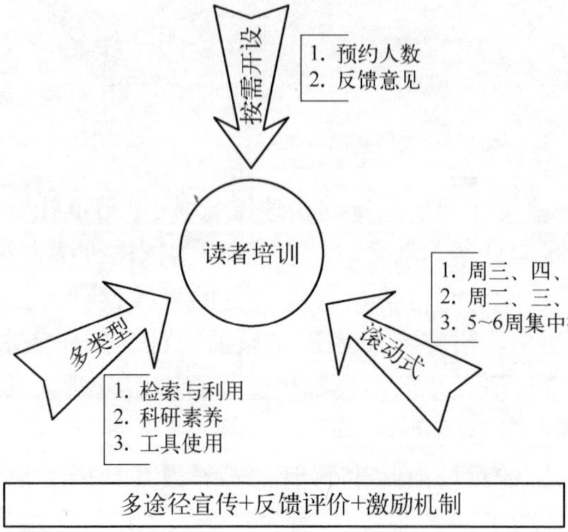

图1 读者培训体系

读者参与程度在一期内开设多讲次。

此外图书馆针对读者培训，采取了多途径宣传、现场操练、听课奖励等多效措施，激发读者参与兴趣和参与意识；同时还进行了反馈评价、交叉听课、授课比赛、课件比赛等各种激励机制，促进主讲老师授课深度，提升授课质量。从提升读者参与度和授课质量两方面，保障读者培训开展的质量。

3　实施

3.1　读者培训流程

图书馆的读者培训体系经过不断总结和创新，逐步形成前有规划、中有预约、后有反馈的可控可调的动态模式，图书馆为读者培训专门开发了读者培训反馈系统、预约报名系统、教室预约系统，从技术上支撑了读者培训体系，具体流程如图 2 所示。

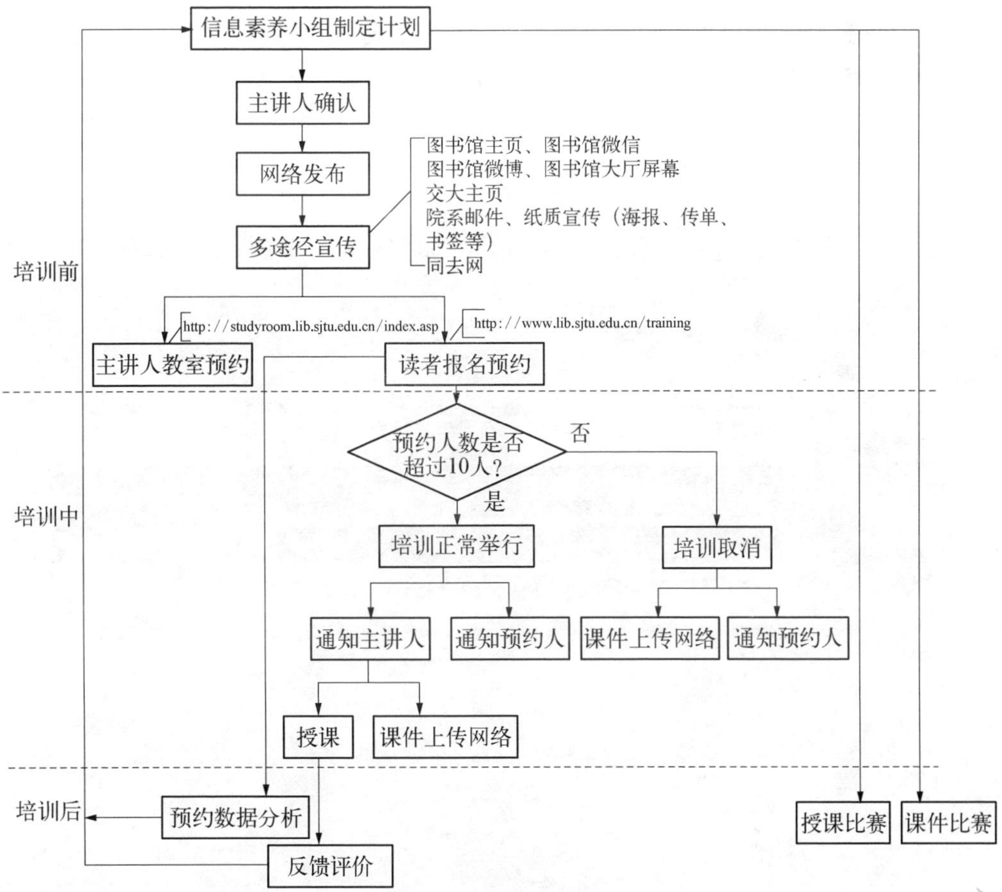

图 2　读者培训流程

3.2 按需开设讲座

1）培训前规划体现“按需”

图书馆通过各反馈平台：主页的咨询专栏、BBS Library 专栏、读者培训反馈等方式收集读者对培训主题、培训时间、主讲老师等方面的反馈意见，在规划下一期读者培训时，充分参考读者意见，增开或删减读者培训相关主题讲座。同时，参看上一学期所开设讲座的预约读者数量，预约读者数量过少将按情况给予取消，预约读者数量过多的讲座将按情况增加同主题场次。图书馆通过反馈和预约两种方式及时了解读者对培训的需求，在培训实施前体现出课程的按需规划。

2）培训中预约实现“按需”

读者培训因面向全校师生开设讲座，图书馆很难召集全校师生中对讲座感兴趣的读者以某个固定的时间来参加，为此图书馆专门开发了课程预约系统，校内师生通过身份认证可预约任何一个讲座。培训讲座经初步规划，于开始前 2 周向全校师生公开，感兴趣的读者通过网上报名参加(具体报名演示如图 3 所示)，报名截止时间为计划开讲时间的前 24 小时，报名未满 10 人，讲座将取消。报名满 10 人及以上的讲座将按照规划的时间地点正常进行。对于取消或因不可控因素临时调课的讲座，图书馆将以短信及 e-mail 通知报名人。无论讲座是否取消，其课件都将及时挂至网上供校内所有师生随时浏览，同时读者也可直接与授课教师邮件预约要求个别辅导。通过便捷预约报名方式，图书馆点对点与读者建立了沟通联系渠道，在培训开展过程中实现了按需开设讲座的可能。

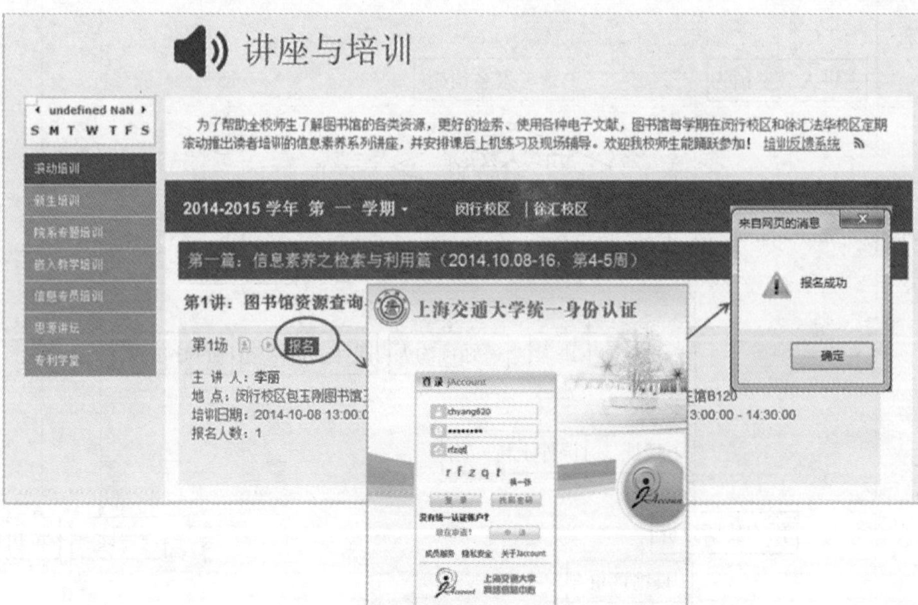

图 3　预约报名演示

3.3 多类型滚动式

1) 按类型划分

图书馆参考了国内外高等教育信息素养能力标准相关要求，结合上海交通大学发展目标，从教学和科研实际出发，推出适合上海交通大学师生需求的信息素养能力培养系列课程，该课程分为信息检索与利用、科研素养、工具应用、科研数据四大类型，每个类型对应8～15个主题，每个主题分为60分钟讲解和30分钟实践操作两个环节。图书馆希望通过这四大类型的培训，使读者能够根据培训类型有意识提升某方面能力，比如信息查找获取、信息意识、信息利用、信息管理等，希望通过培训使读者信息素养各方面的能力得到均衡发展。

2) 滚动式开讲

在培训开展方式上，为迎合师生时间难统一、人数难集中的特点，在学期开始2周之后，每周二晚上、周三和周四的下午及晚上、周五下午集中滚动授课5～6周，让校内师生有更多的听讲机会，方便读者，提升读者参与度。

3.4 反馈评价

图书馆鼓励参与培训的读者在讲座尾声，进入图书馆讲座培训反馈系统给予所听讲座做出反馈评价(见图4)。反馈评价的内容包含课程主题需求、授课情况、授课

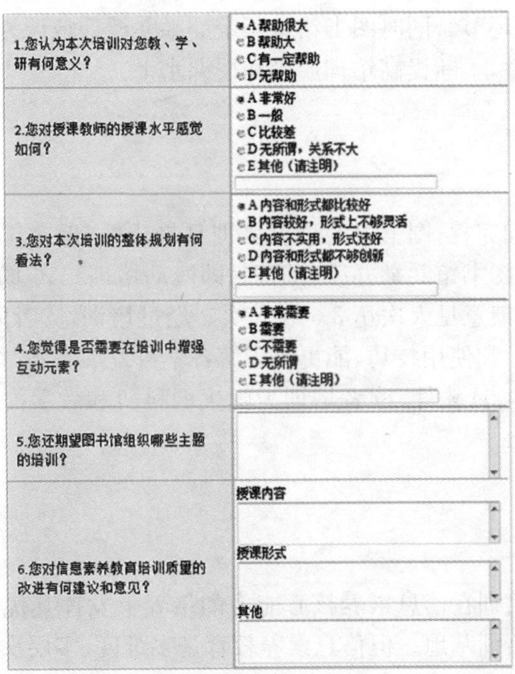

1.您认为本次培训对您教、学、研有何意义？	A帮助很大 B帮助大 C有一定帮助 D无帮助
2.您对授课教师的授课水平感觉如何？	A非常好 B一般 C比较差 D无所谓，关系不大 E其他（请注明）
3.您对本次培训的整体规划有何看法？	A内容和形式都比较好 B内容较好，形式上不够灵活 C内容不实用，形式还好 D内容和形式都不够创新 E其他（请注明）
4.您觉得是否需要在培训中增强互动元素？	A非常需要 B需要 C不需要 D无所谓 E其他（请注明）
5.您还期望图书馆组织哪些主题的培训？	
6.您对信息素养教育培训质量的改进有何建议和意见？	授课内容 授课形式 其他

图4 反馈评价内容

质量、授课老师水平等方面，图书馆针对该评价和反馈意见每学期做一次总结和讨论，以期在下期课程规划中对于讲座主题、授课方式等方面给予参考和指导。

3.5 多途径宣传及激励机制

1）多途径宣传

高校师生科研和学习任务重，时间宝贵，同时学生流动大，为了推广读者培训的知晓度和及时性，图书馆通过校内各电子屏、宣传单、宣传书签、图书馆主页通知、校主页通知等多方式、多途径，加强读者培训的宣传广度和力度，及时将培训信息告知给全校师生。

2）激励机制

(1）激励读者提升参与度。图书馆读者培训体系逐步获得全校师生的认可，学校部分院系教学指导办联合图书馆，将图书馆信息素养教育纳入本科生的素拓体系，以及研究生的学术报告体系。这一举措不仅提升了读者参与度，同时也促进图书馆对读者培训体系的重视和投入，不断地完善培训体系。

在提升读者参与度方面，图书馆也在不断尝试新的措施，近期推出听课极点奖励机制，读者通过参与听课可享受到图书馆的特殊奖励，比如可以抵扣部分图书逾期罚款，优惠享受图书馆技术加工部的部分服务等。

(2）激励主讲教师提升授课质量。为了不断激励主讲教师授课激情提升授课质量，图书馆不定期推行交叉听课制度，通过主讲老师间的相互听课，使授课老师互相取长补短，克服薄弱环节。同时图书馆每年定期举办授课或课件评比大赛，激励馆员们不断创新培训课件，不断提高培训质量和授课水平。

4 成效

经过不断总结和完善，图书馆的读者培训日趋成熟，近 5 年来，来自读者培训反馈系统的数据显示，图书馆共举办读者培训（即滚动培训）416 场讲座，参与人数已达 15 581 人次，填写反馈意见人次达 3 643 人次。经过培训，读者能更快适应各个数据库和检索平台的特性和使用技巧，能更快了解各学科发展态势，能够熟练掌握多种文献管理软件和各种工具软件，读者培训为师生的科研和教学提供了助力，深受师生欢迎。

5 结语

图书馆的读者培训在信息素养核心能力的培养上发挥其优势，将来可逐步形成高等教育信息素养培训基地。但信息素养教育是多维度、多层次的教育，目前图书馆提供的培训还无法全面独自完成目标，如果在完善信息素养能力标准、培训目标和授课考核机制的基础上，对于图书馆特别是高校图书馆在学科服务深入开展的今天，读者培训日后可以纳入拓展和深入学科服务的核心内容，进而成为高校信息素养教育的承担者和主力军。

参考文献

［1］ Association of College & Research Libraries. Information literacy Competency Standards for Higher Education [EB/OL]. http：//www. ala. org/acrl/standards/information literacy competency.

［2］ McClure C R. Network literacy：a role for libraries [J]. Information Technology and Libraries，1994，(2)：115－125.

［3］ Shapiro J J AS. Information literacy as a liberal art[J]. Educom Review，1996，31(2).

［4］ 曾晓牧. 高校信息素质能力指标体系研究[D]. 北京：清华大学，2005.

［5］ 高协，宋海艳，郭晶，等. 面向创新的信息素养教育规划与实践——以上海交通大学图书馆为例[J]. 图书情报工作，2013，02：10－14.

［6］ 苑世芬. 基于创新能力培养的信息素养教育实践模式研究[J]. 现代情报，2012，(05)：40－43.

学科化服务的院系拓展实践及特色

马丽华　黄琴玲　高　协　陈志玲

摘　要　随着学科服务的不断发展和深入,院系拓展服务机制逐渐建立。本文以上海交通大学图书馆机械动力学科服务团队的实践为例,从院系拓展服务具体举措出发,围绕院系师生需求解决问题,全面解读该学科团队在学科服务中以用户需求为中心、积极主动、注重创新和协同合作的特点。

关键词　学科服务　院系拓展　学科馆员

学科服务是从用户的利益与需求出发,学科馆员融入一线,嵌入过程,提供学科化、个性化、知识化、泛在化的服务,提升用户的能力,为科学研究提供全方位的信息保障环境[1]。这是图书馆提高质量、深化服务的必由之路,也是现代图书馆发展用户服务和可持续发展的必然趋势[2]。近十几年来国内学科服务取得了长足的发展,83%的"211 高校"图书馆都先后开展了此项工作[4],然而图书馆如何更好地发挥作用并有效支持院系以及各学科的教学科研,仍然是许多高校图书馆员不断探索和尝试的课题[3]。上海交通大学(以下简称"上交大")图书馆自 2007 年起进行了机构重组,并确定全面推行"学科服务"的主战略,推出一系列新的服务举措[5],时至今日提出了由服务对象、服务内容、服务手段、服务空间、资源建设主体、组织机构以及合作伙伴七大要素组成的泛学科化服务体系,并取得了显著成效。

1　院系拓展服务内容

上交大图书馆为确保图书馆学科化服务工作的可持续发展,2015 年初制订了学科化服务基准服务规范。规范中将学科化服务分为院系拓展、信息素养、资源建设和深层服务四部分。院系拓展机制的建立是为了全面了解院系需求,具体包含拜访教授、院系工作支持、参加教师大会、学科博客及学科服务指南维护、院系咨询与服务推广五方面内容。规范对学科服务人员与院系沟通途径及频率提出具体要求并做规范化处理，以此促进学科服务的进一步提升，各学科团队以学科化服务基准服务规范为中心开展工作，服务内容大抵相同，同时也各具特点。

2 机动学科服务团队院系拓展实践与特色

2.1 实践

2.1.1 加强院系联络，保持长期合作关系

教学秘书、思政教师面向全院师生开展工作，负有上令下达、下情上报，处理学院日常工作，行使教学、管理合理运作等职责；学科馆员与其保持良好沟通，有助于了解院系发展动态，也便于将学科服务嵌入到院系日常教学管理工作中。另一方面，教学秘书、思政教师与教研岗位教师、学生联系紧密，是学科馆员获取师生需求的重要来源，也是图书馆面向学生群体推送信息的重要渠道。因此，加强院系联络，与思政教师、教学秘书建立紧密联系有助于学科服务由点及面地开展。时至今日，机动学科服务团队已拜访了上海交大—巴黎高科卓越工程师学院、交大密西根学院和机动学院中相当比例的行政教师。

2.1.2 拜访教授，满足科研团队切实需求

上交大图书馆"拜访教授"机制已建立多年。一方面，通过深入院系走访，将图书馆学科服务送到教师办公桌上，以"学科服务菜单"方式展示图书馆对教学科研的支持。另一方面，教授通常是一线科研人员和学科带头人，通过面对面的交流有助于掌握整个团队的科研动态、所关注的研究热点及方向，从而了解科研团队的信息需求情况，对于学科服务工作来讲，可以收到事半功倍的效果。

2.1.3 与学生群体建立良好的互动关系

为了全面、真实地了解学生诉求，更高效地解决实际问题，机动学科服务团队与学生群体建立了良好的互动关系，主要体现在两个方面：① 与机械与动力工程学院研究生会合作，重点支持研究生科研活动。2014 年上交大在校研究生占在校学生总数的 55.6%，是图书馆信息用户群中不容忽视的群体之一；了解和掌握研究生信息需求特点，并对其开展有针对性的学科服务是学科馆员需要思考的问题[6]。研究生会成员来自学院各系所的研究生群体，因此有更多途径了解，也更愿意反映这个群体的真实需求；与研究生会保持顺畅的沟通能够有效促进针对研究生群体的学科服务的开展，有利于学科馆员为研究生活动和信息素养等提供多方面的支持。例如，研究生会将图书馆滚动培训等信息发送至每位研究生邮箱，提高了图书馆信息素养培训的宣传力度和可见度；研究生会与图书馆合办的"期刊面对面"活动中，在形式和嘉宾选择上都充分尊重研究生群体意见，取得了良好的效果。② 挖掘信息专员潜力，积极发挥其沟通和桥梁作用。为充分发挥信息专员作为科研团队和图书馆之间的桥梁和

枢纽作用，机动学科点邀请信息专员参与部分学科服务工作，例如在机器人研究方向经典图书梳理中，请机器人所信息专员邀请团队教师对梳理结果进行审阅和补充，增加了相关经典图书梳理的可靠度与全面性。

2.2 特色

2.2.1 以用户需求为中心，提升用户满意度

经初步统计，院系需求大致可分为资源建设、信息素养、深层服务以及活动支持四个方面。2014—2015 年，机动学科点拜访教授中 25％的人认为国内外文原版及经典图书普遍缺乏。为切实提高文献信息保障力度，机动学科点结合读者需求，开展了经典图书梳理工作，对没有馆藏的图书申请购买，并在机械与动力工程学科博客及学科信息服务平台上发布梳理结果，将经典图书书单推送给师生，引导读者读好书，做好经典图书的阅读推广工作。学科团队带头人、教授等科研人员的深层服务需求往往具有很强的专业特点，以机动汽车研究院殷承良需求为例，殷教授拟建议学校将 SAE(Society of Automotive Engineers)数据库发文纳入汽车工程领域的论文评价体系中，因此希望图书馆从情报分析角度予以支撑。机动学科点根据殷教授需求，拟针对汽车工程专业排名靠前的国外高校及德、美、日顶级汽车研究机构发文分布情况进行调研，对其在 SCIE、EI、SAE 发文进行统计分析，目前已完成《汽车工程类国内外标杆单位发文情况调研报告——基于 SCIE、EI、SAE 数据库》国内外标杆单位发文检索策略的制订。机动学科点对院系活动和创新型人才培养给予大力支持，图书馆于 2010 年起，协助密西根学院举办设计展，虽然该学院的毕业设计展览具有人员复杂、展品众多、难于管理等特点，但机动学科点仍然从学院需求出发，积极解决问题，克服困难，为密西根学院的学生提供创新成果的互动展示平台，时至今日已合作六年之久。此外，针对学生群体以信息素养培训讲座为主，写作技巧、投稿指南等交流沙龙为辅，提升学生检索、写作技能，为他们的科研之路打下坚实的基础。

2.2.2 积极主动，解决用户潜在需求

机动学科点一直秉承用户需求驱动的服务理念，重视挖掘院系用户的潜在需求。针对不同类型用户特点和可能的需求，量身定制不同服务项目，想用户之所想，主动解决用户需求，提供全方位的服务：① 考虑到学院新近引入的教师很大一部分来自其他高校，对上交大图书馆尚缺少全面了解，于是机动学科点面向新进教师送出《图书馆使用手册》。② 为了加强院、系、研究所领导对系、所科研产出情况的宏观了解和细节把握，机动学科团队主动面向系、所领导推出《情报快“参”》服务，助推院系整体科研管理与创新。

2.2.3 注重创新，不断超越自我

机动学科服务团队锐意进取，积极推动学科服务的发展，根据用户的需求探索新的服务方法和手段，或在原有服务基础上进行改进与创新。在教学方面，与国家级教学名师王如竹教授合作，开设嵌入式新生研讨课“可再生能源的高效转换与利用”，在全

面融入式教学方面进行了有益的尝试与创新。2008 年至今，该课程逐步从局部嵌入课程发展至全面融入课程策划、教学和考核各个环节，取得了阶段性的成果与实践经验，此项目获得上海交通大学 2012 年校级教学成果奖一等奖。在信息素养培训方面，针对密西根学院率先采取全英文浸润式教学方法，符合学院教学模式，取得良好效果。

2.2.4 协同合作，建立长期互信关系

学科服务开展多年以来，机动学科点与服务院系师生建立了良好的互信关系。图书馆在学科评估、资料室建设、信息素养培训、院系活动等方面为学院提供了大量支持，其中很多已成为长期固定的合作项目，例如嵌入机动新生教育周、面向全体研究生开展《图书馆资源深度挖掘》信息素养培训，与研究生会共同举办期刊面对面活动。机动学院本科毕业设计动员会文献调研讲座、密西根学院毕业设计展等都已持续开展多年，在院系师生中获得良好的口碑。

3 结语

机动学科点的院系拓展服务开展得有声有色，并取得了有益的成效。院系拓展对开展有针对性的学科服务具有至关重要的作用，应保持良好局面，并继续加大院系拓展力度。笔者提出以下两点建议：第一，重视青年教师群体，为积极活跃的青年教师建立个人信息及需求档案。相比教授而言青年教师有更多的时间，更具热情，对学科服务渴求也更为强烈，因此笔者认为，这是将图书馆学科服务深入其心的最好时机。第二，约见教授时，尽可能请教授协助邀请其科研团队其他教师参与，根据以往经验，科研团队不同层次的教师具有不同的需求，访谈中也更容易碰撞出火花。院系拓展是了解服务对象需求的途径，资源建设、信息素养教育和深层服务是解决需求的方法和手段，四者应相辅相成、齐头并进，逐渐提升学科服务深度和广度，开创学科服务新局面。

参考文献

[1] 初景利，张冬荣. 第二代学科馆员与学科化服务[J]. 图书情报工作，2008，02：6－10，68.

[2] 支岭，于晓繁. 我国学科服务研究现状——基于期刊论文的文献计量分析[J]. 科技情报开发与经济，2015，03：137－139，148.

[3] 陆蓉. 高校图书馆学科化服务模式现状分析与思考[J]. 亚太教育，2015，10：203.

[4] 陆莉. "211 工程"高校图书馆学科服务现状调查与分析[J]. 图书馆学研究，2013，(4)：59－63.

[5] 郭晶，黄敏，陈进，郑巧英. 上海交通大学图书馆学科服务创新的特色[J]. 图书馆杂志，2010，04：32－34，19.

[6] 周晨，张岩. 面向研究生用户群的高校图书馆学科服务研究[J]. 情报探索，2015，05：44－46，49.

高校图书馆阅读推广实践探索
——以上海交通大学图书馆电子电气学科点为例

胡银霞　姜静华　朱红艳　李亚军

摘　要　本文详细介绍了上海交通大学图书馆电子电气学科点推出的阅读推广实践案例“揽月之星　阅读之巅”系列活动，探索适宜工科学生阅读需求特点的阅读分享、群组学习、好书推荐等形式多样的阅读推广新形式，以及该活动对于当前高校阅读推广带来的新启示。

关键词　阅读推广　高校图书馆　阅读需求

阅读是人类互相交流、分享经验、合作创新的重要方式，是学习知识、传承文明、提高人口素质的基本途径[1]。1995年，联合国教科文组织把每年的4月23日定为“世界图书与版权日”（又称“世界读书日”）；2006年，中宣部、中央文明办、新闻出版总署等11个部门联合发起开展全民阅读活动的倡议。中国图书馆学会2003年将全民阅读工作提上议事日程并列入年度计划；2013年，中国图书馆年会的主题设定为“书香中国——阅读引领未来”[2]。可见，无论是世界还是国内抑或是业界对于阅读的重视都是由来已久。高校图书馆作为业界的中坚力量，理应承担起高校中的阅读推广重任。近年来，高校图书馆的阅读推广发展如火如荼，各类形式多样、内容丰富的读书节活动层出不穷。多年来，上海交通大学积极响应号召，坚持在全校广泛开展阅读推广活动，并不断推陈出新[3]，形成了一系列的阅读推广特色活动。本文拟详细介绍上海交通大学图书馆电子电气学科点推出的阅读推广实践案例“揽月之星　阅读之巅”系列活动及其启示。

1 “揽月之星 阅读之巅”具体实践

1.1 活动背景

大学图书馆作为学校的“第二课堂”，不仅是“学术交流中心”和“知识加工中心”，同时还肩负着“文化传承中心”的重任，上海交通大学（以下简称上海交大）图书馆一直将助力学校创新人才培养和建设世界一流大学作为奋斗的目标和前行的动力，并致力于大学优秀校园文化和学术氛围的营造[4]。当前的互联网＋时代，人们的阅读行为与阅读习惯正在悄然改变，交大又是一所典型的工科类院校，工科学生数量占据绝对优势，如何唤起工科学生的阅读热情，培养工科学生的人文素养，成为图书馆阅读推广的一项重要工作。为此，上海交大图书馆电子电气学科点针对电子信息与电气工程学院（以下简称电院），策划实施了“揽月之星 阅读之巅”系列活动，试图探索适宜工科院校学生的并具有广泛推广价值的阅读推广新形式。

1.2 活动概况

“揽月之星 阅读之巅”活动作为图书馆阅读推广的重要组成部分，自 2014 年开始实施，至今已形成了长效的运行机制。活动时间为每年的“4·23 世界读书日”前后一个月，活动对象为电院的本科毕业生，通过对他们四年借阅数据的挖掘、分析，评选出阅读量 TOP 10 的揽月之星，辅以好书推荐、分享沙龙、群组学习等内容鼓励阅读，引领校园文化氛围，助力校园文化建设。

活动在运作模式上强调了读者参与，包括好书推荐，鲜悦（Living Library）等，读者的参与让活动更加贴近用户，从而受到很多用户的好评；活动通过与院系深入合作，寻找和挖掘学生阅读达人，以智慧分享等形式，在学生中分享好书和阅读体会。同时活动评选出的“揽月之星”将作为学院进行学生毕业评优的重要依据之一，形成图书馆支持院系学生成长的长效机制。

1.2.1 “揽月之星”评选

“揽月之星 阅读之巅”的评选对象为电院的大四毕业生。每年 3 月份，由图书馆系统部对电院当年大四毕业生在四年中的借阅数据做后台抽取，根据借阅量评选出 Top10 的学生作为当年的“揽月之星”。活动之所以将学生范围限定为电院，是出于同一类学科读者更具可比性的原则，而且电院作为上海交大的航母院系，不仅学生数量庞大，而且学科覆盖面全部为工科，在某种程度上，它也是以工科见长的交大缩影。活动于每年的 4—6 月份举行，也是出于图书馆对即将毕业的大学生的人文关怀和鼓励。

1.2.2 鲜悦

鲜悦（Living Library）作为上海交大图书馆的品牌活动，旨在搭建真人图书与读者的互动交流平台，让用户在面对面分享中激发新的灵感。每期的“揽月之星 阅读之巅”都会邀请 Top10 的揽月之星作为真人图书与广大读者做阅读分享，让大家一起交流阅读的心得体会，如阅读中的迷茫，如何坚持阅读，阅读的乐趣等，这些颇具共鸣的话题让读者之间开展互动，在分享交流中共同成长。

1.2.3 读者推荐书展

书展是“揽月之星”活动中的重要环节，书展采取实体书展和网络虚拟书展两种形式相互呼应的方式。书展书目均来自 Top10 的揽月之星，图书馆则将读者推荐书目在馆藏中抽取出来放在一楼大厅做书展，由于这些书源于读者，更容易被广大同学所认同，图书馆将所推荐的图书展出并加以宣传，增加阅读推广活动的影响力。虚拟书展是将实体书展的书目放在图书馆的学科博客上，供读者在网上查看，两者相互补充，方便用户的查阅。

1.2.4 专题讲座

为了更进一步提升读者的阅读信息素养能力，每期活动都有馆员走上讲台，为用户提供阅读技能专题讲座。2014 年举办的“经典图书的查找与阅读”主题讲座，对读者阅读中对于经典图书的选择、检索以及品读开展针对性的教育，提升大学生对经典图书的理解和检索能力。

2 阅读推广特色剖析

(1) 读者主角，兴趣激发：活动一改往日读者被动参与的模式，充分发挥读者的主动性。由评选出的“揽月之星”做好书推荐，一反传统的书商、图书馆推荐书展的模式，激发了学生的阅读兴趣。由“揽月之星”推荐的图书更贴近当代大学生的需求，深受学生们的喜爱，推荐好书在展出不到一周的时间就被借阅一空。同时，每期的“揽月之星”可自主选择阅读分享主题，如阅读方法、阅读经历、阅读体会等，充分发挥读者的积极性和特长优势，向大家展示如何多读书，读好书。

(2) 联动促进，素质育人：活动由学院和学科服务团队协同合作开展，图书馆评选出的“揽月之星”，作为学院评选优秀达人学生的重要依据。可见学院倡导的学生优秀达人不仅仅是学习成绩优秀，文化修养也是重要组成部分。“揽月之星 阅读之巅”活动通过与院系的联动促进，不仅提升了工科学生人文素养，也有效促进了学生整体综合素质的提高，使阅读推广真正达到文化育人的目的。

(3) 群组学习，智慧分享：活动邀请“揽月之星”阅读达人与广大读者以群组学习、头脑风暴的方式讨论和交流阅读体会及感悟；馆员们则发挥专业特长，带来经典图书的查找与借阅讲座，学生们对此表示出极大的兴趣，积极互动。除此之外活动还通过实体和虚拟书展相结合的方式，让大家在线下交流沙龙和线上虚拟社区中分享自己读过的好书和与读书有关的趣闻轶事，同学们交流热烈，纷纷跟帖，使得活动在全校范围内得到有效推广。

3 高校图书馆阅读推广工作的转型与思考

3.1 结合已有服务做延伸

高校图书馆的阅读推广要有所成效需要有一个强有力的推广主体,能对读者的需求做深入调研,并在后续辅以持续关注。目前很多高校图书馆只是将阅读推广作为“4.23 世界读书日”的一个单一活动,在推广主体上也是多样化的,很难保证后续的服务效果。其实,学科服务在很多高校都有涉及,学科服务人员无疑是对服务院系需求最为了解的,故图书馆可以将一些阅读推广活动与院系的学科服务相结合,学科团队作为阅读推广主体,不仅有效保证了阅读推广的成效,也可以节约图书馆在人力上的投入。

3.2 充分发挥读者的主动性

随着全民阅读的兴起,阅读推广已成为图书馆的使命,如何结合本馆服务对象开展有针对性的阅读推广是图书馆在做阅读推广前首先要考虑的问题。阅读推广的主体是读者,如何撇开图书馆人的固有思维而站在读者的角度为读者思考是阅读推广成功的关键,恰到好处地充分发挥读者的能动性是了解读者需求的有效手段,也是阅读推广让读者能最大程度接受并有所成效的一剂良药。“揽月之星 阅读之巅”活动是针对上海交通大学主体读者群——工科学生的特性采取的阅读推广尝试,充分调动了读者的积极性,才使得活动取得了较为满意的成效。

“揽月之星 阅读之巅”活动依托读者的力量,充分发挥他们的主导作用,做好书推荐、阅读分享,正是因为他们的读者身份,使他们能够更加全面、直观、深入地了解读者的需求,所以他们的分享更具吸引力,更容易引发读者的阅读兴趣与热忱。

3.3 积极争取院系的有力支撑

高校图书馆的阅读推广活动离不开院系的强力支撑,无论是前期策划、宣传还是后期的活动开展,有了院系的支持,可以起到事半功倍的效果。图书馆在做针对某个院系的阅读推广时,尤其要重视与院系的沟通、联络,可以发挥对应院系学科团队的作用,让图书馆的阅读推广能与院系自身的活动做到有机结合,丰富活动的内涵,提升整个活动的意义。此次“揽月之星 阅读之巅”活动与院系的达人活动做了有效拼接,图书馆评选出的 Top 10 揽月之星不仅作为院系达人评选标准的有机组成部分,学院还将此作为优秀毕业生的标准,提升了整个活动的层次,让阅读推广不再是一个单薄的活动,也提高了整个活动学生的参与度与积极性。除此之外,与院系的合作做阅读推广还能加深院系与图书馆之间的联络,有利于后续合作的开展,可谓一石二鸟。

3.4 深入挖掘图书馆的资源优势

阅读推广活动的开展是为了更好地服务读者，这也是图书馆在新时代的重要服务内容。图书馆的阅读推广活动应充分发挥图书馆的资源优势，即馆藏优势和人力优势，如揽月之星中的好书推荐书展完全依托图书馆的馆藏资源，经典图书查找讲座由图书馆的馆员结合信息素养的相关内容给读者带来好书选择的依据，正是这些资源才保证了活动的顺利进行。

高校图书馆阅读推广还应在形式上注重创新，以更加吸引读者的方式让更多的学生参与进来，如鲜悦(Living Library)、群组学习、头脑风暴、智慧分享等新模式，让学生在快乐中收获更多的智慧与启迪。

4 结语

伴随着高校图书馆阅读推广的常态化，阅读推广模式不断推陈出新，活动内容丰富多彩，活动进程如火如荼，探索一条适宜本校学生特点的兼具可推广性的阅读推广模式已成为众多高校图书馆追寻的目标。一个真正的好的阅读推广活动能让无数读者受益，使其综合能力得到较大的提升。本文介绍的"揽月之星　阅读之巅"活动只是高校阅读推广的一个微小案例，当然，其也存在一定的不足之处，如在活动品牌化、深入引导等方面还有待进一步完善和提高。我们的着力点是提升工科学生的阅读能力和文化修养，进而达到以点带面引领全校的阅读氛围，支持学生综合能力培养，助力校园文化建设，希望我们的活动能够为广大同行带来新的启发。

参考文献

[1] 吴高，韦楠华. 我国高校图书馆阅读推广所存在的问题与对策研究[J]. 图书情报工作，2013，(03)：47－51.

[2] 范并思. 阅读推广与图书馆学：基础理论问题分析[J]. 中国图书馆学报，2014，(05)：4－13.

[3] 崔波，岳修志. 图书馆加强阅读推广的途径与方式[J]. 大学图书馆学报，2010，(04).

[4] 朱小玲. 校园文化品牌活动构建和阅读推广[J]. 大学图书馆学报，2011，(02).

空间创新、特色服务：引领潮流的大学图书馆

丁小英　余晓蔚

摘　要　作为学术交流中心和文化传承中心是大学图书馆的使命。数字化、网络化时代图书馆的特色服务及物理空间创新是大学图书馆生存的必由之路。本文同时着重介绍了上海交通大学图书馆在此方面的实践、探索及展望。

关键词　空间创新　特色服务

信息通信技术和互联网的飞速发展从根本上推动了图书馆的数字化进程，无纸化发展的加剧使人们对实体图书馆的存在产生众多疑问和误解，空间再造成为新时代图书馆所必须面临的突出主题之一[1]。图书馆的服务设计、空间设计以满足用户需求为终极目标，且随着用户需求多元化、个性化的发展趋势，服务设计、空间设计的不确定性因素不断增强，肩负着学术交流中心、文化传承中心使命的大学图书馆，实现特色服务及物理空间创新是其生存的必由之路[2]。

1　高校图书馆的物理空间和虚拟空间

什么是"图书馆空间"？Victor Zverevich 在 2011 年对图书馆空间(library space)下过这样的定义："图书馆空间是所有存放印刷资源及传统图书资料载体，并提供读者服务的物理空间的集合，在这个空间里也进行所有图书馆的业务运行，是各种技术及通信活动的发生场所。"物理的图书馆空间包括用于存储各种介质的馆藏空间，以及各种服务区域，如办公区、流通区、书库、阅览室、走廊、服务器机房等。2012 年他对此定义又作了进一步描述，认为除实体的物理的空间之外，还有不可见的图书馆空间：包括 Web 服务器、计算机内存及存储空间、通信频道、无线 Wi-Fi 等，用于支持读者访问图书馆的数字化资源，并称之为"虚拟图书馆空间"[3]。

本文侧重对以需开辟新的图书馆内部物理空间及其相关服务进行讨论。毋庸置疑，图书馆需提供相应的虚拟空间及其技术支持。但对于完全可以通过远程登录，利用各种新技术提供服务的如手机图书馆、数据库、机构仓储知识库、各种检索平台、学科平台、博客等互动平台等不做赘述。

2 第三空间理论下高校图书馆布局与服务的传承与创新

美国社会学家R·Oldenburg提出了人们活动有居住空间、工作空间和图书馆等休闲娱乐第三空间，即以舒适的空间提供社交和活动机会，达到聚集人气、凝聚智慧和交流思想的目的所在[4]。其主要的思想内涵是使图书馆实现从“书的空间”到“人的空间”的功能转变。第三空间理论的提出不仅改变了图书馆的传统视域，而且直接影响到人们对图书馆的传统角色和定位的转变和期待。它使图书馆不再只是单纯的获取知识的地方，而是融合了人文精神、文化内涵和生活艺术的结合体。因此，作为第三空间的高校图书馆，既是传统书香氤氲的阅读圣地，也是现代最新知识的获得园地，更是读者放松自我，体验生活艺术、人文关怀的文化福地。它拓展了传统图书馆的功能，设置了活动室、研讨室、书店、小卖部等，图书馆成为师生知识的交换中心和交流的平台。每个人都是这里的主人，都可寻到自己独立的位置。传统的图书馆各空间的位置围绕馆藏展开，其功能空间都是固定的、封闭的、单一的，书库除了藏书便无其他功能，阅览空间就是读者的阅览空间。今天读者的需求多了，出现了多层次的要求。图书馆内部馆舍方面，建筑设计应具有前瞻性和时代性，符合“第三空间”的人们追求平等、自由、多元的价值，既拥有大空间、大框架格局来实现图书馆作为公共文化交流场所的影响，又重视独具特色、宽敞明亮的隔断空间以满足现代人群阐释自我的个性需求。内部设置传统阅览厅、电子阅读厅、培训教室、会议报告厅、展览厅、放映厅、咨询台等实现知识获取、教育咨询的空间，也设置茶水室、售物间、休息室、研讨室、表演厅、格子间等实现休闲放松、沟通交流和文化展示的场所。第三空间的图书馆建筑追求在扩大共享空间的基础上实现人际的交流和个体的发展[5]。

3 上海交通大学图书馆在此方面的实践、探索

3.1 馆藏功能空间的传承和升级

大学图书馆的建筑空间模式往往受到管理服务方式的影响，而管理服务方式随着社会的发展不断变化，传统功能空间的升级还体现在藏书形式的变化上。大学图书馆藏阅模式经过开架到闭架再到开架的转变后，由于开架阅览模式中的藏书空间固定且占据较大的空间面积，因此上海交通大学图书馆既保留了原先的书库模式建立密集书库用以保存大部分1999年以前出版的书刊，同时改变传统的借阅分离、书刊分离的格局，从读者的需求出发，按照“以人为本”的原则，方便读者而实施“藏、查、

借、阅、参”一体化服务机制，将主馆和包玉刚分馆阅览室划分为以工科、农生医、文史哲等学科阅览室为主，特色阅览室为辅，以大开架的形式，将书、刊及特定的参考工具书按学科分布在同一个阅览室里，经过阅览室管理员的精心服务，整齐、准确并及时地归位架上，同时，每本书都装上了方便查找的无线射频标签，真正做到了“资料随手可得”。阅览室门口设置了数字导引系统，内部设置了专门的学科咨询台和阅览室咨询台及电脑、自助设备，提供集咨询、检索、借阅、复印、打印、扫描、电子文献和网上开发于一体的全方位服务，实现空间的自主化利用。

3.2 人本化、智能化服务的一楼大厅

大学图书馆的智能化是通过综合运用计算机技术、信息技术以及通信技术实现内部各业务功能的自动控制，它是将建筑技术与自动控制技术有机结合，形成一种高度集成的计算机控制系统，不仅包括楼宇自动化系统、安保监控系统、火灾报警和消防联动系统、办公自动化系统等控制系统，同时也包括方便读者使用的智能化设备（如自动借还书设备、自动预约管理设备）及各种人机交互体验设备等。在这些自动化系统及设备的作用下，大学图书馆逐渐转变为一个更大的智能系统，为读者和工作人员提供一个舒适、高效、便利的阅读和工作环境，能够实现节约能耗、减少人力物力成本以及提高管理效率[6]。上海交通大学图书馆大厅的流通台就配备了利用无线射频识别系统技术的智能自助借还书设备，可以实现多本书同时借还及借阅信息实时查询。

结合人性化策略，体现“以读者为中心”，大厅的流通台处还设置了总咨询台、办证中心、馆际互借中心、预约取书中心，还配备了可使用校园卡付费系统的设备。新技术展示中心配备各种人机交互体验设备。在大厅的出入口外，设置了24小时还书箱。大厅的辐射区域配备了极具文化气息的展览展示中心，海报、显示屏、多媒体导读等宣传中心，为读者服务的文印中心、文具和纪念品、书屋、小超市等通过灵活自由的空间设计以及细致入微的细节设计，营造出温馨、亲切、自然的人性化空间氛围，满足读者的第三空间需求。

3.3 人文倡导下的泛阅览空间和特色馆藏空间

作为文化传承中心使命的大学图书馆，需充分利用泛阅览空间和特色馆藏进行人文精神倡导、熏陶与潜移默化。特有的人文精神则成为区别于其他大学图书馆的重要标志，它能够体现大学的文化底蕴，图书馆空间转变及高雅的品位和格调，赋予空间主题、灵魂以及生命。以此来强调与其他大学图书馆空间氛围的区别，从而彰显个性，使人们产生精神共鸣，达到感染、鼓励读者的作用。大学图书馆是重要的文化建筑，不同国家和地区的大学具有截然不同的学习生活方式、审美情趣，造就了不同的空间形式和特色，形成独具一格的人文精神，因此，挖掘并选取本国、本地区适当的文化元素，通过现代建筑形式表达出来，能够充分发扬大学图书馆的人文精神，从而

提升空间的品质[6]。

在“场所论”这一图书馆空间认知新方向影响下，功能主导的动态阅读空间扩展为“泛阅读空间”。通过结合不同的环境区域，图书馆可以构建出不同的“泛阅读空间”。从类型学划分，“泛阅读空间”可分为“厅堂式”、“阶梯式”、“走廊式”、“阳台式”等。它们的共同特征是营造休闲、自在和舒适的阅读氛围；不同的是，由于空间的造型和质感的区别，呈现多样化的空间意境[7]。

上海交通大学图书馆学科阅览室从馆舍布局、标识导引、书架和桌椅选配、布置、内部装饰上，努力营造温馨多彩的文化氛围，在主馆内辅以“生命——金木水火土”、“科学——海地空天”、“荷塘月色”、“孔子学堂”、“图书馆变迁之沧海一粟”等人文景观[8]，注重环境的文化格调，熏陶、提高读者的人文素养，利于读者情感愉悦、身心健康，也利于他们焕发生活与学习的积极性、主动性和创造性，增强拼搏意志，满怀信心地不断完善自己、提升自己。

另外，“彰前人之功，励后人之学”的高校特色文库和名师库特色馆藏建设对高校文化建设和传承的作用也是毋庸置疑的。

3.4 引领潮流的多种创新空间与服务

3.4.1 鲜悦(Living Library)

既有别于传统的书刊馆藏，又有别于数字化馆藏，Living Library 是 21 世纪初期西方兴起的一种基于对话的教育活动，源于丹麦的“真人图书馆”。“鲜悦”是上海交通大学图书馆赋予 Living Library 的专有名称，寓意着“新鲜知识在愉悦中传授”，鲜悦(Living Library)是一个充满新鲜资讯、朝气蓬勃、灵动活跃的新型图书馆，提倡沟通、分享、交流、启迪，理念是“以人为书，分享智慧”，目标是“交大薪火，传承你我”。截至目前，鲜悦已经开办 40 期，邀请了 65 位嘉宾进行交流[9]。

3.4.2 学业分享中心

2012 年底，上海交通大学图书馆与校学指委、教学发展中心联合达成意向，基于在校“知识探究、能力建设、人格养成”三位一体的育人理念上的共同愿望和目标，本着合作、互通、互动的原则，拟联合建立“上海交通大学学习分享中心”，并在图书馆设立中心基地，作为学业辅导、经验分享、学术交流等工作的展示、指挥、交流、监控中心，为学业辅导提供一个互动、展示、学习的平台，起到辅导中心、展示中心及交流基地的作用。目标是“一个核心，多点互动，环绕展示，共享空间”，一个核心即建设促学工作展示系统；多点互动即建设促学活动网站，推动互动式交流；环绕展示为展板、实物、奖杯、视频的全面展示；共享空间即结合联合中心实体空间建设，创建适合学习、交流的学习共享空间[10]。基地设在主馆 E202 房间及外围憩息区，配有展示区(展示徐光宪化学笔记、钱学森水力学试卷)，可以自由组合的花形彩色休闲沙发，多人椭圆形会议桌椅，吧台展示桌椅，白板，玻璃板、投影设备、音响设备以及各科学业分享资料，在图书馆、教学发展中心、课业辅导中心等机构指导下主要由学生自主管理。

3.4.3 信息共享空间的小组学习室

1992年美国爱荷华大学图书馆推出了“信息拱廊（information arcade，IA）”服务，通过不断地拓展、完善，最终形成了较为成熟的信息共享空间（information commons，IC）模式[11]。在国内，以复旦大学江湾校区、上海交大和暨南大学图书馆新馆为代表，都是在建设之初就融入了信息共享空间的服务模式，推行大开放、大服务格局，图书馆服务实现“藏、查、借、阅、参”五位一体的有机服务机制，目标是将整个大楼建成信息共享空间和学习共享空间[12]。尤其是上海交通大学的IC^2服务模式引人注目，即在“信息共享空间IC^1”基础上，引入“创新社区（innovation community，IC^2）”的新型服务理念，将两种IC模式通过职能互补实现整体优化[13]。

为了落实IC^2以共享空间促进信息流动，以社区活动启迪创新思维的服务理念，图书馆主馆特别设计了多种各具特色的小组学习室，为读者提供舒适开放、灵动自由、集思广益的交流共享空间，方便师生进行学术研讨、教学培训、讨论交流、创新赛事、社团活动。主馆和法律馆目前共提供21间小组学习室，通过开放预约系统网上预约。学习室配备了多人会议桌椅、白板、玻璃板、无线投影设备、显示设备、无线网络等基础设施，方便读者使用。

3.4.4 建设中的创客空间和多媒体制作空间

“创客空间”是一个实验、创新和学习的空间，为人们提供场地、材料、工具、设备和技术，使其能够进行动手性探索与参与性学习，一般开展以下服务：提供各种工具和技术；方便小组交流、分享知识和资源；提供个人做项目的空间；提供开放的环境来表达创造力和创新力；提供制作项目原型的工具。高校图书馆创客空间，满足了课程改革的需求，促进学生与科技前沿的零距离接触，拓宽了学生眼界，支持知识创新和知识消费。提供了创意孵化器的空间环境，具有使想法快速成型的工具，使学生接触到最先进的技术，有更多自愿的、创造性学习的机会，而带来创业机会。例如，3D打印机具备可获取性和低成本的特性，再加上制造软件就能使任何人成为一个制造者，能够运用技术创造创新性的方案去解决现实世界中的问题，与此同时还培养了团队精神。越来越多的美国图书馆，如芝加哥公共图书馆、纽约的费耶特维尔公共图书馆、内达华里诺校区的科学和工程图书馆、玛丽华盛顿大学图书馆、北卡罗来纳州立大学图书馆、密歇根大学等多个图书馆进行了创客空间的实践，收益颇丰[14]。

国内的上海图书馆也开创了这方面的先河。它们的“创·新空间”就坚持以用户需求为导向，对原先的专利标准阅览室进行了拓宽和改造，将780平方米的空间进行了开放式设计，以白色为主色调，营造了舒适、时尚、休闲的体验氛围。该空间有五大功能区（阅读空间、IC共享空间、专利标准服务空间、创意设计展览空间、全媒体交流体验空间），这些区域相互组合利用，相通相连不隔断，集图书馆的传统服务、数字化全媒体服务以及各类讲座、展示、共享和交流于一体[15]。

上海交通大学图书馆也开始在C200多媒体阅览室开辟出全新空间，配备了3D

打印机、工具箱、数据线组装柜、多媒体制作专业设备等一系列专业设施，进行创客空间和多媒体制作空间的建设。

4 对国内高校图书馆创新服务特色空间的展望

4.1 结合智慧图书馆的新服务

智慧图书馆将是未来大学图书馆发展的重要趋势之一，交大图书馆陈进馆长在2012数字校园创新论坛暨教育信息化十年发展规划研讨会上发表《智慧图书馆之上海交通大学思考版》专题演讲，认为“广泛的互联与互通、全方位的感知与度量、智能化的管理与服务”为智慧图书馆的三大特征，指出上海交通大学图书馆未来将围绕“资源、服务、技术、馆员、读者”五大核心元素构建自己的智慧图书馆。令人期待的如“有声有色的图书馆”、“泛在的、触手可及的图书馆”（智能眼镜、定位读者、三维展示）等[16]。上海大学图书馆亦以传统数字图书馆建设为基础，自2012年起，逐步推出RFID系统、座位自助管理系统，图书信息二维码、邮件、短信提醒服务和“手机图书馆”服务等为核心内容的智慧图书馆建设，不断方便读者使用图书馆，不断提高图书馆智能管理水平[17]。

阿姆斯特丹大学图书馆将大量的图书保存在封闭、集中的红色箱子中，它们有序地排列在一起，形成可供借阅者取书的藏书空间，从而成为图书馆的标志性中心，每天有大量的学生在任意时间从中取走网上预定的书籍。由于这些书籍来自不同的位置，必须通过无线射频识别系统将书籍进行定位，然后分发到读者预定好的位置。通过这种方式可以释放出更多可利用的空间，给学生提供了家一样的环境[6]。

4.2 学习、知识、研究共享中心

同时针对不同的服务群体和服务目标，信息共享空间逐步向学习共享空间(learning commons，LC)、研究共享空间(RC)、知识共享空间(KC)等不同的方向发展。

未来国内高校图书馆需要顺应主动教学模式发展，与国内外众多知名高校（如麻省理工学院、斯坦福大学等）所青睐的翻转课堂(flipped classroom)[18]、慕课(MOOC大规模在线开放课程)等有机结合，打造图书馆的教学第二阵地。

4.3 开拓新型的个性化的服务

与时俱进不断开拓新型的个性化的服务，如开辟无声学习区。从空间本质角度看，此区域扮演着自习、研究室的角色，满足需要安静的读者避免受其他人员讨论的影响。在期末期间或考试前，无声学习区是读者长期占用以备考、撰写论文的最佳场所。开辟外语口语自习区，国际化一流大学的建设离不开一流的外语，口语的交流练习，面试、辩论赛等各种演练需要相对私密并隔音的专门场所。

5　结语

总之，数字化时代，新技术新需求层出不穷，肩负着信息媒体中心、学术交流中心、文化传承中心使命的大学图书馆，如果能与时俱进，不断开辟出多元开放的空间形态，为读者提供全方位、多样化的服务，不断满足其个性化的多种需求，定然能在信息时代的激烈竞争中迎接美好的未来。

参考文献

[1] 吴建中. 图书馆界既要有改革的勇气，又要有创新的实践[EB/OL]. [2014-08-04]. http://blog.sina.com.cn/s/blog_53586b810102uyh5.html.

[2] 金旭东，李国庆，李海鹏. 21世纪美国大学图书馆运作的理论与实践[M]. 北京：北京图书馆出版社，2007：06-07.

[3] 肖小勃，乔亚铭. 图书馆空间：布局及利用[J]. 大学图书馆学报，2014，4：103-107.

[4] 马慧生，李蓉，吴玉萍. 从"悠·图书馆"看高校图书馆空间设计与新馆建设思路的转变[J]. 图书情报工作，2014，58：22-23.

[5] 伏风. 第三空间理念下的图书馆建筑创新[J]. 图书馆学刊，2015，4：6-8.

[6] 王龙. 数字时代大学图书馆空间建构方式研究——厦门大学马来西亚分校图书馆设计[D]. 厦门：厦门大学，2014.

[7] 罗惠敏. 图书馆"泛阅读空间"研究[J]. 图书馆论坛，2015，3：30-35.

[8] 陈进. 上海交通大学学风建设：[学者笔谈]陈进：服务创新，让大学图书馆焕然[图]. [2015-08-28]. http://www.sjtu.edu.cn/info/1493/23545.htm.

[9] 张文清. 上海交大党委书记姜斯宪作客"鲜悦"与学生畅谈人生和理想. [2015-08-28]. http://news.sjtu.edu.cn/info/1021/395189.htm.

[10] 余晓蔚. 学习分享中心建设——高校图书馆信息素养教育的协同合作之路[J]. 图书馆杂志，2013，271(11)：74-76.

[11] 任树怀，盛兴军. 学习共享空间的构建[J]. 大学图书馆学报，2008，26(4)：20-26.

[12] 徐宏宇，刘晓丹. 中日高校图书馆信息共享空间的比较研究[J]. 现代情报，2013，33(11)：86-90.

[13] 郭晶，陈进. IC²一种全新的大学图书馆服务模式[J]. 图书情报工作，2008，(8)：115-118.

[14] 陈艺，邵洪燕. 高校图书馆创客空间的构建[J]. 高校图书馆工作，2015，2：56-58.

[15] 乐懿婷. 上海图书馆"创·新空间"实践探索[J]. 科技情报开发与经济，2014，24(10)：44-46.

[16] 陈进. 智慧图书馆之上海交通大学思考版. [2015-08-28]. http://wenku.baidu.com/view/b0fbafe381c758f5f61f6732.html.

[17] 倪代川. 大学图书馆创新发展探析[J]. 高校图书馆工作，2014，5：31-34.

[18] 孙旭萍. 基于"翻转课堂"的华盛顿大学Odegaard图书馆空间设计研究[J]. 图书馆建设，2015，3：55-58.

高校图书馆多元化阅读推广模式探索

陈晶晶　徐　炜　宋云丽

摘　要　图书馆是开展阅读推广活动的主体,高校图书馆更发挥着推动校园文化发展的作用。上海交通大学图书馆在传统阅读推广的基础上,从活动内容丰富程度、品牌优化、阅读环境营造、合作与共建、扩大宣传推广等方面出发,深入思考并建立常态化、品牌化长效发展机制,探索构建多元化发展模式,为各高校图书馆提供参考和借鉴。

关键词　图书馆　阅读推广　多元化

世界各国的图书馆均在阅读推广工作中发挥了不可替代的作用,并日益成为中坚力量。与国外阅读推广相比,我国起步相对较晚,从政策角度看,扶持力度较低,也缺少基金支持;从阅读范围来看,需要创立阅读品牌,拓展服务范围;从合作模式看,有待尝试更多元化的合作模式,拓宽阅读渠道。本文就依据上海交通大学图书馆的阅读推广活动发展,进行深入思考,就如何形成高校阅读推广多元常态化发展模式,提升服务品牌效应及长效发展机制进行探讨。

1　内容板块化,形式多样化,活动品牌化

读者阅读兴趣的产生取决于两个方面:一是内部条件,即出自自己内心的求知欲、阅读态度、知识储备等;二是外部条件,如阅读环境、有组织的阅读活动、讲授阅读方法等。内部条件与外部条件相辅相成,相互推动。国外图书馆多致力于通过常态的多元化阅读推广活动来达到阅读兴趣培养的外部条件,而且多数活动都像流通借阅一样成为图书馆的常态性服务项目[1]。

实现常态性服务,首先,需要有一条发展主线,或为长期的项目支持或为服务品

牌。上海交通大学图书馆(以下简称“上海交大图书馆”)发挥传承优秀文化、促进知识传播和交流的触媒和催化剂作用,依托 IC^2 人文拓展计划服务子品牌,以“点亮阅读、启迪人文、弘扬文化”为主旨,推出“阅读让校园更美丽”为主题的阅读推广系列活动,这条主线贯穿每年的活动始末,在提升校园文化品位和格调,营造浓厚的阅读氛围,以不同方式、从不同视角,推进校园文化建设等方面发挥重要作用。

其次,为避免活动元素单一,需要采用多元化形式,区分板块或栏目,从不同的角度营造阅读氛围;同时,结合读者兴趣的差异化特征,设计活动单元,培养读者兴趣;以交叉互动的形式,扩大宣传效果。IC^2 人文拓展计划,经过多年的发展和沉淀,逐渐形成特色鲜明、形式多元的六大常态化板块:“主题书展、文化展览、鲜悦(Living Library)、艺术走进校园、趣味体验、新媒体互动”等。其中“主题书展、文化展览、艺术走进校园”等静态版块较为传统,发展比较固定;“鲜悦(Living Library)、趣味体验、新媒体互动”为比较新颖的动态版块,这种动静结合的模式既满足了广泛的覆盖层面需求又有重点有亮点地打出组合拳,各板块除了独立的年度开展计划外,还围绕特定主题,以每年“4·23 世界读书日”为契机,交叉推出活动,通过多元化的阅读推广形式烘托活动主题,全方位、立体式、动静结合地营造了校园阅读氛围,此外由于板块的性质和特色各异,对于不同阅读偏好的读者来说也增加了选择的多样性,充分收获培养读者兴趣的效果。

第三,突出品牌,是常态化发展的动力,也是宣传推广的亮点。以鲜悦(Living Library)为例,它在阅读推广工作中打破传统,历经 7 年持续发展,形成上海交大独有的品牌,获得多项奖项和同行媒体的关注。良好的活动品牌需要有踏实的内容支撑,鲜悦之所以持久不衰,正因为这种其互动式阅读体验,为读者提供了轻松愉悦的即时交流环境,现场汲取新鲜智慧,效果超越传统阅读方式,更激发了读者阅读相关领域资源的兴趣。鲜悦以图书馆学生管理委员会为主体的管理模式也具有天然的亲和力。合作发展发现,一方面联合校职能部门,充分调动院系师生和学生社团的积极性,营造氛围,深化校园阅读推广的内涵;另一方面,走出校园面向社会,联动闵行区图书馆、上海市文史研究馆,吸收优势资源开展大型活动,有效辐射周边社区,拓展校园阅读推广的外延。同时,充分发挥创新意识,加强网络文化平台建设,打造线上阅读社区(http: //living. lib. sjtu. edu. cn/)。开辟线下阅读空间,除实体活动外,还将活动相关资料整理成纪念册入图书馆馆藏(视频资料入图书馆多媒体资源系统)与更多读者分享,形成智慧传承的长效机制。种种措施,均有助于品牌的优化和保鲜,以亮点带动全盘发展。

下面以 2015 年 IC^2 人文拓展计划为例,综合展现上海交大图书馆阅读推广活动的多元化开展。该活动以 4 月 23 日世界读书日为契机,重点推出“纪念曹雪芹诞辰 300 周年”系列活动,不仅包括形式传统的红楼梦主题书展、红楼梦影视剧作品展播;更囊括了红谜竞猜、古琴欣赏、书法体验、红楼服饰 COS 体验等互动环节。其中书法体验邀请了书法名家共同出席,包括专家演示和学生书写、临摹、点评指导等环节。

交大书画篆刻协会的会员们和书法爱好者纷纷提笔书写，一展才华，专家一一点评还不时亲笔指教，配合现场古琴悠扬古朴的音调，营造出浓墨书香的优雅氛围。“红迷服饰COS体验与摄影”通过当下年轻人热捧的形式，让读者用角色扮演的形式进一步感受经典文学作品；“红迷有奖竞答”则将红楼文化精髓融入趣味灯谜，使读者感受名著《红楼梦》的魅力，这也成为活动现场最为热闹的一角。4月29日，中国红楼梦学会副会长孙逊教授，来到上海交通大学图书馆第49期鲜悦（Living Library）活动现场，以“红楼梦的文化精神”为主题，与交大学子分享红学文化研究中的体会和收获。一系列的活动从视觉、听觉、触觉等多角度出发，在时间上、空间上多维度交错开展，全方位立体化的满足读者需求，扩大互动影响和效果，在后期的调研评估阶段，可以看出颇具收效。

2 多元化合作，拓宽阅读范围

阅读氛围的营造和阅读兴趣的培养，需要依靠组建专门的部门或工作组提供专业化人力资源支撑、构建长效的发展机制，使图书馆阅读推广得以常态性发展，还需要各个层面的联手合作，避免活动开展的形式主义及内容空乏。合作是人与人、群体与群体之间为达到共同目的，彼此相互配合的一种联合行动，机构之间的合作往往会由于他们的差异性或互补性产生协同效应而创造“1+1>2”的效果，从而实现合作多方的共赢[2]。图书馆从其社会影响力来看，单靠自身的力量推动阅读推广有一定的困难，尤其是高校图书馆，怎样在有限的校园内营造无限的阅读氛围，怎样扩大阅读推广工作的辐射效应，与校内、校外多层面的合作是密不可分的。从欧美图书馆界的经验来看，主动出击是必不可少的前提条件；积极与政府、媒体、出版商甚至社区、家庭、企业等机构建立合作关系是有效途径；发挥各自优势、共同策划活动，是取得最大化效益的决定因素。从合作的基本条件开看，成功的合作需要具备以下几个条件：① 共同的目标。即营造阅读氛围、提升阅读水平、推动阅读发展；② 统一的认识。合作双方对阅读推广的受众、实现途径和具体开展方式等达到一致的认识；③ 信赖的气氛。创造相互理解、彼此信赖、互相支持的良好气氛是有效合作的重要条件；④ 取长补短。对于图书馆而言，通过多元化合作，既丰富了服务内容，更解决了困扰图书馆的资金短缺问题，对于其他合作方来讲，图书馆丰富的阅读资源和高校广大学生团体无疑是开展活动的丰厚资源和基础。此外，通过社会化合作一方面增强了高校图书馆的社会影响力，另一方面，增强了社会机构的文化和学术氛围。

随着多年的经验总结，在馆内合作方面，逐渐形成主管领导总牵头，综合流通部总策划，图书馆其他各部门分工协作，以及阅读推广志愿者（图书馆学生管理委员会及相关学生社团）合作推广的多元化工作模式，如图1所示。

拓展至图书馆的外部层面，乃至辐射社会的合作发展模式，可以从下面三个方面出发构建。

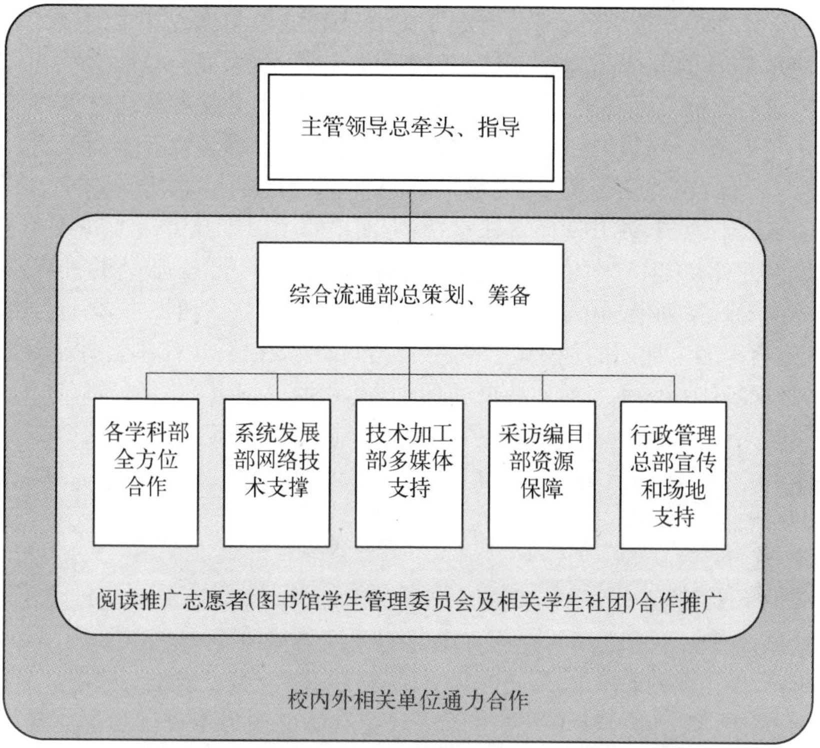

图1 上海交通大学图书馆阅读推广人员队伍结构

2.1 校内合作

1) 制订详细策划,走访相关部门

学校是图书馆发展的依托,为图书馆发展提供平台,也是最为熟悉的环境和直接服务对象,因此阅读推广工作寻求合作伙伴,首先要在校内挖掘。在前期规划设计的前提下,走访校内相关院系级职能部门,碰撞思想创新的火花,寻找多元合作的契机。上海交大图书馆经过多年努力,已与一些院系形成了固定模式的合作,如人文学院的"国际文化月"、电子电信学院的"揽月之星"、法学院的"法律宣传月"、深入各院系供现场选购的"外文书展"等;职能部门方面,与心理咨询中心的合作日渐密切,共同关注大学生心理健康,多期鲜悦(Living Library)活动备受瞩目;与校宣传部合作,共推借助新媒体平台的阅读推广。每年的世界读书日,丰富多彩的活动内容和日益提升的影响力使图书馆逐渐承担起全校性读书活动牵头单位的职责,主动地走出去寻求合作,使图书馆的职能得到拓展,更提升了图书馆的校园地位,以及举办阅读推广活动的影响力及覆盖层面,从总体上来看图书馆在校园文化建设中的作用越来越显著。

2) 积极发挥学生社团的热情和作用

开展阅读推广工作需要充分调动院系师生和校内相关学生社团的积极性,与学生社团的合作即为与读者的合作，有利于提升读者的参与度。如今的学生社团已经不再是简单的学生群体，它越来越接近校园文化的中心，成为校园文化建设的主力军。社团成员的群众性决定了活动参与面的广泛性，充分发挥学生社团的优势和群众基础才能不断为活动注入活力，增强活动的接纳性和覆盖面。上海交大图书馆下设学生管理委员会(以下简称“学管会”)，学管会作为共同主办方，一方面，提高了学生组织的主人翁意识，使其读懂责任；另一方面培养了一批热爱阅读并致力于阅读推广的学生。此外，学生和学生之间有着天然的亲和力，更易于活动的推广。在2015年的世界读书日系列活动中，全面发动校国学社、秋水书社、西洲古琴社、书法篆刻协会、演讲协会等多个社团的加入，开展了红学读书会、红楼COS体验、古琴欣赏、交流沙龙、书画现场体验交流等各具特色的活动，有效发现读者的阅读爱好和需求，激发读者的阅读兴趣和参与意愿，使学生在参与的同时更能够以主人翁的心态加入活动策划与组织，从而促使活动在内容和形式上更大限度地贴近学生的需求，更具吸引力，成功营造书香校园氛围。

2.2 馆际合作

各地区高校图书馆之间的沟通合作，甚至与高校辐射区域内社会图书馆的合作，为阅读推广工作上互通有无，共同进步提供有效保障。就目前形势来看，各个高校图书馆的阅读推广活动基本上还是自行组织，受众面也多为本校读者群。开展活动涉及的人力、资源、技术等条件基本来源于自身。校际间除文献传递和馆际互借发展较为稳定外，阅读推广方面的合作明显不足。因此，高校图书馆应该在中国图书馆阅读推广委员会下设的高校图书馆阅读推广指导小组的指导下，依据该地区该年度高校图书馆阅读推广活动的重点和主题项目，策划相应的分主题和活动项目[3]。此外，高校图书馆还可以通过区域性的高校图书馆联盟进行多方面的业务合作。依托图书馆联盟内成员馆各自的优势资源，合作发展馆藏，最大限度实现资源的共建共享、分工协作，共同开展阅读推广活动，扩大活动的受众面，让更多的人参与到阅读推广的活动中来，取得事半功倍的效果。上海交大图书馆阅读推广活动的“鲜悦”、“艺术走进校园”等板块已经与兄弟院校开展了一些合作项目，例如：中国台湾音乐大师刘岠渭的音乐赏析活动，通过本馆的前期沟通联络已多次在上海高校间巡回开展。此外，还与华东师范大学图书馆、上海大学图书馆等通过支部结对交流的形式建立了阅读推广工作合作关系，并将在日后重点突破，打开校际联手、优势互补的新局面。

2.3 社会合作

注重多元合作，提升推广成效，现代图书馆的服务不能独立运作，必须与公共、私营部门及第三方合作伙伴进行广泛的合作并进行协同集成服务，才会取得更好的效益[4]。高校图书馆阅读推广同样如此。仅仅依靠图书馆界的力量远远不够，因此需要主动出击，联合政府、机构、出版社、书店、社区、媒体等各方面的力量，建立多元的差异化的合作体系，发挥各自优势，形成共振效应，协同推进阅读，以取得阅读推广的组合效益。在此原则下，上海交大图书馆先后与上海媒体报社、上海交大出版社、孙中山纪念馆、巴金故居等机构建立多元合作关系，共同策划和举办阅读推动活动，以取得阅读推动的组合效益从而实现合作机构的多方共赢[5]。2015 年，通过拜访沟通，与上海市文史研究院签订合作协议，以“激发全民阅读兴趣、培养全民阅读习惯，提升全民阅读水平和文化素养”，实现“文化强国”、“书香中国”的愿景为合作目标，充分利用鲜悦(Living Library)的品牌效应、经验和成效，以及合作方的名师、名家资源，为本校读者打造了与作者、文化名人面对面沟通和交流的重要途径，丰富了鲜悦活动的内涵，一定程度提升了其知名度。同时，上海交大图书馆还努力寻求和文化传播机构的合作，进一步发掘文化传播机构的资源，助力高校图书馆的阅读推广活动。例如，邀请著名主持人、朗诵家出任 2015 年古诗词经典诵读大赛的评委，通过名人效应吸引读者参与活动，汲取名人智慧提升活动品质。促使文化通过共享不断传承，使阅读不仅仅停留在文字层面，对艺术的欣赏、与人的对话交流，也成了“读”的形式[3]。

3 多视角优化，提升阅读环境

3.1 完善立体阅读环境

相对于社会阅读大环境而言，学校的阅读小环境直接影响着读者阅读兴趣的形成和阅读能力的发展。在校园阅读软环境构建方面，可以从提升全校师生阅读氛围角度着手，上海交大图书馆即发起全年阅读计划，除世界读书日外，还结合特定的节日或纪念日来推动全校阅读，如心理健康日、反法西斯胜利周年庆、名人伟人诞辰或逝世周年日，通过特定节日时时提醒读者关注阅读。图书馆还通过泛学科化服务，拜访教师和科研团队，从而了解他们的阅读需求并利用自身的资源及优势向他们提供个性化的服务，如充实资源、美化环境等。同时图书馆的阅读推广活动也已备受校领导关注，对于校园阅读氛围的营造起到至关重要的作用。

3.2 物理环境与虚拟平台

阅读是读者的个性化行为，却受多因素制约，不同的阅读氛围给予读者的阅读体验也不尽相同，因此，阅读环境尤为重要；不同阅历的读者对同一本读物的感悟也不一样，因此，读者之间甚至读者与作者之间的交流互动就变得非常重要，通过交流可以激发新的思想碰撞，分享智慧，进一步提升阅读的效果。物理环境方面，上海交大图书馆自 2008 年新馆落成并启用，一直在营造和谐、舒适并独具文化气息的阅读环境。每个阅览室都具有不同的学科主题，各具特色的风格和色调更增添了阅览环境的多样性，以满足不同读者的需求；无线网全覆盖的综合阅览空间和小组学习室更为读者的多元需求提供了讨论、交流的四维空间；同时，设置了视听室、多媒体试验区、语音区，供网络学习、视频欣赏等；电影放映、无线畅听、音品视界等各具特色的活动场所为广大读者营造了轻松、愉悦的“悦读”新境界。

虚拟平台方面，除了图书馆主页相关页面，上海交大图书馆还推出“思源阅读”虚拟阅读推广平台，满足多元主体之间的互动交流。2013 年，“思源悦读”网站着手筹建，3 年内不断推陈出新，现有阅读推荐、主题书展、思享悦读、世界读书日专题、毕业季专题五个栏目，受到读者的喜爱。“思源悦读”网站设计思路上契合 90 后读者的阅读习惯，图文并茂，时尚前卫，迎合后阅读时代的阅读方式，增强与读者互动环节，重视读者参与的特点，以读者阅读需要为最高设计要求，站在读者的视角选择组织栏目，网站的栏目内容迎合网络语言，注重读者参与互动环节，激发读者的阅读兴趣，引导读者阅读方法[6]。为了提升师生的人文素养，引导广大师生阅读经典的兴趣和热情，营造浓郁芬芳的书香校园，上海交大图书馆发挥自身的资源和平台优势，建设开发“悦读经典”APP(安卓版和 iOS)。集中整合图书馆拥有的经典之作和各类阅读资源，提供便捷的阅读环境，实现阅读无处不在。悦读经典 APP 首期以“我的中国梦”为主要思路，梳理“我的中国梦”主题资源。提炼出“伟人/名人篇”、“国家历史篇”、“中国发展篇”、“发展思辨篇”、“大学发展篇”五个子类，方便分类阅读学习。校内师生通过 jAccount 账号登录，即可下载使用，将经典著作以数字化的形式，推广传播，既适应读者的阅读习惯，也满足读者个性化、多元化的阅读需求，促进移动阅读。

4　全方位宣传，扩大阅读推广影响力

4.1　阅读数据可视化呈现

读者阅读状况报告作为阅读推广活动的辅助宣传手段，形式新颖、内容生动，近年来备受关注。上海交大图书馆连续三年于世界读书日当天发布前一年度《图书馆读者阅读状况报告》，2015 年更受到新民网、青年报等校外多家媒体的关注和报道，其图解版也在上海交大官方微信等微平台发布，仅三天，阅读量即达 8 000 多次，转发 3 000 多次，宣传效果可见一斑。6 月的毕业季，图书馆隆重推出手绘版个性化《印·迹》纪念册，在依依惜别的时刻，让大家在离校之际能够拥有一份私人订制般的校园记忆和大学阅读印迹，一周时间内下载量 4 221 次，访问量突破 3 万人次。有读者感慨道：“谢谢图书馆的礼物，我从来没有收到过这样的礼物，倍感温馨！”还有读者表示：“图书馆给我的四年大学生活带来了最美好的记忆！”可见此种形式的宣传更加能深入读者的内容，带动读者情感互动。

4.2　服务宣传推广模式研究与应用

伴随着大学图书馆在信息社会中的功能延伸与拓展、服务转换与提高，国内大学图书馆对服务宣传工作的关注逐渐加强，多样性成为目前大学图书馆自我宣传渠道、宣传内容、宣传形式的共同特点。多样性不仅仅体现在宣传渠道本身的多元化，还体现在利用这些渠道的方式的多元化。因此，对于宣传渠道和利用方式的深入分析凸

显重要性。上海交大图书馆通过开展本馆服务宣传及推广渠道的整理研究和调研，初步了解读者对图书馆哪些服务最为关心及主要通过哪些渠道了解相关服务。在用户分析、服务分类和渠道研究的基础上，通过调研、实践、案例分析等研究的开展，将用户、服务、宣传渠道三点连成一线，多条线路布成宣传推广网络。结合图书馆现有的宣传渠道：口口相传式、纸质资料发放式、海报横幅展示式、各类屏幕发布式、网络平台推广式等，最终通过优化组合形成全新的以用户需求和服务种类为导向的高校图书馆服务宣传推广模式。图书馆阅读推广工作即可在此模式的基础上分层、分类宣传，以理论研究和实际调研指导具体实践。

4.3 新媒体宣传的辅助作用

近年来，以网络、移动新媒体等为代表的新媒体冲击着人们接触和选择传媒的方式。在社会价值多元化的时代，一要充分利用好新媒体的整合传播优势，抓住年轻人对于微博、微信等微平台的热爱，以及校内、同去、BBS等网络论坛的关注，善用、适用好这些新兴宣传平台，无疑会大幅提升阅读推广工作的宣传效果。此外，新媒体平台的互动性相对较强，上海交大图书馆在阅读推广工作中就常利用这一特性，例如引入现代大学生热爱的"新媒体互动"（微博、微信互动），加入学校微信平台矩阵，以抛出话题共同探讨的模式，让大家在畅所欲言的平台上各抒己见，引起共鸣，既保障了交互式活动的开展更在无形中扩大了活动的影响力。这类广受欢迎的形式极大地提高了读者的参与度，使其在参与活动的过程中受到潜移默化的心灵滋养、品格养成和境界提升。

5 长效发展机制的思考

阅读推广活动聚焦阅读和文化，在整体阅读推广活动框架下，每年在保留经典活动内容的同时，提炼和凝聚新的发展方向，开展新的阅读活动。如何将多元化模式长效发展，首先，要从读者需求入手。一方面，图书馆需要关注并深入了解读者需求；另一方面，图书馆作为文化传承的主要实施者，有责任去引导读者的阅读兴趣和阅读内容，提升文化水平和阅读能力。其次，从服务实施看，一方面，立足人员和岗位的矛盾，尽可能由专人或专业团队长期推进和开展，既有利于经验的积累，也有利于保持持续性。另一方面，从服务创新的角度，建立对外合作机制，加强与校内、外等不同层面组织和机构的广泛合作，拓宽人员和资源的共享和配置，吸收更多、更优秀的文化资源。第三，开展更多新鲜和具有影响力的活动，加强活动及服务品牌的维护和提升，长期巩固和广泛传播服务成果。

参考文献

[1] 闫伟东. 欧美图书馆多元化阅读推广模式及其启示[J]. 图书情报工作，2013，57(12)：

82 - 87.

[2] Styles C. Library-based adult reading for pleasure in the USA and the Netherlands [EB / OL]. [2013 - 04 - 02].

[3] 李园园. 高校图书馆阅读推广机制研究——以同济大学图书馆立体阅读为例[J]. 图书馆学研究,2014,(7):85 - 88.

[4] Department for Culture, Media and Sport. The modernisation review of public libraries: A policy statement. [EB/OL] [2013 - 04 - 04].

[5] 杨莉,郭晶. 高校图书馆阅读推广活动的设计与实践[J]. 图书与情报,2014,5:34 - 38.

[6] 杨莉. 高校图书馆阅读推广服务实践探索——以上海交通大学图书馆"思源悦读"网站服务为例[J]. 高校图书馆工作,2014(3):1 - 5.

[7] 张欣. 常态化阅读推广活动机制的构建探索[J]. 图书与情报,2011,6:111 - 116.

高校图书馆读者抱怨行为分析
——以上海交通大学图书馆BBS为例

宋云丽

摘　要　本文采集了2003年2月至2014年12月这十二年间，读者对图书馆服务的抱怨信息。通过分析整体情况，总结读者抱怨的原因，探索读者抱怨的影响因素，最后提出管理对策供参考和借鉴。

关键词　高校图书馆　读者抱怨

近几年，随着图书馆经费的上涨和馆舍的扩建，图书馆在服务内容和服务模式上都有了很大的进步和发展。虽然图书馆一直在完善和优化服务质量，但是在为读者提供服务的过程中，依然会因为各种客观原因和主观原因，引起读者对图书馆的不满和抱怨。图书馆的读者抱怨，一直是图书馆无法回避，且不能避免的实际问题。读者抱怨行为是读者对图书馆内部管理和提供服务质量表示不满意的一种态度和行为上的表达方式。读者抱怨，对图书馆管理来讲，是图书馆及时发现工作中的不足、存在的现实问题和改进工作机制，并获取读者信息的重要途径。

1　概念界定

抱怨，《辞源》对“抱怨”的解释为，心怀怨恨[1]。《语言大典》从9个方面解释了抱怨的含义：第一，complain，表示不满、抗议、怨恨或懊悔的情绪，通常不带抗拒或威胁之意，而是仿佛期待同情；第二，grumble，不满意地轻声低语，尤指以低沉刺耳的声音和粗暴的举动表示不满；第三，gripe，不断发牢骚来反对和批评；第四，carp，尤指吹毛求疵地或怒气冲冲地发牢骚；第五，bemoan，以遗憾、不愉快、不赞成的心情诉说；第六，yammer，发牢骚的说出；第七，wail，哀怨地表示不满；第八，kick，表示不满；第九，murmur，以低沉的声音表示不满[2]。《牛津高阶英汉双解词典》中,“complain”译为“投诉,抱怨,诉苦”[3]。

笔者认为:读者抱怨就是读者在使用图书馆提供的无偿馆藏信息资源、技术网络支持、后勤管理等服务的时候,因为某种主观上或客观上的原因而造成的心理和情绪上的消极或悲观的反应,从而产生不满,如果通过行为上的有声或无声的方式表达出来,从图书馆的角度来说,就是读者抱怨行为。

2 BBS 读者抱怨的整体情况分析

以上海交通大学图书馆 BBS 读者抱怨帖为研究对象,笔者从 2003 年 2 月到 2014 年 12 月 12 年间,收集原创主题帖 2 051 个,其中咨询、公告及其他类为 1 695 个,读者抱怨类为 355 个,占原创主题帖的 17.3%,如图 1 所示。从 2003—2014 年间,读者抱怨的数量年度分布,如图 2 所示。

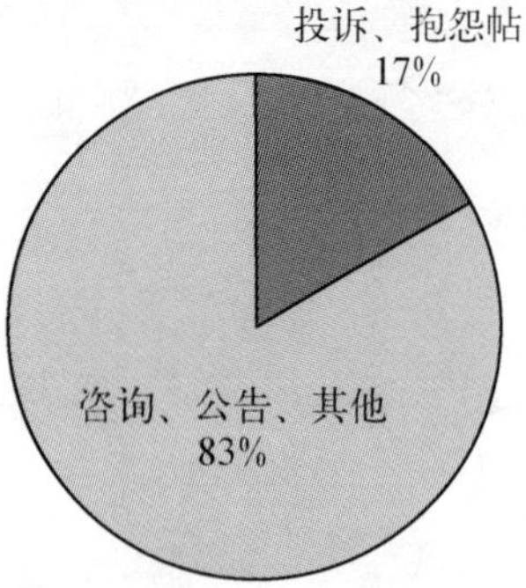

图 1 抱怨帖占原创帖比例

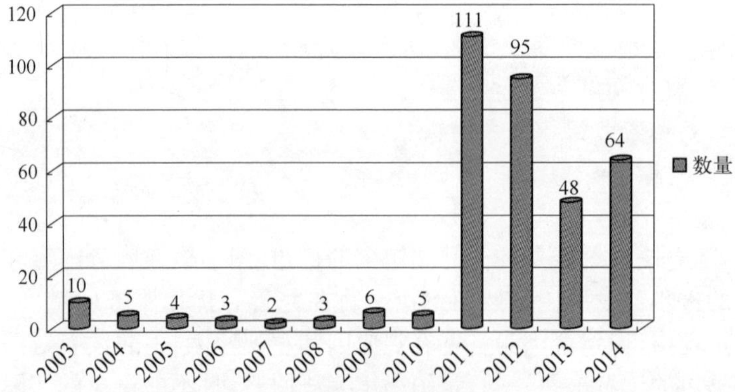

图 2 抱怨主题数量年度分布

由图 2 可以看出,2003 年初,图书馆刚刚在校网 BBS 饮水思源创建图书馆账号,当年关于读者抱怨的帖子有 10 个,2004—2010 年七年间,这一主题的帖子并不多,基本在 2~6 个之间,其中 2007 年最低,只有两个。2011—2014 年四年间,读者抱怨帖暴涨,2011 年达到高峰,为 111 个,2012 年有所下降,为 95 个,2013 年为 48 个,但在 2014 年,再次升高,增长到 64 个。总体趋势,近 4 年(2011—2014 年),读者抱怨量较之前 8 年(2003—2010 年)明显增多。

3 BBS 读者抱怨主题内容分析

3.1 总体情况

根据笔者统计的总体情况,读者抱怨的帖子涉及的主题,由高到低依次排序,如

表1所示。

表1 读者抱怨主题和数量

序号	抱 怨 主 题	抱怨次数	序号	抱 怨 主 题	抱怨次数
1	服务环境	123	7	资源建设	10
2	阅览室管理	72	8	规章制度	9
3	网络服务	43	9	毕业生服务(校友服务)	8
4	基础服务管理	39	10	开放时间	4
5	技术支持	22	11	门禁系统	4
6	数字资源获取	17	12	勤助学生管理	2

读者抱怨涉及的主题共有12类,包括服务环境、阅览室管理、网络服务、基础服务管理、技术支持、数字资源获取、资源建设、规章制度、毕业生服务、开放时间、门禁系统和勤助学生管理。各部分所占比例如图3所示。

如图3所示,图书馆的服务环境提及的频率最高,占总抱怨帖的35%,位于第二位和第三位的是阅览室管理和网络服务,分别占总数的20%和12%。基础服务是图书馆的窗口服务,是最容易与读者产生矛盾和分歧的岗位,但在此次统计中,基础服务被投诉和抱怨的比例仅位于第四位,占总数的11%。技术支持、数字资源获取、资源建设、规章制度、毕业生服务,提及的频率比例都在7%以下,而开放时间、门禁系统和勤助学生管理的抱怨,仅占1%。下面就总数比例占前四位的服务环境、阅览室管理、网络服务和基础服务管理展开分析。

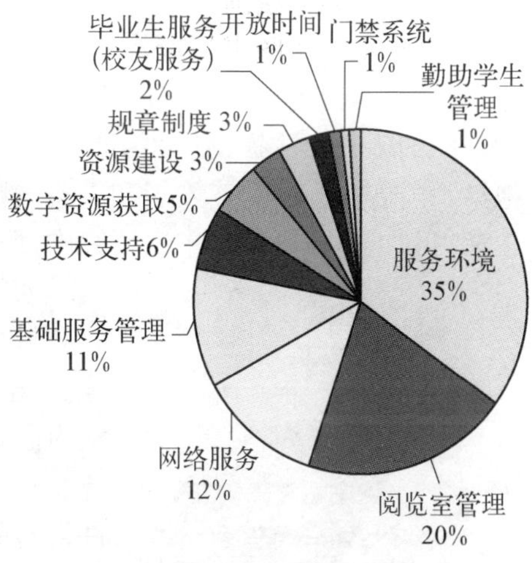

图3 抱怨主题类别数量比例

3.2 主题分析

3.2.1 服务环境

如图4所示,2003年至2010年,读者对服务环境的关注度不高,但在2011年突增,且在2011年至2014年间,居高不下。

图书馆服务环境是图书馆服务质量的重要构成因素,是读者生理、心理和行为反应的直接影响因素,服务环境造就图书馆的学习氛围,学习氛围决定着图书馆的服务质量和效果。1973年,Philip Kotler在文章《Atmospherics as A Marketing Tool》中,

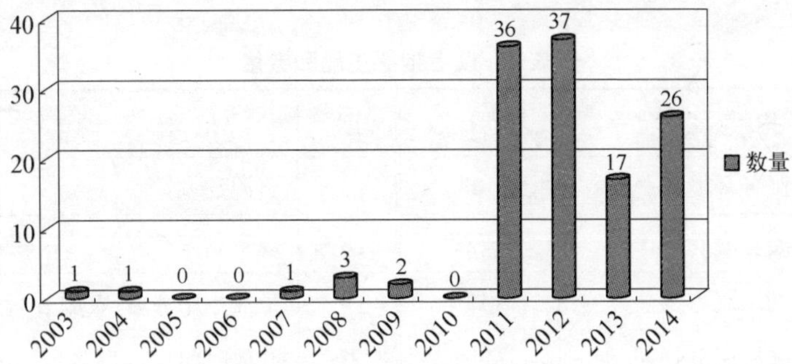

图 4 服务环境抱怨量年度分布

认为服务环境是视觉、听觉、嗅觉和触觉四个感官知觉对环境因素的感应，如视觉中对颜色、亮度、大小和形状等的感知；听觉中对音量和音调的感知；嗅觉中对气味、新鲜度的感知；触觉中对软硬和温度等的感知[4]。学者 Bitner 认为，影响读者行为的环境要素有潜在环境、环境空间的配置和功能性以及图书馆的标识、符号。苏仲勋认为，图书馆服务环境，应分为人际环境和物质环境两种。人际环境如馆员的仪表、服务态度、馆内阅览氛围等，而物质环境如图书馆的设施、馆容馆貌等[5]。本文所讲的服务环境，主要指图书馆的潜在环境以及自然环境等，如温度、灯光、噪声、音乐、气味、颜色等。读者期望图书馆的环境应该是安静、整洁和优雅的，当图书馆不能满足读者的期望或无法提供这些潜在的环境，就可能引起读者的注意和不满，由此而产生抱怨。随着社会的快速发展和人类物质生活水平的提高，读者对图书馆的服务环境逐渐得到重视。所以在本次研究中，服务环境相关的主题，关注度最高。

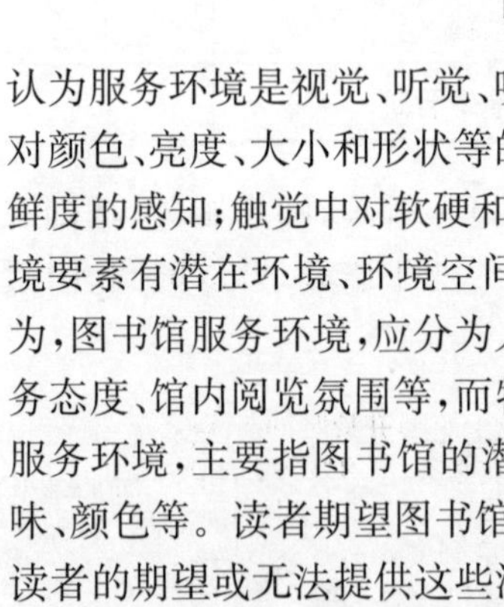

图 5 服务环境各部分抱怨量比例

如图 5 所示，根据对服务环境帖的统计结果，将抱怨数量由高到低排序，分别为室内温度、噪声、硬件设施、卫生、照明、馆舍建设、光线、超市及其他。读者对室内温暖舒适度的关注明显高于其他方面，占服务环境总数的 52%，超过一半。其次是对图书馆噪声和硬件设施的关注，分别占 18% 和 17%，在卫生、照明、馆舍建设、光线、超市及其他方面，虽然也被提及，但都未超过 5%。

服务环境中，关注最高的是室内温度。读者对室内温度的关注，是从 2008 年主馆开馆后开始的。但是这一年只有一位读者提出自己的观点。这位读者用比较大的篇幅阐述了自己在馆内通风和温度上的四点建议，归纳为“① 每天开馆之前开窗通风；② 冬天控制温度不要太高，在 22℃左右；③ 中午再开一小会儿窗；④ 开几个电扇，开到最小(不是为了降温，是通风之用)”。2011—2014 年间，相较 2010 年以前，关注度在增高，但最近四年，抱怨的数量呈下降趋势。这是由于图书馆在日常管理中，根据读者的抱怨情况，及时采取了相应的补救措施，得到读者的理解、接受和认可。

读者对馆内温度的关注基本集中在比较热的5—9月，还有比较冷的11月到次年的1月。5—6月份刚入夏，在BBS上呼吁类似“准备啥时候开空调呢”或者是“空调可不可以稍微升温一点啊，好冷啊”的读者比较多，且5月份是呼吁开空调的高峰。7—9月份，在有冷气的情况下，有读者体感过热或过冷，会在BBS上发帖，如“无论走廊还是A区都很热啊”和“夏天开这么冷，太浪费了”等。同样在11—12月份，呼吁类似“目测好多空调都没有开，为什么?”和“新图空调现在温度不均匀”的读者比较多，且12月份达到高峰，12月到次年1月，在开暖气的情况下，读者体感过冷或过热，也会在BBS上发帖抱怨。

3.2.2　阅览室管理

阅览室是图书馆的重要场所，是馆藏资源和读者阅览、自习的汇聚地，是图书馆管理中的重要组成部分。

如图6所示，2003—2010年间，读者对阅览室管理的不满、抱怨数量并不多，在1～3个之间。而2011—2014年间，突然增多，且在2011年达到高峰，但这四年间，抱怨量呈下降趋势。这跟图书馆业务的不断扩大和馆员对业务的细致程度，以及对读者抱怨及时进行妥善处理有关。

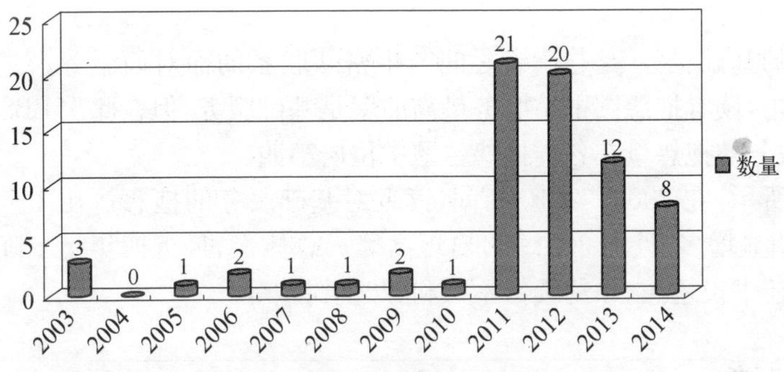

图6　阅览室管理抱怨量年度分布

读者对阅览室管理的抱怨主要集中于在架书找不到、电子阅览室的开放时间和设备的维护、读者的不文明行为和管理员管理等方面。图书馆目前实行大开放、大格局服务，难免读者有“每次在网上都能搜到书在架上，但是去了之后就是找不到”的抱怨。在电子阅览室的开放时间和设备的维护方面，有读者反映“中午时间暂停”和“电子阅览室的电脑病毒多，使用起来步履维艰”等。对某些读者在图书馆的不文明行为，也会有同学在BBS上抱怨，如大声讲话、吵闹、考试周占座、馆内用餐等。只要读者受到视觉、味觉、听觉等感官上的影响都会产生不满和抱怨。

3.2.3　网络服务

信息化的快速发展，离不开网络技术的支持，读者在使用图书馆的同时，离不开网络的使用。

如图7所示，2003年至2010年，读者对网络技术的抱怨，从数量上来看并不明显，只在2009年，一人提出“为什么新图的有线网不好用呢？还没有建好吗？什么时候可以用？速度多少？”的问题。高峰出现在2011年，随后2012年和2013年呈下降趋势，但在2014年，因为图书馆主页改版带来的各种使用问题，关注度再度提升，不少读者在BBS发表不同看法。其中提及最多的有图书馆的主页打不开、账号不能登录、网速反应慢等。

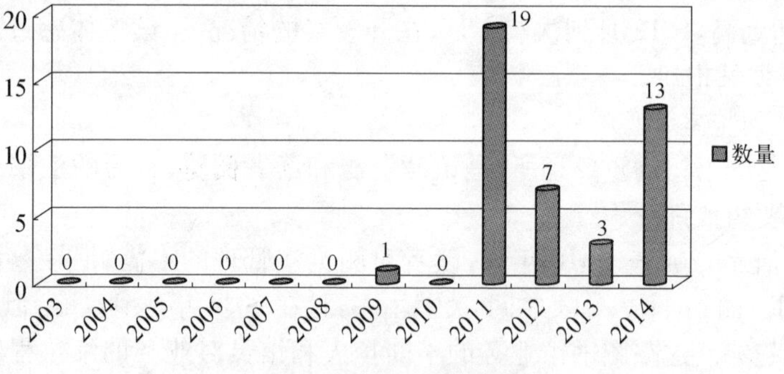

图7　网络服务抱怨量年度分布

3.2.4　基础服务管理

图书馆的基础服务，是与读者之间产生密切联系的面对面服务，在笔者2013年的一次调研中，读者抱怨图书馆服务最高的就是基础服务，但在此次BBS抱怨帖的统计中，基础服务的抱怨量在各类抱怨主题中位居第四。

如图8所示，在2003—2010年间，读者对基础服务的抱怨量在1～3个，2011—2014年间，明显增多，且在2011年，出现高峰。总体上，最近四年呈下降趋势。抱怨主要集中在还书没还掉、预约续借不顺利、产生罚款等。

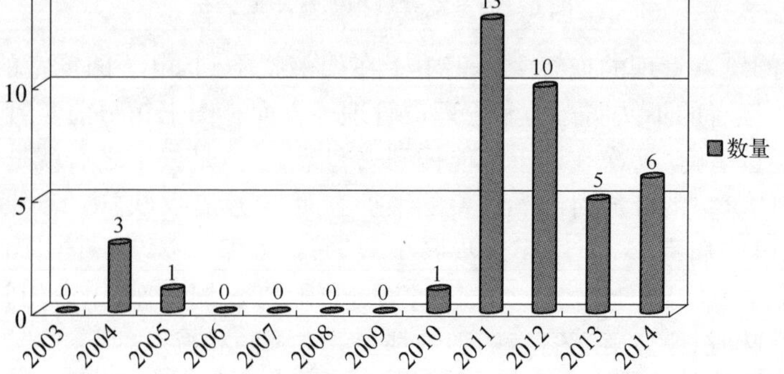

图8　基础服务抱怨量年度分布

3.2.5 其他方面

技术支持方面，多反映在打印收费高和打印机使用出现故障等问题；数字资源获取方面主要集中在数字资源下载过程中遇到的各类问题，如下载不了或反应慢等；资源建设方面，主要有读者荐购、馆藏资源不足或查找不便等；规章制度方面，多集中在超期罚款和借阅政策方面，如"至于罚款，罚款作为对当事人行为的一种惩罚性的措施，只有国家法定机关依照法律的规定并经过法定的程序，才可以做出罚款的决定。学校图书馆哪来的权力规定借书逾期不还每天罚款一角。而且罚款的时候连张发票都没有"和续借期限太长等问题。毕业生服务方面，主要是校园卡到期后或直研直博的学生，暑期无法继续使用图书馆的问题；开放时间方面，大多读者希望延长每天的开馆时间，法定节假日和寒暑假，采取轮班制的开放方式；门禁方面，如"偶尔失误报警或刷卡入馆失效"等；勤工助学的学生管理问题，偶有被提及。

3.3 小结

通过上述对抱怨各类主题的分析，总结如下：

第一，如图 9 所示，2003 年至 2010 年间，读者抱怨量持续低潮，从 2011 年，各类抱怨主题帖同时增高。2011 年至 2014 年四年间，整体高于 2003 年至 2010 年八年间的抱怨量。

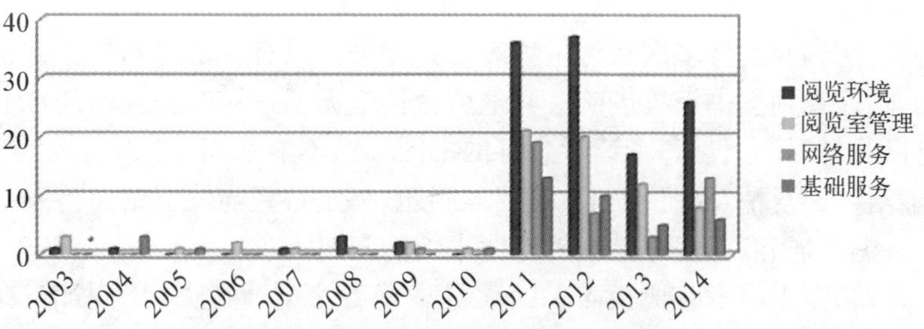

图 9 位居前四主题抱怨量年度分布

第二，最近几年，图书馆发展迅速，从 2011 年开始，随着图书馆业务的拓展和既往规章制度的修改，读者抱怨帖随之增多。矛盾是发展的动力和源泉，矛盾出现时，图书馆都能对读者抱怨做出积极回应，在各个层面的管理上推出有效措施。

第三，从统计帖的内容分析中不难看出，部分读者对图书馆的管理、规章制度或服务内容并不熟悉或了解，往往凭主观臆断发表个人看法，同时也会引起其他读者的跟帖。

第四，就目前而言，读者抱怨的部分内容，随着图书馆管理的进步，一些问题逐步得到解决。如 2014 年 9 月份，有读者提出"能否在馆内添设自动借还书机，方便随时借还书"；"直研的学生暑期留校上双硕士的课程，去图书馆刷卡，被提示'过期卡'"等，都已实施或解决。

4 读者抱怨的影响因素

ERG理论[6]是人力资源管理中的一个激励理论。将其运用到图书馆读者管理中,寻求读者产生抱怨的内在因素同样适合。实践证明,除了读者抱怨的客观因素外,还有读者抱怨的主观影响因素。根据ERG理论,大概分为以下三个方面:

第一,生存需求因素。这是读者最基本的需求,包括生理需求、物质需求、心理需求及学习工作上的多个方面,如果这个需求得不到满足,就会产生无法在图书馆继续下去的状态;例如,在BBS抱怨帖中,被提及的"图书馆开馆时间太短";"学生占座现象严重,且长时间占着不用,可在期末期间实施限制占座办法";"人工咨询方面,很多时候无人可咨询,比如打印机坏掉的时候";"自习的时候会有学生讨论,应该在书架或座位上设立安静的提示标志,并引导同学去讨论区"以及图书馆空调温度开得太低或太高等问题。这些问题都是读者在进入图书馆后,自身对所处环境的感知或反映。是对生存的需求,如果图书馆的管理没有达到读者在生理或心理上的需求,就会产生不满、抱怨甚至投诉。

第二,关系需求因素。关系需求因素是指读者与图书馆进行友好交往和联系的需求,也可以叫归属的需求,他们希望与图书馆保持良好的关系,得到图书馆的帮助,这种需求如果无法满足,就会产生抱怨情绪。例如在抱怨帖中,读者提到的"服务需要有可持续性",如"我好多次从这里填表征订图书。只有一次得到邮件回复,告诉我采购成功,欢迎我到图书馆去借阅。其他就音信全无了,不知道是没有收到还是没有订购还是已经订了。当然每个读者想订的书图书馆不能都满足。但是如果没有被征订,应该能给个回复消息好让我们知道"等问题,都是希望与图书馆保持友好的关系,以确保良好的沟通和联系,也是读者对图书馆的归属需求。

第三,成长需求因素。成长需求因素是指读者希望通过使用图书馆,在学习、事业上有所成就、在能力上有所提高,通过学习和锻炼,不断得发展、完善自己的需求,从而获得尊重,实现自我价值。这是三个需求中的最高层次,如果不能及时得到满足,就会退而求其次,读者会感觉到受挫,退回到较低层次,但同时抵触心理更强。例如,抱怨帖中提到的"从Nature、Scince、PNAS等到现在Wiley InterScience(包括原Blackwell Synergy)许多刊物在逐年减少"、"曾经查《荆棘鸟》,没有,今天连续查了3本书:《金陵十三钗》、《1937年的爱情》、《朱雀》都没有,只有《朱雀》是在订购中的书,之前还查过很多书都没有"的问题,读者希望通过图书馆的馆藏资源,提高自身能力以实现自我价值,这也是读者对图书馆的最高需求。

5 管理对策

根据读者对图书馆的抱怨和产生的影响因素,笔者提出以下管理对策,以期减少或消除不满和抱怨,进一步完善图书馆的管理机制、方法和策略,提高图书馆的服务质量。“图书馆读者抱怨类型分为读者显性抱怨和读者隐形抱怨两方面”[7]。在日常管理工作中,馆员应该关注读者,不管是哪种抱怨,都应给予适当的人文关怀,正确引导读者使用图书馆的所有馆藏资源。

5.1 对高校图书馆读者口头抱怨的处理方法

第一,图书馆员要有负责任的心,端正态度对待读者抱怨,耐心倾听,不急不躁。一方面可以给读者留下一个重视读者的良好印象,以舒缓读者因为不满产生的不良情绪,使读者的抱怨能在平和、温暖、理解的气氛中解决;另一方面,也可以正确地了解读者产生抱怨的实质和原因,为后期解答读者抱怨做好充分准备。

第二,认真听取读者反映的问题,正确理解读者抱怨问题的实质。可以正确描述读者抱怨的问题,有必要时对读者的意思进行归纳整理,反馈给读者,并得到读者的认可,读者的意见只有被图书馆工作人员完全理解了,才能对问题的解决给出合理的建议。

第三,出现抱怨,应该及时采取补救措施。如果是因为图书馆馆员自身的工作或服务原因,引起的读者的抱怨,图书馆员应该要以诚恳和真挚的态度向读者道歉,认识产生问题的原因,承诺改进,让读者的抱怨得到合理的解决和满足,以避免引起读者情绪上的激动,导致不必要的冲突。对待客观存在的实际问题,要明确告诉读者,图书馆存在的实际困难和打算预采取的改进措施,做好读者的思想工作,争取取得读者的理解和谅解。

第四,对读者反映的问题做好笔记和记录。读者陈述问题的时候,可以在读者的面前认真将问题记录下来,问询读者有无补充意见,留下读者的联系方式,以便日后追踪处理或回访,使读者感受到图书馆对其问题的重视和认真处理的态度。同时把记录好的问题纳入抱怨、投诉问题“集装箱”中,作为后期研究读者抱怨问题时提供客观参考依据。

第五,图书馆应该坚持自身原则。如果读者对图书馆已经制订且落实的规章制度产生抱怨,图书馆可以出具相关规定或政策来对读者进行解释,向读者说明按照规章制度进行服务的原则。对于故意刁难、纠缠不清的抱怨行为,应理直气壮地对其进行批评和教育,对教育后改过者,可以不予追究,倘若对教育后依旧知错不改者,应该收集现场证据,做好记录,上报馆领导和其所在的单位进行处理,情节严重者由馆办提交给学校主管部门进行严肃处理。维护图书馆形象,尊重图书馆员人格,也是图书馆义不容辞应当坚守的原则。

5.2 对高校图书馆读者书面上抱怨的处理方法

第一,深入各部门一线研究调查。找出引起读者产生抱怨的原因,读者抱怨问题涉及的业务部门或个人应该做出认真的书面解释,提出处理问题的办法或建议。

第二，给读者的反馈要及时。告知读者图书馆已经了解并已开展调查，对图书馆因为服务失误或不到位等原因引起的不满表示深刻的歉意。

第三，跟踪、回访和反馈。跟踪读者，确认读者是否对图书馆的整改或措施感到满意，将读者反馈的意见，进行整理汇总，以便完善工作流程和规范。

实时恰当地处理读者抱怨，把读者的不满、抱怨和投诉转化为读者满意，进一步获得读者的信任、尊重和理解，对图书馆提升内部管理、优化工作流程、弥补工作不足、提高服务质量以及为读者营造借阅、学习环境，具有重要的实践意义。图书馆读者抱怨，是日常图书馆工作中，读者对服务质量评价的方法之一，图书馆应该重视并从各种渠道获取抱怨和不满的信息，在此基础上，除了积极采取应对措施外，还应结合实际情况予以分析、整理，为图书馆高层进行决策和制订发展规划目标提供借鉴和参考。

参考文献

[1] 广东、广西、湖北、河南辞源修订组. 辞源[M]. 北京：商务印书馆，1983：1358.

[2] 王国亿. 语言大典[M]. 海口：三环出版社，1990：150.

[3] 霍恩比. 牛津高阶英汉双解词典[M]. 北京：商务印书馆，1997：282.

[4] Kotler P. Atmospherics as a Marketing Tool[J]. Journal of Retailing, 1973, 49(4): 48 - 64.

[5] 苏仲勋. 谈优化图书馆环境[J]. 鞍山师范学院学报，1992，01：69 - 71.

[6] 董克用. 人力资源管理概论[M]. 北京：中国人民大学出版社，2011：111.

[7] 赖伟权. 基于读者抱怨的高校图书馆危机管理探讨[J]. 河北科技图苑，2009，01：54 -56，68.

高校图书馆开展微课程服务的探讨

邵博云

摘　要　高校图书馆开展微课程服务具备技术方案支持、服务内容支持和多部门馆员协作的条件。图书馆可将微课服务引入虚拟参考咨询、信息素养教育和服务的宣传推广三个方面。微课程有助于图书馆普及虚拟参考咨询和信息素养教育，宣传推广图书馆的服务。在开展微课服务时应注意微课程的开放性和技术资源限制的问题。

关键词　微课程　高校图书馆　学科服务

在“微博”、“微信”、“微视频”大行其道的今天，已被打上“微时代”的标签。微时代下的诸多微功能，不仅给传统的互联网应用带来了革命性的冲击，更在教育领域产生了不小的影响。“微课”的出现与盛行，涉及多方面的原因。一方面受整个教育信息化发展大背景的影响，包括数字校园的普及和各种课件制作技术的不断简化，极大地鼓舞了教师教学信息化的参与热情。另一方面，微课的出现，同样也与移动学习的不断推与普及有直接的关系。因为移动互联网和移动终端设备的逐渐普及使得人民的信息获取方式产生了相应的变化。学习者的时间经常被这些设备“切割”或“分离”为越来越小的时间段，并随之出现了所谓“碎片化学习”，即一种每次持续时间短但发生频率高的新学习方式。相应地，碎片化学习方式进一步使得教学资源也相应划分为更小的“片断”，以适应学习者的新行为模式。在上述各种因素的综合影响下，微课便应运而生。

高校图书馆应当积极投身于这场“微变革”中，将微课程引入各项服务，发挥微课在图书馆服务和宣传推广中的作用。

1　高校图书馆开展微课服务的可行性

从高校图书馆目前具有的条件考量，高校图书馆开展微课服务已具备技术方案支持、服务内容支持和多部门馆员协作的条件。

1.1 技术方案

从技术设计方法来看，微课目前通常有以下两种制作方案。第一种是单播式微课，它强调内容的传递性，通常先编写一个简单的制作脚本，例如应该掌握的关键知识点或单元总结等。然后利用“电脑的话筒＋摄像头＋录屏软件＋演示工具”来现场制作。以这种技术方案制成的微课表现形式通常是，教授授课头像的语音视频＋文字演示或其他可视化内容；或者是幻灯片演示录屏和动画等。第二种交互式微课则强调内容的交互性，在编写脚本的基础之上，通常需要一些硬件设备和相应的特殊课件制作软件，制作出来的微课的表现形式和内容相对复杂一些，通常不仅有视频，也会有一些交互或反馈环节，技术水平也较高。一种被称为“快课”的设计技术，成为一个很好的解决方案，它能使学科教师在简单培训之后，也能设计和制作出具有交互功能的微课[1]。

图书馆技术服务部门拥有专业的 IT 技术人员，能熟练运用多种软件技术将课程内容与信息技术整合起来，把教学理念和策略设计成适用的资源教学的微产品。技术人员提供视频录制、中文字幕制作等加工处理技术进行“微课”化处理。同时，具备多种技术手段可以进行原创式开发，包括录屏软件录制、摄像工具录制、录播教室录制、专业演播室制作和用 iPad 录制[2]。

1.2 服务内容

通常情况下，大家所说的“微课”主要是指“微课件”，就是基于微型教学而设计和制作的电子课件。无疑，小段视频是这种微课件的重要组成部分或表现形式。但需要指出的是，并不是小段视频就可以称之为“微课”。否则，微课就没有多大新意。所谓“微课”中的微，更多是腔调教学主题或教学内容的“微型化”，更重要的是，在“微”的基础上，还要强调对学习内容的即时反馈和学习过程的交互性。高校图书馆的基础服务、信息素养培训和学科服务等方面的内容主题突出、短小精悍(一般不超过 10 分钟)、可重复利用，非常适合引入微课程，例如在虚拟参考咨询、信息素养教育、阅读推广和学科服务推广等方面都可以使用微课进行教学或宣传。

1.3 多部门馆员协作

高校图书馆开展微课服务，需要多部门馆员间的协作才能完成。除了技术服务部门的馆员可以提供技术支持外，图书馆技术服务部门拥有专业的 IT 技术人员，可以提供视频录制、中文字幕制作等加工处理技术进行“微课”化处理。同时，具备多种技术手段可以进行原创式开发，包括录屏软件录制、摄像工具录制、录播教室录制、专业演播室制作和用 iPad 录制。各部门馆员可根据岗位职责提供相关微课内容的素材和策划，如参考咨询馆员负责制作虚拟参考咨询的微课；学科馆员负责制作信息素养教育和学科服务推广的微课;流通部馆员负责制作阅读推广的微课。

2 微课程在高校图书馆中的应用

高校图书馆可开展微课服务的内容有很多,可将高校图书馆微课服务的内容分为虚拟参考咨询服务、信息素养教育服务、阅读推广和学科服务推广四个方面。

2.1 微课程在虚拟参考咨询中的应用

虚拟参考咨询服务的使用率仍然比较低,世界各地的图书馆都在寻求创新服务内容的拓展,但目前有关文献并不多。高校图书馆可将虚拟参考咨询中的典型性问题和常见问题,包括如何自主借还书、如何办理借阅证、如何快速找到具体学科的馆藏分布、如何申请文献传递、如何办理文献检索证明、如何填写科技查新委托单、如何办理文献重合度监测及数据库基本检索方法等方面的问题制作成精炼简洁、浅显易懂、易于传播的微课供读者学习使用。同时借助 Web2.0 技术,用户在使用微课期间有什么问题可通过在线互动得以及时解决[2]。

2.2 微课程在信息素养教育中的应用

随着移动终端的普及和无线网络的发展,越来越多的高校在校学生开始借助智能手机、平板电脑等移动终端设备进行阅读、搜索、传播信息,并进而演变为一种新的学习方式——“移动学习”。移动学习是一种在移动计算设备帮助下能够在任何时间、任何地点进行的学习。而微课具有的时间短、内容精等特点,特别适宜与智能手机、平板电脑等移动设备相结合,符合移动学习的需要。引导学生课后使用移动设备浏览教学内容,利用零碎时间观看和学习,可以自然实现与课堂教学的有效对接。上海交通大学图书馆的信息素养培训已形成一个完整的体系,包括新生培训、滚动培训、院系专题讲座和嵌入课程的培训。

新生培训内容涵盖图书馆基本概况、楼层布局及服务时间、纸质资源查找方法、电子数据库种类及简单方法介绍、馆内重要规章制度、馆内其他服务介绍等。在设计新生入馆培训微课程时,要对所有培训主题进行衡量,要明确哪些内容需要详细讲解,哪些内容要进行删减。对于新生而言,图书馆的基础服务如图书分布、图书借还、图书预约、图书续借、图书荐购、图书借阅规则等相对重要,除了突出基础服务,本馆的馆藏和服务特色也可略加介绍[3]。而相对复杂的学科服务只需在课程中指出从哪里可以获取详细的信息即可,或专门提供以学科服务为专题的微课程。新生培训的内容受众面广、可重复利用、伴有测验和反馈等特点,可以尝试将其制作成需要一定的准备时间和额外的技术资源的交互式微课。交互式微课可以由 4 个环节组成:一是“概念导入”,主要以各种形式的交互式动态图表或预备性测试来简约地向学生展示学习内容和目标;二是“授课视频”,主要以虚拟场景视频方式来表达核心教学内容;三是“巩固测验”,主要以在线测验方式来检验学生的知识理解和掌握程度,并以自动计分等方式来即时反馈;四是“反馈总结”,通常以作业练习或协作项目学习等方式来让学生将所学内容进行应用性操作。此外,在滚动培训中一些重复利用率较高的主题,例如:文献管理软件的使用、开题前的文献调研、文献综述的撰写与解读,以及针对院系的专题讲座,比如媒体与设计学术电子期刊检索与全文获取、媒体与设计学院学术资源介绍与利用等都可制作成单播式微课程。

嵌入课程的信息素养培训和课题结合得更为紧密,单独使用主题单一的微课程进行教学无法深入课程内部,而根据课题特点制作嵌入式微课程也有时间和人力上的限制,因此,在实践中,可以将相应的院系讲座微课程和传统教学结合起来进行使用。在微课程之后,馆员可再利用十分钟时间针对课程主题做一些实际的案例操作并解答疑问。根据笔者的经验,在和任课教师协商阶段会碰到一些困难:如任课教师的课时有限,教学时间饱和,无法分享出 2～4 个学时;任课教师对信息素养培训的实际效果感到怀疑。如果能在协商阶段让院系老师初步看一遍微课程,这种方式会大大打消老师在这两方面的顾忌,同时也起到了宣传的作用。

2.3 微课程在图书馆宣传推广中的应用

在微课理念的启发下,高校图书馆可以考虑以微电影的形式宣传推广图书馆的服务。以清华大学图书馆为例,该馆曾经让大学生自编、自导、自演系列微电影《爱上图书馆》,用轻松幽默的方式讲述了一个发生在图书馆里的爱情故事,同时清华图书馆的各项创新服务功能被巧妙地融入男女主人公的感情发展中。影片推出以后受到读者及网友的一致好评,甚至被国际图书馆协会联合会(IFLA)评选为第 10 届 IFLA 国际营销奖一等奖。高校图书馆可以利用微课程进行图书馆的整体宣传或是特定服务的宣传推广。

阅读推广和学科服务两方面非常适合利用微课程进行宣传。大部分高校图书馆在每年 4 月 23 日(世界读书日)前后举办大规模的读书活动,并把它作为阅读推广工作的重中之重。上海交通大学图书馆 IC^2 人文拓展计划以“点亮阅读、启迪人文、弘扬文化”为主旨,全面提高大学生的人文素养,培养学生的创新精神和实践能力;提升校园文化品位和格调,营造浓厚的读书氛围,至 2014 年,IC^2 人文拓展计划已成功推出 10 期系列活动。推出“阅读,让校园更美丽”系列主题活动,由品味经典、主题书展、文化展览、鲜悦(Living Library)、艺术走进校园、趣味体验、微博互动七大板块组成。上海交通大学图书馆的阅读推广活动已经形成了文化品牌,在此基础可制作微电影宣传世界读书日的系列活动,有助于图书馆的品牌建设。微视频的内容可包含往年举办得较为经典的活动案例和来自读者的积极反馈,同时宣传介绍当年的系列活动。此外,高校图书馆的导读工作可以进一步创新,如利用一些比较好用的屏幕录制软件、移动智能设备等开发工具,为本馆新进书刊或特色书刊制作微型书刊推荐视频,以有声、生动的表现形式吸引读者,再发布到图书馆主页、博客、微信等新媒体互动平台上，从而建立一套完善的新媒体导读机制，做好阅读引导工作[4]。

制作以学科服务为主题的微课程，可以在各种场合和途径播放，有助于向院系师生普及学科服务。拜访教授是上交大图书馆学科服务的常规工作，如果能在拜访之前的联络过程中，让教授事先看过学科服务的微课程，他会更容易接受拜访请求，同时也能大致了解学科馆员的拜访目的和拜访内容，在馆员拜访之前梳理自己对学科服务的想法，访谈效果将会大大提升。

3 微课应用于图书馆需要注意的问题

3.1 微课程的开放性

微课本身就是一种开放性的学习材料。微课教学资源的建设最重要的是要建立一个开放的学习资源系统，在这个开放的学习资源系统中，每位读者都可以与外界交流、互动、分享自己的学习资源，从而形成一个开放、共创、共生的学习资源。学习资源的开放性越高，资源的更新速度越快，读者利用资源的效率也会越高。微课教学资源一定要向网络中所有读者开放。除了使用 U 盘等存储设备拷贝课程外，图书馆还可以申请网络云盘，将微课视频上传到云盘。如果不易用访问和使用，微课原有的知识传播功能就会遭到大量削减，使得学习者望而却步[5]。

3.2 技术资源的限制

尽管单播式微课的制作并不需要很多准备，也不需要很复杂的设备，通常教师自己基本就能应付。然而，对于交互式微课来说，其中所涉及的复杂的视觉效果或动画可能需要准备时间长，或者需要额外的技术资源。

参考文献

[1] 赵国栋. 微课与慕课设计高级教程[M]. 北京：北京大学出版社，2014：24－25.
[2] 候林丽. 高校图书馆虚拟参考咨询服务的拓展——以微课服务为构想[J]. 情报资料工作，2014，(4)：82－85.
[3] 贺艳菊，周朝阳. 微课程——高校图书馆读者培训新模式[J]. 图书馆界，2013，(5)：77－78.
[4] 杨哲. 微课对高校图书馆阅读推广工作的启示[J]. 河南教育，2014，(8)：42－43.
[5] 林晓青. 移动学习下“微课”在图书馆服务中的应用[J]. 文教资料，2014，(14)：60－61.

院系创新工作支持之“中法科学文化月”活动探索

陈志玲　高　协　黄琴玲　马丽华

摘　要　结合图书馆 IC^2 人文拓展计划，通过支撑上海交通大学—巴黎高科卓越工程师学院举办“中法科学文化月”的实践活动，从活动策划、活动方案、活动内容、活动效果、活动意义等方面，阐述上海交通大学图书馆学科服务对院系创新工作的支持，并对其未来发展进行展望。

关键词　IC^2 人文拓展计划　学科服务　院系支持

上海交通大学图书馆自 2007 年开始全面推行“学科化服务”的主战略，该服务模式在经过几年的探索和发展之后已经逐步完善。2014 年底，图书馆进一步制订了《学科化服务可持续发展基准服务规范》，明确规定了各学科服务团队各项基本工作的职责和要求，并对涉及院系的各项学科服务工作予以指标规定。规范将学科服务的工作类型分为基准服务、超额服务和专项服务，其中基准服务是学科服务团队面向院系开展学科服务工作的基本要求，内容包括院系拓展、信息素养、资源建设和服务创新，是每个学科服务团队都必须完成的工作。院系工作支持作为院系拓展的内容之一，基准服务规范也给出了明确界定，即应院系需求围绕院系工作上水平提供的各项支持服务。

在《学科化服务可持续发展基准服务规范》的指导下，图书馆机械动力学科服务团队于 2013 年底在上海交通大学—巴黎高科卓越工程师学院成立学科服务基地，为学院提供新生入馆培训、院系专题培训、学科博客的建立以及院系各种科研文化活动的支持等系列院系支持活动。

本文针对高校图书馆提供的学科服务之院系支持工作进行研究，从活动策划、活动方案、活动内容、活动效果、活动意义等角度出发，以上海交通大学图书馆支持上海交通大学—巴黎高科卓越工程师学院举办“中法科学文化月”的实践活动为案例，阐述上海交通大学图书馆学科服务对院系创新工作的支持，并对其未来发展进行展望。

1 IC^{2}创新服务模式下的院系工作支持

作为国内开展学科化服务较早的高校图书馆之一，上海交通大学图书馆首创 IC^2 创新服务模式，并主张思想起源于“信息共享空间（information commons）”和“创新社区（innovation community）”。两者结合相互促进突出图书馆服务在强化学术创新支持与深化人文素养拓展两大方面的作用，以求达到图书馆服务效能平方级大幅提升的目的[1]。

在此服务模式下，图书馆将基准服务中包含在院系拓展中的院系工作支持作为学科化服务的重要内容之一，以院系和读者需求为导向，为院系创新工作提供多层次、多维度的支持。从提高用户综合素养、促进校园文化建设、培养创新思维出发，上海交通大学图书馆在实践中不断地探索着院系创新工作支持的内容和形式，确定“资源—场地—内容”相结合的院系工作支持形式，活动的主要类型和内容如表 1 所示。

表 1 院系工作支持主要类型

主要类型	活动内容
展览类	书展（如图书展、著作展、学院教材展）
	艺术作品展（图文展、摄影展、绘画作品展、书法展）
	学术作品展（如课程作品展、毕业设计展、校友作品展）
	成果展（如科研成果展）
交流沙龙类	研讨会、沙龙、读书会等
影片类	电影展等
夏令营类	夏令营等
竞赛类	竞赛、征文比赛等

院系工作支持对于校园文化建设和人才培养具有十分重要的意义与作用。

1.1 分享成果、启迪智慧，推动校园文化建设

图书馆能够利用本身在资源方面得天独厚的优势，为院系开展活动提供资源和空间的支持。在推动校园阅读、分享师生智慧的同时，为读者提供创新设计作品展示的舞台，启迪师生的创新思维与灵感。以提升学生素养、传承文化为目的，开展类型多元、方式多样和内容丰富的品牌校园文化活动，为培养具备较强综合素质与创新能力的人才提供强有力的支撑平台。实现图书馆无声的“文化育人、环境育人”的职能，并推动校园文化的积累与发展[2]。

(1) 传承文化，分享智慧，推动校园阅读。图书馆资源是校园文化的物质基础，充分利用图书馆的馆藏资源，协助院系开展各种图书展、图文展、摄影展以及影片展等展览活动，架起图书馆与读者间沟通、交流的桥梁；让莘莘学子在欣赏展览作品的过程中与伟人产生思想的共鸣，灵魂的互动，分享其智慧，激发思考；发挥图书馆文化传承的作用，同时推动校园阅读、引领校园阅读风潮，充分发挥图书馆在大学校园文化建设中的积极作用。

(2) 激发灵感，开拓思维，促进创新与互动。综合交大工科的优势学科背景，与学院合作推出实验性课程项目相关的学生作品、本科生毕业设计作品以及大学生创新实践项目作品，汇聚了各学科的成果，以人为本，重视设计思维、人文历史、学科交叉，为交大各学科的师生提供多向度的创新设计平台，启迪他们能够在无限的基础上发挥想象力。与院系合作成功地将设计作品展项目推进为学院的品牌项目，让更多的师生和企业借此平台走进学院、了解学院。同时与学院科研团队合作，推出自主研发的科学成果的展示，让师生现场参与新技术的体验活动，并举办相应的鲜悦(Living Library)活动和配套的主题书展，邀请科研专家亲临现场，为大家解说科研成果的研发历程，演示如何操作新产品并设置有奖问答环节。师生通过现场互动，亲身感受和体验新产品和新技术的工作过程，了解其工作原理，积极宣传和推广交大科技新成果，开拓师生的视野，激发创新灵感以及对科技产品研发浓厚的探索兴趣。

1.2 促进交流，提高素养，助力院系人才培养

图书馆不但要利用自身的资源和服务质量来作为高校人才培养的基本保障，也要尽可能地发挥图书馆在高校的影响力，与院系合作举办交流沙龙、学术讲座以及夏令营活动，助力院系人才的培养，提高院系师生的人文素养水平；吸引学子，为其构建和深造发展的平台。

1) 开阔视野，感受魅力，提升人文素养

一堂大师的讲座盛宴也许能影响一个人的一生，让其终身受益。图书馆联合院系举办各种名家名师讲座，由院系根据主题文化活动的需要邀请相关名人，如诺贝尔奖获得者、各国科学院院士等著名学者来校讲学，或由院系主办、图书馆协办或与学生组织联合举办各类研讨沙龙活动。拓展了学生视野，提升读者素养，提高其创新思维能力，多方位、多途径打造校园基础文化平台；通过“求职经验分享会”和“期刊面对面”等沙龙活动，帮助学生更好地了解就业的基本形势与主要流程，明确就业方向及个人发展道路、规划职业生涯，提升自身综合素质，为求职过程提供宝贵的经验，助力学术科研成果的发表；让全校的师生都能领略到大师的风采，与大师产生思想共鸣与灵魂碰撞，从而激发出新的思考；将多元思想和文化向全校师生推广与渗透，起到开拓思维、提升人文的作用[3]。

2) 吸引学子，培育人才，构建深造发展平台

大学，是汇聚青年才俊的殿堂，更是培养高素质优秀创新人才的基地和研发高新

尖端技术的源头。在素有“象牙塔”美誉的高等学府，人永远是最关键的因素。为了吸引基础扎实、素质全面、德才兼备的学生报考交大，并为其构建深造和发展的平台，图书馆为学院夏令营活动提供信息素养培训、场地设备等支持。

2 实践案例分析

院系工作支持是学科服务的一个重要内容，如何响应院系需求，成功围绕院系工作上水平提供各项支持服务，成为各学科服务团队需要深入探讨和研究的问题。在院系工作支持中，比较常见的是进行部分或局部活动支持，图书馆以提供配套的主题书展、空间场地和设备为主，但全面深入支持院系活动的实践却比较少见。上海交通大学图书馆就全面深入支持院系活动进行了有益的尝试和创新——支持院系举办“中法科学文化月”活动，并由此取得成功支持院系工作的实践经验，为学科服务院系支持工作提供参考。

2.1 “中法科学文化月”活动背景

图书馆于 2013 年年底在上海交通大学—巴黎高科卓越工程师学院成立学科服务基地时，学院与对口学科服务团队确定的学科服务工作备忘录中就将“中法科学文化月”系列活动列为 2014 年的院系支持工作重点。

为了创建世界一流大学，学校十分重视院系的国际合作与交流，正值中法建交 50 周年、法国总统奥朗德为上海交大—巴黎高科卓越工程师学院揭牌一周年之际，图书馆结合 IC^2 人文拓展计划，与上海交大—巴黎高科卓越工程师学院、法国驻上海领事馆、法国协会文化中心携手合作举办“中法科学文化月”系列活动，以加强全校师生对中法建交 50 周年以及法国科技与文化的了解，开拓师生的视野，推动中法合作交流与创新。

2.2 规划设计

前期学科服务团队与学院达成活动支持的共识，并争取全馆各部门的支持，充分发挥学科服务团队的协作精神，做好活动的规划设计，都是活动成功举办的关键因素。

就“中法科学文化月”这一主题，开展哪些相应的活动，如何充分发挥图书馆资源和空间设施的优势，如何吸引更多的师生参与活动，如何扩大活动的影响力，这些都是活动前期规划时必须考虑的问题。

作为图书馆 IC^2 人文拓展计划重要内容之一，“中法科学文化月”活动得到了全馆各部门的支持。为了促进活动的顺利举办，学科服务团队及时地与学院沟通，确定活动内容、活动形式、播放影片内容以及影片提供方。

上海交通大学图书馆作为支撑单位，结合 IC^2 人文拓展计划，与学院“中法科学文化月”工作小组一起合作，制订活动方案，并采用六步走的实施流程：与学院联合提出思路和创意—组建工作小组—项目工作组头脑风暴会议—形成完善方案—宣传与实施方案—效果总结与评估。推出法国科学文化图书展、中法建交 50 周年图文展、数学图文展、3 场法国科学文化电影展以及 3 场法国名人讲座，其中图书展包括图书馆现有法国科学文化图书展、法国名人著作展、上海交通大学—巴黎高科工程师学院法语教材展，以及法国古籍图书展等，从科技到人文的各项活动使全校师生有机会深入体验法国独有的文化，使得全校师生不出校门便能感受到纯正法兰西风情的文化盛宴。“中法科学文化月”活动的主要内容如表 2 所示。

表 2　“中法科学文化月”活动的主要内容

主要类型	主要内容	具体实施内容
展览类	图书展	图书馆现有法国科学文化图书展、法国名人著作展、学院法语教材展(包括学院老师自编法语教材)、法国古籍图书展
	图文展	中法建交 50 周年图文展、小型数学图文展
讲座类	名人讲座	诺贝尔物理学奖得主 Serge Haroche、法国科学院院士 Pierre Lena 以及法国著名数学家、2010 年菲尔兹奖得主 Cédric Villani 主讲的讲座
影片展	电影展	展出《触不可及》、《虎口脱险》、《第五元素》等影片

2.3　具体实施与相关问题

尽管“中法科学文化月”活动在周密的策划下有条不紊地开展，但在具体的实施过程中也出现了一些意想不到的问题。

首先，在图书展览方面，确定了四个展览主题。图书馆现有的法国科学文化相关图书展采取的选书原则是，文学方面的图书主要以世界名著为主，科学技术方面以法国科学家撰写的英语图书为主，由学科馆员自主选书，流通台协助抽书的方式，准备书展图书。图书馆现有的法国科学文化相关图书准备相对容易，但在名人著作图书展的准备方面却碰到了困难。名人著作主要是学院邀请参加“中法科学文化月”开幕式的法国著名人士的著作，名单由学院提供。名人著作展的图书除了由名人本人提供代表作外，图书馆学科服务团队还要根据名单在 Worldcat、亚马孙等网站对相关图书进行查找，再利用 OPAC 系统将查找到的图书与图书馆的馆藏资源进行比对梳理，确定名人的代表作。将代表作的书单提供给图书馆采访与编目部和综合流通部，通过绿色通道、亚马孙网站和正常途径等方式对名人著作进行采访和馆际互借，完成名人著作展图书的准备。学院法文教材展展示学院教师自编的法文教材和师生使用的法文教材，由学院提供展书；古籍图书由上海交通大学—巴黎高科工程师学院的法方院长宫涛教授提供。

图文展的内容准备，与学院工作小组的老师有所分工。图书馆负责法国基本情况的介绍、中法建交历史时刻、改革开放后中法合作重要的历史性事件，以及现任双方领导人互访等图片的收集。由于学院与领馆合作密切，负责前言和后序，以及收集和整理中法合作的成果和项目、上海与法国的合作，以及交大与法国的合作历程等相关图片。在图文准备的过程中，由于图片清晰度和版权的相关问题，曾向中国文化部外联局、新华网以及中国图片社咨询和求助。最终图书馆与学院合作推出的“中法建交50周年图文展”，展示了中法建交50周年历史性时刻、中法合作与交流、交大与法国合作与交流等大量珍贵的图文资料，向来访者全面展现了法国在地理、教育、科技、文学等方面的独特魅力。

法国名人讲座的演讲者由学院和法国驻上海领事馆邀请，图书馆负责场地的预约、布置、设备调试等支持，以及相关宣传支持，如在图书馆网站主页、学院博客上发布通知，制作宣传横幅以及宣传海报。图书馆支持学院成功举办了由2012年诺贝尔物理学奖得主 Serge Haroche、法国科学院院士 Pierre Lena，以及法国著名数学家、2010年菲尔兹奖得主 Cédric Villani 等多位法国著名学者为交大师生们带来的精彩演讲，让全校师生与大师零距离亲密接触，感受大师的风采和睿智。

结合法国著名数学家、2010年菲尔兹奖得主 Cédric Villani“数学之旅”主题讲座，图书馆协助学院和法国驻上海领事馆举办了小型数学图文展，让全校师生领略图片人物在数学方面的杰出成就，了解数学相关的图文背景、含义和来历。

法国科学文化电影展中，影片由学院和法国驻上海领事馆负责提供，但上海交通大学外事办要预先进行审核。图书馆负责影片放映厅的预约，放映设备的调试和宣传海报的制作，并在图书馆网站主页、图书馆学院博客和图书馆 BBS 上发布放映通知。展出了《触不可及》、《虎口脱险》、《第五元素》等多部法国经典电影，让全校师生领略法国文化与风情。

2.4 活动效果和影响

图书馆支持“中法科学文化月”系列活动成功举办，获得了2012年诺贝尔物理学奖得主 Serge Haroche、法国科学院院士 Pierre Lena，以及法国著名数学家、2010年菲尔兹奖得主 Cédric Villani 在各自著作上的亲笔签名，以此留念和激励全校师生，意义非凡。

图书馆通过配合学院“中法科学文化月”活动，举办图书图文展、名人讲座和影片展等，产生了积极重要的影响：① 推动校园阅读，架起了图书馆与读者间沟通和交流的桥梁，充分发挥了图书馆文化传承的作用，提高了学生的文化素养，在文化内涵上推动校园文化的积累和发展；② 扩大活动的影响，不仅扩大了整个活动的影响力，同时也扩大了学院本身在学校的影响力，作为新成立不久的学院显得尤为重要。同时也将该活动的受益对象从单一的学院师生，扩展到全校的师生，让全校的师生都能领略到大师的风采，与大师的思想产生共鸣，与其灵魂产生撞击，从而激发出创新灵感；③ 与学院建立长期合作和互信的关系，促进学院师生与图书馆学科服务团队间的相互了解，以及学科服务各项工作在学院的顺利推进；④ 为院系学术讲座提供空间场地设备支持，以社区活动启迪创新思维，方便师生开展学术交流和教学研讨，助力院系教学和科研。

3　结语

院系拓展中的院系工作支持，对开展学科服务具有至关重要的作用，图书馆不但要继续在资源、空间和服务内容上加大院系支持工作的力度，也要逐渐提升院系工作支持的深度、广度和创新性，使得学科服务工作在院系支持方面不断地创新和完善。笔者提出以下两点建议：第一，在前期策划过程中要及时与院系负责老师沟通，加强与院系师生的合作与交流，避免在活动实施过程中学科馆员与院系教师产生不必要的误解。第二，院系拓展是了解服务对象需求的途径，院系支持工作显得尤为重要，只有配合学院办好活动，取得学院师生的信任和肯定，才能获得其对图书馆学科服务工作的支持，随时掌握学院的动态，便于学科服务各项工作的顺利开展。

参考文献

[1] 陈进.大学图书馆泛学科化服务体系讲义[EB/OL].[2015-06-09].http://ptr.chaoxing.com/nodedetailcontroller/visitnodedetail? knowledgeId=2845069.

[2] 兰小媛，刘音，胡银霞.上海交通大学图书馆推出爱国主义教育展引领校园文化建设[J].上海高校图书情报工作研究，2014，04：54.

[3] 杨莉，蒋伟霞.IC^2模式下大学图书馆提升读者服务的实践探讨[J].图书馆理论与实践，2012.07：69.

高校图书馆在助推校园文化建设中的作用
——以上海交通大学图书馆“思源讲坛”为例

黄文丽　陈幼华　郝　雁

摘　要　校园文化是大学教育的重要组成部分，对学生的人生观、价值观产生着潜移默化的深远影响。高校图书馆在助推校园文化的建设中有着不可替代的作用。上海交通大学图书馆自主创立的品牌服务模式 IC^2 创新服务之人文拓展计划开展了三个大型校园文化活动，思源讲坛就是其中一个成功的案例。本文介绍了思源讲坛在上海交通大学的具体实践活动以及该活动在助推校园文化建设中所取得的积极成效。

关键词　IC^2　人文拓展计划　思源讲坛　校园文化

1　校园文化内涵

大学校园文化是高校精神的灵魂所在，被视为大学的风骨。它是一所学校综合实力的反映，是凝聚人心、展示学校形象、提高学校文明程度的重要体现，同时作为社会主义先进文化的重要组成部分，它的发展又深刻影响着社会，对社会发展有着重要的推动作用[1]。图书馆作为学校的文献资料和信息中心，与师资力量、教学设备同为学校的三大支柱。在现代大学的全面发展过程中，图书馆的使命应是“多层次、多方位、多目标”[2]，除具有一般图书馆的基本职能外，大学图书馆还被赋予了更为特殊的使命，即为实现学校战略目标提供从学术支撑到文化建设等方面的全方位支撑。

随着数字化和社会化媒体的飞速发展，Q 群、博客、微博、微信、易信等形式出现的传媒文化已经渗透到全社会的方方面面，成为一种生活方式。这些流行文化元素逐渐改变着大学生的文化需求，图书馆如何在 e 时代大环境下，加强自身建设满足广大师生日益增长的精神文化需要，同时充分发挥教育职能，促进高校校园文化建设和发展，担起应负的责任。

校园文化作为一种文化形态，所包含的内容十分广泛，它通过丰富多彩的内容和各种各样的形式对学生价值观念、道德情操、思想内涵和行为模式的形成和发展起着较深的影响。“大学生校园文化是全部校园精神的总和”[3]。“大学校园文化对内构成学校发展的内在凝聚力，对外则担负着推动社会开放与发展的使命”。

2 高校图书馆在校园文化建设中的作用

图书馆作为高校三大支撑之一，传承文化是使命，文化教育是基础职能。过去高校图书馆往往将服务的重心放在对教研活动的支持，在文化服务方面较为忽略[4]。高校图书馆由于自身的性质特点和文化功能决定了图书馆作为高校的一个机构，除了承担着“服务育人”的责任，更需要通过文化传播的形式教育学生，高校图书馆是校园文化的重要组成部分和文化建设的重要阵地。上海交通大学图书馆根据上海交通大学设定的建设目标，制订策略，创新发展，在助推交大校园文化中起着不可替代的作用。

下面以交大图书馆的实践活动-“思源讲坛”为例，阐述高校图书馆在校园文化建设做出的诸多努力和发挥的积极作用。

2.1 背景

上海交通大学早在2003年就提出了建设“国际一流大学”的宏伟目标。从历史发展特点来看，上海交通大学是一所工科强校，人文学科发展薄弱、校园整体文化氛围欠缺，在校园文化建设及人文素养提升方面有极大的诉求。围绕建设“综合性、研究型、国际化”世界一流大学的目标，交大将“以文化建设作为提升软实力的主战略”[5]作为六大主战略之一。学校的战略规划要求图书馆以全新的服务内容及能力来支撑学校教学、科研领域的创新发展。

上海交通大学图书馆借着主馆的建成，根据业界发展趋势及学校发展战略调整了图书馆的整体发展思路，重新规划及布局了图书馆的空间与资源，并进行机构重置与人员重组，以信息共享空间（information commons，IC1）和创新社区（innovation community，IC^2）为理念基础推行IC^2新型服务模式。在此服务模式和理念框架下，图书馆结合学校的学科特色与人才培养计划，精心设计，以IC^2创新支持计划和IC^2人文拓展计划两大板块进行规划，探索出一套高校图书馆服务的创新模式。

IC^2服务模式下的IC^2人文拓展计划是以图书馆文化教育功能和书目指导功能为基础，服务于上海交通大学图书馆构建校园文化社区及提升校园人文素养新型战略发展目标而提出文化服务计划。IC^2人文拓展计划确定了“人文推广、启迪、提升、积淀、弘扬、创新”六大板块[6]，据之开展读书活动、人文艺术讲座活动、竞赛活动、展览活动、沙龙活动等丰富多彩的文化服务，“4·23世界读书日”、将人作为“图书”进行借阅的“鲜悦”(Living Library)、“思源讲坛”等已成为交大馆品牌文化活动，在提升校园文化的过程中起到了积极的作用。

2.2　目的

为了多方位、多途径打造校园基础文化平台，交大图书馆多方努力，打造了“思源讲坛”的文化品牌，以经典阅读、文化艺术为着眼点，秉承让校园“多一份文化渲染、多一批经典解读、多一些大师足迹”的方针，邀请校内外经典、艺术、文化、科学等领域的名家名师做客图书馆，将多元思想及文化向全校师生推广及渗透，从而起到开拓思维、提升人文的作用。“思源讲坛”是 IC^2 人文拓展计划常规、长期开展的项目。讲座涉及多重文化主题，以电影四季、水墨丹青、经典书话等系列交替进行。同时，讲坛也将为一些有杰出才思的青年才俊提供一个阐述和发挥的舞台，使其才华可在此脱颖而出，成为一个人才孕育与发现的基地。

2.3　实施方式

图书馆通过自身的平台优势，联合学校相关机构和学生社团的力量，开展“思源讲坛”活动。讲坛以一个学期为一个执行周期，每期举办 2～4 讲的方式来进行。

2.4　主题设置

“思源讲坛”的主题主要可分为四类：一为经典人文艺术讲座类主题，如 2009 年请詹仁左先生主讲《水墨丹青——中国画欣赏》；二为呼应社会文化动向的主题，如 2010 年，世博会在上海举行，“思源讲坛”推出《世博会与都市文化》；三为重要历史文化人物或事件纪念类主题，如 2011 年为辛亥革命 100 周年，图书馆“思源讲坛 & 叔同讲坛”适时推出主题讲座系列：《百年辛亥之风　千年一统之梦——辛亥百年与中国的统一分裂》与《百年辛亥浦江传奇——孙中山与辛亥革命》；四为适应青年学子需求的主题，如 2012 年主办的《大学，爱了没？——大学生的情与爱》。

2.5　宣传途径

交大学生可通过各种渠道来获悉讲坛的具体内容：宣传海报、图书馆网站、校园电子屏、BBS 论坛等。部分学院把“思源讲坛”的讲座列入学院素质拓展分认可的范围，鼓励学生积极参与。

2.6　成效

“思源讲坛”自 2009 年 3 月 4 日开讲以来，密切联系当下社会文化活动，已经成功地举办了 20 多期，涉及世博会、辛亥百年、民俗民族民间文化博览会等多重文化主题，以电影四季、水墨丹青、经典书话等系列交替进行。讲座成效显著：一展示了交大名师风采。如江晓原、詹仁佐、李亦中、刘统等在文化、艺术、历史等方面造诣深厚的交大名师；二为青年才俊老师提供了展示平台。如汪雨申、周双瑁等交大后起之秀；三吸收外来思想力量。如雪漠、复旦葛剑雄、蔡元培纪念馆馆长章大国等颇具特色的校外名家，形成智慧碰撞；四活跃了校园文化氛围；五提升了学生文化修养。或让学生直面历史、勿忘国耻，或促使学生对幸福、成功、梦想、情与爱等问题的积极思考；或引导学生了解传统中国文化，传播正能量。“思源讲坛”作为上交大图书馆 IC^2 人文拓展计划中的重要板块，活动已日趋成熟与常规化。通过交大图书馆人的理念、技术、协作等多方面持之以恒的努力，以及交大各部门师生的通力合作与支持，相信“思源讲坛”未来必将在推动校园文化建设、活跃校园文化氛围、提升校园人文素养、加强学校与社会的文化交流方面发挥长效的有机作用！

3 结语

优雅的建筑、现代化的服务设施、系统的科研文献、丰富的多媒体资料使交大图书馆当之无愧地成为学校的文献资源中心、文化中心以及重要的公共社区，既为交大校园文化建设提供了基本的物质条件，同时又是校园文化建设主体，是育人的场所。交大图书馆除了开展丰富多彩的读书、讲座、展览、竞赛、沙龙等活动参与、支持和服务校园文化建设，还在新媒体应用、文化氛围和环境建设、提高馆员素质、建立专业服务团队等方面开展了更多的创新尝试，相信交大图书馆未来在推动校园文化发展进程中将发挥更大的作用。

参考文献

[1] 马慧珍. 论高校图书馆如何推进校园文化建设[J]. 科技情报开发与技术，2015，25(1)：21-22.

[2] 黄力，曾青云. 现代大学图书馆的时代使命与实现方略[J]. 商场现代化，2008，555(30)：383-384.

[3] 宋雪霞，余新. 谈谈校园文化的性质和核心内容[J]. 高校理论战线，2009，(10)：46.

[4] 陈幼华，陈进，郝雁. 高校图书馆文化服务活动实施模式研究——以上海交通大学图书馆为例[J]. 大学图书馆学报，2013，(2)：37-40.

[5] http://www.sjtu.edu.cn/news/shownews.php? id=21264 [EB/OL]. [2015-09-01].

[6] Chen Youhua1, 2, Chen Jin2: A Study of the IC^2 Culture Exploring Project of Shanghai Jiao Tong University (SJTU) Library[J]. Chinese Journal of Library and Information Science. 2009, 2(4): 1-7.

资源建设与情报分析篇

高校图书馆电子资源利用比较分析与评价

张　迪

摘　要　结合工作实践，以上海交通大学图书馆的数据库利用为例，从数据库的引进成本、使用成本、使用效果等角度对高校图书馆电子资源的利用进行比较分析，进而对馆藏电子资源进行综合评价，并对图书馆电子资源的订购与服务工作提出建议。

关键词　高校图书馆　电子资源　利用

电子资源的出现与普及改变了传统图书馆的文献收藏和服务模式，图书馆对电子资源的投入经费也在逐年增加。但是，电子资源的利用效果如何，图书馆如何对电子资源进行跟踪及评价，仍然是图书情报领域不断探究的问题。

近些年来，针对电子资源利用评价这一领域，国内外学者进行了多方面的研究，主要包括：① 电子资源评价指标体系构建。国外图书馆界主要以项目的形式构建包含电子资源使用及服务绩效的系列评价指标体系，如美国研究图书馆协会电子资源计量项目（E-Metrics）、欧洲图书馆服务绩效评估和质量管理系统项目（EQUINOX）[1]、网络电子资源在线利用统计项目（COUNTER）[2]等；国内图书馆界对于电子资源评估指标体系的研究，比较有代表性有肖珑等提出的“电子资源评价指标体系”[3]、索传军提出的“数字馆藏服务绩效评估指标体系及其构建原则”[4]等。② 电子资源评价指标体系的适用性及使用统计研究。即主要针对电子资源评价指标体系中用户可获取资源、电子资源使用与服务、电子资源相关基础设施等指标在图书馆的适用性及实际应用进行探索[5]。③ 电子资源利用案例研究，即主要从馆藏同类型电子资源利用比较、馆藏电子资源年度利用变化等角度对图书馆电子资源进行案例解析[6]。

从现有的研究可以看出，国内外图书馆界已从电子资源评估理论构建、电子资源评价指标体系探索、电子资源利用案例式分析对电子资源评估这一领域进行了探究，但上述研究还未系统涉及电子资源利用同行横向比较分析。本文在借鉴上述学者的研究成果基础上，将比较分析方法与使用成本评价法结合，构建基于同行比较及标杆对比的电子资源利用评价，以上海交通大学图书馆（下文简称上交大馆）的数据库利用为例，从数据库的引进成本、使用成本、使用效果等角度对电子资源的利用进行分析与评价。

1 电子资源引进与发展的环境分析

1.1 馆藏发展政策

任何载体形态的馆藏利用评估都与图书馆的馆藏发展政策息息相关，图书馆针对电子资源的馆藏发展政策对电子资源的利用影响尤其关键。随着用户需求和资源利用环境的不断改变，国内外各高校图书馆面临越来越多的竞争与挑战，特别是用户阅读模式和文献出版模式的变化给图书馆带来了深远影响，使电子资源普遍成为国内外高校图书馆馆藏发展的重点。

面对这些变化，上交大馆根据学校学科发展的要求，制订了"重点保障支柱学科、全面兼顾基础学科、特殊扶持特色和弱势学科、灵活倾斜新兴交叉学科"的文献资源建设原则。在引进电子资源时，坚持上述原则基础上，上交大馆首选权威数据库，并把重点放在全文型的建设上。

1.2 电子资源引进及成本分析

图书馆电子资源的引进取决于多种因素，其中经费投入情况对电子资源的数量和质量均会产生重要影响，并对电子资源的利用带来一定影响。"美国研究图书馆协会(ARL)的统计显示：美国研究型大学图书馆的数字资源经费占文献总经费的比率在 2010—2011 年度就已达到 62.47%，超过了印本资源，且数字资源经费年度增长率远远高于文献总经费的年度增长率"[7]。而根据高校图工委统计[8]，2012 年我国高校图书馆电子资源采购经费为馆均为 180 万元，但排在前 5 位的图书馆电子资源采购经费均为千万元级别：清华大学图书馆，约为 2 070 万元(2011 年约为 1 568 万元)；上海交通大学图书馆，约为 1 770 万元(2011 年约为 1 764 万元)；复旦大学图书馆，约为 1 569 万元(2011 年约为 1 134 万元)；浙江大学图书馆，约为 1 548 万元(2011 年约为 1 382 万元)；同济大学图书馆，约为 1 430 万元。随着高校图书馆电子资源投入经费的不断增加，相应地，电子资源的数量也在增长，据 DRAA 理事会统计[9]，截至 2014 年底，高校图书馆集团引进的国外数据库已经增至 134 个。

从上可以看出，相较于其他国内高校图书馆，上海交通大学图书馆在电子资源上的投入经费位列全国第二，仅次于清华大学图书馆。伴随电子资源投入经费的不断增长，上海交通大学图书馆引进的电子资源数量不断增长，电子资源体系构建初步形成。

随着电子资源投入经费的不断增长，对于电子资源的利用应进行完整和深入的分析。

2 电子资源利用比较分析及评价

考虑到数据的可获得性和可比性，作者结合 DRAA 提供的参团数据库使用统计报告，对上交大馆通过 DRAA 参团引进的电子资源利用情况进行比较分析与评价，通过比较和标杆对照两个层面的分析结果，探析本馆数据库利用与同行和标杆图书馆的差异，评估数据库的利用绩效，为数据库的续订或调整工作提供参考。

针对电子资源的利用统计，DRAA 提供三个较为科学、客观、准确的指标——单篇全文下载成本、单次目次文摘检索成本、平均全文下载成本。单篇全文下载成本是指各馆购买数据库的价格与下载全文的篇数之比，单次目次文摘检索成本是指各馆购买数据库的价格与检索次数之比，平均全文下载成本是指集团所有用户购买数据库的价格与下载全文的篇数之比[10]。

2.1 文摘索引型及事实数值型数据库使用成本比较分析

将上交大馆参团的文摘索引型及事实数值型数据库统计结果以单次目次文摘检索成本升序进行排序，如表 1 所示。

表 1 文摘数据库单次目次文摘检索成本及集团使用排名

序号	数据库全称	单次目次文摘检索成本/¥	DRAA 集团用户总数	2014 年集团使用排名	2013 年集团使用排名
1	Conference Proceedings Citation Indexes	0.02	131	2	9
2	Chinese Science Citation Database	0.06	47	6	8
3	Web of Science-Arts & Humanities Citation Index	0.13	33	2	10
4	Biosis Previews	0.14	37	6	8
5	Web of Science-Social Science Citation Index	0.15	111	2	11
6	Inspec	0.19	52	9	10
7	Web of Science-Science Citation Index Expanded	0.24	223	3	15
8	ProQuest Dissertations and Theses A&I: The Sciences and Engineering Collection	0.25	63	5	3

（续 表）

序号	数据库全称	单次目次文摘检索成本/￥	DRAA集团用户总数	2014年集团使用排名	2013年集团使用排名
9	Derwent Innovations Index	0.38	47	16	16
10	JCR Web	1.25	120	3	3
11	Scopus	1.33	22	1	1
12	Reaxys	1.45	18	6	7
13	Engineering Village Compendex	1.81	210	36	38
14	Essential Science Indicators	1.86	78	10	5
15	SciFinder Academic	4.4	130	24	28
16	InCites	11.81	41	1	1
17	Ulrich's Periodicals Directory	12.1	7	7	1
18	CAB Abstracts	26.72	36	8	2

注：数据来源DRAA平台单馆统计报告。

1）从检索成本衡量

(1) 总体比较分析与评价。根据2014年DRAA高校数字资源采购联盟统计数据(见表1)，上交大馆参团的18个文摘索引型及事实数值型数据库使用排名均在平均位数之前，说明上交大馆18个参团数据库单次目次文摘检索成本均低于DRAA平均目次文摘检索成本。以全国高校图书馆利用平均水平为标杆，上交大馆文摘索引型及事实数值型数据库利用总体上高于平均水平。

(2) Web of Knowledge数据库检索平台分析与评价。进一步分析，可以发现排名1～7位的Conference Proceedings Citation Indexes，Chinese Science Citation Database，Web of Science-Arts & Humanities Citation Index，Biosis Previews，Web of Science-Social Science Citation Index，Inspec，Web of Science-Science Citation Index Expanded；以及第九位Derwent Innovations Index；第10位的JCR Web；第14位的Essential Science Indicators这10个文摘索引型数据库都隶属于Web of Knowledge数据库检索平台。为何这一平台利用效果较好，究其原因为：① Web of Knowledge数据库检索平台是进行科研评价检索必备数据库，得到广大师生的普遍使用。② 这一检索平台的数据库可以相互链接，如SCIE数据库检索结果可以链接至CPCI、BP、JCR等，跨库链接功能提升了该平台的易用性。③ 另外本馆通过滚动培训、专题培训、信息专员培训等不同的教学形式，多次对该数据库利用进行专项培训和指导[11]。

(3) 单次目次文摘检索成本偏高的数据库分析与评价。从表1可以看出，SciFinder Academic，InCites，Ulrich's Periodicals Directory，CAB Abstracts 这4个数据库上交大馆单次目次文摘检索成本偏高，检索成本最高的 CAB Abstracts 达26.72元。进一步对这4个数据库利用进行分析，发现导致利用率偏低的原因各不相同。

作为面向化学化工、生物、环境等学科的 SciFinder Academic 数据库，不仅有并发用户数限制，而且使用该数据库时也有要求，如该数据库针对我校用户要求：首次使用时应先注册，并且注册时填写自己真实姓名和相关信息，注册时所使用的账号名和密码不能过于简单，注册邮箱必须使用交大邮箱（sjtu. edu. cn）或医学院邮箱（shsmu. edu. cn），注册时必须使用拥有固定 IP 地址的电脑，否则系统将不予批准或删除已有的信息不规范的账号[12]。诸多的限制条件势必会影响该数据库的使用，因此，为提高该数据库的利用率，应向数据库商提出提高我馆并发用户数并减少该数据库的使用限制。

InCites 作为基于 Web of Science(SCIE/SSCI/AHCI)引文数据建立的科研评价工具，其用户主要是学术研究机构中的决策者、科研管理人员及相关人员，而 Ulrich's Periodicals Directory 则提供全球期刊书目及出版商信息的来源，其用户主要是学术研究机构中图书馆资源建设者和评估者，从上可以看出这两个数据库用户数量有限，因此其使用量较少而导致单次检索成本偏高。CAB Abstracts 是面向农业与环境科学的文摘数据库，与 AGRIS 和 AGRICOLA 被称为世界三大农业文献数据库，利用率偏低的原因应深入研究，需与农业专业师生进行沟通，评估该数据库对他们是否适用及使用价值。

2) 从集团使用排名衡量

虽然 InCites 单次检索成本偏高，但从集团使用排名来看，文摘库中的 InCites 与 Scopus，上交大馆在集团中排名第一，说明相较于同行，这两个数据库的使用，本馆处于领先优势，使用效果较好；Conference Proceedings Citation Indexes（会议录引文索引）、Web of Science-Arts & Humanities Citation Index 与 Web of Science-Social Science Citation Index 上交大馆在集团中排名第二；Web of Science-Science Citation Index Expanded 与 JCR Web 则紧随其后，上交大馆在集团中排名第三；但 Ulrich's Periodicals Directory，上交大馆不仅单次目次检索文摘检索成本偏高，高达12.1元，而且上交大馆在集团中的排名，由2013年的第一位下滑至最后一位，对于该数据库应重点评估。

2.2 全文数据库使用成本比较分析

将上交大馆参团的电子报刊类、电子图书类、学位论文全文数据库统计结果以单篇全文下载成本排序，如表2所示。

表 2 全文数据库单篇全文下载成本及集团使用排名

序号	数据库全称	单篇全文下载成本/¥	平均全文下载成本/¥	用户总数	2014 年集团使用排名	2013 年集团使用排名
1	Springer 电子图书	0.07	0.41	482	4	
2	Westlaw International	0.13	0.18	75	10	2
3	Springer 电子期刊	0.26	1.77	512	14	2
4	Cell Press	0.27	0.72	26	2	5
5	INFOBANK 高校财经数据库	0.36	0.49	89	22	14
6	Proceedings of the National Academy of Sciences of the United States of America	0.39	1.32	60	4	5
7	Project MUSE E-journal	0.42	3.83	25	1	8
8	Elsevier Science Direct	0.51	1.85	279	12	15
9	ACM Digital Library	0.61	3.5	151	3	7
10	British Medical Journals	0.69	1.75	34	3	3
11	Cambridge Journals Online -剑桥期刊库	0.78	5.46	75	2	2
12	Gale Biography in Context(人物传记资源中心)	0.82	4.04	24	1	2
13	ProQuest ABI/INFORM Complete	0.9	3.81	27	1	5
14	Oxford Journals Collection	0.99	4.28	90	1	6
15	Academic Search Complete	1.06	4.56	317	2	7
16	Business Search Complete	1.06	3.78	361	4	6
17	Science Online	1.24	2.16	132	10	12
18	American Society for Microbiology	1.26	1.62	21	4	4
19	LWW 医学全文期刊数据库	1.3	5.34	64	1	1
20	Journal Storage	1.33	1.94	105	26	19
21	ASME 数据库	1.4	3.75	120	9	11
22	ACS 数据库	1.45	3.3	182	13	14
23	Wiley Online Library	1.46	4.05	206	3	5
24	OSA E-journals	1.52	3.77	67	4	5

（续 表）

序号	数据库全称	单篇全文下载成本/¥	平均全文下载成本/¥	用户总数	2014 年集团使用排名	2013 年集团使用排名
25	IEEE/IET Electronic Library	1.62	5.14	163	9	8
26	Ebrary 电子图书	1.93	4.87	21	2	2
27	Thieme E-journals	2.09	3.68	23	7	
28	Gale Literature Resource Center(文学资源中心)	2.26	5.38	36	3	
29	Emerald 全文期刊库(管理学+工程学)	2.3	7.31	71	3	5
30	IOP Publishing Journals	2.45	5.41	100	9	11
31	APS 全文电子期刊数据库	2.86	5.16	132	12	12
32	ASCE 数据库	2.9	8.55	114	11	14
33	AIP 全文电子期刊及会议录数据库	2.93	4.08	101	22	17
34	SAGE 现刊数据库	3.2	7.94	67	3	5
35	Nature 全文数据库及研究月刊/评论月刊	3.48	4.93	145	21	5
36	AIAA 美国航空航天学会数据库	3.53	4.69	24	7	8
37	ProQuest Science Journals	3.62	4.06	8	4	3
38	Taylor & Francis 期刊数据库	3.84	6.06	73	7	10
39	ProQuest Research Library	3.98	2.64	25	14	3
40	SIAM E-journals Package	5.04	17.53	74	3	4
41	SPIE Digital Library	5.36	8.33	40	7	12
42	IMechE Journals Collection	5.43	20.09	23	1	1
43	ProQuest Dissertations & Theses (PQDT)——博硕士论文全文数据库	5.79	27.8	226	7	9
44	American Geophysical Union 美国地球物理学会数据库	6.84	5.65	134	15	17
45	Emerald 电子系列丛书	13.93	14.21	13	8	6
46	Begell Digital Library	19.49	59.67	21	1	1
47	Frontiers 系列期刊	29.02	22.4	50	9	8
48	Project Euclid	31.6	25.41	15	6	7

注：数据来源 DRAA 平台单馆统计报告。

1）从单篇全文下载成本衡量

对2014年上交大馆通过DRAA引进的全文数据库全文下载成本进行统计分析，可以发现：在48个引进的全文数据库中，44个全文数据库单篇全文下载成本低于DRAA平均全文下载成本，即约92％的全文数据库上交大单篇全文下载成本低于全国高校馆平均全文下载成本，而仅有4个全文数据库（American Geophysical Union美国地球物理学会数据库、Frontiers系列期刊、ProQuest Research Library、Project Euclid）上交大馆单篇全文下载成本高于全国高校馆平均全文下载成本。说明上交大馆全文数据库利用效果总体上较好，个别专业数据库由于其所包含的学科范围相对较窄，受众面小，全文下载量较少导致单篇全文下载成本偏高。

2）从集团使用排名衡量

将上交大馆电子资源使用成本与集团内部其他图书馆进行横向比较，可以看出上交大馆的使用成本相较于同行是高还是低。

（1）2014年，上交大馆在集团使用排名第一的全文数据库有7个。均为期刊全文数据库，分别为Project MUSE E-journal，Gale Biography in Context（人物传记资源中心），ProQuest ABI/INFORM Complete，Oxford Journals Collection，LWW医学全文期刊数据库，IMechE Journals Collection，Begell Digital Library。其中Begell Digital Library，IMechE Journals Collection，LWW医学全文期刊数据库，2013年与2014年上交大馆在全国用户中排名均为第一，处于领先优势。

进一步分析可以发现这3个数据库的覆盖学科范围分别为工程科学、机械科学、医学等，这些学科均为我校重点学科；而Project MUSE E-journal，Gale Biography in Context（人物传记资源中心），ProQuest ABI/INFORM Complete，Oxford Journals Collection分别由2013年的第8、2、5、6位升至第1位，这4个数据库覆盖的学科为经管、政治、法律、传记、文学等，这些学科为我校近几年支持的新兴学科。

从以上分析可以看出，数据库的利用排名和上海交通大学学校类型和院系设置发展契合度较高。学校一直以理工科见长，但随着向综合性大学发展，人文社科科学开始得到加强，后合并了上海第二军医大学。近年来，通过国家“985工程”和“211工程”的建设，学校高层次人才日渐汇聚，科研实力快速提升，实现了向研究型大学的转变[13]。数据库的利用与学校学科的发展高度契合也进一步验证数据库的使用效益与其覆盖的学科范围有一定关系。

（2）2014年，上交大馆在集团使用排名第二的全文数据库有4个。其中3个为期刊全文数据库，1个为电子图书——Ebrary。值得一提的Ebrary作为电子图书集成平台，整合了来自400多家学术、商业和专业出版商的权威图书和文献，覆盖了商业经济、计算机、技术工程、语言文学、社会科学、医学、历史人文、科技和法律等主要科目的书籍种类，图书数量从2011年的69 000种增加到目前的124 069种[14]。作为集团用户，相较于其他图书馆，上交大馆使用效益较高，但与作为上交大单篇全文下载成本最低的Springer电子图书数据库相比，Ebrary仍有提升空间。

(3) 2014 年,上交大馆在集团使用排名在前 10%的全文数据库有 33 个。2014 年通过参团的 48 个全文数据库中,我馆数据库使用在前 10%的为 33 个,即参团全文数据库中的 69%在参团同行中排名前 10%。这一数据进一步佐证了相较于同行,总体上上交大馆全文数据库利用效果较好。

3) 4 个单篇全文下载成本高于 DRAA 平均全文下载成本的数据库

通过表 2,可以发现本馆有 4 个全文数据库单篇全文下载成本高于全国高校馆平均全文下载成本,分别是 American Geophysical Union, Frontiers 系列期刊, ProQuest Research Library, Project Euclid。为进一步分析评价这 4 个数据库,笔者收集整理近 3 年上交大馆这 4 个数据库的单篇全文下载成本,如表 3 所示。

表 3 单篇全文下载成本高于 DRAA 平均全文下载成本的数据库

数据库名称	2012 年单篇全文下载成本/¥	2013 年单篇全文下载成本/¥	2014 年单篇全文下载成本/¥	2014 年 DRAA 平均全文下载成本/¥
American Geophysical Union	37.78	13.71	6.84	5.65
Frontiers	14.81	22.77	29.02	22.4
ProQuest Research Library	2.83	1.21	3.98	2.64
Project Euclid	—	74.75	31.6	25.41

通过比较分析这 4 个数据库近 3 年数据,我们发现:

(1) American Geophysical Union & Project Euclid。在 2014 年,这 2 个数据库上交大馆单篇全文下载成本高于全国平均水平,但上交大馆 American Geophysical Union 数据库近三年单篇全文下载成本呈现逐年下降趋势,由 2012 年的 37.78 元下降至 2014 年的 6.84 元。Project Euclid 自 2013 年开始订购,相较于 2013 年的全文下载成本,2014 年全文下载成本不足 2013 年的一半,呈现大幅下降趋势。单篇全文下载成本呈逐年下降说明这 2 个数据库在本校使用得到加强,但与全国高校使用相比,仍有一定提升空间,再继续订购这 2 个数据库的同时,应进一步加强宣传推广并征求读者反馈,并对 2015 年这两个数据库的上交大馆单篇全文下载成本进行跟踪。

(2) Frontiers。上交大馆单篇全文下载成本呈现逐年上升趋势,上交大馆单篇全文下载成本已由 2012 年的 14.81 元升至 2014 年的 29.02 元。2014 年,全国高校平均全文下载成本为 22.4 元,相较于其他全文数据库,该数据库使用效益较差。但 Frontiers 系列期刊是由教育部主办、由高等教育出版社(HEP)与德国 Springer 公司合作出版的大型英文学术期刊,旨在集中高校科研优势,凝聚国内科研力量,建设一个中国品牌的国际化学术交流平台。作为中国品牌的国际化得到国家的支持。并且为加强 Frontiers 系列期刊的宣传推广,在 2015—2016 年合同期内,所有加入 DRAA

集团成员均可享受在两年合同期内免费使用一年的优惠政策[15]。综合考虑上述因素，应继续续订该数据库。

(3) ProQuest Research Library。作为综合性学术性数据库，数据库收录了6 400多种期刊，其中4 800多种全文刊、3 000多种全文现刊。上交大馆近三年单篇全文下载成本呈现波动状态，应继续跟踪2015年该数据库在我校使用的情况并进一步研究。

除此之外，我们发现，在这4个数据库中，虽然Project Euclid数据库上交大馆使用成本在下降，但使用成本相较于其他数据库，单篇全文下载成本最高。该数据库包含45种理论数学和统计学专业期刊，其中32种期刊被JCR收录，因此，作为一种专业数据库，为提高其利用应加强宣传与培训。另外该数据库定价模式是根据图书馆所在学校或机构规模进行分级定价，Project Euclid根据图书馆所在高校可能使用该产品的最终用户数量及其学术水平，进行三级定价(FTE≤10 000，10 000≤FTE≤20 000，FTE≥20 000)。级别越高，支付的费用也就越高[16]。根据其定价模式，上交大被定为最高等级用户，但上交大从事理论数学和统计学研究的师生规模是有限的，所以这一定价模式是需要改进的，应通过集团谈判改进定价模式。

3 结语

1) 使用成本分析与比较可探测用户对电子资源的利用程度

通过比较分析数据库使用成本并结合在同行中的使用排名，可以探测用户对数据库的利用程度，进而对本馆电子资源的使用情况实施综合评价，提出推广、取消或继续观察某个数据库的建议，进而协助文献资源建设工作。通过数据库使用成本的收集、整理与分析，对图书馆引进的不同类型的电子资源使用情况有了更加细致的了解。

2) 加强电子资源利用统计数据的收集、整理与比较分析

电子资源利用绩效评估研究离不开电子资源利用统计数据的收集与整理。为科学合理评估电子资源，进一步提升电子资源利用绩效，图书馆应常规开展电子资源利用数据的收集整理与分析。电子资源利用统计数据的整理分析，不仅可以发现用户需求的变化，而且可以借此预判读者未来的需求走向，为未来的馆藏建设与发展提供依据。

3) 探究不同评价方法在电子资源利用绩效评价中的应用

基于使用成本的数据库利用评价以数据为标准，此评价的指标以具有可比性取胜，但应该清醒地意识到，电子资源的评价不仅需要研究使用成本，科研成果出版数量评价法、引文分析法、特定读者使用情况分析、馆员评价法、用户满意度调查法等在电子资源评价中的应用也都是需要研究的问题。而这些问题的联合研究，将有助于电子资源评价的科学性，进而促进馆藏电子资源体系的科学发展。

参考文献

[1] 史继红.两个重要的电子资源使用绩效评价体系的比较——欧洲的 EQUINOX 项目与美国的 ARL E-metrics 项目[J].数字图书馆论坛，2007，(7)：53－57.

[2] COUNTER.[2015－05－10]. http://www.projectcounter.org/.

[3] 肖珑，张宇红.电子资源评价指标体系的建立初探[J].大学图书馆学报，2002，20(3)：35－42.

[4] 索传军.数字馆藏服务绩效评估指标体系及其构建原则[J].图书情报知识，2006，(5)：5－9.

[5] 毛莉，陈惠兰.外文电子资源的评价分析——东华大学图书馆案例研究[J].图书馆杂志，2009，28(12)：29－32.

[6] 袁芳，梁红妮.电子资源利用绩效分析与评价——以南昌大学图书馆为例[J].图书情报工作，2013，57(1)：91－96.

[7] 秦鸿.决策支持视角下的数字资源使用统计分析实例研究——以电子科技大学图书馆为例[J].大学图书馆学报，2013，31(6)：60－66.

[8] 王波，吴汉华，姚晓霞，等.2012 年高校图书馆发展报告[R].[2015－05－10]. http://www.chinalibs.cn/ArticleInfo.aspx? id=314938.

[9] 肖珑，2014 年高校引进资源集团采购状况总结[R].[2015－05－13]. http://draa.lib.sjtu.edu.cn/? q=ppt.

[10] 高校图书馆数字资源采购联盟使用统计.[2015－05－13]. http://www.libconsortia.edu.cn.

[11] 上海交通大学图书馆.[2015－06－05]. http://www.lib.sjtu.edu.cn.

[12] 同[11].

[13] 上海交通大学.[2015－06－05]. http://www.sjtu.edu.cn/.

[14] 高校图书馆数字资源采购联盟资源百科.[2015－05－13]. http://www.libconsortia.edu.cn.

[15] 同[14].

[16] 高校图书馆数字资源采购联盟采购方案.[2015－05－13]. http://www.libconsortia.edu.cn.

地方历史文献数字化的关键问题研究

王　昕　李　芳　汤　萌

摘　要　中国各地不断发现大量各种类型的地方历史文献，对文献的整理、分类和研究等工作正在开展探索性的实践。当前，数字资源已成为学术交流与研究的重要基础。作为为历史研究提供原始文献资料加工的基础工作，地方历史文献的数字化开发则是当务之急。经研究发现地方历史文献数字化存在文献类型多且物理形态不一、缺乏针对性建设标准规范和涉及多项职能交叉三大关键问题。本文提出设计跨职能的数字化工作流程及质量管理目标作为解决这些关键问题的核心思路，重点论述上海交通大学图书馆地方历史文献数字化流程管理的具体实现及难点分析。

关键词　地方历史文献　数字化　流程管理　质量管理

1　地方历史文献数字化意义

地方历史文献的主要形式包括族谱、碑刻、契约文书、诉讼文书、乡规民约、账本、日记、书信、唱本、剧本、宗教科仪书、经文、善书、药方、日用杂书等，内容广泛涉及民间社会、经济、政治、文化生活的各个不同领域[1]。这类文献不仅记录民间社会活动中的思想、观点、立场、意志及当时所发生的各种事件与存在的历史事实，而且反映出当时社会实践活动中历史的真实面貌。地方历史文献对于文化保存与学术研究所具有的重要性可见一斑。

20 世纪 40 年代初，杜定友提出“地方文献”概念后，图书馆学界特别强调和重视地方文献的搜集整理。当时界定的地方文献指“有关本地方的一切资料”，已经把拓本、传单、票据、手稿、文告和簿籍等纳入典藏范围。可见地方历史文献早已得到图书馆界的认识并且进入文献搜集典藏领域[2]。此外，地方历史文献区别于经典传世文献，其相对自成体系的文献特征直接影响到具体工作。

地方历史文献数字化的意义在于使许多难得一见的"镇馆之宝"得到新生，更重要的是文献使用者和研究者非常需要文献数字化，希望发挥数字化资源信息量大、检索快捷方便、不受时空限制等优势。但是在规模不断增长的地方历史文献中，经过整理、出版和数字化的只是极少部分，这些珍贵的史料文献尚未全面系统揭示和充分利用。作为为历史研究提供原始文献资料加工的基础工作，地方历史文献的数字化开发则是当务之急。

2 地方历史文献数字化关键问题调研与分析

地方历史文献数字化工作不仅仅是对文献扫描，更是一个集合了整理、分类、修复、扫描、编目和数据库建设的完整流程。因此，地方历史文献数字化工作面临的关键问题除了扫描的技术标准规范以外，更核心的挑战是在为完成文献数字化工作的整体目标下如何解决并协调好相关不同职能之间的流程管理与质量管理。

2.1 文献与案例调研

过去十年中国内外图书馆界关于数字化的研究与实践成果激增，这些成果都反映图书馆和档案馆在馆藏数字化进程不断发展的最佳实践情况[3]。现在数字化资源的类型日趋多样化，覆盖图书、期刊、报纸、缩微胶卷、地图[4]、手稿和古籍。

近两年来，地方历史文献的数字化需求随着人文历史学术研究热潮也愈发迫切，而针对此类特殊文献的数字化解决方案尚不成熟，更缺少具有影响力的实践案例。因此急需厘清地方历史文献数字化建设中有待解决的关键问题。台湾地方文献数字化项目[5]和澳门虚拟图书馆项目[6,7]在数字化建设工程中都积累了相当丰富的质量管理经验。在这些项目实践探索的同时，还总结归纳出图书馆要推进这项工作必将面临诸多困难和挑战。

(1) 协调各个不同职能部门的能力影响到项目最终的质量。

(2) 不同的文献在数字化编目时对应不同的元数据著录标准，这对质量控制有极高的要求。

(3) 数字化项目需求持续性的大量经费投入。

Gretchen Gueguen[8]在分析马里兰大学图书馆特色馆藏数字化案例中，特别强调控制大规模文献数字化质量的具体措施，以及介绍如何设计一个科学的高效的工作流程。José A. Magán[9]通过对12万册图书数字化项目介绍分析了如何设计合理的工作流程控制好大规模文献数字化的质量。

虽然以上研究案例中涉及文献类型更为广泛，但是都强调设计科学高效的工作流程以及协调不同职能部门能力的重要性。在文献调研基础上，结合地方历史文献数字化的实践，作者进一步梳理出地方历史文献的数字化建设的关键问题，并针对性地分析具体建设思路。

2.2 关键问题分析

国内地方历史文献的收藏机构(图书馆、博物馆、档案馆)已达约20家[10],但是极少数机构开展大规模的数字化和数据库建设。这主要是由于地方历史文献自身的特征,其数字化工作不同于其他普通文献,加之没有成熟的可借鉴的经验供参考,因此数字化建设工作的难度较大,主要关键问题归纳为文献类型多样、缺乏针对性建设标准规范和涉及多项职能交叉三个方面。

1) 文献类型多样,物理形态不一,数字化质量控制难度大

地方历史文献的发现、收藏数量呈井喷态势。徽州、清水江流域、浙南,是目前发现量最大的三个地域,总数已超过100万件[11]。国内几家主要收藏机构有安徽大学、安徽省博物馆、黄山学院、中山大学图书馆、上海交通大学图书馆等,各家馆藏量基本都超过10万件。地方历史文献不仅规模大,而且类型多样、物理形态各不相同。大部分地方历史文献经历年代长久,纸张存在变色、破损或霉点等情况,数字化过程中要兼顾各种不同形态、不同质地、年代跨度大等多个特点,加大了修复和数字化质量控制的难度。表1归纳了几种文献类型物理形态对数字化效率和质量的影响因素。

表1 地方历史文献物理形态及数字化处理

文献类型	文献物理形态	数字化处理意见
契约、行政、诉讼	文书幅面较大且不规则	需要大幅面扫描设备 超大幅面文献需要拼接处理
赋役、信函	文书幅面较小且规则	普通扫描设备可以处理
账簿、日用书、工具书、宗家、家礼、教育考试、医药	成册装订	扫描时注意保护文献不破损 后期处理要真实还原

2) 缺乏针对性建设标准规范

国家图书馆制定的《数字资源(图像、文本)加工标准与工作规范》具体内容中没有完全针对地方历史文献这类文献数字化加工的详细标准。一般古籍和地方志等文献主要的物理表现形式还比较规则,基本是成册线装幅面统一,这些特点与地方历史文献是完全不同的。地方历史文献由于来自民间,其载体多样(纸、皮、布)、幅面不规则、颜色深浅不一,没有现成的数字化标准可以直接用于其数字化,给文献数字化标准的确定和加工带来难度。原有相关加工标准与工作规范是不完全适合在地方历史文献的数字化加工过程中进行指导。

3) 涉及多个职能交叉

当前的地方文献数字化工作必然涉及文献整理、修复、数字化和编目工作,这些业务流程各自的职能不同,需要完成的目标也不相同。每项职能都有各自的任务目标,职能之间还有相互影响的因素。例如,保存条件较差的文献必须经过修复后才能

进入数字化阶段，可见修复的质量直接影响到数字化扫描的质量。此外，由于文献的归户性能反映文献内在的有机性，在文献整理和编目环节都需要考虑到归户性，这对文献预处理和编目工作过程都提出了新的要求。

可见，涉及多项业务流程正是地方历史文献数字化关键问题的核心所在。只有明确每项职能的具体目标任务，并协调好不同职能之间的相互衔接，才能保证好整体工作的质量。

3 地方历史文献数字化的实践

解决地方历史文献数字化关键问题的核心是设计科学系统的跨职能流程管理模式。本节将在此基础具体建设思路，设计跨职能管理流程。重点论述上海交通大学图书馆地方历史文献数字化的具体实现及难点分析。

3.1 建设思路

国际图联(IFLA)发布了《善本与手稿馆藏数字化计划指南》(以下简称指南)，指南的发布完善了对这类资源进行数字化的知识体系，给善本与特藏数字化项目规划的特定需求提供了解决方案[12]。指南从项目规划、工作流程设计、元数据方案、长期保存和建设平度等多个方面对进行善本与手稿馆藏的数字化工作给出指导性意见。指南不仅为地方历史文献数字化提供建设思路，还帮助图书馆创建可持续的且适应性强的数字馆藏，数字馆藏将可重复使用，并且在未来继续发挥基于数字化开展学术研究的重要职能。

依据指南的总体框架，对地方历史文献数字化建设做好科学的规划和流程的管理，必须首先明确数字化建设思路。建设思路不能仅局限在数字化建设技术标准规范上，而应全面地、系统地、科学地设计好完整的建设思路。具体实施策略可以分为三个方面：

1) 明确文献数字化范畴，确定包含多个业务职能的组成

完成数字化工作除了对文献的扫描，还需要包含一切与数字化相关的工作职能。如整理、修复、编目。

2) 明确每项职能的特点，确定职能范围内的质量管理目标

明确数字化工作包含的具体职能，还要确定每项职能的具体质量管理目标，特别是与数字化紧密相关的部分。例如在修复职能中，修复的目标是必须满足实现数字化的基本要求。

3) 明确每项职能衔接的要求，确定跨职能的质量管理目标

每项职能直接衔接也必须有质量管理目标要求。例如，编目工作是在完成文献数字化的前提下进行的，原则上编目时不再接触文献原件，也是对资料原件的保护。

3.2 质量管理目标

图书馆是知识加工中心和文化传承中心，有义务也有能力着手对这批馆藏文献展开数字化工作。需要强调的是，这里的数字化工作是一项系统性工程，明确建设思路后需要进一步确立质量管理目标，以便后续围绕质量管理目标进行多任务协同推进的流程设计。

因此，结合指南内容及美国研究型图书馆协会成员馆开展馆藏文献数字化的经验[13]，本文制订出地方历史文献数字建设质量管理目标体系（见表2），特别将数字化工作的重要环节梳理细化。

表2 地方历史文献数字建设质量管理目标体系

序 号	工作名称	质量管理目标
1	系统管理	全面系统规划管理数字化工作 协调图书馆内部职能部门与外包单位的管理
2	整理编号	保证实物文献清点 保证文献唯一标识符编号工作完成
3	文献修复	完成破损文献的修复 无需修复与需修复文献的并行处理
4	数字化加工	文献数字加工的真实还原性 文献数字对象的质量和唯一标识符 数字化对象的质量审核
5	编目管理	设计制订元数据方案 元数据质量管理，保证文献编目信息的完整
6	文献归库	文献归库前的实物清点 保证文献归库前的除湿等处理
7	资源服务管理	设计资源服务中的软硬件需求 设计资源网络服务需求
8	资源规划	评估用户需求决定数字化资源范围

3.3 跨职能的流程管理设计

在数字化建设思路的框架下，确立具体建设过程中各个环节与职能的质量管理目标后，重点分析各职能模块中的关键流程，并对关联的职能进行优化，科学地、系统地设计地方历史文献数字化建设跨职能工作流程（见图1）。该流程已在上海交通大学图书馆地方历史文献数字化项目中运用实施，本小节还将结合具体实践分析实施过程中的难点。

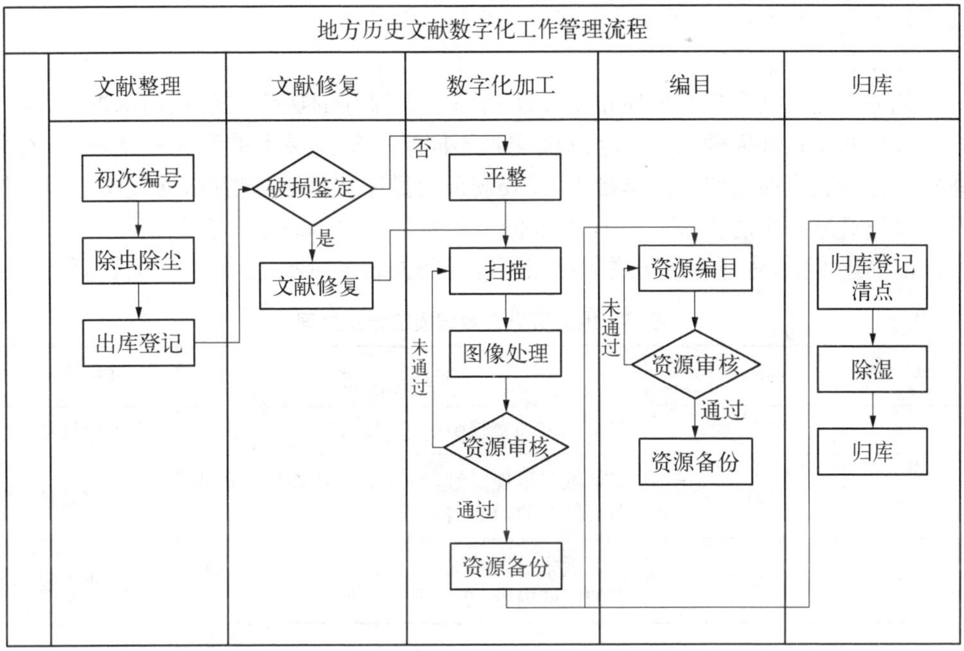

图 1　地方历史文献数字化工作管理流程

3.3.1　文献整理

对于入馆藏的文献首先要做好入库前的预处理工作，通过对文献的初步整理完成文献归户性的梳理、清点、资源唯一标识符和除虫杀菌等工作。

1) 归户性

归户性是指地方文献产生来源的人或社会组织及其所属的行政区划、家族信息[14]。在文献搜集过程中，归户信息是伴随着文献搜集过程中可以获取的，之所以在文献整理阶段就特别重视提前对归户信息的整理也是有利于后期编目工作的开展。

2) 资源标识符

检查并核对文献的来源信息和归户信息，并依据文献搜集时获取的信息完成文献初次编号工作。经过这一工作，每一件文献都具备编制资源唯一标识符的条件。唯一标识符由“批次号＋箱号＋流水号”组成，每一页完成扫描的数字对象都将具有唯一标识符。数字对象唯一标识符是实体持久标识的基础。通过规范将地方历史文献的资源唯一标识符确立，这将伴随文献加工、保存、共享等各个资源服务时期。

3) 杀虫除湿

利用专用的杀虫、除菌设备完成对文献进行杀虫除菌作业，完成后文献可以正式入库。为保证文献能够长期保存，需要保存库房能够满足恒温、恒湿条件，并且文献放置的保存箱环境内也能保持相对安全的湿度条件，因此在文献保存的微环境内可放置樟木条和吸湿剂，以改善存放条件的湿度和防虫效果。

3.3.2 文献修复

地方历史文献在保存的质量上无法达到官方保存的历史文献相同水准，很可能会有大量的文献破损现象。由于这类文献不同于一般意义上的经典古籍，因此在兼顾特殊性与适应加工要求的基础上，需要规范地描述文献破损情况，通过文献破损情况的分类对进一步的修复工作提供依据。参照《古籍特藏破损定级标准》[15]中破损情况的描述术语，对地方历史文献破损情况分类如表 3 所示。

表 3 地方历史文献破损定级及处理

序 号	破损定级	破损具体描述	处理意见
1	A类	不影响识别文献中的记载内容	不做修复
2	B类	文献纸张呈现折皱，经过平整处理后可以识别文献中的记载内容	平整处理
3	C类	文献纸张破损情况严重，无法直接识别文献中的记载内容，必须进行专业修复	专业修复

具体操作时，对于需要平整的文献，是先将文献平铺在光滑的修复台上，用喷雾方式将文献表面均匀润湿，用挑针将褶皱处挑平，再整体的盖上毛草纸用垫板覆盖并加盖压板，待文献完全干燥后取出。需修复的文献由古籍修复师完成专业修复。出于文献修复档案记录需要，每件需修复的文献都要以拍照的方式记录修复前的文献状态，完成修复后也要拍照。

此外，一个批次的文献中会既有“需修复文献”又有“不需修复文献”的情况出现，并影响到流程。在流程设计时，需考虑首先将“需修复文献”在原批次中取出并做好登记，送修复完成后再进行数字化等后续工作，而其他“不需修复文献”直接进入数字化流程。这就是处理不同修复状态文献的并行操作流程，只有处理好这一并行流程，送修复的文献最终才能返回至准确的文献存放位置如图 2 所示。

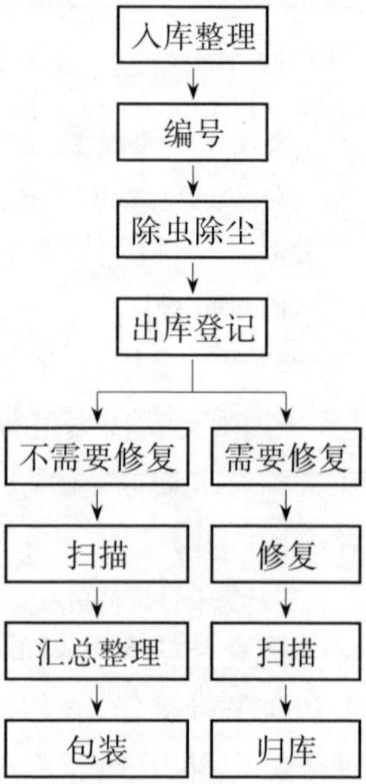

图 2 不同修复状态文献的并行操作流程

3.3.3 数字化加工

数字化加工是对地方历史文献进行数字化建设的核心内容。在数字化加工职能中，需要完成对经过平整或修复的文献扫描，然后进行针对性的图像处理，完成审核工作后进行资源长期保存的操作。表 4 归纳总结了数字化加工过程中具体技术参数和处理流程。

表 4 数字化加工技术参数与处理流程

流程序号	名　称	内　　容	备　　注
1	扫描参数	使用 24 位彩色 600 dpi 分辨率 LZW TIFF 无损压缩格式扫描	
2	扫描区域	保留原有文献的全部幅面 超大幅面的文献(礼单、行政告示)可用两次拼接 正反面的内容都需要数字化保存	
3	技术元数据收集	通过软件提取文献的物理尺寸信息 记录文献材质信息	信息收集录入后在编目过程中需要
4	图像处理	明亮度与对比度调整 扫描影像重视原文效果 去除由于扫描造成的污点	不同材质的纸张图像处理要求不同
5	图像压缩	以分辨率为 150 dpi 精度完成对扫描原始文件的压缩,并将 TIFF 格式换成 JPG 格式。文件命名规则为"数字对象唯一标识符.M.JPG"。	压缩后的文件用于数据库网页浏览
6	审　核	命名是否准确 扫描影像是否忠实还原	
7	长期保存	数字对象保存格式分别是用于存档级和发布级 严格遵照数字对象唯一标识符	

地方历史文献幅面不一,常常有超出常规扫描仪幅面的文献。如果采用图像拼接的方式必然对整个数字加工效率产生不利影响。因此,借鉴图纸档案数字化加工的经验,采用高像素的单反相机配备高端定焦镜头进行拍摄式数字化,即可以实现非常规幅面文献的一次数字化。

除了现场文献安全保障之外,文献版权保护也是尤为重要的工作内容之一。为了数据库建设完成后供学术研究使用,在数字化时就考虑到将发布级的资源进行版权保护,需要分别设置浏览级和保存级资源数字化的标准细节。

3.3.4 编目

为了保障原始文献的安全性,编目工作是不对照原始文献进行,而是针对已完成扫描和图像处理的数字对象进行的。因此,对编目工作流程提出了新的要求。

1) 工作衔接性

文献的前期整理与数字化加工都为编目工作的实质推进打下基础。前期整理时,可以尽可能完整收集与归户相关的关键信息(例如都、图、姓氏),以便后续编目过程中提高效率。数字化加工的图像处理阶段也可以较完整地收集文献物理尺寸及材质等编目信息。

2）数据安全性

考虑到保护文献原件，编目过程中将不再参阅原始文献，而是根据已经完成数字化的数字对象来进行。需要考虑对数字对象调用的具体技术方案和数据安全，防止数据丢失和泄露。这就要求图书馆从技术上防止数据泄露的可能性，更要建立严格的现场管理制度，具体措施包括：人员安全培训、7×24 视频监控系统、可靠安全的存储及备份机制、局域网内数据传输政策及工作电脑 USB 接口禁用等，确保原始文献和数据的安全。

3）编目质量

地方历史文献编目的实施是比较复杂的，首先需要具备繁体字、简体字及俗体字的阅读能力，还需要较强的概括文献的能力。因此，编目的审校工作需要一校、二校及抽检配合完成以保证质量。

3.3.5 文献归库

在完整的数字化加工流程中，归库的工作分别出现过两次：

1）预处理完成

预处理主要完成文献清点，根据搜集时的证据厘清文献中归户信息并逐一进行唯一标识符编号工作，在完成必要的除虫、除湿工作后，文献将归库。当进行文献数字化工作需要出库时，必须做好文献出库登记工作。

2）全部工作完成

当完成数字化工作后，重新按照文献资源唯一标识符依次排序，并用一张传统温州皮纸经过适度裁剪后包裹规定数量的文献。包装完后，用黑色中性笔或碳素钢笔在封面右下角记录此包文献的起始和终止标识符。如果有转出修复的文献，在文献空缺处插入一张白纸条露出纸头，写明转出修复的文献标识符，以便转出修复的文献最终返回。最后封装入库前，再做一次除湿工作。

4 总结与展望

4.1 建设成果

上海交通大学图书馆目前新藏地方历史文献 33 万件，主要来自浙江、安徽、福建、江西。这四省的入藏文献已覆盖了总计 36%的县份，是目前最能够系统反映东南地区传统社会的文献群。

2012 年 12 月，上海交通大学设立文科建设专项，由图书馆联合历史系对馆藏地方历史文献开展了系统的整理、保护性修复和数字化工作。2013 年 1 月启动数字化工作至今，图书馆已经完成 11 万件地方历史文献（约 36 万页）的数字化加工与编目。项目实施过程中，图书馆不仅设计地方历史文献编目规范，还重点设计了工作业务流程，按照整理、修复、数字化和编目四个方面确定职责和目标。实践证明，跨职能的各项工作衔接对项目整体完成的效率和质量起到了极大的促进和保障作用。

上海交通大学图书馆在执行地方历史文献数字化工作过程中引入外包人员完成整个项目，这是一种新的尝试。引入专业的数字化外包力量的优势在于：

(1) 各职能都有专业外包人员全程参与；

(2) 执行进度有保障；

(3) 馆员可以专注在质量控制工作。

4.2 展望

我国的地方历史文献研究在近年一直是学术界的热点，国内已有多家收藏单位相关的文献搜集与整理研究成果非常丰富。但是，地方历史文献的数字化建设尚处于小批量尝试阶段并未大规模展开，因此摸索和总结地方历史文献数字化的科学管理流程和规范，既具有基础性，又具有前沿性。制订科学的管理和加工流程，明确数字化建设应遵循的原则，对于开展地方历史文献的数字化和知识组织有着相当重要的意义。本文主要立足于上海交通大学图书馆在对本馆新藏地方历史文献数字化与编目工作的实践，设计数字化的整体流程与框架，梳理各项业务职能的目标与难点，给出地方历史文献数字化的解决方案。

下一步工作重点将是建设地方历史文献特色数据库，通过数字人文的崭新视角来建设数据库，将有利于实现珍贵历史文献的学术共享，有助于研究者发现文献内部的有机联系，拓展新的研究议题。

参考文献

[1] 郑振满. 地方历史文献与文化传承研究[J]. 东南学术，2004.

[2] 杨培娜，申斌. 走向地方历史文献学——20 世纪民间文献搜集整理方法的演进历程[J]. 中山大学学报(社会科学版)，2014，5：008.

[3] Assessment of digitized library and archives materials: A literature Review.

[4] Kowal K C, Rhatigan J. Rare map materials made digital: scanning and metadata to archiving and access[J]. International Cataloguing and Bibliographic Control, 2010, 39(3): 57-62.

[5] 台湾地区地方文献典藏数位化计划：http://readopac.ncl.edu.tw/ndap/en/3sc_2.htm, 2014-11-18.

[6] 澳门虚拟图书馆：http://www.macaudata.com/, 2014-11-18.

[7] Xie J, Sun L. Macaudata.com: A Shared Virtual Library and Digitization Project[J]. Journal of Interlibrary Loan, Document Delivery & Electronic Reserve, 2013, 23(4-5): 179-190.

[8] Gueguen G, Hanlon A M. A collaborative workflow for the digitization of unique materials [J]. The Journal of Academic Librarianship, 2009, 35(5): 468-474.

[9] Magán J A, Palafox M, Tardón E, et al. Mass Digitization at the Complutense University Library: Access to and Preservation of its Cultural Heritage[J]. Liber Quarterly, 2011, 21(1): 48 - 68.

[10] 王蕾,申斌. 徽州地方历史文献整理方法研究——以中山大学图书馆馆藏为例. 图书馆论坛, 2014,(4): 120 - 126.

[11] 赵思渊,汤萌. 上海交通大学新藏地方历史文献的分类法及其依据[J]. 上海交通大学学报: 哲学社会科学版,2014,22(3): 76 - 87.

[12] Guidelines for Planning the Digitization of Rare Book and Manuscript. Collections: http://www.ifla.org/node/9054, 2014 - 11 - 18.

[13] Boock M. Organizing for digitization at Oregon State University: A case study and comparison with ARL libraries[J]. The Journal of Academic Librarianship, 2008, 34(5): 445 - 451.

[14] 刘伯山. 徽州文书的遗存及特点[J]. 历史档案,2004(1): 122 - 126.

[15] CN - WH. WH/T 22 - 2006 古籍特藏破损定级标准[S].

从文字到代码：地方历史文献中地理信息的获取与标准化

汤　萌

摘　要　上海交通大学图书馆针对近年来收集的地方历史文献开展了数字化加工工作。如何有效地提取文献蕴含的地理信息并使其标准化，最终实现数字化的展示、利用与分析是工作的难点之一。通过观察各种类型和来源的文献，可以归纳出表示地理信息的常见要素。根据需求选取不同要素，按照分段揭示的原则著录到地域相关的元数据字段中。在数位编排的基础上集中为地理信息编写可机读代码，从而避免了语义识别等程序的烦冗。古地名与现代地理坐标的对应是解决问题的关键。结合归户信息和方志、地名录，借鉴历史地理学相关研究成果，将古地名在现代地理坐标系统中定位。遵照标准化、兼容性与求同性的原则编制地域信息代码。代码采用"省—县—都—图—村"五级格式，以期实现相关文献关联、分布图、空间可视化等数字化效果，还原地域视角下的历史原貌。

关键词　地方历史文献　数字化　地理信息　元数据　都图

伴随数字化技术的发展和文献资源的发掘，越来越多的档案文献得以使用数字媒体的形式保存，由此引发的文献数字化浪潮持续已久，涌现出各种类型的资源和多样性的整理利用方法，建设数据库成为殊途同归的选择。

2000 年以来，有关历史文献数字化建设的研讨日趋增加。目前已有学者针对资源整体的数字化提出理念和实施方案，并针对不同类型的历史文献数字化做出尝试，其中不乏数据库建设的构想。但是，在中国大陆地区鲜有人挖掘文献内容间的逻辑联系，忽视了深度的数据化加工[①]。换句话说，传统的数据库建设强调资源本身的呈

① 深入来说，数字化加工包含两部分内容，数字化（digitalization）与数据化（datalization），前者是将处理对象的物理形态转化为电子形态，予以储存、使用，后者则是将电子文本转化为可分析的数据，这些数据将在进一步的研究中发挥巨大效用。

现，如扫描图像浏览、全文检索等，而未能从研究者需求的角度提供观察文献间关系的脉络，更没有具体建立空间信息关联的方案。

另一方面，关于文献智能整理利用的讨论已然起步。最有影响力的当属侯汉清和他的研究团队，常娥、黄建年等人结合多学科的成果，搭建了集自动编纂、注释、校勘、断句标点于一体的开发原型系统、构建了古籍整理的专业知识库。常娥、张长秀等人[1-3]试图以向量空间模型为基础探究古汉语词义的自动消歧[1-3]。衡中青将模式匹配的方法应用于地方志异名别称的识读，通过总结别称表达式的关键词，判断是否为别称表达进而识别异名别称，如"土号为"、"土名"、"土名为"、"土俗呼曰"等，这对于归纳识别同一地域有很大帮助[5]。他们的研究体现了信息技术对于文献解读的作用，推动文献资源数字化的深入发展。

徐蒙蒙提出方志地理信息系统的构建方法，通过归纳文本对空间的语言描述特征、语义结构，根据空间信息的同一表达方法设计数据组织模型，实现自动获取[6]。

焦中辉研究了民间文化的空间展示，假设对象—关系型数据模型，开发了河南庙会文化数据库，设计了基于 WEBGIS 技术和互联网络的文化地图[7]。

前人的研究虽涉及地理信息的智能自动获取，但尚未出现对地方历史文献中地理信息描述特征的标准化归纳，也没有明确区分"来源"与"所在"，并且鲜有古今地名转换后利用代码格式实现相关聚类。

上海交通大学图书馆（以下称为"上交大图书馆"）目前新藏地方历史文献共约 33 万件，主要来自浙江、安徽、福建、江西等 12 个省份，是目前最能反映东南地区传统社会的文献群。现已基本完成图像扫描与元数据编目工作，亟待将前期数字化加工的成果导入专题数据库，使其与数据库功能契合，完成数字化加工的最终环节。

基于上交大图书馆地方历史文献资源的元数据，本文提出地理信息相关字段的设计方案。该文献元数据共设置 20 个字段，包括身份识别（类型、标识符、档案号）、物理形态（附注、页数、尺寸、材质）、内容特征（名称、事主、归户、标的、事由）等信息，能实现按年代、人名、类型、来源等多维度的检索和分析。其中文献所载标的物的地理信息，涉及土地交易和变迁，将为研究者理解村落、土地以及人物之间的关系提供线索，地域分布的统计和呈现，既有助于读者从总体上把握文献的分布和存量，也将提升数据库的分析功能从而帮助人们发现不同批次文献之间的联系[8]。

为了充分挖掘文献蕴含的内容价值、形象地揭示地理信息的层级，实现相关文献的聚类与空间的可视化，需要集中设置有层级关系的地域代码，易于计算机判断，实现关联，从而展示不同层次同一地域的文献关联聚类，达到以地域的视角分析、解读文献。

1 代码编制结构

1.1 文献中的地域信息

通过观察现有的地方文献，发现其中蕴含的地域信息存在差异性，较常见的有土地坐落(包括小土名)、都图信息(基层管理组织名称)、村落名称(聚落名)、四至、亩额、土地字号等。交大馆藏地方历史文献中,并非都涉及地域信息,由于文献本身的地方性特色不明显,账本、信函、日用类书与工具书、家礼、宗教、戏剧、教育考试、医药等一般不记录地域,然而,藏量最多的契约、赋役、诉讼类文献常常记录有地域信息,适用于区域性研究[9]。

契约类文献涉及土地、房屋等物体的产权转移,需要载明标的物的位置和范围,地域信息相对完整、详细,基于地方特色,不同来源的文献在行文格式、习惯用语、记录内容等方面都有所不同,地域信息也不例外。例如:

> 立賣断契人王光興,今因錢粮無办,自情愿将父遺下民田,坐落廿一都茶排庄,土名舞嶺脚葉麻洋,安着民田壹處正,計額玖分正,立出東南西三至大河為界,北至山為界,今起四至分明,託中人三面踩踏明白,親立文契送與闕天有入手承買為業,當日三面言断,時值田價紋銀叁拾陸两正,其銀即日當中交足明白,不少分厘,其田自賣之後為始,任從買主前去推收過户,完粮起耕,收租管業,賣人不得異言阻執……[10]第一册,第275-276页

可见,这件契约记载的地域信息有都图信息(廿一都)、聚落名称(茶排庄)、坐落土名(舞嶺脚葉麻洋)、面积亩额(玖分正)、四至(東南西三至大河為界,北至山為界)四种,是浙南契约中典型的一篇。

相对而言,徽州文书在记录地域信息时就有所不同,以交大馆藏《光绪十八年洪观亮立杜绝卖契》(馆藏编号 01121118010029)为例:

> 二十八都二图立杜绝卖大小买地契人洪观亮,今因急用钱粮,自愿将承祖遗分受己业行字四千零六十号,地税四分五厘,土名后屋塘,又行字四千零二号,地税四分五厘,土名同,又行字四千零六十七号,地税一分二厘七毫,土名同。大四至照依清册,小四至东降,南至洪姓地,西至田,北至山,以上四至再明眼同指业订界为规,号内照依原来脚契,尽行绝卖,本家并无毫忽存留,倘有字号讹错,大丈之日任凭改正,眼同凭中,指业买业,自愿凭中立契,出卖与本都本图本甲项承德、项玉春名下为业……

原文中记载的地域信息包括都图信息(二十八都二图)、土地字号(行字四千零六十号)、坐落土名(后屋塘)、四至。据观察,徽州文书中一般在涉及推割过户、税责转移时出现都图信息,更多的地域信息是通过土地字号、土名、四至来表述。在徽州等地明确了土地字号将推进对地理位置的判断,这也反映了徽州土地字号编排的规整性和可回溯性[11]。

其他类型的文献中涉及地域信息的有:鱼鳞图册(用于土地赋税登记、统计的册籍),归户册(统计一个家户的应纳税土地信息的册籍),串单(纳税户每年缴纳土地税的凭证,记有纳税户的地域信息),税票(主要是推税、收税,税票是地权交易后,赋税负担转移的证明,有交易双方的地域信息),以上几种文献属于赋役的一级分类;除契约、赋役两大类外,在诉讼类文献中也常常出现涉案人的地域信息;另外某些行政、家

谱类文献包含地域信息。

结合地理学知识与文献样本统计，将地方历史文献中出现的地域信息归纳为几个要素：县(含)以上行政区划、都图信息(基层管理组织)、聚落名称、坐落土名、四至边界、面积亩额、土地字号。不同类型、来源的文献包含的地理要素不同，针对交大馆藏，对相关各种类型的地域信息情况作了简单梳理，详如表1所示。

表1 地方历史文献地理要素情况

所属一级分类	文书类型	地理信息要素	备 注
契 约	散件契约	B,C,D,E,F,G	
	抄契簿	B,C,D,E,F,G	
	合 同	B,C,D,E,F,G	
	分家书	B,C,D,F,G	列举土地财产分配清单时，记载土名、面积、字号
赋 役	田赋缴纳记录	B,F,G	征收赋税的依据
	土地登记记录	B,F,G	
	归户册	B,D,F,G	
	实征册	B,F,G	
诉 讼	官方诉讼文书	B,C,F,G	诉讼中原告一方写明诉讼对象和诉讼事由，通常会有被告一方的地域信息
	民间诉讼文书	B,C,F,G	
	抄 招	B,C,F,G	
行 政	保 甲	B,C	
	执 照	B	
家 谱	家 谱	B,C	

注：1. 地理信息要素代码对照关系为A—县(含)以上行政区划、B—都图信息(基层管理组织)、C—聚落名称、D—坐落土名、E—四至边界、F—面积亩额、G—土地字号。

2. 以上统计基于定量样本，未能代表全部实例，即表示一般情况。

3. 不同类型文献在常见情况下至少包括表中所举地理要素。

4. A—县(含)以上行政区划可从归户来源信息中获得。

1.2 地域在元数据中的体现

广义的地域指文献记载标的物的地理位置，这些标的物可能是土地、建筑及其他标志性物体，著录“地域”是为了揭示历史上土地的分布或者标志的位置，甚至还原某地曾经发生的故事。在地方历史文献的元数据设置中，共有三个字段与地域相关，传递了文献的地理信息，分别是归户、描述、地域。

归户是指地方文献产生来源的人或社会组织及其所属的行政区划、家族信息，它集中反映了文献的来源信息，包括来源地和来源的家族，它产生于文献收集的过程。在编目时，按照“省—府（州）—县（州/厅）—都（区）—图（保）—村落名—姓氏（商号/寺庙名）”的格式，本着有则录入的原则著录该字段。

从理论上说，描述为原文中所有与地域相关的信息，如表1中归纳的地域元素，可采用分段的方式录入。碍于烦冗，上交大图书馆将“描述”字段设置为从原文获取的村以及村下一级地理信息，需摘取在“土名”之后、四至之前的内容，不需录入四至，其格式为“村庄名——级小土名”。该字段信息的完整、准确程度取决于原文，有的文献完整记载了“都—图—村—小土名—四至”的信息，有的只记载了“小土名—四至”……描述与归户的区别在于前者揭示了涉及对象的所在，后者标识了文献的来源地。“来源”与“所在”相互区别又互相补充。归户表示“来源”，描述强调“所在”，另一方面，描述所表示的地域信息依赖于文献的原始记载，而归户是在收集文献过程中的整理记录，换句话说，描述的多寡由文献本身决定，归户是否详细依靠后世文献发现、收集者的意识与努力。

地域是文献记载标的物的地理信息，由一组特定位数、格式的数字组成。实际编目时，对照描述中已载地理信息，遵循代码转换标准，将描述中以文字表达的地理信息转为代码，即对照代码簿填写转换后的某一地域的代码信息。可以看到，它与描述含义相同，但通过不同的语言符号表达。

总的来说，归户、描述、地域三个字段都蕴含着广义的地域的含义，三者既相互联系也相互区别。它们传递了两个地理信息，即文献的来源地和文献记载标的物的地理位置，归户与描述分别用文字说明了这两点，同时，描述与地域在本质含义上一致，但录入符号不同，归户中的省、县信息可为描述与地域借鉴。在操作中，地域要结合归户与描述的文字信息制作。归户与描述是地域的代码来源和文字底本，地域是归户与描述的标准化可机读的格式。

1.3　地域代码的结构设置

本方案基于研究者对地域内容揭示的要求，以《清史稿・地理志》记载的行政区划为标准，将地域格式设计为“省—县（州、厅）—都—图（保）—村（庄）”五级，每一个地域字段需要著录以上五个层次的内容，遵循有则必录的原则。在转换代码前，要有对应的文字底本，这些底本由“描述”字段揭示，换言之，描述是用文字表达的“地域”，地域以描述为基础和内容来源。

地域代码五级结构中，省、县（州、厅）是清代县以上的行政区划方式。清代的行政区划制度中，除部分少数民族地区外，一般为省、府（州）、县（州、厅）三级，但府（州）一级的变动较多，且与今天行政区划的差异较大。引入这一级行政区划在整理与制作元数据时都会带来很多困难。对于有此需要的研究者，也可利用分县的地域代码整合出府一级的文书分布。因此，地域代码结构中，县以上采用省、县（州、厅）二级制。其中，散州、散厅在清代都是与县同级别的行政区划，可做同一处理。

清代的行政区划制度中，对县以下的行政区划没有全国统一的规定，在馆藏文书的主要来源地安徽、浙江、江西、福建等南方各省，主要采用的是都、图、村或都、保、村三级制，因此，也采用这样的办法编制县以下的行政区划级别。最终确定的地域层级树状结构如下：

第一层：省

第二层：县(州、厅)

第三层：都

第四层：图(保)

第五层：村(庄)

按照上述结构格式，在著录"描述"时，需要编目者从文献中读取"省—县—都—图—村"的信息并著录在相应字段位置中，其中省、县两级信息几乎与归户中的省县信息吻合，基本不存在跨省或跨县购买土地的现象，有极少数跨县购买的，在此忽略不计。所以，对于地域信息不完整甚至缺失的文献，可以参照归户中省、县二级信息。这也意味着，只要归户信息不缺失的文献就至少具备了两级地域结构。

录入文字描述后，面临着如何把文字转换为标准规范的代码的问题。与文字的格式要求相同，代码的基本结构也分五级，匹配"省—县—都—图—村(庄)"五部分内容，每级设定为两位字符，每个地域代码由10个字符组成，每两位是一个级别，按"省—县—都—图—村(庄)"顺序排列。

在设计代码字符时，参考了国家统计局公布的《县及县以上行政区划代码》。由于自清代至今县及县以下行政区划发生了较大的变化，在著录时明确了以清代结束前夕(宣统三年)为标准时点，即《清史稿·地理志》描述行政区划所依据的时点。当代的行政区划不适用于地方历史文献，所以仅选取国家标准中"省"一级代码作为参照，这一级的代码字符为两位阿拉伯数字。

第二、三、四这三级代码的设计，以《清史稿·地理志》中记载的县、都、图信息为参考，从地方志中读取涉及文献的县以及县下都、图的数量及名称，此时可以把地方志看成地域代码簿。每一级启用两位阿拉伯数字，确保数据的扩展空间。第五级村庄的代码将采取地方志+顺位法的原则，即方志以外的村庄信息，按照先遇到先占位的原则，顺位编码。其编码结构如下：

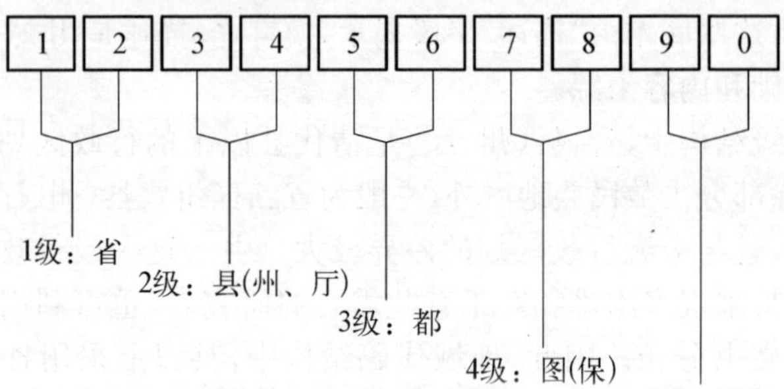

图1　地域代码编码结构

2 代码编制原则

基于已有的经验常识，结合预设方案，考虑操作中可能出现的问题，制订代码编制原则如下。

2.1 标准化原则

遵照已有的标准规范为历史文献设置代码，一方面利于数据与其他资源的整合，另外可减少工作量、提高效率和数据辨识度。如采用国家统计局省县标准数字代码，在转换古今地名时，借鉴地理学等相关学科的研究成果，这项基础工作对代码制作起到关键作用。

2.2 兼容性原则

鉴于文献来源集中，优先选取藏量丰富的某地域文献为样例，如徽州、浙南文献（约占总量的80%），按照地方志记载，以树状结构的形式著录地域信息，体现层级和名称，如安徽省休宁县七都一图张村，预先设定其代码，在编目时对照地域信息填写相应代码即可。针对分散的20%的文献，采用相同的编码规范，但做后期处理。

2.3 求同性原则

如前所述，文献间地域描述差别大，对于少数不能统一批量处理的文献，采取专家人工干预的方式，解决单个独立问题。

2.4 扩展性原则

“省—县—都—图—村”中，每级格式采用两位数字，延伸出近百位数据的填写空间，加上代码整体结构为树状，确保了充足的可扩展区间。在现实情况下（不出现一都超过99个图，或者一图超过99个村），两位数字预留了足够的数据空间。

3 代码编制方法

3.1 地理信息的获取

实际操作中，编目员需对照文献的扫描图像将内容信息按设定字段分类，然后填到相应的元数据位置中，即通过人工检索实现信息匹配。在熟悉地方历史文献元数据的基础上，阅读文献并从中需要的各类信息。一般来说，不同信息在文献中的位置分布有一定的规律性，这大大提高了人工检索的效率。重要信息的获取位置如图2所示。

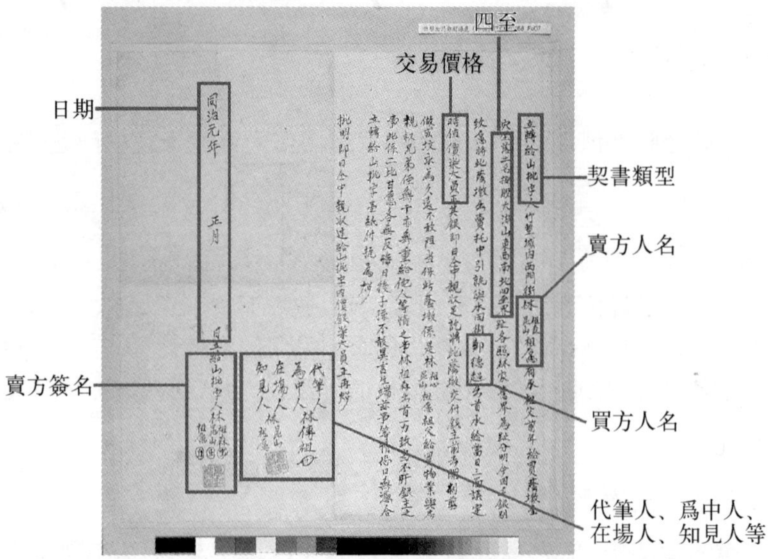

图 2　文献信息提取位置示例①

从图中可以明显看到地理信息的所在，即“四至”。也就是说，地理信息的获取主要依靠编目员的主观判断，在此过程中，经验规律将起到辅助作用，从文字上说，地理信息一般出现在“坐落土名”之后，“为界”、“以上”之前。

3.2　地理信息的转换

概括来说，地域代码的编写流程是从文献原文中读取标准化的地域信息，先以文字的形式著录到“描述”字段中，然后根据事先设定好的代码转换标准（或称代码簿），将文字转换成数字代码录入到“地域”字段中。可见，代码转换标准（或称代码簿）的制作是关键环节。

针对这个问题，可以利用《地方历史文献来源统计表》和以《清史稿・地理志》为中心的清代地方志群作为解决工具。《来源统计表》是历史系在收集文献时制作的，表中统计了馆藏文献的来源分布和每个来源省、府、县的文献数量，并分析了各分支文献群之间的关系，从表中可以看出，馆藏文献的主要来源位于浙江、安徽、江西、福建四省，从府县的角度来说，安徽徽州府和浙江松阳县的文献数量最多，皆在 8 万件以上，分别占据两省总藏量的 90%以上，在整个馆藏文献中也不失为来源重镇。所以说，根据以上几个重点县份的清代行政区划信息，就能编写出大部分文献的地域代码标准。

从统计数据中取得重点来源信息后，接下来就针对特定地区设计编写地域代码标准。以成文出版社版清乾隆三十六年刊本《歙县志》为例，翻至“卷一・都鄙”，书中记载了歙县当时的都、图、村信息。

① 台湾“中央”研究院历史语言研究所制。

一都有六图十三村，在代码表中可以登记为：

第一层：省

　　第二层：县(州、厅)　歙县

　　　　第三层：都　一都

　　　　　　第四层：图(保)　一图、二图、三图、四图、五图、六图

　　　　　　　　第五层：村(庄)　石壁山、五王阁、车田、飞山、东和村、项里、牌头、章坑、帅唐、连墅底、杨村、方村、佛岭

以上从方志中读取的信息足以利用编写地域代码，唯独第五层村庄信息无法直接对应到“图”，需要在实际编目过程中，根据原文判断，抑或不参考方志中的村庄信息，按照实际操作时遇到的村名添加。

4　代码编写实例

根据上述编码规范，为部分《石仓契约》编写了地域代码簿，涉及浙江省松阳、云和两县，示例如表 2 所示。

表 2　《石仓契约》地域代码

代碼	省	代碼	縣	代碼	都	代碼	圖	代碼	村\莊	代碼編寫
33	浙江	01	雲和縣	01	五都	00	空	01	黄衕莊	3301010001
								02	徐河/湖莊	3301010002
				02	九都	00	空	01	金村莊	3301020001
								02	(内管)楊村莊	3301020002
								03	泉溪莊	3301020003
								04	茶鋪莊	3301020004
								05	南康莊	3301020005
								06	羊村莊	3301020006
								07	百花洞莊	3301020007
33	浙江	02	松陽縣	01	十六都	00	空	01	東關莊	3302010001
								02	坑西莊	3302010002
				02	二十都	00	空	01	大陰莊	3302020001
								02	横水口莊	3302020002
								03	五合圩莊	3302020003
								04	白峰莊	3302020004
								05	徐村莊	3302020005
								06	横山莊	3302020006
								07	程村莊	3302020007

（续 表）

代碼	省	代碼	縣	代碼	都	代碼	圖	代碼	村\莊	代碼編寫
33	浙江	02	松陽縣	02	二十都	00	空	08	樹梢莊	3302020008
								09	香雪莊	3302020009
								10	鄭弄口莊	3302020010
				03	二十一都	00	空	01	茶排莊	3302030001
								02	夫人廟莊	3302030002
								03	南山下莊	3302030003
								04	後宅莊	3302030004
								05	蔡宅莊	3302030005
								06	百步莊	3302030006
								07	五合圩莊	3302030007
								08	大片頭莊	3302030008
								09	山边莊	3302030009
								10	大嶺后莊	3302030010
								11	振莊	3302030011
								12	西山莊	3302030012
								13	山頭莊	3302030013
								14	倉源頭庄	3302030014
								15	大寮庄	3302030015
								16	樹稍庄	3302030016
								17	葉莊	3302030017
								18	後金莊	3302030018
								19	大甫莊	3302030019

参考文献

[1] 常娥.古籍智能处理技术研究[D].南京：南京农业大学，2007.

[2] 常娥，黄建年，侯汉清.古籍智能整理与开发系统构建研究：情报资料工作.2009(4)：43-47.

[3] 常娥，张长秀，侯汉清，等.基于向量空间模型的古汉语词义自动消歧研究：图书馆情报工作 2013(2)：114-118.

[4] 衡中青，侯汉清.地方志中基于模式匹配的物产异名别称表达方式研究：图书馆理论与实践.2009(12)：83-86.

[5] 徐蒙蒙. 地方志时空数据组织与应用[D]. 南京：南京师范大学，2014.
[6] 焦中辉. 民间文化时空数据库设计及文化地图系统研究[D]. 郑州：河南大学硕士论文，2008.
[7] 黄忠鑫. 明清时期徽州"图"的区划与组织——几种民间图甲文书举要[J]. 历史地理. 2013(2)：137-143.
[8] 赵思渊，汤萌. 上海交通大学新藏地方历史文献的分类法及其依据[J]. 上海交通大学学报 2014(3)：76-87.
[9] 曹树基，潘星辉，阙龙兴. 石仓契约(第一辑第一册)杭州：浙江大学出版社，2011：275-276.
[10] 黄忠鑫. 在政区与社区之间[D]. 上海：复旦大学，2013.

图书馆特色馆藏资源建设合作模式初探
——以上海交通大学馆藏地方文献为例

杜　煜　易　庆　汤　萌　李　靖

摘　要　地方古籍文献的收藏与保护历来是图书馆的特色馆藏建设之一，对其管理模式的建设与选择必然会成为图书馆实施多元化建设目标的重要途径。本文通过上海交通大学图书馆地方文献馆藏资源建设过程探讨其在图书馆特色文献资源体系发展中的应用价值。

关键词　图书馆　地方文献　特色资源

近几年来，随着图书馆图书采购方面呈现出单一、系统化的采购格局，导致各个图书馆的馆藏信息量之间同质化趋势越发明显。为了打破格局、适应时代的需求，现代图书馆应加快特色资源建设的步伐，不断推动其建设进程。特色文献资源作为有别于其他文献的特藏性显露无遗，越来越受到图书馆同行间的关注与青睐。如何将其提升为图书馆资源建设过程中的特色战略性目标，值得现代图书馆人在未来规划建设道路上进行深入细致的研究。

1　图书馆特色资源的概念及建设意义

“特色资源”这一词汇内涵丰富。通常所指代的与普通资源有着本质区别，是事物所表现出来的独特的、优异的个性风貌，是由事物赖以产生和发展在特定的具体的环境因素下所决定的特征风格。图书馆资源建设中的特色内容可以涵盖到特色资源的范畴内，一般分为信息类、服务类以及环境类等特色资源。而本文中所指代的图书馆特色资源主要以信息类特色文献资源为主，而地方古籍文献恰恰又是信息类特色资源中最具有代表性与特征性的资源，它不仅是地方文化传承的基础载体，也是地方文化具体物化的根本形态。其概念可解释为某一年代区域内对当时的政治风貌、经济情况、地理人文以及民风习俗等特征进行了广域的归纳统一，具有重要历史参考信息价值的载体资源。

环境的变迁使得图书馆的馆藏建设越来越多地考虑特色资源所占的比重。伴随着大数据化时代的到来，特色资源建设也已成为评价图书馆信息资源建设的重要标准。通过了解特色资源建设这一体系，可以在图书馆未来整体规划中尝试开创各类创新型活动，并以此为依托紧跟时代形势的发展方向循序渐进，其意义的重要性不言而喻。

1.1 有益于资源共享，促进信息传播

按照以往图书馆建设的标准之一就是“以藏为主，闭门造车”。这种发展模式既缺乏同行之间的相互沟通，又不利于发现自身所存在的弊端，久而久之必然会惨遭淘汰。发展特色资源的建设，可以使图书馆不再成为封闭的个体，借助于现代信息网络发展的庞大体系，给地方经济与学科建设提供充足的信息资源保障，提升图书馆原有的价值地位，成为信息交流的中心地带及网络节点。另一方面，当前网络时代的访问交流与资源共享，要求图书馆应具备超前的数据化与网络化，更重要的是要具备富有个性的特色化，在兼顾特色资源的系统性、权威性与完整性的同时，做到“人无我有、人有我优、人优我特、独具一格”的特色建设。

1.2 有益于建立特色，趋于常态建设

发展特色资源馆藏是图书馆未来建设的必经之路，从而更好地提升馆藏精品化和服务化的质量。众所周知，我国图书馆的种类及规模大小形形色色、参差不齐，但具有专业性与特色馆藏的图书馆却很少，大部分图书馆都是公共性质，其馆藏多数大同小异，基本处于“你有我有大家有，你无我无大家无”的状况，这就导致馆藏资源的局部缺失及单一，也严重遏制了读者需求知识的积极性。因此，亟需创建特色鲜明的馆藏体系，使藏书由多变为精，化繁为简，真正使各个图书馆形成自己的特色，促使不同的读者根据自己的需求进行自由的选择。

1.3 有益于更新观念，组建特色网络资源

为了迎合大数据时代的信息要求，图书馆在搭建信息资源服务框架时，必须根据自身条件，突出重点，突出特色，规划好信息资源的重点、范围、类型、时间及数量分布。通过组织人力、财力，对本馆馆藏特色及技术力量进行系统、全面的整合，建立具有特色的数据库，充分发挥原有的特色馆藏优势，利用图书馆分类、标引、检索等方面的技术优势，有目的地将特色资源进行开发、利用及研究，保障好广大读者的普遍需求，从而节省经费，避免重复建设。图书馆还可以利用原始的文献资源来组建特色的资源库，并按照不同学术领域的需求，有计划的结合网络数据资源，为其提供更快捷

方便、具有个性化的贴心服务。

1.4 有益于文化传承，弘扬爱国爱校精神

属于特色资源中的地方古籍文献历来都具有“励志奋强”与“教化育人”的引导作用，汇集了特定时期、特定地域内深厚的人文气息与文化底蕴。由于地方文献本身在内容上就集合了当时地方上经济、文化、历史的精华内容，更容易激发出莘莘学子的求知欲望，特别是高校内地域性荣誉感很强的学生，他们从地方文献的阅读中可以加强对本地区社会历史发展的认识，从而提高学生的综合素质，培养学生热爱家乡的使命感，并立志在毕业后以更大热情与信心投身于建设家乡的行动中去。通过图书馆这个平台展开一系列围绕地方文献弘扬校园文化精神的活动，从建设“校园文化”创新体系角度，增强他们的爱国主义情感，树立文化强国的战略目标。

2 新形势下图书馆特色资源的合作模式

图书馆虽然拥有先天的资源、人力、技术等方面优势，但要将内容多样、功能丰富的地方特色资源体系建设得独树一帜，就必然要考虑多方合作的模式。合作的对象也可以不只局限在校区与兄弟单位之间，还可以延伸至政府、研究所、出版社、软件开发企业、文史研究专家等机构与个人，形成一个多方合力的局面。

2.1 校企合作

实际建设过程中，图书馆将会面临信息技术等方面的高、难、新问题，这就需要寻求前沿技术领域的专业机构来给予帮助。而随着计算机技术、通信网络技术发展的日新月异，图书馆凭借自身的有限力量很难攻克大部分的技术难关，贸然尝试不仅耗时费力，更会造成宝贵资源的浪费。如果能从专业领域内有效地引进高新技术，就能为收集和整合地方文献资源提供更多的人力基础和更强大的技术支撑。最终，成熟的信息服务合作模式，将会形成新的资源或服务结合体，开辟出新的网络合作领域。

2.2 校地合作

各级公共图书馆都藏有重要的地方文献资源，这些资源往往是不可再生、弥足珍贵的，而这恰恰也是图书馆建设地方特色资源必不可少的重要来源。高校图书馆应该与公共图书馆建立良好的合作关系，通过地方主管部门从中牵线搭桥，获得必要的资源供给支持，从而事半功倍。另一方面，还可以从研究地方历史文化的专家、学者等渠道入手，通过国家特色资源项目赞助的合作模式，凭借学术性强的核心内容和建设框架，使内容提供者和政策制定者共同参与进来，为统筹建设地方特色资源体系出谋划策、保驾护航。

3 交通大学图书馆特色资源建设的现状

要营造出特色的馆藏资源优势就意味着图书馆需要利用多方渠道，在原有的馆藏资源基础上建立起不同于其他图书馆的特色资源，这个特色资源指代的就是图书馆地方古籍文献资源管理体系的建立。

3.1 地方文献的来源、收藏

地方文献馆藏资源建设的路程任重而道远，特别是收藏工作方面存在较大难度。由于地方文献具有较强的区域性、分散性和稀缺性，因此，图书馆在建设过程中应根据区域位置、科研方向及馆藏特色等方面的不同，制订地方文献的建设制度。如何将有限的特色文献资源建立起完整健全的文献馆藏体系已成为我校图书馆所面临的重点研究的课题之一。上海交通大学图书馆于2013年度开始与本校历史系、地方历史文献中心展开了密切的合作，依托于这批来自明清时期的地方文献资源，其中就包括契约、唱本、医书、科仪书、分家书、流水账等种类在内的文献数量30余万页，主要分布于浙江、安徽、江西、福建等12个省份、145个县份，2 000余个家户或社会组织。又以安徽歙县、浙江松阳藏量为最。通过这种与校内体系串联的合作模式，不仅有效地提高了我馆特色资源的馆藏量，并且保证了校内专项科研团队及教学体系的战略资源。

3.2 地方文献的整理、利用

在物质资源条件充实的基础上，人员队伍的构建也不容忽视。图书馆在地方文献资源建设的工作中，应该有针对性地组建人才梯队的储备，设立专业型的部门机构及团队来从事文献资源的整合工作。这就要求人员的配置上需条理清晰，分工明确，不仅要具备一定的历史、地理、社会文化等认知能力，同时还应持有对文献脆弱性与珍贵性的重视态度。作者所在的上海交通大学图书馆在组建管理队伍之初，在机制构建上采用了内外部相结合的合作模式。首先，在馆内原有的人员梯队中进行系统的筛选，挑选具备合格条件的馆员组建成专业团队，进一步对资料的来源与特征进行归类与排序。其次，针对破损、污浊、残缺严重的家谱善本，通过馆外渠道聘请专业资质的古籍修复人员，对珍贵文献进行特定的维护及修缮。最终，经过一系列的前期建设，提炼出具有特殊研究价值、对应专业人员的文献资料。再通过数字化加工、编辑二次加工，将静态的地方文献转变为动态的有效信息，为需求者提供便捷、直观的文献资料，更好地、有目的地发挥地方文献的价值和作用，形成专业一体化的系统操作流程。

4 地方文献资源体系建设中的难点与重点

“万事开头难”，为了更好地使地方资源建设机制尽善尽美，我馆在特色地方资源体系建设之初也是“摸着石头过河”不断积累经验，就笔者亲身经历而言可以归纳为以下几点。

4.1 宁缺毋滥、精益求精

地方文献是记录当地社会形势发展阶段的一种特征鲜明的文献资料，其种类及内容形式多样、层次复杂，必然其所涉及的范围和种类也更加广泛。如果在收藏方面想要做到面面俱到，那最终可能会导致图书馆各类地方文献资源馆藏种类杂而不精，毫无特色可言。而近年来随着大环境的影响我馆对地方文献资源越发重视，经过一阶段的收藏后所占到馆藏资源比例也在逐渐扩大。如只依靠简单的归类梳理程序，很可能会对后期的二次编目与数据提炼造成影响。所以针对这类问题，我们先期在对这些手头资源进行整理的过程当中，特别留意那些具有特色性质的地方文献，严格按照文献资料的完整性与特藏性来进行划分。将其中能集中反映一时间阶段地域人文特色的地方文献作为首先归纳成体系的重点。其中，比较有代表性的就是清雍正元年至民国三十八年间，体现明清时期中国乡村经济生活和历史文明缩影的石仓契约、账簿等。

4.2 控制资源、开源节流

图书馆本身就隶属于高校事业单位，其经费筹备来源难度相对较大，所谓“兵马未动，粮草先行”。任何一项建设目标都需花费大量的人力与资金，更何况是致力于长久建设成规模的特色文献资源体系，不进行深思熟虑的规划与取舍是很难做出成效的。我馆最初就是考虑到这点才尝试与历史系展开密切合作，利用校园体系内各个单位现有的文献资源开展研究，从而减轻了本该在采购地方文献资源这块大头上所花费的资金压力。而在实际操作过程上，无论是从人力到物力都尽可能地控制成本、提前预算。在人员的任用方面，我们尽量通过学校途径招聘富有一定兴趣爱好与文献知识的同学参与到工作中来，经过一段时间系统化的培训，已基本可以保障地方文献资源前期整理的简单工作。在物资方面，严格把控采购修复文献时所需的各种工具材料，由于此类工具属于特殊领域所使用的器材，其本身的价值就十分昂贵，如不做好预算无疑会对有限的资源造成巨大浪费。而对急需采购的大型设备器材，也有必要在进行适当行业调研后明确其可行性再酌情考虑购买。这样，在时间进度上可能会比较缓慢，但从总体层面考虑确实起到了开源节流的作用。

4.3 凝练数据、开拓创新

计算机互联网的应用带动着各个领域革命性的跃进。图书馆创建特色文献资源体系的最终目标就是在数据共建共享的基础上，让需求者在任何时候都可以随心所欲地使用互联网来获取数字资源。这与开放存取的大环境是相辅相成的。我馆在建设地方文献资源时，就需要考虑迎合这种发展趋势来规划建设目标。我们对现存馆藏文献资源进行集中化的数字扫描处理，有侧重地挑选出特色类别的地方文献。通过前期收集提取构建地方文献数据库所需的地方书目数据、文献图片、文献全文数据等基础元数据，经过二次编目加工及对网络信息综合的筛选，整合成为富有我馆自身代表性与特色性的地方文献数据库资源。这种数据型特色资源体现了网络资源盛行、数字信息膨胀时代产物的共同特征，快捷、便利、全面越来越受到大多数读者的追捧。数字资源固然有共享和易于扩散的特点，但它在存储、传输和使用上还是十分脆弱，容易被滥用、干扰，甚至是被破坏、篡改和窃取。所以，维护和解决好数据库资源与网络信息共享的安全性问题，也是每个图书馆业界同人在未来发展中所需要思考的重要问题。

5 结语

上海交通大学图书馆在迎合学校大力发展文库建设机制的大方向下，灵活把握数字网络化的契机，适时地转变观念，采用新的合作模式与技术设备，坚持走特色化建设的道路，创建了具备特色的地方文献数据库与共享平台。通过以各种专题数据库信息以及书目、文摘、全文数据库信息实现了网上互动机制，从地方文献实体数字化资源的配置方案，再到一站式网络资源共享平台，形成一个科学、合理、规范的地方文献共建共享系统流程，为广大读者群体提供了相对应的特色服务。况且，地方文献特色资源的使用群体本身特殊，应用型、研究型的师生群体对文献资料的认知及需求具有其独特的见解，这势必让图书馆在组建新的服务机制与运营模式上要考虑得更为细致全面。但我们有理由相信，上海交通大学图书馆的地方文献建设体系依托于专业团队的协助，在今后的发展旅程中定会展现出其独特的魅力。

参考文献

[1] 蔡莉静.现代图书馆特色资源建设[D].北京.海洋出版社.2012.

[2] 金以明.图书馆特色馆藏资源建.数字环境下的图书馆文献资源建设[C].挑战与对策研讨会.2008.

[3] 马丽.论地方文献与图书馆核心竞争能力[J].重庆图情研究.2014(2)：23－26.

[4] 眭骏.守先待后，保藏国故——复旦大学图书馆古籍保护工作概述[J].上海高校图书情报工作研究.2014(1).

[5] 黄晓斌.地方文献的数字化建设策略[J].国家图书馆学刊.2009(1)：60－64.

高校图书馆视角下的国内外学术评估方法研究

张　晗

摘　要　对目前国内外学术评估的类型和研究现状进行分析，在此基础上通过对文献计量学方法、非文献计量指标法以及同行评议等学术评估方法进行比较分析，得出高校图书馆在进行学术评估时应采用的科学方法与建议。

关键词　学术评估　文献计量学　非文献计量指标

1　概述

学术评估，也称学术成果评估，是对科学研究成果价值的评价和估量，包括对机构和人员的评估，需要从委托机构或委托人员的需求和目的出发，遵循特定的评估原则，依照相关标准和程序，运用科学的方法和理论，对科研成果的质量、价值、水平、实际应用情况等进行评定，并形成专业意见的行为和过程[1]。

通过对目前国内外学术评估相关文献的调研，发现学术评估主要涉及以下几种类型：学科评估、人员评估、机构评估等。对于高校发展来说，这几类评估都扮演者非常重要的角色，评估方法是否科学合理对于高校的发展起着至关重要的作用，而图书馆在其中应发挥的作用和扮演的角色也是值得探讨的课题。

学科评估是通过判断一级学科整体情况达到所设置标准的程度和能力，来度量被评学科水平的高低[2]，涵盖了学科、师资、科研成果等方面的分析评价。早在 1998 年国内图书馆界就有学者开始研究学科评估方法，主要是探讨利用文献计量学方法来进行学科评估[3]，关于学科评估的方法研究目前已相对成熟。

人员评估对于高校科研人员来说，主要是指对其从事的科研活动和取得的科研成果进行定性和定量相结合的评估，2002 年起国内图书馆界学者开始关注我国科技人员科研业绩综合评估现状与分析[4]，虽然已有高校图书馆进行了基于文献计量学的人员评估的应用与实践，但在图书馆界尚未发现公认的、成熟的评估方法和体系研究。

机构评估对于高校来说，主要是指对机构的整体科研实力进行评估，例如对高校、院系或研究所等机构的整体科研活动和科研成果进行评估。从近十年来国际发展趋势来看，科研机构的绩效指标体系已从单纯基于“产出（结果）”的评估指标逐步转向建立基于“目标—过程—结果”三位一体的绩效指标体系[5]。Geisler和Roper分别从不同类型科技评估指标（例如文献计量指标、专利指标、同行评议等）和科研成果的收益情况来研究评估指标体系[6-8]。国内图书馆界也有学者提出基于科技文献的学科团队识别方法[9]以及基于CSSCI的科研机构学术成果评估与实证研究[10]。综上所述，目前比较成熟的机构评估方法主要是文献计量学方法，但也有越来越多的学者开始尝试引入其他指标来完善评估体系。

以上三种评估都属于学术评估的范畴，因此，研究学术评估的科学方法对高校图书馆的学术评估应用与实践有着非常重要的指导意义。

2　国内外学术评估方法比较分析

目前，国内外学术评估方法主要有三种：文献计量学方法、非文献计量指标法、同行评议。通过对国内外这些评估方法的调研不难发现：目前我国学术评估主要采用了量化和非量化两种方法，表面看来既有数量上的统计，又有质量上的比较，似乎是科学合理的，但实际上仍存在一些问题。在量化评价方面，往往只关注科研成果的发表数量及发表刊物的级别，而对作品的质量、影响力、将来可能被引用的情况等方面则不考虑，造成了重量轻质的现象；在非量化评价方面，由于操作程序尚不完善，在实际操作过程中容易造成同行评议受人情关系的影响，使得评价结果不客观、不公正[11]。

为了进一步了解清楚这几种方法的特点，并追踪目前最新的研究思路和创新理论以解决上述问题，笔者对文献计量学方法、非文献计量指标法、同行评议这三种学术评估方法进行了比较分析，得到三种方法对应的优缺点及相应的创新理论如表1所示。

表1　学术评估方法比较分析

方法名称	定量/定性	优　势	不　足	创新理论
文献计量学方法	定　量	数据获取方便、评价效率高	重量轻质、重指标轻价值	熵权化的指标“区分度”量化法[12]、基于学术期刊质量的数值科研评估法[13]

（续 表）

方法名称	定量/定性	优 势	不 足	创 新 理 论
非文献计量指标法	定量、定性	灵活性强、突出专业特色	不确定性强，未形成统一标准	常用非文献计量指标、人文社科类非文献计量指标、艺术类非文献计量指标[14]
同行评议	定 性	及时性强、更具深度	操作复杂、主观性强	同行评价系统，例如国际生物医学领域的 Faculty of 1000 评估系统[15]

下面分别对这三种方法的指标完整程度、指标科学性和高校图书馆视角下的改进方法及创新理论进行逐一的详细分析。

2.1 文献计量学方法

文献计量学方法是一种比较成熟的方法，因其具有数据获取方便、操作效率高等优势，目前在学术评估中运用较为普遍，已形成一定的标准规范，同时也是高校图书馆在进行学术评估时应用的主要方法。目前，常用的文献计量指标有：Web of Science（WOS）、CNKI 等国内外著名数据库的收录与引用情况（发文量、被引频次等）、h 指数、影响因子等。

1）指标完整程度

文献计量学方法已相对成熟且比较完整，指标体系也相对完整。一般对常用的文献计量指标可扩充如下：

(1) 论文数：从时间、人数、合作关系等多维度展开。

(2) 被引频次：包括总被因、篇均被引、人均被引、高被引等指标。

(3) h 指数：综合考量论文数与被引频次，包括作者 h 指数、期刊 h 指数（例如谷歌 h5 指数）等。

(4) 影响因子：综合考量论文数与被引频次，主要为期刊影响因子。

2）指标科学性

目前的文献计量学指标用于学术评估的定量分析已经比较科学，也得到了广泛应用。但目前的指标与评价体系也存在一些问题：一方面是其一味地强调量化指标，而难以对科研成果的质量和价值给出科学评价；此外，文献计量学通常以 SCI、EI 等数据库作为数据来源，默认这些高质量刊物上发表的文章即为高质量文章；同时，受数据库收录时间限制，数据的来源存在一定的延迟性，不能及时涵盖对领域最新研究的评估；另外，通过被引频次来确定文献重要性的方法也有待商榷，因为收录较早的文献被引频率也较高，使得一些最新研究难以得到公平合理的评估。也正是因为一些片面的、绝对化的定量评估方法，在一定程度上导致了学术科研中出现了一些盲目追求“硬指标”的现象，不得不加以重视。

3）创新理论

为了解决上述问题，越来越多的学者开始对原有的文献计量学方法加以改进。其中，比较典型的学术评估中的文献计量学创新理论主要有为指标赋权和对科研产出量化算法的优化上，尤其是王雪和丁元明提出的熵权化的指标“区分度”量化法，以及赖平耀提出的基于学术期刊质量的数值科研评估法。

熵权化的指标“区分度”量化法主要是通过指标的熵权赋值和指标区分度计算模型、影响度计算模型来区分不同指标所占的比重，得到学科建设评估指标体系的一级、二级指标库以及各指标对应的重要程度数值，从而将科研成果质量和价值等指标区分出来。

基于学术期刊质量的数值科研评估法主要是在原有科研产出算法的基础上对科研产出的篇幅、质量和合作发表3个因素进行调整，提出“净产出”的思想和算法，进而得到期刊质量与期刊等级、个人与机构科研产出的确定与衡量方法，综合以上各项因素得到最终的评估方法。

2.2 非文献计量指标法

非文献计量指标是指不以出版物为基础的其他指标，细分为常用非文献计量指标、适用于人文社科类的非文献计量指标等[9]。目前的非文献计量指标法尚未形成统一标准，其指标多种多样，应用于不同情况的学术评估时往往需要采用不同的非文献计量指标。常用的非文献计量指标有：科研经费（投入与收益）、学术声誉、学术交流、可持续发展能力等。

1）指标完整程度

学术评估的总体非文献计量评估指标尚不完整，但存在部分针对单一学科、特定类型机构或人员的比较完整的评估指标体系。一般对常用的文献计量指标可扩充如下：

（1）科研经费：包括科研投入与科研产出（收益），还可扩展为内部和外部资金与收益等。

（2）学术声誉：包括荣誉和奖励、教学科研任务完成情况（例如项目结题率、获奖率等）。

（3）学术交流：演讲、国际访问、参加国内外会议等。

2）指标科学性

非文献计量指标法针对不同的评估对象设置不同的非文献计量指标，避免了单纯以文献计量学进行评估的片面性和单一性，为平衡统一规范评估和专业特色评估进行了推动与尝试。但不同学科所对应的指标不尽相同，目前尚未形成统一的标准，要想针对特定学科确定一套科学的非文献计量指标，需要相关学科领域的专家与学术研究机构的共同努力，在实际操作中并不简单。

3）创新理论

非文献计量指标是澳大利亚高等教育评估指标体系中的创新提出的，该方法是在“文献计量指标（bibliometric indicators）”的基础上结合“非文献计量指标（non-bibliometric indicators）”的分类方式[16]。

法国高等教育教学与学位评估中也综合考虑了许多非文献计量指标，例如专业的科研质量、与外部社会的合作情况、招生情况、培养情况、论文资助情况，以及未获得资助的论文数量等[3]。国内学者翁震宇在澳大利亚高等教育评估指标体系的基础上对非文献计量指标进行进一步研究，得到了艺术类的非文献计量指标，并给出指标对应的定性等级[4]。

事实上，目前国内已有部分相关应用，主要存在于运用科学计量学进行的学术评估中，包括评估时涉及的对科研人员、科研项目、荣誉与奖励等指标的评估，但在实际应用中还存在一些问题，例如对科研项目的评估以科研项目批准机构为主要甚至唯一依据，将批准机构级别高的视为高价值的科研项目[17]。总之，虽然国内学者已认识到非文献计量指标的重要性，并已逐渐运用于学术评估中，但大部分学科在实际应用中尚未形成统一的界定与标准规范，需要进一步研究。

2.3 同行评议

同行评议法属于基于内容的学术评价方法，即根据科学发展的内在规律和成果本身的逻辑结构进行评价，同行评议的本质特征与学术成果评价的基本要求一致[18]。学术成果的同行评议常用指标可分为：规范性指标、科学性指标、价值型指标、创新性指标等。通过对学术成果的评估可以间接评估学科、机构或人员。

1）指标完整程度

同行评议应用于学术成果评估的指标相对完整，但应用于学科、机构或人员的总体学术评估体系则尚不完善。一般常用的学术成果同行评议指标可扩充如下：

(1) 规范性指标：考量成果的规范性，包括写作规范、结构规范、引用规范等。

(2) 科学性指标：包括选题合理性、方法科学性、逻辑严谨性、论据充分性等。

(3) 价值性指标：研究意义、学术价值、社会价值等。

(4) 创新性指标：新颖性（选题、方法等角度）、难易度等。

2）指标科学性

通过同领域专家评价与指标评价相结合的方法，可以减少过多强调量化指标的评审，加大专家评审力度，从深层次上审查其学术创新程度与学术水平[3]。此外，同行评议法也很好地避免了文献计量学中数据来源的延迟性问题，可以及时地发现并评估领域内的最新研究。但是由于同行评议方法主要依靠人工操作，因此难以形成一套系统的标准规范和操作程序，操作起来相当复杂；此外，同行评议方法主观性较强，专家自身的认识常常存在差异，评价结果多少也会因人而异，因此评价结果的客观性和公平性也较难保障。近期，美国《国家科学院院刊》上的一项研究表示，同行评议擅长评价出良好的论文，但容易忽略突出的、卓越的、可能在未来具有重大影响的论文。

3）创新理论

同行评议法在包括英国在内的许多国家高等学校学术评价制度中得到广泛应用，但由于对大规模论文进行同行评议存在一定难度，因此多年来一直缺乏同行评议数据库。直到 2002 年 1 月 Science Navigation Group 推出了全球生物学评价系统 F1000（Faculty of 1000 Biology），随后又于 2006 年推出了全球的医学 F1000（Faculty of 1000 Medicine），都是由全世界的生物医学专家组成的同行评议系统，采用开放透明的评价机制，推荐优秀的生物学和医学论文（以英文论文为主）。F1000 通过同行专家评议给定论文的等级，分为“推荐”（3 分）、“必读”（6 分）和“杰出”（9 分）3 个等级[19]。有学者为了比较同行评议方法和文献计量学方法的优劣，对 F1000 和 WoS 两个数据库中的文献进行了比较研究，发现 F1000 因子与被引频次呈显著正相关，单独使用一种方法来进行评估会有失偏颇，只有将以引文分析为代表的定量指标与同行评议方法相结合才是未来科学评估的发展趋势[20]。

总的来说，虽然目前我国学术评估采用了量化和非量化两种方法，表面看来既有数量上的统计，又有质量上的比较，似乎是科学合理的，但实际上仍存在一些问题。在量化评价方面，往往只关注科研成果的发表数量及发表刊物的级别，而对作品的质量、影响力、将来可能被引用的情况等方面则不考虑，造成了重量轻质的现象；在非量化评价方面，由于操作程序尚不完善，在实际操作过程中容易造成同行评议受人情关系的影响，使得评价结果不客观、不公正[11]。

3　总结与建议

通过对国内外学术评估方法的调研与分析，得出以下结论：

（1）文献计量学指标体系比较完整，非文献计量学和同行评议的学术评估总体指标体系尚不完整，但存在部分非文献计量指标应用于特定学科、机构或人员评估，以及同行评议应用于学术成果评估的完整指标体系。

（2）文献计量学指标、非文献计量指标、同行评议指标各有其科学性，也均存在不足之处。避免单一评估方法应用的片面性，结合多种方法，开展多角度、多指标的综合评价是未来发展趋势。

（3）三种方法均存在创新，以期解决原有的不足，寻求突破。文献计量学方面通过对指标和算法的优化来强化科研成果“质量”；非文献计量指标与文献计量学方法相结合，并针对不同学科设计相应评价指标；同行评议方面则结合目前已有的同行评议系统，以保证评估结果的科学性。

随着国内外学术评估的不断发展，图书馆也越来越重视学术评估相关工作。目前，图书馆的学术评估工作主要是依据文献计量学和科学计量学方法来开展的，综合以上对国内外学术评估方法的调研与分析，得到以下几点可以借鉴到图书馆今后的学术评估工作中：

(1) 对原有的文献计量学方法加以改进。借鉴熵权赋值和"净产出"算法的思想，强化科研产出的质量与价值因素。

(2) 综合运用非文献计量指标法。针对被评估学科设计相应的非文献计量指标，可以借鉴常用非文献计量指标、人文社科类非文献计量指标以及艺术类非文献计量指标，并结合专家意见来确定。

(3) 综合运用同行评议法。借鉴目前已有的生物医学领域的 F1000 同行评议数据库，进一步研究并拓展到其他学科。

(4) 综合运用多种方法，定量与定性方法相结合，避免方法单一造成的评估结果偏颇。

本文尚存在一些需要进一步研究的地方：一方面，可以进一步针对不同类型的学术评估进行具体的方法研究；另一方面，对于可以借鉴到图书馆学术评估中的方法，可以进一步研究给出细化的操作流程或框架。

参考文献

[1] 赵珣. 论我国社会科学研究成果学术评估体系建构的发展趋势[J]. 未来与发展，2008(5)：15-18.

[2] 中国学位与研究生教育信息网. [EB/OL]. [2014-07-22]. http：//www. cdgdc. edu. cn.

[3] 王伟，徐桂香，陈茜. 文献计量研究方法在重点学科评估中的应用[J]. 情报科学，1998(16)：416-424.

[4] 王孝宁，何苗，郭继军，何钦成. 我国科技人员科研业绩综合评估现状与分析[J]. 情报学报，2002，5：636-640.

[5] Cozzens S E. Research assessment：what's next?. finalreport on a workshop[J]. Research Evaluation，2002，11：65-79.

[6] Geisler E. The Metrics of Science and Technology[M]. Quorum Books，2000.

[7] Roper S，Hewitt-Dundas N，Love J H. An ex ante evaluationframework for the regional benefits of publicly supported R&D projects[J]. Research Policy，2004，33：487-509.

[8] 张大群，杨国梁，李晓轩. 国立科研机构的战略地图与其绩效评估体系研究[J]. 科学学研究，2011，12：1835-1844.

[9] 王衍喜，周津慧，王永吉，等. 一种基于科技文献的学科团队识别方法研究[J]. 2011，2：55-58.

[10] 侯林丽. 基于 CSSCI 的科研机构学术成果评估与实证研究[J]. 2014，33：190-191.

[11] 孙珂. 高等学校专业评估制度的国际比较研究——以法国、英国、美国和日本为例[J]. 比较教育研究，2012(7)：36-41.

[12] 王雪，丁元明. 学科评估指标筛选模型研究[C]. Proceedings of 2013 the Fourth International Conference on Information，Communication and Education Application (ICEA 2013) Volume

31(7). 2013 The Fourth International Conference on Information, Communication and Education Application (ICEA 2013). 2013：400 - 405.

[13] 赖平耀. 基于学术期刊文章的数值科研评估[J]. 世界经济，2011(7)：131 - 147.

[14] 翁震宇."艺术学"评估体系中学科核心价值构建的思考——"非文献计量指标"的界定[J]. 大学教育，2013(7)：46 - 50.

[15] 许咏丽，孙继林. 国际生物医学领域学术评估新利器——Faculty of 1000[J]. 图书馆，2011(5)：61 - 63.

[16] 翁震宇. 学科评估体系中"非文献计量指标"的引入与实践——以"艺术学"门类学科为例[J]. 中国高等教育评估，2012(3)：46 - 50.

[17] 赵亚静，王艳舫. 英国高等学校学术评价制度的借鉴与启示[J]. 教育探索，2014(2)：149 - 150.

[18] 杜向民，樊建强. 人文社科类学术成果同行评议的指标体系及权重分配[J]. 中国高教研究，2015，01：70 - 74+101.

[19] 赵英莉. 中科院文献情报机构评估系统的设计与实现[J]. 现代图书情报技术，2001，1：71 - 72.

[20] 宋丽萍，王建芳. 基于 F1000 与 WoS 的同行评议与文献计量相关性研究[J]. 中国图书馆学报，2012(2)：62 - 69.

基于下载数据分析的高校用户网络信息行为研究

施晓华　施　婷

摘　要　本文以上海交通大学全文下载使用数据为研究对象，进行了相关数据处理和统计分析，获取高校用户网络信息行为，形成不同维面的分析结果，并结合纸质流通数据、用户网络信息和学科排名信息，提出相应的关联分析结果和决策建议。

关键词　信息行为　大数据　数据挖掘

高校图书馆通过收集、存储大量的数字信息资源在线提供给广大读者访问、获取，积累了海量的信息用户使用记录数据，并成为图书馆中增长速度最快的一类海量数据。目前，基于大数据的信息用户行为分析研究在国内是较新的领域，本文通过立足于分析国内外现有信息行为分析方法基础上，选取高校数字图书馆全文下载使用数据，结合数据分析查询和处理方法，进行有效的数据统计、分析，将能在大数据环境下揭示高校读者的网络信息行为特征；并可通过结合其他图书馆与学科发展数据对比分析，为图书馆各项业务流程优化提供更多决策指导。

1　信息行为分析定义

2000年，T. D Wilson对人类信息行为做了一些定义：信息行为是人类在信息源和信息渠道上所有相关行为的总和，包括主动和被动的信息寻求和信息使用行为。信息行为主要包括：信息寻求行为(information seeking behavior)、信息搜索行为(information searching behavior)、信息使用行为(information use behavior)[1]。

信息行为的研究起源于西方，随着认知科学的加入，西方世界对于信息行为认知方法的研究经历了从个体主义认知方法研究到整体主义认知方法研究的转变[2]。前者是以个体的信息行为和信息需求为核心，强调个体的信息搜寻行为、信息搜寻行为过程以及信息行为塑造和信息偶遇等的研究；后者将人类信息行为研究从个体的研究拓展到了更加广阔的社会、文化背景下，弥补了个体主义认知方法所缺失的维度，对于人类信息行为和人机交互的研究具有重要意义。信息行为的基本内容可概括为信息的获取、处理、使用。因而信息行为的研究，主要也是从这三个方面展开的。

1）网络用户信息行为

所谓网络用户信息行为就是网络用户，在信息需求和思想动机的支配下，利用网络工具，进行网络信息检索、选择、交流、发布的活动[3]。总的来说，网络用户信息行为的类型主要包括：信息需求认识与表达行为、信息查询行为、信息交互行为、信息选择行为和信息吸收与利用行为。

网络用户信息行为研究的内容主要有：信息检索行为研究、信息浏览行为研究、信息交互行为研究、信息选择行为研究，以及相关产生的基于各种环境下的网络信息服务。网络用户信息行为的研究方法主要有网络调查法、网络观察法、网络实验法、联机监控发、网络挖掘法、网络计量法等。

2）高校用户网络信息行为

大学图书馆是为教学和科研服务的，主要任务即是充分满足师生们的学术信息与资源需求。电子资源，尤其是全文电子资源是增长迅速的信息资源，这也是图书馆馆藏资源建设的主要内容之一。由于计算机网络的普及，学校师生通过网络获取自己所需的文献信息资源已成为主流。但是，高校订购的数据库资源是否满足了师生需求，用户形成了怎样的信息行为规律，与学校整体发展是否有所关联，因此有效获取数据资源的使用情况，为今后高校购置数据资源能提供有力的帮助。高校用户的信息行为多以图书馆用户信息为主，信息行为的主体则是高校的教师、科研人员和学生。高校用户的信息行为主要包括浏览和检索行为、信息查询行为、信息获取或借阅行为[4]。

2 国内外研究现状

目前普遍公认的信息行为研究可以追溯到 1948 年在英国举行的皇家协会科学情报会议上 Wilson 发表的关于科学家文献利用行为研究的论文。而后，随着认知科学的引入，学者把重点放在用户信息行为的发生过程上面，研究对象也多是当时的主流用户，如科研人员与大学教师，研究内容则围绕用户上网的目的、网络利用的障碍、学术交流等方面展开。

进入 20 世纪 90 年代中期之后，随着互联网的普及，研究对象扩大到各种学科如医学、生物、自然科学，研究的变量和内容也从简单的上网目的、上网频率变为深层次的不同个性与认知风格等。在方法上，重视实证研究，传统和新的方法都有。

由此可见，国外用户信息行为研究，学科交叉多，发展迅速，不仅研究用户行为，更在研究其背后的动机和影响因素，从而进入应用领域，研究方法也与时俱进，与信息手段结合紧密。而近些年来，研究的重点开始偏向应用领域，如协同信息行为和社区发现、社会影响等更高层次的领域。

2006—2007年，国外基于用户信息检索行为的研究，在信息检索行为理论方面主要集中在信息检索行为模型、基于认知学的用户信息检索行为、用户特征与信息检索行为之间的关系这三个方面；在基于特定人群行为方面的研究，主要包括性别、年龄、学科、组织团体、职业五个类别；对行为影响因素的研究，主要包括外部因素和内部因素。研究特点：研究主题丰富；医学是用户信息检索行为研究最热门的学科。但是部分研究的实验样本规模过小、分析方法单一；用户信息检索行为与改善信息检索技术结合较少[5]。

2007—2009年，基于协同信息行为的研究逐渐增多。如Madhu C. Reddy, Bernard J. Jansen两人对两个医疗小组：外科重症监护病房和急诊科的研究中，对病人信息交流共同治疗的行为进行了分析，建立了理解协同信息行为的模型，研究结果表明，在个人信息和协同信息搜寻有重叠的关键特点上，有明显的联系，行为和环境两者在个人和协同信息行为上都有交互效应[6]。Reddy M. C.和Spence P. R.两人研究了一个四个组织构成的协同信息系统案例，由三个客户端和一个IT服务提供系统组成，研究发现社会资本可以在协同信息系统项目各个阶段可以作为动力器和促进剂[7]。

2009—2012年，信息行为在应用领域的研究成为主角，如在图书馆信息系统和社区网络发现方面。Haines L. L.等人研究了基础科学的研究信息搜索行为对图书馆服务的影响[8]，研究人员采用了一所大学医学院样本，用半结构式访谈的定性研究，得出的结论是：虽然基本科学的研究人员表达了对图书馆的积极态度，但他们并没有看到它的资源或服务整合到了他们的工作，因此提供对研究人员的定制的图书馆信息服务很有必要。Schultz-Jones B.通过研究373条电子期刊数据库的文献，演示了信息学科如何应用于社交网络理论和利用社交网络分析，来解释研究方法和研究的趋势[9]。研究表明，用社会网络理论和社会网络分析理解信息行为，是很好的沟通现有研究的桥梁。

2012—2013年，把信息行为上升到社会、社区的社会科学研究比较多。如Tiffany C. Veinot和Kate Williams两人，尝试用把社区作为分析的中心单元，利用了社区信息行和技术进行分析，认识到信息行为和科技在日常生活社区中已经成为挑战性的研究问题[10]。Mervyn K.和Allen D. K.认为当前的信息行为分析都是基于静态或者虚拟背景的研究，而忽视了科技在物理空间上的影响[11]。于是他基于一个提供信息行为、使用和服务的科技网站以及为社交环境设计和引入的媒体信息系统，阐述了信息和服务需求是如何被移动信息和通信技术捕捉的。

与美国等发达国家相比，国内信息行为领域的研究目前还显得比较零星，尚未成体系，这与我们国家的互联网发展起步较晚有关。我国的研究基本建立在学习国外信息行为研究的基础上，无论是内容还是方法，都还没有更深入创新。此外，在学科交叉方面，我国信息行为研究与其他如认知科学、医学等学科的交叉还比较少，多是从网络用户的信息行为来分析，涉足的领域比较狭窄；也比较缺少系统的应用型的研究，少有涉及信息系统的优化发展等。另外，往往只是涉及网络用户方面，而对社会影响更大的其他行业领域的研究则非常少见。对比本文的主要研究内容，目前网络信息行为相关研究与多层面多学科的关联性较少；以单学科、传统方法、理论层面的研究为多，通过数据分析挖掘方法来获取用户信息行为的方法较少。

3 信息行为数据收集与处理

本文主要研究的统计分析数据，来源于上海交通大学图书馆图书馆电子资源管理应用——“电子资源访问控制系统”后台数据。主要数据源为实时获取的本校用户访问各类电子资源的相关使用数据(usage data，如源 IP 地址、目标 IP 地址、访问时间和访问 URL 等)，结合电子资源相关的违规访问控制技术和统计分析挖掘技术，可以为图书馆电子资源管理提供有效统计分析数据和安全应用保障。参照上海交通大学电子资源访问控制系统实际监测情况[12]，本文收集了对应的 ACS(American Chemistry Society，美国化学学会)，IEEE(IEEE/IEE Electronic Library)，AIP(American Institute of Physic)，Elsevier(Elsevier ScienceDirect)，AIAA(美国航空航天学会，American Institute of Aeronautics and Astronautics)，AR(Annual Reviews)和 Emerald 共 7 个电子数据库的相关全文下载使用数据。表 1 所示为本文研究数据来源的主要数据属性及对应含义解释。

表 1 数据属性及含义

字 段	数 据 类 型	意 义
id	serial	数据库自动生成的记录编号
database_id	integer	数据库的 ID 编号
src_ip_int	numeric	用户的 IP 地址
dst_ip_int	numeric	用户目标文献的地址
tabal_name	text	来源表的名字
url	character varying(2000)	目标文献的 URL 链接地址
capture_time	timestamp without time	用户发生行为的时间
stat time	timestamp without time	数据库更新的时间

数据分析的一个基础工作就是进行数据处理与清洗，去除冗余数据。使用数据中包含了用户访问的数据库链接、用户 IP 地址、数据库 IP 地址、时间等信息。对这样的数据进行挖掘的首要的过程就是提取对挖掘有用的数据，进行格式标准化、去除重复数据、清除无用数据等。

(1) 判断下载的论文是否为全文。判断论文 URL 中，是否包含 pdf 等字符，将所有符合条件的记录抽取出来，放到相应的数据库表里，作为本文研究的主要数据来源。清洗过后的 URL 可以提高全文电子资源下载量统计的准确度，还可以用来判断单篇下载次数来源的学科。

(2) 部分涉及对用户 IP 处理，需要获取全校不同部门、学院、学科的 IP 段，转换为相对应的整数区间并与抓取的 IP 段进行比较。这样就能获取不同用户 IP 群对数据库的使用信息，对这部分使用信息进行挖掘，可以进行用户行为方面的研究。因为涉及数据的保密问题，所以本文通过获取公开的公共 IP 信息库进行用户行为方面的研究。

(3) 将数据库 IP 段对应于相应的数据库。由于需要统计不同数据库在不同期限内的使用情况，因此须将不同数据库的 IP 段转换到对应的整数区间，进行清洗处理，以将 IP 地址与学院、学科关联起来，方便查询。

(4) 将数据按照年份、时间段，进行初步归并，这里涉及的技术主要有如何用数据库中的时间、日期函数对时间字段进行处理，获取相应时间区间。目的是获取不同年份的数据走势、与 ESI 年度排名的关系和学生使用的时间高峰等信息。

经过处理后，本文选用 2011—2013 年共三年的全文下载数据，数据总量约 700 万条，本文即以此数据进行相关本校师生网络信息使用行为的分析研究(见图 1)。

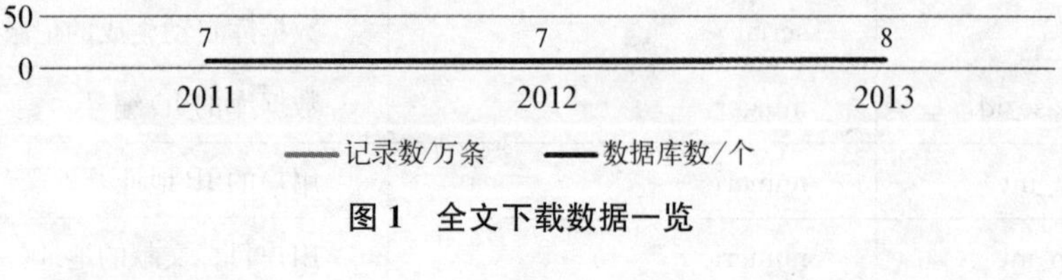

图 1 全文下载数据一览

4 用户使用数据统计

通过数据统计，在 2011—2013 年，7 个数据库中，以 Elsevier 的总访问量、访问 IP 数和平均每个 IP 的下载数量最多，以 2013 年为例，分别达到 133.5 万篇，22 000 个 IP 地址和平均访问 60 篇。

总访问量、访问 IP 数呈现逐年增加的趋势，而平均每个 IP 访问次数呈现减少的趋势。每年的总访问量都在 200 万次左右，每位用户平均访问次数都达到了 200 次以上，可见使用频繁，访问的 IP 数量也在 3 万以上，交大本科生、研究生和科研人员总数三万八千人左右，与实际在校人数基本符合，可见几乎每位交大的同学和老师都进行过数据库的访问(见图 2)。

年份	总访问量	平均每个 IP 访问数▲	访问 IP 数
2013	2 418 323	224.59	48 948
2012	2 151 178	294.55	37 568
2011	1 948 536	315.68	33 506
总计	6 518 037	834.82	120 022

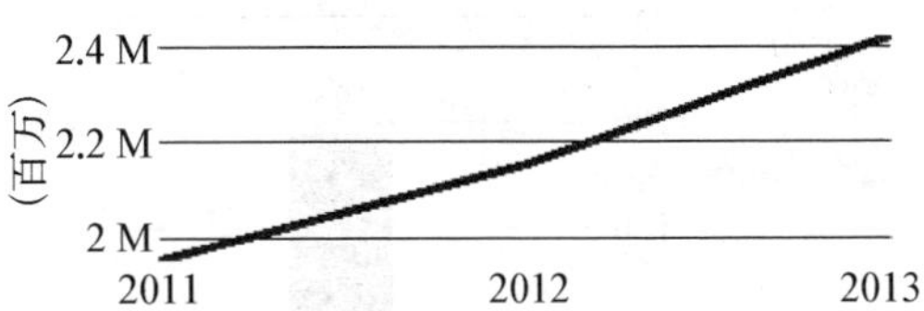

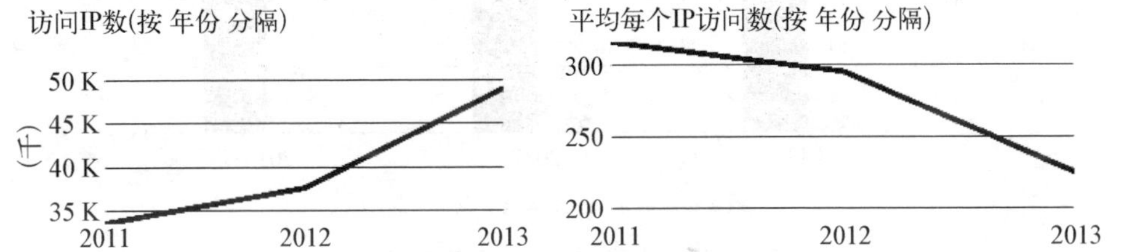

图 2　2011—2013 年统计数据趋势

从总访问量和 IP 数的增加说明了交大师生使用数据库的频率和数量都在增加，说明大家对数据库的使用比起前两年都有增加。这与图书馆在此期间的馆藏资源采购，开设通识核心课程《信息素养与实践》、公共选修课《网络环境下的文科信息检索》等课程，在学生中产生的良性效果分不开。

然而平均访问次数的下降不仅是因为访问人数的增加，也是因为大家信息检索的能力提升了，找到自己所需资源更方便、更快捷了，用比以前更少的次数找到所需的文献。因此可以考虑继续开展更多的信息素养培训课程，介绍信息检索理论的基本知识和核心技术，基本检索技巧和方法，各种类型电子信息资源的检索，如电子图书、电子报纸、电子期刊和特种文献等。增加图书馆的培训项目和普及信息检索知识的展板，使得进入图书馆自习、借阅书籍的同学了解数据库检索，使得学校购买的资源得到充分利用。

4.1　电子资源与纸质资源对比

由图 3 可以看到，纸质资源的借阅从 2011 年 39 万次下降至 2013 年 27 万次，而全文电子资源，从 2011 年的 195 万次上升到了 242 万次。由此可以判断，纸质资源的借阅量呈现逐年递减趋势，而电子资源呈现出逐年上升趋势，且每年都是 30 万次以上增长，非常迅速。可见高校随着电子资源馆藏的推进，越来越多的师生通过电子资源获得最新的学术成果，因而减少了纸质资源的借阅，而纸质资源有逐步衰减趋势。电子资源的便携性、时效性、可重复下载等，这些优点使得全文电子资源越来越成为师生的首选。全文电子资源通常在 2～4 页，而纸质资源通常在数百页甚至是上千页。如果把电子资源的折算成书本的话，也有三至四万本，而论文期刊更具有浓缩性，相比于纸质书，因而阅读量还是相当大的。

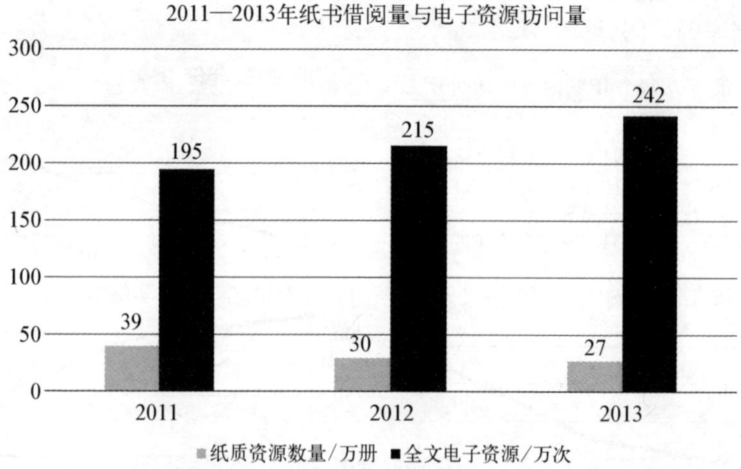

图 3　纸质书借阅量与电子下载量比较

同一本书很难满足大量同学的同时借阅请求，因此，在解决版权的基础上，高校图书馆可以将纸质书进行扫描，转化成全文电子资源，方便师生在办公楼、宿舍、教室等处阅读，既减轻了重量又便于携带，也便于进一步利用、分享。同时，及时更新电子资源，通过进一步调研，满足同学们的多样化需求。

4.2　学科变化分析

以上海交通大学为例，Elsevier，AIP 和 IEEE 数据库的总访问量、访问 IP 数最高，可见学校的优势学科为工程学科、理学领域，尤其是电子信息、物理学等学科的访问量最多。

而就每个 IP 平均访问次数，即可视为每位用户平均访问下载的次数，ACS 排在第二，可见学校用户在有机化学，分析化学，应用化学，材料学，分子生物化学，环境科学，药物化学，农业学，材料学，食品科学等 24 个化学相关领域，访问文献比较频繁。

由图 4～图 6 可见，上海交通大学师生访问工程学、理学领域的数据库比较多，充分体现了交大作为一个理工科强势的特点，因此在理工科方面的研究电子资源的需求也特别大。同时，化学相关领域体现出反常的频繁，通过比对交大 ESI 论文排名，发现在此三年中，交大化学 ESI 排名跃升了 60 位。尽管化学相关学院不是大院，但是使用频率高。由此可见，学科排名与学科数据库直接存在着正相关关系，随着学科排位的上升，文献访问量也在上升。

数据库	总访问量
Elsevier	3245794
AIP	1325348
IEEE	1217126
ACS	604896
annualreviews	64930
Emerald Journal	36268
AIAA	23378
总计	**6517740**

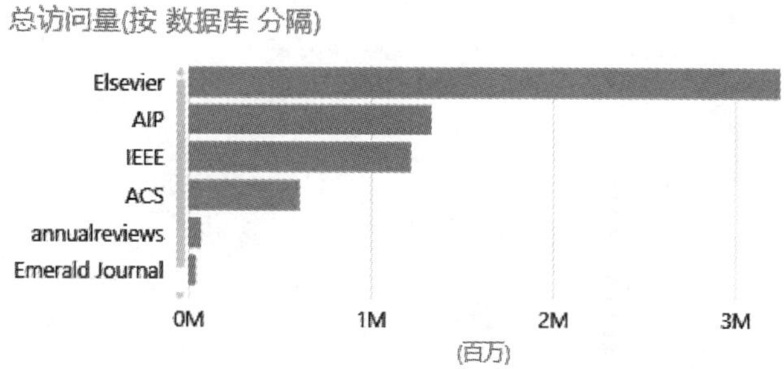

图 4　各数据库总访问量排行

数据库	访问IP数
Elsevier	46585
AIP	27540
IEEE	27263
ACS	8989
annualreviews	5495
Emerald Journal	2612
AIAA	1524
总计	**120008**

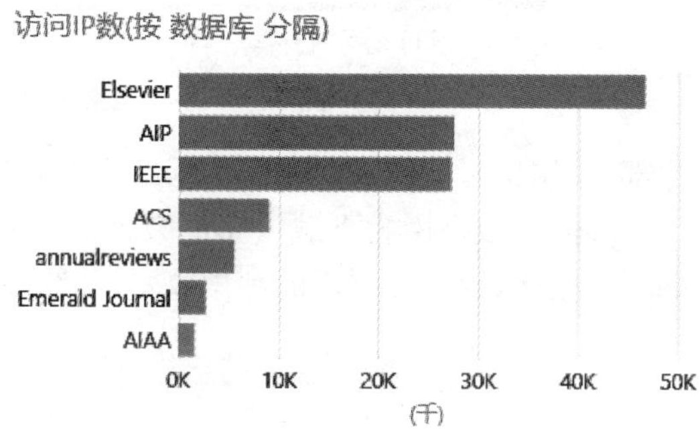

图 5　各数据库访问 IP 排行

数据库	平均每个IP访问数
Elsevier	218.55
ACS	174.44
AIP	145.22
IEEE	133.67
AIAA	56.13
Emerald Journal	50.47
annualreviews	35.12
总计	**813.61**

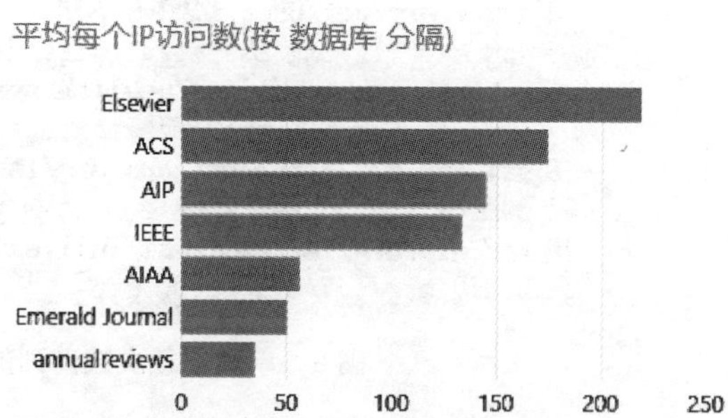

图 6　各数据库平均每个 IP 访问数排行

5　信息行为分析

5.1　信息行为长尾分析

长尾理论分析(power law),指的是一种幂律分布的情况,也称为二八法则,指的是下载量排名靠前的资源占据了下载量的绝大部分的现象。以 2013 年的全文下载次为例看,下载次数最多前 10 篇文献,几乎占据了绝大部分的下载量(见图 7)。

由图 8 可见,下载排名前 10%的论文占据了 60%的下载量,前 20%的论文占据了 70%的下载量,其中以理学、工学、医学下载最多。因此,图书馆可以购买“头部”数

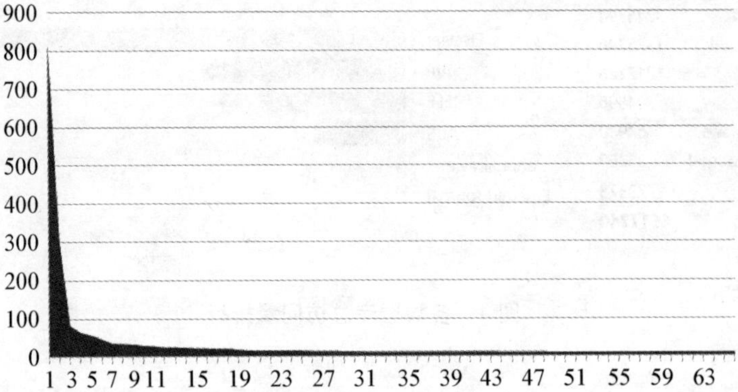

图 7 2013 年全文下载篇次

据库,“尾部”采用馆际互借。“头部”数据库为下载量多的数据库,即大家会经常使用的数据库。“尾部”数据库为下载量小的数据库,使用频率不是很高的数据库。以合理选择购买数据库,提高数据库的利用效率,节约整体支出。

排名	论文url	下载量
1	apl.aip.org/img/abstract/fulltext-pdf.png	1246
2	jap.aip.org/img/abstract/fulltext-pdf.png	994
3	prl.aps.org/sites/prl.aps.org/themes/PRL/gra	885
4	arxiv.org/pdf/0808.1402v5.pdf	819
5	jcp.aip.org/img/abstract/fulltext-pdf.png	705
6	publish.aps.org/sites/publish.aps.org/themes	591
7	proceedings.aip.org/img/abstract/fulltext-pd	470
8	prl.aps.org/sites/prl.aps.org/themes/PRL/gra	341
9	asmedl.org/journals/help_system/getabs/image	322
10	pof.aip.org/img/abstract/fulltext-pdf.png	319
11	arxiv.org/pdf/0710.2357.pdf	307

图 8 单篇下载次数前列的论文

5.2 学科发展预测

从单篇下载次数最多的 URL 中,分析得到,下载最多的学科是物理学、数学、通信和医学(见图 9)。

对比这四个学科和 ESI 交大学科 2011—2013 年的排名,可以发现,这四个学科在排名上都有几十个名次的进步,电子资源的使用频率与学科论文被引次数 ESI 排名呈现正相关的关系。使用频率越高,排名上升速度越快。电子资源的使用对论文著作的发表质量有着推动作用,电子资源越丰富,使用的频率越高,为科学研究做出了正面的贡献。

因此,图书馆有必要监测每年使用频率增高的数据库,是什么学科方向,这是学科发展的标志,可以看出未来学科发展的方向。对于单篇下载次数高的学科,电子资

学科排名	2011.1	2012.1	2013.11	12年名次变化	13年名次
总体	344	295	210	49	85
工程学	55	33	15	22	18
材料科学	37	32	27	5	5
计算机科学	162	121	86	41	35
环境科学	-	588	453		135
数学	128	89	64	39	25
物理学	228	206	180	22	26
化学	247	204	136	43	68
临床医学	449	385	281	64	104
生物与生物化学	436	360	238	76	122
药学与毒物学	340	253	134	87	119
分子生物与遗传学	428	360	247	68	113
农业科学	425	366	285	59	81
动植物科学	821	704	540	117	164
微生物学		373	413		-40
神经科学与行为科学		488	453		35
环境科学与生态学		549	540		9

图 9 上海交通大学 2011—2013 年 ESI 排名情况

源和下载次数上要减少限制，多给予学科发展支持。对于使用量大的和高峰时段的数据库，要增加购买并发用户数，提供师生使用数据库的用户体验。

5.3 信息行为时间维度分析

从时间维度分析，下载高峰出现在三个时段：上午 9～10 点，下午 14～16 点，晚上 19～22 点。凌晨 1～6 点的低谷是因为作息时间和交大断网的时间是 12 点到早上 6 点的缘故(见图 10)。

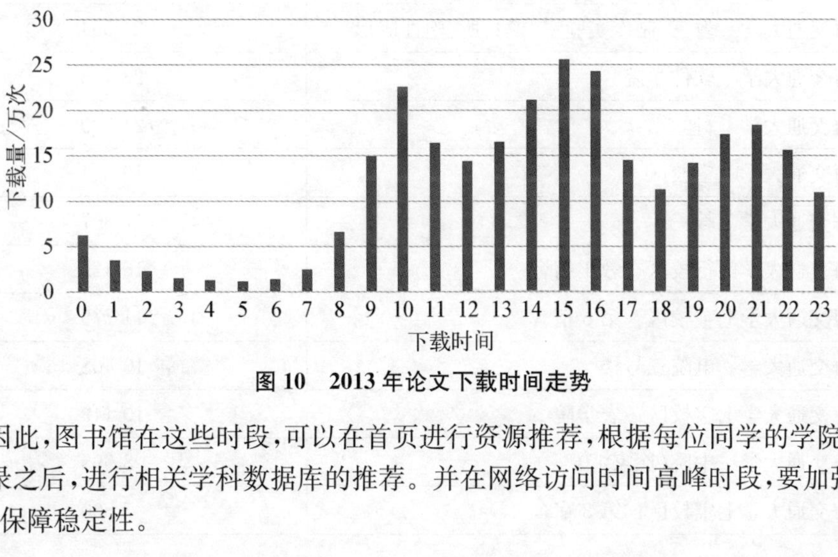

图 10 2013 年论文下载时间走势

因此，图书馆在这些时段，可以在首页进行资源推荐，根据每位同学的学院，在同学登录之后，进行相关学科数据库的推荐。并在网络访问时间高峰时段，要加强网络支持，保障稳定性。

5.4 用户信息特征分析

通过分析 2013 年用户 IP 次数最多的 IP 地址，通过 IP 地址查询，可以获得比较精确的地理位置。从电院、外院、物理学院、机械、环境等学院楼用户发生信息行为的次数较多，这与下载次数较多的学科也相符。

如表 2 所示，通过归并后，物理、电信、汽车、生物、能源、外语、化学、建工、环境等学科，访问次数相当多，一年 3 万次以上，即平均每天都有 100 次以上的访问量，如物理、电信更是总次数超过 10 万次，即平均每天都有 300 多次访问全文电子资源。

表 2　学校各区域访问次数排行

参考地理位置	总访问次数
上海交通大学闵行校区　物理楼	130 927
上海交通大学闵行校区　电信群楼	131 216
上海交通大学　汽车工程研究院	73 742
上海交通大学闵行校区　生物楼	54 148
上海交通大学闵行校区　能源楼	51 927
上海交通大学闵行校区　外语楼	36 509
上海交通大学闵行校区　化学楼	31 737
上海交通大学闵行校区　建工楼	31 409
上海交通大学　环境科学楼	29 955
上海交通大学闵行校区　D22	25 483
上海交通大学　教三/制冷实验室/模具所/塑性成形	24 554
上海交通大学　软件学院	23 795
上海交通大学　科学馆	21 299
上海交通大学七宝校区	19 341
上海交通大学　教三	17 307
上海交通大学闵行校区　教工宿舍	16 425
上海交通大学七宝校区　第 6 宿舍	11 775
上海交通大学　电院三号楼	10 468
上海交通大学七宝校区　农学院	10 149
上海交通大学　中院(徐家汇)	8 595
上海交通大学七宝校区　第 3 宿舍	7 800

（续　表）

参考地理位置	总访问次数
上海交通大学七宝校区　上海农学院	6 877
上海交通大学　浩然大厦	6 801
上海交通大学　闵行校区西 59#	4 818
上海交通大学　闵行校区　机械楼群	3 717
上海交通大学　闵行校区西 58 舍	3 687

从宿舍情况来看，D 区和西二区都是研究生宿舍，由此可见，研究生对全文电子资源的利用还是远远超过本科生的需求。

对于这些地方的 IP，可以减少论文下载次数的限制，加多下载并发数以保证他们获得充分的资源。对于访问量大的学院楼宇、分校区楼宇、研究生宿舍等，做好网络的即时检测维护，保证他们有通畅的网络量。

基于研究生对于论文需求远大于本科生，图书馆可以加强对本科生全文电子资源利用的科普，比如在新生讲座、信息素养课程的推广和图书馆的宣传展示多给予帮助，让他们充分利用这些宝贵而丰富的资源。

5.5　关键论文分析

经分析，2013 年下载最多的全文论文 URL 为“http：//arxiv. org/pdf/0808. 1402v5. pdf”的文章，题目为 A Counter Example To the Hodge Conjecture(一个霍奇猜想的反例)，是一个数学论文的证伪论文。根据图 11，有 IP 地址确定的地理位置统计。

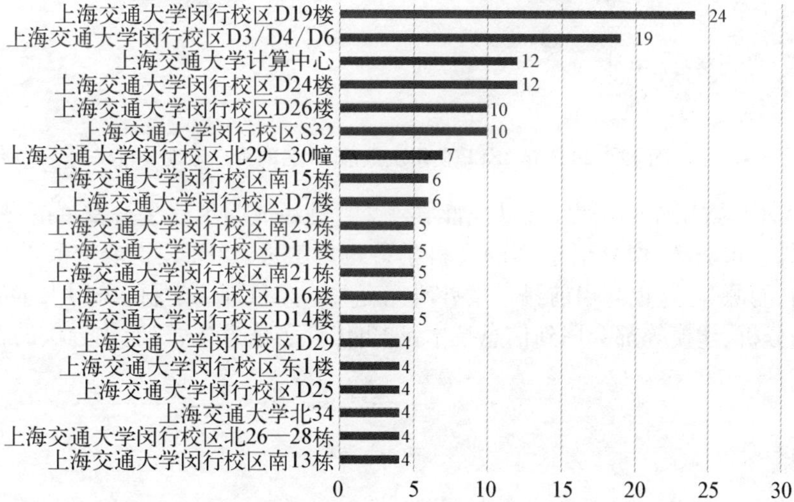

图 11　论文 A Counter Example To the Hodge Conjecture 的用户下载次数排行

据实际查证，排名前三的 D19 是本科生大四宿舍、D3/D4/D6 也是大三宿舍，这样一篇论文的主要使用者并非研究生，而是本科生为主，据作者分析可能是用于参加某些数学竞赛或者建模比赛。

因此图书馆应当及时关注学校师生的科研比赛或者会议情况，在各类学术比赛，如数学建模、电子设计等比赛时，图书馆可以在主页上进行相关的数据库资源推荐，帮助同学们更快地获得论文资源，为他们提供更丰富的资料来源。

5.6 交叉学科分析

为了了解学科交叉的情况，统计发现 IEEE 的用户的来源相当丰富，由于研究生宿舍楼对应学科情况未知，仅以学院楼为统计，具体分布如图 12 所示。除了电信学院独占 18%的比例，另外 49%的访问用户都来自其他学院或者研究所，这是比较令人意外的，由此可见一个学科的数据库的主要用户，除了相关学科以外，其他学科综合起来占的比例也非常大。访问次数排名第一位的是物理楼，而非电信学院。

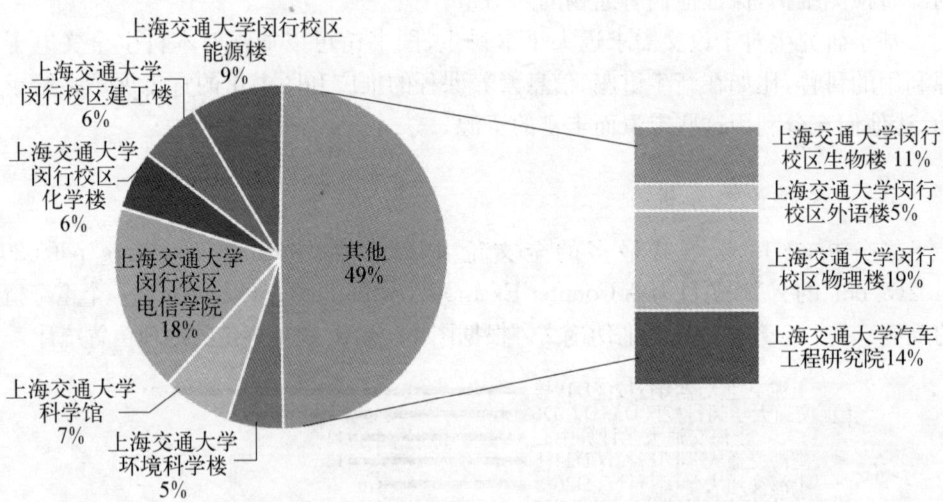

图 12 2013 年 IEEE 使用次数前 10 名的用户地址分布

由 IEEE 数据库的用户，可以一瞥学科交叉已经成为现代学科发展的潮流趋势，不仅工科会相交叉，像外语这样的文科学科也会交叉。IEEE 主要交叉的用户是汽车、生物、能源等，这也与当前科学发展研究有关。大量理工学科，采用大量的实证分析、数据分析、建模等都会用到信息技术，这也体现了信息化、智能化方法的普遍应用趋势。

6 结语

本文主要以上海交通大学电子资源全文下载的数据进行信息行为分析，利用数据统计为图书馆的采购、学科服务等提供方法依据。今后，还可以进行更加细致和个性化的研究，如结合数据库商提供的 COUNT 使用数据，核心期刊的利用数据等，对各个学科进行更加详细的学科分析及其研究发展变化。

参考文献

[1] Wilson T D. Human information behavior[J]. Informing science, 2000, 3(2): 49 - 56.

[2] 迪莉娅. 西方信息行为认知方法研究[J]. 中国图书馆学报，2011，37(2): 97 - 104.

[3] 李书宁. 网络用户信息行为研究[J]. 图书馆学研究，2004(7): 82 - 84.

[4] 熊菊敏，喻华林. 高校图书馆用户信息行为研究述略[J]. 科技管理研究，2007，12: 152 - 153.

[5] Leskovec J, Lang K J, Dasgupta A, et al. Community structure in large networks: Natural cluster sizes and the absence of large well-defined clusters[J]. Internet Mathematics, 2009, 6(1): 29 - 123.

[6] Reddy M C, Jansen B J. A model for understanding collaborative information behavior in context: A study of two healthcare teams[J]. Information Processing & Management, 2008, 44(1): 256 - 273.

[7] Bhandar M, Pan S L, Tan B C Y. Towards understanding the roles of social capital in knowledge integration: A case study of a collaborative information systems project[J]. Journal of the American Society for Information Science and Technology, 2007, 58(2): 263 - 274.

[8] Haines L L, Light J, O'Malley D, et al. Information-seeking behavior of basic science researchers: implications for library services[J]. Journal of the Medical Library Association: JMLA, 2010, 98(1): 73.

[9] Schultz-Jones B. Examining information behavior through social networks: an interdisciplinary review[J]. Journal of Documentation, 2009, 65(4): 592 - 631.

[10] Veinot T C, Williams K. Following the "community" thread from sociology to information behavior and informatics: Uncovering theoretical continuities and research opportunities[J]. Journal of the American Society for Information Science and Technology, 2012, 63(5): 847 - 864.

[11] Mervyn K, Allen D K. Sociospatial context and information behavior: Social exclusion and the influence of mobile information technology[J]. Journal of the American Society for Information Science and Technology, 2012, 63(6): 1125 - 1141.

[12] 施晓华，钱吟，谢锐. 高校电子资源访问管理控制系统的设计和应用[J]. 计算机应用研究，2011，03: 1042 - 1045.

SCI期刊论文学术质量评价的聚类分析及加权算法

陈天天　胡银霞

摘　要　基于中国科学院2012年度SCI期刊分区表中所列国际期刊的分区及影响因子等数据，使用聚类分析的方法深入探讨如何正确看待和合理运用期刊影响因子进行学术论文的质量评价。本文分别从参考文献和引文角度，构建了SCI期刊论文学术质量评价模型，以期达到客观反映学术论文质量的目的。

关键词　学术质量评价　影响因子　被引次数　被引速率　聚类分析　因子分析

近年来，SCI论文已经成为我国高校和科研机构进行科研绩效评价的重要指标，随着我国SCI论文数量的不断增长，随之对于SCI论文 质量的评价成为越来越多高校和科研机构关注的热点。目前，在SCI论文的科研绩效评价工作中，采用期刊影响因子(impact factor，IF) 和论文他引频次(other citations，OC) 对论文的学术质量进行界定较为普遍，而以期刊影响因子(IF) 作为单一的论文学术质量评价指标而遭质疑[1]。基于汤森路透的期刊引证报告(Journal Citation Report，JCR)提供的多种数据，特别是期刊的影响因子，中国科学院每年对各个学科的SCI期刊进行分区。多数观点认为论文的所属分区与其学术质量相关，即分区越靠前质量越高。然而，有很多学者对于将期刊分区或影响因子作为科研绩效评估的主要指标提出了质疑[2-5]。另有观点认为，运用论文的被引次数进行科研评估更为合理[6-7]。截至目前，关于影响因子在学术质量评估中的作用、局限性并没有形成一致的观点。本文拟采用聚类分析的研究方法，以论文被引次数、被引速率以及期刊的分区为参数，给出以被引文献所在期刊的影响因子为基准的加权算法，构建了较为客观的反映学术论文质量的模型。

1 研究方法

聚类分析是将对象进行分类的一种重要方法，通常人们可以凭经验和专业知识来实现分类，而聚类分析(cluster analysis)作为一种定量研究方法，从多元统计分析与数据分析的角度，给出一个更准确、细致的分类工具。

本文的研究思路如下：首先采用中国科学院期刊分区方法，将杂志分为四类，通过比较论文所在杂志的影响因子与该论文所引文献的平均影响因子来判定该学术论文的质量。如果文章所在期刊的影响因子小于其所引文献的平均影响因子，则论文未达到其所在的分区，反之，则论文比其所引文献有较大程度提高。另一方面，文章通过比较论文的被引用时间、其所引文献的平均影响因子与所在期刊的影响因子的差提出了一个加权算法来判定论文的质量。

2 聚类分析和加权算法模型构建

2.1 相关参数介绍

本文构建的模型主要涉及的参数有期刊的影响因子、论文的被引频次以及被引速率。期刊的影响因子是汤森路透出品的期刊引证报告中的一项数据，即期刊在一定统计时间范围内期刊发表论文的平均被引用率。被引频次是指论文在统计当年被引用的次数。被引速率是指期刊当年发表论文和前一年论文在当年被引用总次数除以该刊当年和前一年发表的论文总数所得的值[8]。

2.2 聚类分析模型

假定一篇刊登在SCI期刊中的论文 x，在评估 x 的学术质量的时候，主要考虑的是其研究的背景、动机和专业水平。考虑到 x 中引用的文献提供了很多信息用来评估论文 x 的学术质量，可以利用 x 引用论文所在期刊信息做聚类分析，从而知道 x 恰当的所属类别，通过比较 x 发表的期刊和其所属类别，可以初步判断 x 的学术质量，以下将做具体方法的分析说明。

用 $G_1, G_2, \cdots, G_N$ 表示《2012年SCI杂志中科院分区表》(以下简称《分区表》)中的大类，如工程技术类、农林科学类、生物类、数学类、物理类等等，是类别的总数。由于《分区表》数据过于庞大，在此只列出部分表格如下以示例证。

物理学大类

1区		2区		3区		4区	总计
阈值	期刊数	阈值	期刊数	阈值	期刊数	期刊数	期刊数
5.966	17	2.535	43	1.433	80	197	337

（续 表）

序号	ISSN	刊名简称	分区	刊名全称	3年平均IF	2011年IF	
1	0034-6861	REV MOD PHYS	1	REVIEWS OF MODERN PHYSICS	42.924	43.933	
2	0108-7673	ACTA CRYSTALLOGR A	1	ACTA CRYSTALLOGRAPHICA SECTION A	35.445	2.076	
3	1749-4885	NAT PHOTONICS	1	NATURE PHOTONICS	26.218	29.278	
4	0001-8732	ADV PHYS	1	ADVANCES IN PHYSICS	25.949	37	

数学大类

1区		2区		3区		4区	总计
阈值	期刊数	阈值	期刊数	阈值	期刊数	期刊数	期刊数
1.924	24	1.084	78	0.659	131	241	474
序号	ISSN	刊名简称	分区	刊名全称	3年平均IF	2011年IF	
1	0036-1445	SIAM REV	1	SIAM REVIEW	6.677	10.02	
2	0001-5962	ACTA MATH-DJURSHOLM	1	ACTA MATHEMATICA	3.605	3.333	
3	0894-0347	J AM MATH SOC	1	JOURNAL OF THE AMERICAN MATHEMATICAL SOCIETY	3.554	3.841	

假设论文 x 发表的SCI期刊属于类别 $G_X(1\leqslant k\leqslant N)$，且 x 中引用的论文在 G_k 中的数量为 m，记为 $\Omega=\{y_i\}_{i=1}^{m}$。$\phi(y_i)$ 为影响因子函数，即 $\phi(y_i)$ 表示的是论文 x_i 所在期刊的影响因子，$q_j^k(j=1,2,3)$ 是大类 G_k 在《分区表》中的分区阈值，用来区分一区、二区、三区和四区杂志，其中 $q_1^k>q_2^k>q_3^k>0$。定义平方判别函数 $Q(x)$ 和误差函

数 $E(x)$ 如下：

$$Q(x)=\sqrt{\frac{\sum_{i=1}^{m}\phi^2(y_i)}{m}},\ E(x)=\phi(x)-Q(x)$$

通过阈值和 $Q(x)$ 可以给出论文 x 的拟分区，即：如果 $Q(x)\in[q_1,+\infty)$，x 拟属于一区；如果 $Q(x)\in[q_2,q_1)$，x 拟属于二区；如果 $Q(x)\in[q_3,q_2)$，x 拟属于三区；如果 $Q(x)\in(0,q_3)$，x 拟属于四区。误差函数 $E(x)$ 表示了论文 x 发表期刊的所属分区与拟分区的差异。如果 $E(x)>0$，即论文发表的期刊分区不低于拟分区，说明论文的质量在原有文献基础上做了优良的改进，得到了更好的成果，如果 $|E(x)|$ 取值越大，说明该论文越高于该研究领域原有文献的水平。如果 $E(x)<0$，即论文发表的期刊分区未达到拟分区，说明论文的质量与原有文献的水平相比还有不足，并非突破性成果，那么 $|E(x)|$ 取值越大，则说明该论文越低于该研究领域原有文献的水平，有粗制滥造的嫌疑。如果 $E(x)$ 取值接近 0，即论文发表的期刊分区基本达到拟分区，说明该论文的质量与原有文献的水平基本一致。

2.3 加权算法模型

聚类分析得到信息虽然是定量的数据，但其结果仍不够精细。为了更准确地给出论文 x 的质量评估，文章结合引用 x 的论文信息，做进一步分析。在此之前，先对论文的引用信息与论文质量之间的关系做相关阐述，论文的引用信息主要有被引次数与被引速率，它们与论文质量之间关系如下：

1）论文的被引次数与质量之间的关系

论文的被引次数是一个客观实际的评价指标，反映该论文被科研工作者使用和认可的程度，以及在专业学科中的作用和地位。论文的被引次数与论文所在期刊的影响因子并没有必然的因果关系。实际上，单篇论文所在的期刊影响因子高并不意味着该论文会被广泛引用，被广泛引用的论文所在的杂志也未必具有高影响因子。所以在评价一篇科技论文的时候，除了要考虑收录该论文期刊的影响因子之外，也需要考虑该论文的被引次数及质量。所以我们以其引文所刊发的期刊为样本进行因子分析。

2）论文的被引速率与质量之间的关系

从文献计量学的角度来看，单篇论文的被引情况客观地反映了该论文的学术水平影响深度。同被引次数一样，论文所在期刊的影响因子与该论文的被引速率并没有必然的因果关系。即单篇论文所在的期刊影响因子高并不意味着该论文会被快速引用，被快速引用的论文所在的杂志也未必具有高影响因子。论文发表后，如果短时间之内被引用，说明该论文本学科领域的热点关注度较高，因此被引用的速度较快。所以我们在评价论文的学术质量的时候，需要考虑到该论文被引用的速率。

综上所述,论文的被引次数与被引速率在评价论文学术质量的时候是对期刊影响因子的一个补充。为了在评价学术论文质量的时候综合考虑该论文所在期刊的影响因子、该论文的被引次数及质量、被引速率。使用因子分析的方法,假设论文 x 发表的期刊属于《分区表》中 G_k 大类,该论文截至目前在 G_k 的期刊中总共被引用 n 次,分别是论文 $\{z_1, z_2, \cdots, z_n\}$. 用函数 $N(z_i)$ 表示论文与论文 x 发表见刊的时间差,单位是年,不足一年的以一年计算,超过一年的以精确的小数计算,所以 $N(z_i) \geqslant 1(i=1, 2, \cdots, n)$。故以论文所在期刊的影响因子 $\phi(z_i)$、论文 x 的平方判别函数 $Q(x)$以及函数 $N(z_i)$ 为参数进行加权,给出评价论文质量的如下显示公式:

$$W(x) = \sum_{i=1}^{n} \max\left\{\phi(z_i) - Q(x), \frac{1}{N(z_i)}\right\}\phi(z_i)$$

这里需要对加权参数 $\max\left\{\phi(z_i) - Q(x), \dfrac{1}{N(z_i)}\right\}$ 做出说明并阐释其意义。

如果论文 z_i 所在期刊的影响因子高于论文 x 的平方判别函数,说明论文 x 中的结果被更好的期刊所引用,此时 $\phi(z_i) - Q(x) > 0$;另一方面,$\dfrac{1}{N(z_i)}$ 表示的是论文 z_i 引用论文 x 的时间权重,即论文 z_i 的发表距论文 x 的发表越近,这个权重越大,该权重反映了论文 x 的被引速率。

选取以上两者中相对大的数值作为最终的权重,主要的考虑是期刊影响因子与被引速率间的显著性。这两个信息对评判文章的质量都有积极的指示作用。最终权重的好处是,如果论文 x 被快速地引用,该权重不会小于 $\dfrac{1}{N(z_i)}$,比如一年之内引用,权重至少是不小于 1 的;如果论文 z_i 引用了论文 x 且论文所在期刊显著优于 x 的预期水平,即满足 $\phi(z_i) - Q(x) > 1$,则期刊的影响因子更显著,此时权重选取 $\phi(z_i) - Q(x)$ 更为合理;如果论文 z_i 引用了论文 x 且论文 y_i 所在期刊逊于 x 的预期水平,即满足 $\phi(z_i) - Q(x) < 1$,我们认为引文的被引速率更显著,此时权重选取 $\dfrac{1}{N(z_i)}$ 更为合理。

以上考虑是选取该权重的主要思路,最终的求和体现了论文被引次数的效应。该模型可以客观地反映一篇学术论文的专业水平,帮助评价不同学科间的论文专业水平。

3　结语

本文提出了分别基于期刊影响因子和引用信息的两个 SCI 论文质量评价加权算

法模型。相比之前的单纯应用期刊的影响因子或被引频次作为论文质量的评价标准,第一个模型通过比较论文所在期刊的影响因子与所列文献的平均影响因子来评价论文的质量。当然本文所提出的模型仍有进一步改进的空间,如目前我们通过比较论文所在期刊的影响因子与所列文献的平均影响因子得出论文的质量与所发表期刊的关系,这只是一种定性描述,我们希望通过进一步研究该模型进而达到定量地反映学术论文的质量。

文章所提出的第二个加权算法同时考虑影响因子和被引用时间两个因素,这也能够反映论文所研究问题是否是受到学术界的普遍关心的热点问题。但是,我们提出的第二个公式对评价一些顶尖论文或许有瑕疵,因为顶尖论文的引用论文可能会弱于该论文,其平均影响因子不能真实地反映论文的学术质量。希望以后能够进一步修正该算法,得到一个更为全面的公式。

参考文献

[1] Garfield E. Use of journal citation reports and journal performance indicators in measuring short and long term journal impact[J]. 2000, (41): 368 - 369.

[2] Kurmis A P. Understanding the limitation of the journal impact factor[J]. J Bone Joint Surg Am, 2003, 85 - A(12): 2449 - 2545.

[3] 任胜利,王宝庆,郭志明,等. 应慎重使用期刊影响因子评价科研成果[J]. 科学通报,2000,45(2): 218 - 222.

[4] 赵文义. 期刊影响因子的影响因素分析[M]. 北京: 科技出版社,2006,(2);23 - 25.

[5] 金碧辉,汪寿阳,任胜利,等. 论期刊影响因子与论文学术质量的关系[J]. 中国科技期刊研究,2000,11(4): 202 - 205.

[6] 罗式胜. 文献计量学中影响因子的类型及应用[J]. 图书馆情报知识,1995,(4): 15 - 17.

[7] 黄劲松. 期刊影响因子的偏差分析[J]. 编辑学报,2004,16(1): 77 - 78.

[8] 刘勇. 论用期刊影响因子评价论文作者的逻辑前提与局限性[J]. 编辑学报,2007.

[附表]

物理学大类

1区		2区		3区		4区	总计
阈值	期刊数	阈值	期刊数	阈值	期刊数	期刊数	期刊数
5.966	17	2.535	43	1.433	80	197	337
序号	ISSN	刊名简称	分区	刊名全称	3年平均IF	2011年IF	
1	0034 - 6861	REV MOD PHYS	1	REVIEWS OF MODERN PHYSICS	42.924	43.933	

（续　表）

序号	ISSN	刊名简称	分区	刊名全称	3年平均IF	2011年IF	
2	0108-7673	ACTA CRYSTALLOGR A	1	ACTA CRYSTALLOGRAPHICA SECTION A	35.445	2.076	
3	1749-4885	NAT PHOTONICS	1	NATURE PHOTONICS	26.218	29.278	
4	0001-8732	ADV PHYS	1	ADVANCES IN PHYSICS	25.949	37	
5	0370-1573	PHYS REP	1	PHYSICS REPORTS-REVIEW SECTION OF PHYSICS LETTERS	19.195	20.394	
6	1745-2473	NAT PHYS	1	NATURE PHYSICS	17.629	18.967	
7	1433-8351	LIVING REV RELATIV	1	LIVING REVIEWS IN RELATIVITY	13.562	17.462	
8	0034-4885	REP PROG PHYS	1	REPORTS ON PROGRESS IN PHYSICS	13.34	14.72	
9	1947-5454	ANNU REV CONDEN MA P	1	ANNUAL REVIEW OF CONDENSED MATTER PHYSICS	12.389	12.389	
10	0066-4189	ANNU REV FLUID MECH	1	ANNUAL REVIEW OF FLUID MECHANICS	10.779	12.767	
11	0277-7037	MASS SPECTROM REV	1	MASS SPECTROMETRY REVIEWS	10.058	10.461	

（续 表）

序号	ISSN	刊名简称	分区	刊名全称	3年平均IF	2011年IF	
12	0163-8998	ANNU REV NUCL PART S	1	ANNUAL REVIEW OF NUCLEAR AND PARTICLE SCIENCE	8.768	6.457	
13	1863-8880	LASER PHOTONICS REV	1	LASER & PHOTONICS REVIEWS	7.505	7.388	
14	0031-9007	PHYS REV LETT	1	PHYSICAL REVIEW LETTERS	7.44	7.37	
15	1612-2011	LASER PHYS LETT	1	LASER PHYSICS LETTERS	7.161	9.97	
16	1040-8436	CRIT REV SOLID STATE	1	CRITICAL REVIEWS IN SOLID STATE AND MATERIALS SCIENCES	6.926	9.467	
17	1126-6708	J HIGH ENERGY PHYS	1	JOURNAL OF HIGH ENERGY PHYSICS	5.966	5.831	
18	0079-6565	PROG NUCL MAG RES SP	2	PROGRESS IN NUCLEAR MAGNETIC RESONANCE SPECTROSC OPY	5.63	5.214	
19	0031-9228	PHYS TODAY	2	PHYSICS TODAY	4.839	5.648	

数学大类

1区		2区		3区		4区	总计
阈值	期刊数	阈值	期刊数	阈值	期刊数	期刊数	期刊数
1.924	24	1.084	78	0.659	131	241	474
序号	ISSN	刊名简称	分区	刊名全称	3年平均IF	2011年IF	
1	0036-1445	SIAM REV	1	SIAM REVIEW	6.677	10.02	
2	0001-5962	ACTA MATH-DJURSHOL M	1	ACTA MATHEMATICA	3.605	3.333	
3	0894-0347	J AM MATH SOC	1	JOURNAL OF THE AMERICAN MATHEMATICAL SOCIETY	3.554	3.841	
4	1369-7412	J R STAT SOC B	1	JOURNAL OF THE ROYAL STATISTICAL SOCIETY SERIES B-STATISTICAL METHODOLOGY	3.539	3.645	
5	1070-5511	STRUCT EQU MODELING	1	STRUCTURAL EQUATION MODELING-A MULTIDISCIPLINARY JOURNAL	3.534	4.71	
6	0003-486X	ANN MATH	1	ANNALS OF MATHEMATICS	3.427	2.928	
7	0090-5364	ANN STAT	1	ANNALS OF STATISTICS	3.052	3.03	

（续 表）

序号	ISSN	刊名简称	分区	刊名全称	3年平均IF	2011年IF	
8	0883-4237	STAT SCI	1	STATISTICAL SCIENCE	3.013	3.035	
9	1063-5203	APPL COMPUT HARMON A	1	APPLIED AND COMPUTATIONAL HARMONIC ANALYSIS	2.839	3.452	
10	1615-3375	FOUND COMPUT MATH	1	FOUNDATIONS OF COMPUTATIONAL MATHEMATICS	2.644	3.615	
11	0273-0979	B AM MATH SOC	1	BULLETIN OF THE AMERICAN MATHEMATICAL SOCIETY	2.639	2.321	
12	0010-3640	COMMUN PUR APPL MATH	1	COMMUNICATIONS ON PURE AND APPLIED MATHEMATICS	2.565	2.575	
13	0020-9910	INVENT MATH	1	INVENTIONE S MATHEMATICAE	2.525	2.339	
14	0065-9266	MEM AM MATH SOC	1	MEMOIRS OF THE AMERICAN MATHEMATICAL SOCIETY	2.33	2.259	

（续 表）

序号	ISSN	刊名简称	分区	刊名全称	3年平均IF	2011年IF	
15	1468－1218	NONLINEAR ANAL－REAL	1	NONLINEAR ANALYSIS－REAL WORLD APPLICATIONS	2.187	2.043	
16	0272－4332	RISK ANAL	1	RISK ANALYSIS	2.138	2.366	
17	0162－1459	J AM STAT ASSOC	1	JOURNAL OF THE AMERICAN STATISTICAL ASSOCIATION	2.126	1.992	
18	0964－1998	J R STAT SOC A STAT	1	JOURNAL OF THE ROYAL STATISTICAL SOCIETY SERIES A－STATISTICS IN SOCIETY	2.123	2.11	
19	1540－3459	MULTISCALE MODEL SIM	1	MULTISCALE MODELING & SIMULATION	2.122	2.009	
20	0073－8301	PUBL MATH－PARIS	1	PUBLICATIO NS MATHEMATIQUES DE L IHES	2.112	2.143	
21	1064－8275	SIAM J SCI COMPUT	1	SIAM JOURNAL ON SCIENTIFIC COMPUTING	2.06	1.569	
22	1536－867X	STATA J	1	Stata Journal	2.024	2.222	
23	0266－5611	INVERSE PROBL	1	INVERSE PROBLEMS	1.973	1.88	

（续 表）

序号	ISSN	刊名简称	分区	刊名全称	3年平均IF	2011年IF	
24	0165-0114	FUZZY SET SYST	1	FUZZY SETS AND SYSTEMS	1.924	1.759	
25	0025-5610	MATH PROGRAM	2	MATHEMATICAL PROGRAMMING	1.908	1.707	

数据论文概念辨析及其同行评审研究

田　野

摘　要　本文着眼于数据论文的概念辨析和同行评审过程，选取10种典型数据期刊为调研对象，厘清数据论文概念框架和命名方式，并在此基础上总结数据论文同行评审的方式，即全开放式、半开放式和全封闭式以及同行评审内容。最后，笔者基于上述内容提出目前数据论文同行评审存在的局限以及未来发展方向。

关键词　科学数据　同行评审　数据期刊　数据论文

大数据时代引领研究模式的革命性变化，促成了数据密集型科学发现即科学研究第四范式的兴起，在这种研究模式下，科学研究不再单纯地依靠科学问题或假设驱动，而是基于科学数据本身[1]。当前对科学数据的认知已经不仅仅局限于作为一种被研究的对象，而是作为科研活动的产出(first class products)，并逐渐得到学术共同体的认可[2]。在这种环境下，数据出版应运而生，对科研数据而言，数据出版使得科研数据在网上达到可引用和可追溯的状态[3]，当前数据出版模式主要有4种，分别是：数据论文出版、数据独立出版、合作出版、期刊自行出版[4]等，本文所关注的重点是数据论文出版。与传统期刊论文不同，数据论文由于其自身特殊性，它在不同数据期刊中的命名及发挥的功用不尽相同，可能泛指描述数据集的文章，也可能专指描述某一领域如基因组数据集的文章等。

同行评审是国际通行的学术期刊评价手段，是论文发表的必经程序。同行评审的作用是评估论文质量学术价值，对期刊发展的推动作用毋庸置疑。传统学术期刊的同行评审过程是通过评审专家来实现的，评审专家审阅论文，给出评审意见，是论文学术水平评判过程中的主要方式[5](科技期刊同行评审专家与编辑的博弈)。与传统期刊论文不同，数据论文的同行评审过程有其特殊性，它不仅涉及论文本身的评审，还需涉及数据论文和数据集的一致性、数据集的质量等。本文着眼于数据论文的概念辨析及同行评审过程，探讨数据论文概念和命名方式，通过调研 10 种典型数据期刊的数据论文出版实践，分析数据论文同行评审的模式和内容，并基于上述事实提出存在的局限及未来发展方向。旨在为后人研究数据论文同行评审实践奠定基础。

1　数据论文概况

1.1　数据论文的概念框架

数据论文采用规范的出版形式，但与常规学术论文有很大不同：数据不是支持学术观点的辅助性材料，而是论文主体。自从 20 世纪末生态学领域经典学术期刊《Ecology》首次刊发数据论文以来，伴随"大数据"的浪潮，其已引起了科技期刊出版界和科研群体的广泛关注，得到了长足而迅速的发展[5]。为了更清晰的了解数据论文概念的内涵和外延，笔者提出的概念框架如图 1 所示。

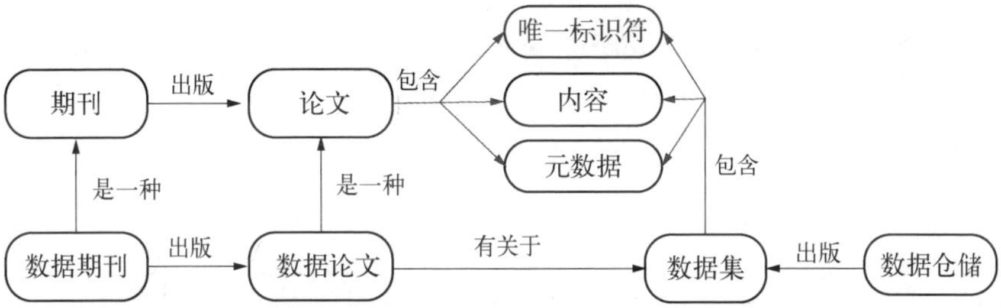

图 1　数据论文概念框架

一般来说，数据期刊是学术期刊的一种特殊类型模式。学术期刊出版学术论文，而出版数据论文(data papers)是数据期刊的核心和主要特征[6]，一般有两种模式出版：一种专门出版数据论文，如《地球科学系统数据期刊(ESSD)》以及《Gigascience》期刊；一种开辟部分版面出版数据论文，如《机器人期刊(Journal of Robotics)》专门开辟了存储数据论文的板块，该板块作为一个新的文章板块放在传统的学术论文旁边。数据论文也是一种学术论文类型，它是以描述数据集收集、处理、格式、过程等细节为主要内容的文章，其篇幅较短，能使读者快速地明白所描述数据集的所有相关细节信息[6]；同时，数据论文也会引用所描述的数据集。数据集包含唯一标识符、数据集本身以及相关的元数据等信息，并且被长期保存在特定的数据仓储中。

1.2　数据论文概念辨析

尽管"数据论文(data paper)"是本文最常用的概念，它是以描述数据集收集、处理、格式、过程等细节为主要内容的文章，但不同的期刊或出版商对于其出版的数据论文的叫法不尽相同。这些不同的名称或叫法实质是反映了这些期刊或出版商对于这一概念的不同理解，有时也是根据特定的研究目的而作相应的阐述。笔者通过对10种典型数据期刊，具体包括① Dataset Papers in Science[7]，② Earth System Science Data[8]，③ Ecology[9]，④ F1000 Research[10]，⑤ Genomics Data [11]，⑥ GeoscienceData Journal[12]，⑦ International Journal of Robotics Research [13]，⑧ Neuroinformatics[14]，⑨ PLOS ONE[15]，⑩ Scientific Data[16]进行深入调研分析，得出这10种数据期刊中数据论文命名方式如表1所示。这10种期刊中，除了Dataset Papers in Science，Dataset Papers in Science和Scientific Data三种期刊是专门出版数据论文的期刊之外，其他7种数据期刊都是开辟了部分板块出版数据论文的。

表1 数据论文命名方式

数据论文名 / 数据期刊名	数据论文(data paper)	数据集论文(dataset paper)	数据描述符(data descriptors)	简要数据(data in brief)	数据说明(data note)	数据原始文章(data original article)	数据库文章(database paper)
Dataset Papers in Science		√					
Earth System Science Data	√						
Ecology	√						
F1000 Research					√		
Genomics Data				√			
Geoscience Data Journal	√						
International Journal of Robotics Research	√						
Neuroinformatics						√	
PLOS ONE							√
Scientific Data			√				

经过统计分析可以发现，在所有调研的期刊中，除“数据论文”这种命名外，还有一些期刊或出版商根据不同的目的采用了其他的命名方式，具体如下：

(1) 数据集论文(dataset paper)，在《Dataset Papers in Science》[7]期刊中，数据集论文特指描述数据集的文章。

(2) 数据描述符(data descriptors)，在《Scientific Data》[16]期刊中，用来描述有科学价值的数据集。

(3) 简要数据(data in brief),在《Genomic Data》[11]期刊中,专门用来描述基因组数据,包括实验说明及质量控制分析方法或流程等。

(4) 数据说明(data note),在《F1000 Research》[10]中,用来简要描述数据集创建等细节信息,但不包括任何分析或结论信息。

(5) 数据原始文章(data original article),在《Neuroinformatics》[14]期刊中,专门用来记录原始数据的发布,形成实际意义上的期刊数据贡献。

(6) 数据库文章(database paper),在《PLOS ONE》[15]期刊中,用来描述数据仓储,包括数据如何被监护、如何执行长期保存策略等。

不论哪种类型的数据论文,其概念之间并无太大区别,只是数据期刊对其命名方式的不同。

2 数据论文的同行评审

2.1 同行评审方式

传统期刊的审稿都要经历同行评审的过程。从本质上来说,同行评审是一种质量控制机制,是由特定的领域专家对其领域内的研究人员的学术成果进行评估的过程,该过程可以有效地改善科学研究的可靠性和权威性。

同样,同行评审的概念及内涵也完全适用于数据论文领域。当前学术界并没有对数据论文或研究数据的同行评审和数据质量控制有统一的标准和共识[17]。本文根据研究目的,将讨论的范围限制在数据论文的同行评审,而不是数据集的同行评审。数据论文的同行评审由出版商负责承担,而专门针对数据集本身的质量控制一般由存储数据集的数据仓储完成。

对上述 10 种数据期刊进行调研后发现,其同行评审的方式不尽相同,如表 2 所示。

表 2 数据论文同行评审方式

数据期刊名 \ 同行评审方式	全开放	全封闭
Dataset Papers in Science		√
Earth System Science Data	√	
Ecology		√
F1000 Research	√	
Genomics Data		√
Geoscience Data Journal		√

（续 表）

数据期刊名 \ 同行评审方式	全开放	全封闭
International Journal of Robotics Research		√
Neuroinformatics		√
PLOS ONE		√
Scientific Data		√

由表2可以看出，这10种数据期刊的同行评审模式可以分为全开放式和全封闭式两种。大多数数据期刊采用了较常见的"全封闭式"同行评审，或者称为预出版评审(pre-publication)、匿名评审(anonymous)或私人(private)评审；只有五分之一(2种)的期刊才用了全开放式同行评审。

2.1.1 封闭式同行评审

在调研的10种期刊中，有8种都采取了封闭式的同行评审。这种方式与传统的期刊论文评审方式非常接近，即同行评审的过程不对外公开，除了作者本人之外的其他用户看不到同行评审结果。这种评审方式最典型的是《Ecology》期刊[9]，这种完全封闭的同行评审模式尽管没有公开评审的具体内容和信息，但该刊物将他们的评审专家姓名列在了官网主页上以供用户投稿前查询。

2.1.2 开放式同行评审

一小部分期刊为了体现同行评审过程的公开性和客观性，以及缩短出版的时间，进而采用了"开放式"的同行评审模式，比较典型的如《Earth System Science Data》和《F1000 Research》期刊。

1) Earth System Science Data

《Earth System Science Data》期刊[8]采用一种"两阶段"的方法，即在"数据论文"提交后，会存储在投稿系统专门的一个空间中，并命名为"discussion paper"，接下来该论文会由专门的责任编辑进行初步的评审，系统称为"轻量级评审"，这个阶段并不评审文章的内容，而是格式等方面的初审，如是否符合期刊主题范围、错别字等。大概经过两个月左右的等待期后，相关的学术共同体开始对该论文创建评审和讨论环节，这些待讨论的论文至少经过两位同行评审专家的讨论，最后形成修改意见，并反馈给作者进行修改和提交。最后如果稿件通过审核则进行数据论文的出版。另外，该期刊在投稿指南中也针对该刊的同行评审过程给作者一定的指导性意见：一方面，数据的开放性要好，便于评审专家审核。即使数据是领域内第一次出版，但是其数据生产过程中涉及的采集方法、软件使用及分析手段等应尽可能地展示出当前研究领域的最佳实践。文章中各种条件和影响因子的分析应该是相互一致的，这样评审专家才可能在特定领域中给予测试和验证；另一方面，该期刊原则上并不建议发表过长的文章，对于文章的样式有专门的一套结构标准和模板，以便于评审专家在其不熟悉或较为晦涩的内容上可以更好地理解。最后，该期刊规定无论是论文主体还是与之相对应的数据，甚至是最后的参考文献，一定要表达出必要的主旨信息，如在哪发现的、发现了什么、什么时候发现的以及怎么发现的等。

2) F1000 Research

《F1000 Research》[10]是主要针对生物学和医学领域的一种新的基于开放透明的发表后同行评审的开放获取及发表模式，其做法是在论文提交后，首先通过内部编辑团队的一系列初步审核后，修改后的草稿版本的数据论文以“待同行评审”的状态被发布出来，接下来作者被要求推荐 5 位审稿人对其稿件进行评审，主要从《F1000 Research》的编委名单(生物学和医学不同领域的一千多名编委)中选择。如果有必要，作者也可以推荐没有在编委名单中的同行，但要避免推荐明显跟自己有利益关系的。编辑部会要求审稿人尽快评审文章是否合适发表，有三个选项：‘approved’(同意发表)，‘approved with reservations’(有保留的同意发表) or ‘not approved’(不适合发表)。如果审者选择了后两个选项，他们需要提供相应的理由及给作者的修改意见和建议。审者意见将会跟文章一起在网上公布，这么处理是为了保证同行评审的客观公正。作者可以根据审者意见对文章进行修改，并可以公开地同审者进行讨论。作者对文章不同次的修订将以不同的版本发表。修改后的文章或许会被审者认为同意发表，每个阶段的审者意见都将被实时地与文章一起发布。只要文章获得两个积极的意见，即“同意发表”或“有保留的同意发表”，就可以被收录入索引，目前主要包括《Scopus》、《Embase》和《Google Scholar》。

2.1.3　半开放式同行评审

在开放式和封闭式的评审方式之中，还存在一种“半开放”的同行评审模式，这些期刊把连同作者接受稿在内的审稿历史记录全部出版出来，包括最初提交版、评审意见和修改稿等。目前采用这种模式的如 BioMed Central 出版商出版的《BMC Anesthesiology》[18]和《BMC Cancer》[19]等。

除了以上这三种常见的模式，还有极少数数据期刊采用了一种混合式的方法，如《Biodiversity Data Journal》[20]，其不仅有学术共同体内涵性质的封闭式同行评审，还允许作者自行选择半开放的模式，即允许所有期刊注册的用户间接地给予论文评论和意见，供评审专家参考。

2.2　数据论文同行评审内容

与传统期刊类似，数据期刊也创建了一系列的指南、标准和说明等来指导专家进行同行评审活动。通过对 10 种数据期刊进行调查研究发现，由于其数据论文描述方式的不同，现有的数据论文评审标准可以分为以下 5 个部分：

(1) 论文前期质量控制：需要评估的内容包括论文整体组织安排，主题是否符合要求，标题、摘要和关键词等能是否反映内容主旨，非文本内容(如图、表、视频、音频文件等)是否使用得当,语法、错别字、缩写或符号等是否定义正确以及确定版权冲突等。

(2) 论文和数据集的一致性:评估数据论文的内容是否与对应的数据集紧密相关,数据收集的方法和步骤,数据量的大小,使用的情景及相关注意事项等。

(3) 论文中数据的质量:根据期刊要求评估实验生成数据集的方法是否可靠得当。

(4) 论文中数据的可用性:根据期刊要求评估特定情景下的数据集可用性。

(5) 论文中数据的功用和贡献度:评估论文中数据集对该学术社群的潜在利用价值。

3 结语

数据论文作为一种特殊的论文形式,由于其在不同的数据期刊中所扮演的角色不同,其命名和含义并没有统一的标准,笔者通过对 10 种典型数据期刊进行调研后发现,不同的数据期刊对于"数据论文"这一概念的阐述不尽相同。

数据论文的质量评审作为一种质量控制机制,其采用的模式和内容也受到期刊类型、学科以及自身特色的影响。文章以 10 种数据期刊为调研对象,在理清数据论文概念和命名的基础上,探讨数据论文同行评审模式和内容,笔者发现,数据论文的同行评审模式目前主要有三种,分别是全开放式、半开放式和全封闭式,其中大部分期刊采用的全封闭式;另外,同行评审内容主要涉及五个方面,分别是论文前期质量控制、论文和数据集一致性、论文中数据的质量、论文中数据的可用性、论文中数据的功用和贡献度。

除上述评审标准外,针对数据论文的同行评审来说,笔者认为应注意以下三点客观因素:① 目前没有公认的数据质量衡量标准,对于数据的质量评价,一般都是从适用性的角度出发,更多的是特定应用情景下的质量判断。② 尽管数据的产生大部分都是由传感器或其他设备自动生成的,这从很大程度上确保了数据的可靠性和完整性,但由于数据的质量会受到其从产生到使用的全寿命过程中设备、技术、管理及人因等多方面因素的综合影响,因此无法保证数据的绝对准确。③ 当前主流的数据论文评审体系和流程大多是继承传统期刊的评审的方法。事实上,由于数据集的结构具有特殊性,评审专家无法直接从数据表面判断数据质量,因此数据论文的同行评审体系建设需要进一步探索,如建立多元评审体系等。因此,对于数据论文的同行评审来说,数据期刊应该考虑到数据论文的特殊性,结合本刊数据论文的特色,制订符合本刊要求的同行评审模式和内容。

参考文献

[1] 邓仲华,李志芳.科学研究范式的演化——大数据时代的科学研究第四范式[J].情报资料工

作，2013,20(4)：19-23.

[2] 樊俊豪.图书馆在科学数据管理中的角色定位研究[J].图书情报工作,2014,58(6)：37-41.

[3] 吴立宗,王亮绪,南卓铜,等.科学数据出版现状及其体系框架[J].遥感技术与应用,2013,28(3)：383-390.

[4] Lin H，Yingcong C.国内外科学数据出版研究进展[J].图书情报工作,2014,58(5)：104-110.

[5] 刘凤红,崔金钟,韩芳桥,等.数据论文：大数据时代新兴学术论文出版类型探讨[J].中国科技期刊研究,2014,25(12)：1451-1456.

[6] 雷秋雨,马建玲.数据期刊的出版模式与发展研究[J].图书与情报,2015,1：112-116.

[7] Dataset Papers in Science[EB/OL]. [2015-05-22]. http：//www. hindawi. com/journals/dpis/.

[8] Earth System Science Data[EB/OL]. [2015-05-22]. http：//www. earth-system-science-data. net/.

[9] Ecology[EB/OL]. [2015-05-22]. http：//www. journalofecology. org/view/0/index. html.

[10] F1000 Research[EB/OL]. [2015-05-22]. http：//f1000research. com/.

[11] Genomics Data[EB/OL]. [2015-05-22]. http：//www. elsevier. com/journals/genomics-data/2213-5960/open-access-journal.

[12] Geoscience Data Journal[EB/OL]. [2015-05-22]. http：//onlinelibrary. wiley. com/journal/10. 1002/(ISSN)2049-6060;jsessionid=89B66ACF5F10AC53649F971FDC2AD8A4. f02t04.

[13] International Journal of Robotics Research[EB/OL]. [2015-05-22]. http：//ijr. sagepub. com/.

[14] Neuroinformatics[EB/OL]. [2015-05-23]. http：//link. springer. com/journal/12021.

[15] PLOS ONE[EB/OL]. [2015-05-23]. http：//www. plosone. org/.

[16] Scientific Data[EB/OL]. [2015-05-23]. http：//www. nature. com/sdata/.

[17] Parsons M A，Fox P A. Is data publication the right metaphor? [J]. Data Science Journal，2013，12(0)：WDS32-WDS46.

[18] BMC Anesthesiology[EB/OL]. [2015-05-23]. http：//www. biomedcentral. com/bmcanesthesiol.

[19] BMC Cancer[EB/OL]. [2015-05-23]. http：//www. biomedcentral. com/bmccancer.

[20] Biodiversity Data Journal[EB/OL]. [2015-05-23]. http：//biodiversitydatajournal. com/.

图书馆自助文印服务的数据分析与优化研究

——以上海交通大学图书馆为例

李　靖　施晓华　白永革　杜　煜　汤　萌　易　庆

摘　要　随着计算机网络、数码影印、校园一卡通与统一认证等技术的融合与发展，国内外高校图书馆文印服务从原来的集中式人工服务转变成分散式自助网络服务的新模式。文章结合上海交通大学图书馆自助文印服务实践，通过对系统数据的采集与分析，研究数据背后的意义和内容，分析读者使用行为与服务的现状，提出深化服务方法。

关键词　自助服务　自助文印　数据分析　服务效能

美国一项针对图书馆自助服务的调查显示，认为自助服务能让馆员腾出时间做其他工作的占72%；能减轻图书馆拥挤的占67%；能使服务在时间和空间上得以延续的占47%；能使读者的隐私得以保护占43%[1]。这种服务模式以较高的满意、舒适和便捷度为追求目标，突出"自助"的理念，达到提高服务效率，强化与读者的信息互动，逐步提高读者自我服务意识。

自助文印服务(self-print)是指用户利用互联网络或者现场操作，通过身份认证技术登录自助文印设备，自我完成打印、复印与扫描的操作，同时具备射频卡结算的功能。图书馆自助文印服务点是由数码打印复印一体机、外置式控制端(PC)与读卡器所组成[2]，通常配置在图书馆阅览室、大厅、书库、休闲空间等区域。所有自助设备通过互联网络构成了一个在线的文印服务平台进行统一化管理。该系统具有服务时间长范围广、用户界面友好、操作流程简单、管理平台可视化、财务统计准确等优点，深受师生青睐。

美国高校以斯坦福大学为代表，提供了馆内本机自助与网络工作站两种模式文印自助服务，可以在现场或通过网络使用ID-card或Print-card作费用结算。另外，读者还能在图书馆中使用“cash-to-card”设备对卡片自助充值[3]。对国内“211”高校图书馆文印服务自助情况的调查发现，近 80 所高校图书馆实现了馆内或网络的自助文印服务[4]。北京大学人文社科图书馆在 2011 年 4 月开馆运行至 2012 年 4 月为止的 1 年的时间中，设有 8 个自助文印点，服务量达到 8 万人次，总量 50 万张[5]。上海交通大学图书馆(下文简称交大图书馆)在 2009—2014 年期间，闵行与徐汇校区共设有 21 个自助文印点。截至 2014 年 12 月，图书馆自助文印服务已突破 27 万人次，总量超过 153 万张[6]。

自助文印服务已发展成为智慧图书馆的标志之一。但图书馆对该项服务的效能与读者使用状况等方面研究较少。因此，本文通过对交大图书馆自助管理系统的日志数据进行分析，来揭示读者使用行为与服务的现状，掌握读者使用的规律，针对服务存在的问题，提出优化服务效能的方法，以适应读者日益变化的需求。

1　数据采集与整合

对交大图书馆自助文印系统平台的日志文件进行数据采集，作者选取图书馆所有自助点 6 年(2009 年 1 月 1 日至 2014 年 12 月 31 日)的数据信息，其中包括自助文印、超期罚款、人工收费等类目，近 30 万条记录。然后，按照数据分析流程(见图 1)对整个系统进行剖析。首先，对数据进行清洗、转化、提取，得到 27.4 万余条有效数据记录；然后，导入 SQL 数据库中对数据进行整合、计算、统计，汇总出“读者结构统计表”、“服务结构统计报”、“时段统计表”、“月统计表”、“各服务点统计表”、“故障统计

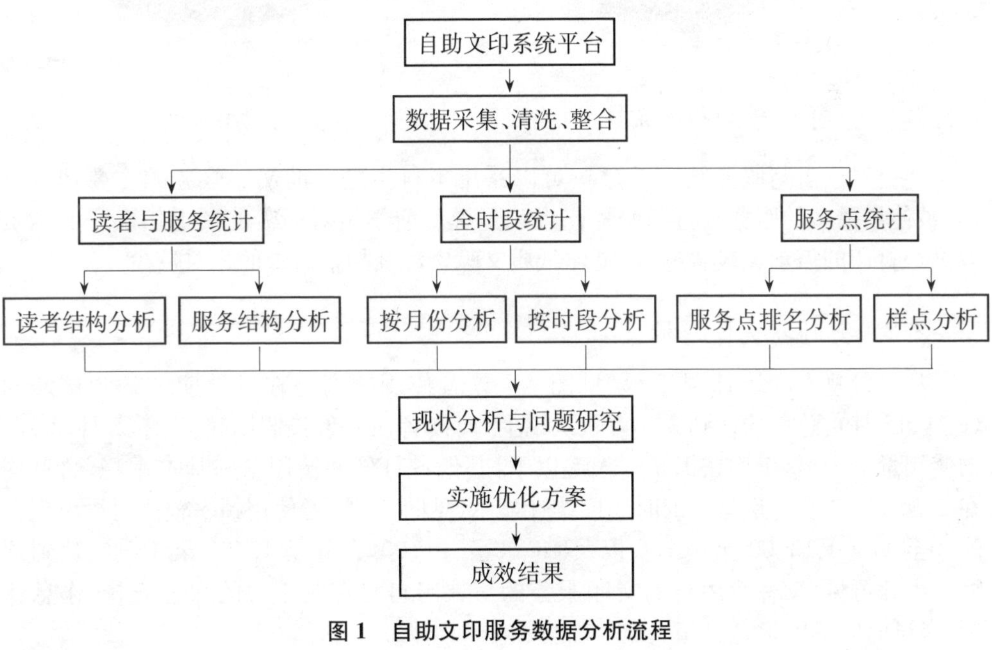

图 1　自助文印服务数据分析流程

表”等10张二维表，着重对“读者与服务构成”、“读者使用时间段统计”、“各服务点使用状况与特色”这三个方面展开分析，了解现有系统的服务现状，掌握数据与读者使用的关联性。最后，针对读者的使用习惯，提出并实施优化服务的决策方案。

2　数据分析与服务效能

2.1　读者与服务的结构分析

从读者比例结构的统计显示（见图2），使用自助文印服务频次最多的群体是学生，占总体的91%。其中本科生占72%，所占比例是研究生与教职工的总和的2.57倍。而从自助打印、复印与扫描这3个服务项目的统计显示（见图3），读者更青睐于自助打印服务，占总体的75%，其次是自助复印服务23%，自助扫描服务仅占2%。

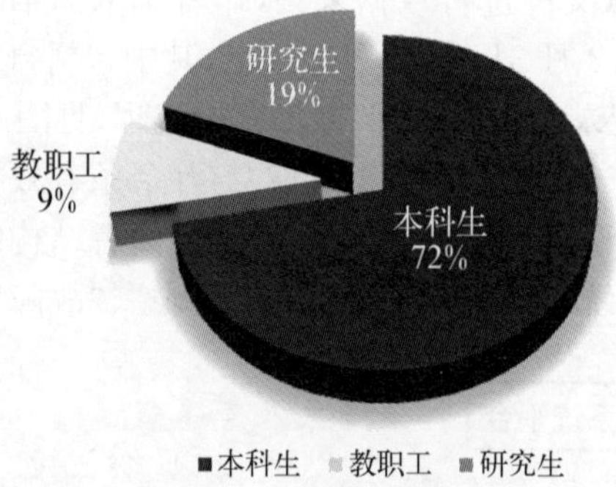

图2　读者比例结构图

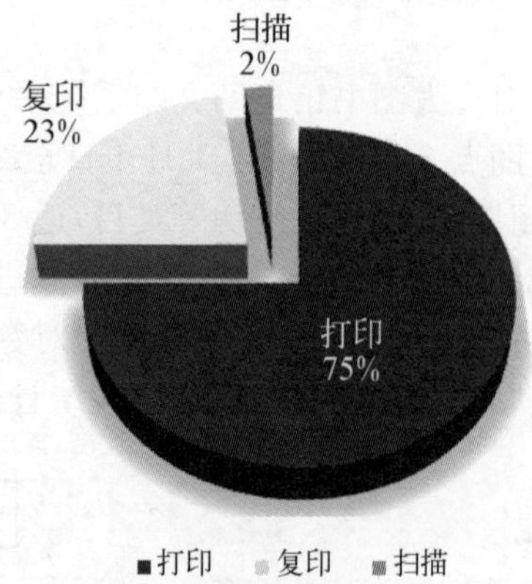

图3　服务比例结构

通过对读者与服务结构的分析可以看出本科生是自助文印服务的主要使用群体，被使用最多的服务是打印服务。也就是说目前学生对所需的图书馆电子文献资源进行打印的需求比较普遍，而复印纸质文献资源及扫描需求的相对较少。

2.2　全时段统计分析

从月份总人次统计图显示（见图4），读者使用的高峰在每学期末的考试期间（6月、12月），总量均达到3.5万人次以上，而读者在寒暑长假期间（2月、7月、8月）的使用量最少，总量均在1.5万人次以下，其他各月份的使用量则基本平稳，总量均在2万人次左右。从每天的时间段统计显示（见图5），读者使用频率较高时段出现在9:00至11:00、13:00至16:00以及18:00至21:00，尤其是15:00至16:00达到顶峰。由此可见，读者使用自助文印服务的习惯与自身在校学习的课程安排、作息休假、考试时间等因素息息相关。

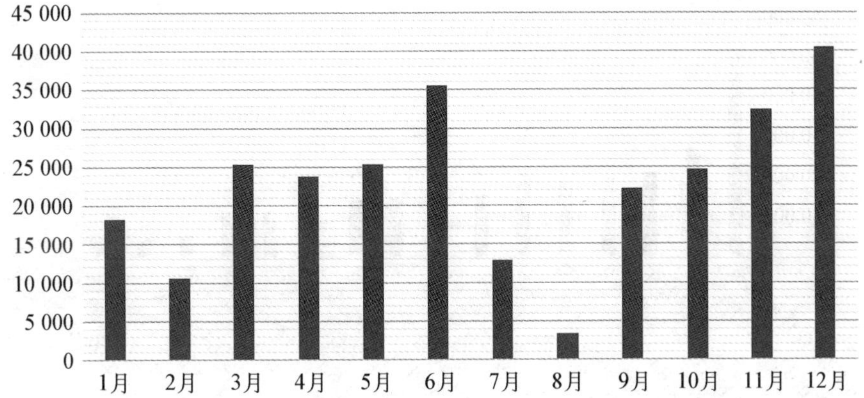

图 4　读者使用总人次(按月份统计,数据取值范围: 2009. 1. 1—2014. 12. 31)

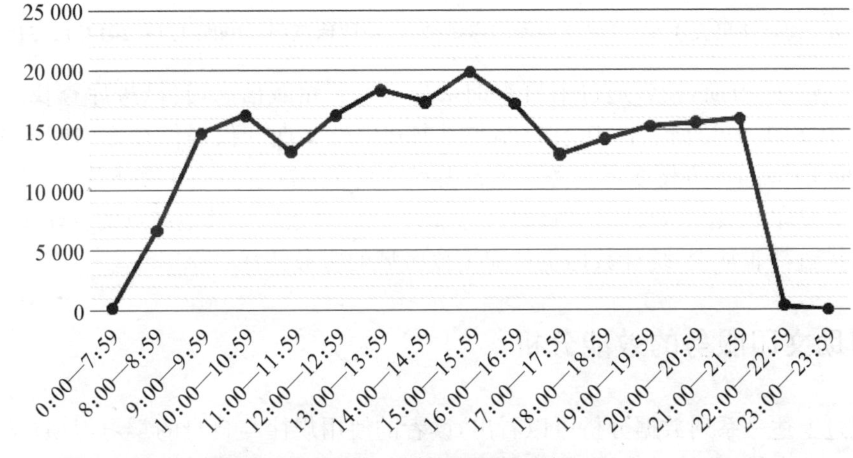

图 5　读者使用时段(按时段统计,数据取值范围: 2009. 1. 1—2014. 12. 31)

2.3　自助文印服务点分析

自助文印服务点的统计排名显示(见图 6),主馆 C2 电子阅览室排名第 1 位,其次是 B2 工学阅览室 Ⅰ 与主馆大厅,从图 6 可以看出,排名前 5 位的自助服务点都是图书馆读者人流最为密集的区域,主馆 3 个工学阅览室(B2、B3、B4)都在其中,这个符合学校以工科为主的学科定位。

对数据进一步挖掘后,发现每个自助服务点都各具特点。例如,主馆 C2 电子阅览室是读者利用率最高的阅览室之一,在读者使用总人次中排名也是第 1 位。该阅览室目前有 200 余台计算机,为全校师生提供免费互联网服务,特有的区域环境为自助文印服务提供了便利,打印、复印、扫描的各项服务量都名列前茅,总量突破 5.1 万人次、22.2 万页;主馆 A1 密集书库在服务总量上排名仅占第 14 位,但是在所有自助服务点的复印总量上排名第 1 位。密集书库收藏了 1999 年以前理工科类中、外文图

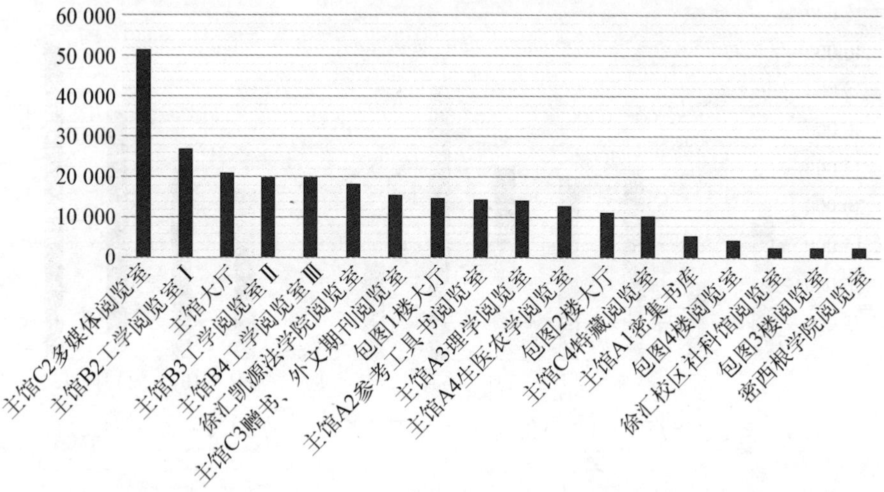

图 6　读者使用人次统计(按使用量降序排列,数据取值范围:2009.1.1—2014.12.31)

书及期刊约 40 万册,读者通过书目查询系统检索到馆藏信息,自己进库查找。该书库除了中文图书可外借外,其余的外文图书和中外文期刊仅提供在库内阅览,配有 1 个自助文印点,为方便读者服务。该自助点的复印人次总量 5 千多人次,4.8 万页,平均每人复印 9 页/次,复印量占该自助点的 98%,远远领先其他站点的复印量,而打印与扫描量都非常少,统计数据也反应出该区域的服务特性。

3　自助文印服务的效能分析

通过上述一系列数据分析可以看出,读者的使用规律与自身的学习习惯、学校的课程与考试安排、节假日安排、图书馆各区域的功能等因素密切相关,而自助文印服务代替传统复印室(人工服务)发挥了重要作用。在复印室开放时间,仍然有部分读者愿意使用自助文印,使用人次占总体自助文印服务的 51%;在图书馆复印室关闭时段,自助文印服务有效的延伸了服务时间,读者的使用量约 13.5 万人次,占总体的 49%,其中双休日的使用人次占到 22%。图书馆自助文印服务的有效开展有利于节省人力,减少馆员的事务性工作,节约了读者的时间,提升服务内涵。

4　服务优化举措与成效

4.1　调整设备的布局

为了提高自助打印服务的效率,针对图书馆服务区域的特点,调整自助文印服务点的布局,提高设备的使用率。以交大图书馆为例,首先在 2013 年把图书馆使用率较低的 2 台自助设备重新规划,配置在密西根学院阅览室及徐汇社科馆阅览室中,供读者使用。其次，在 2014 年 5 月新增了 3 台自助文印机，配置在读者使用率排名前 3 的自助点上（见图 5），主馆 C200 多媒体阅览室、B200 工学阅览室 I 及大厅的自助点上各配有 2 台设备，以缓解老设备的服务压力。最后，引进 1 台彩色多功能自助机配置在主馆大厅，解决读者对彩色文印的需求。

根据数据统计显示，主馆大厅的新设备在半年内已为读者服务 1 014 人次，使用量 8 816 页，其中彩印输出量为 601 页。读者使用率占全年主馆大厅的 20%，用量约占 30%，达到了分担工作量的效果。在 2014 年密西根学院阅览室和徐汇社科馆阅览室的自助文印点使用量同比 2013 年各增长了 63%和 260%，有效地提高了闲置设备的使用率。

4.2 降低设备的故障率

通过加强对自助设备的硬件维护管理，降低设备的故障率，从而达到提升服务质量的效果。以交大图书馆为例，在 2013 年从设备的硬件更新着手，对自助文印设备进行一次大检修，修复与更换许多损耗严重的设备。针对读者青睐于自助打印的习惯，图书馆配置专人加强对自助文印服务点的监视，做到有故障立刻排除，保持互联网络接口的通畅与外置式控制端（PC）稳定。每天做好早中晚 3 次的巡查工作，迎接读者使用的高峰期。根据设备的故障日志数据统计，发现 2013 至 2014 年度设备的故障近 1 万次，同比 2011 至 2012 年度下降了 20%，达到了降低自助设备的故障的目的。

4.3 培养读者自我服务意识

通过馆员来培养读者自我服务的意识，提高自助服务的使用率。学生是自助文印服务使用率最高的群体，应当充分利用他们对新事物学习能力强的特点，加强图书馆自助服务的宣传工作，馆员培养学生自我服务的意识与能力，引导学生善用图书馆的各项自助服务。以交大图书馆为例，读者在使用中碰到问题的时候，一般会采用电话咨询、服务台咨询及 BBS 发帖等方式救助，专业馆员耐心解答，解决读者在使用上碰到的各类问题，引导读者正确使用自助设备，从原先只关心设备的维护转变成关注读者对服务品质的需求，提高了读者对该服务的满意度和忠诚度。

5 结语

根据数据分析掌握读者使用习惯，实施优化服务的方案。在 2013 至 2014 年度交大图书馆调整了设备的规划与布局，提高整体自助设备的利用率。加强对硬件系统的维护，有效降低了设备的故障率。培养读者自我服务意识，提高读者的满意度。通过这些优化举措，得到了显著的成效。但是，图书馆自助文印服务自身还存在着不少问题，比如以黑白一体机设备为主、个性化选项的缺乏、纸张选择性较少、文件上传容量的限制、软件功能的局限性、移动阅读设备远程打印等问题，呈现出单一的、缺乏个性化的文印服务，这些都需要通过今后一系列的优化方法提升自助文印服务的效能，来满足读者日益增长的需求。

参考文献

[1] Beth Dempsey. Do-it-yourself libraries[J]. Library Journal, 2010, 7: 24-28.

[2] 陈光锋，唐步明，罗天龙，等. 一种改进的校园自助打印复印系统研究[J]. 浙江科技学院学报. 2012(01): 39-43.

[3] 斯坦福大学文印服务简介[EB/OL]. [2015-02-01]. http://library.stanford.edu/using/print-copy-scan.

[4] 杭州联创信息技术有限公司简介[EB/OL]. [2015-01-19]. http://www.unifound.net/intro/index.htm.

[5] 陈武，姜爱蓉. 构建以自助服务为导向的现代图书馆[J]. 大学图书馆学报. 2013(03): 93-96.

[6] 上海交通大学图书馆自助文印简介[EB/OL]. [2015-01-19]. http://www.lib.sjtu.edu.cn/index.php? m=content&c=index&a=lists&catid=130.

科研领域合作研发机制的相关理论和方法探析
——以我国大型民用飞机设计合作为例

郭 晶 汤坚玉

摘 要 合作研发是科研机构或科研人员为产生新的科学知识而进行的协同互助的科学活动。本文基于十年间国内发表的民用飞机设计的科研论文，探讨了合作研发的相关测算方法，并总结分析了几种典型的合作研发机制。

关键词 合作研发 合作机制 科学计量法 社会网络分析法

科研领域进行研究合作的雏形是1917年在英国建立的“研究协会”(Research Association)。建立研究协会这一制度的初始目的是为了解决第一次世界大战期间产生的各种技术问题以及克服研发中的资金匮乏，采用的组织结构是以行业为单位、主要由中小企业参与的永久联合体[1]。自20世纪以来，随着科学技术的相互交叉、综合与渗透，并发展成为结构复杂的大科学系统，合作研究数量如科学技术的飞速发展一样，以异常迅速的态势增长[2-4]。在全球化趋势日益深入、科学技术越来越向综合化和边缘化发展、研究规模与难度不断增加的今天，科研人员“单打独斗”式的研究越来越难以适应科研工作的要求。由于合作研发可以优势互补，提高科研效率与效果，避免重复投资与浪费，且有利于激发创新思想，加快研发成果的扩散速度，因而已成为一种非常普遍的现象。

大型民用飞机工业是知识密集、技术密集和资本密集的高技术、高附加值、高风险的战略性产业[5]，被称为国家各产业的“皇冠”，其发展程度日益成为衡量一个国家科技水平、工业水平和综合国力强弱的重要指标之一。我国要自主研制出有国际竞争力的大型飞机，显然要学习和借鉴国外先进的设计方法与技术，但也要分析国外企业在技术研发时所采用的合作思想与方法，并加以借鉴。文章以十年间国内发表的民用飞机设计的科研论文为案例，采用文献计量学的相关方法、社会网络分析法以及其他定性与定量研究方法，探讨几种合作研发的测算方法，以对设计和优化合作研发机制提供借鉴。

1 概念界定与数据来源

在科学计量学领域有关的研究中，一般认为合作研发的最主要表现形式是合著论文。因此，尽管存在多种合作研究的形式，为了能够定量分析我国大型飞机合作研发状况，并据此说明相关方法，文章对其范围进行了限定，即只有当科研人员共同署名并在学术期刊上发表论文才构成合作研究，科研人员的自由讨论、通信交流以及其他形式的合作在文章中不作为研究对象。同时，将跨机构合作研究定义为两家及两家以上机构合作发表科研论文。

CNKI 是我国最大的动态更新的中文期刊全文数据库，为便于研究，选取 CNKI《中国期刊全文数据库》(2000—2009 年)收录的 32 种期刊作为数据来源(见表 1)。这 32 种期刊是国内核心的、发表飞机设计研究的专业性期刊，基本能够涵盖我国近十年来有关飞机设计的研究成果。共检索出 8 102 篇文献，剔除有关新闻、声明、征文、军用飞机、导弹、航天器、超高声速飞机、直升机、旋翼机、无人机、扑翼机、飞艇等文献，最后选取 4 758 篇民用飞机设计研究文献。基于科学计量学的相关方法、社会网络分析法，采用 UCINET 6 和 SPSS16.0 软件，对整理后的文献从期刊、作者、研究机构等方面进行分析。

表 1 文章所统计的 32 种期刊源

序 号	刊 名	序 号	刊 名
1	北京航空航天大学学报	13	计算力学学报
2	电子与信息学报	14	空气动力学报
3	飞行力学	15	控制理论与应用
4	复合材料学报	16	力学学报
5	工程力学	17	南京航空航天大学学报
6	航空材料学报	18	推进技术
7	航空动力学报	19	无损检测
8	航空学报	20	西北工业大学学报
9	机械工程学报	21	系统仿真学报
10	机械强度	22	系统工程理论与实践
11	计算机辅助设计与图形学学报	23	系统工程学报
12	计算机集成制造系统	24	系统工程与电子技术

（续 表）

序 号	刊 名	序 号	刊 名
25	液压与气动	29	振动工程学报
26	仪表技术与传感器	30	振动与冲击
27	应用力学学报	31	中国工程科学
28	噪声与振动控制	32	自动化学报

2 合著率与合著度分析

2.1 总体状况分析

合著率与合著度是揭示研究人员合作研究程度的两个重要指标。合著率是指在某一时间内合著论文数与论文总数之比，主要反映合作研究的广度，用 CR 表示。合著度是指在某一时间内论文的篇均著者数，主要反映合作研究的深度，用 CD 表示。CR 与 CD 的计算方法如下：

$$CR = \frac{N - f_1}{N} \cdot 100\% \tag{1}$$

$$CD = \sum_{j=1}^{k} j \cdot f_j \Big/ N \tag{2}$$

式中：f_j 为合著人数为 j 的论文数；k 为合著者人数的最大值；N 为论文总数。

由此可见，合著率与合著度是两个既有区别又有联系的指标。合著率高，则合著度相对较高；相反，如果合著率低，合著度也相应较低。这两个指标用于量化某一领域、学科、科研机构的合作规模、合作意识、合作能力。它们从不同角度反映论文合作规模，进而间接判断研究广度、深度、研究方法，同时弄清合作的类型、特点、发生机理和影响合作的原因等。图 1 显示我国近十年来在民用飞机设计研究领域科研人员合作研究的总体状况，从中可以发现：① 合著率总体呈现出上升趋势，从 2001 年的 89.9%上升到最高的 98.6%，平均合著比率为 95.6%，说明我国在民用飞机设计研究领域具有很高的合著率，这比国内其他学科甚至国外科研合作的比例都要高出许多[6]；② 合著度总体上呈缓慢稳定增加趋势，从 2001 年的 2.77 人增加到 2009 年的 3.38 人，增加了 0.61 人，年均增长 4.2%，平均合著度为 3.09。表明十年来民用飞机设计研究论文的篇均作者为 3.09 人。这两个指标反映出我国民用飞机设计研究领域的合作规模与合作深度在不断加强，目前已达到很高的合作研究规模，科研人员合作意识也较强。然而对于涉及数十个学科的民用飞机设计研究来说，3.09 的平均合作深度和 4.2%的年均增长率说明国内民用飞机设计合作深度较小，并且增幅缓慢。

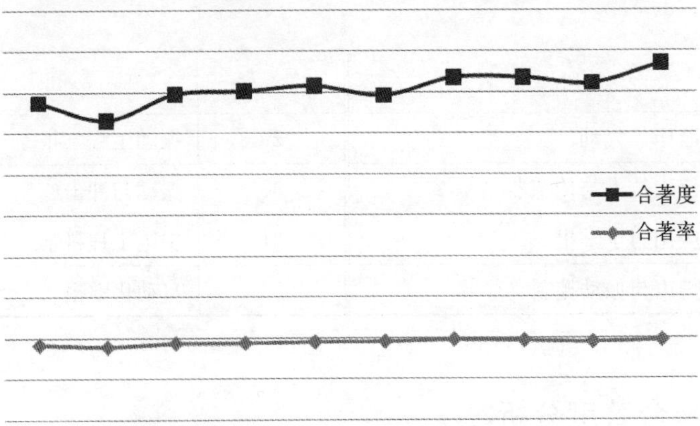

图 1 国内民用飞机设计合作研究总体状况

2.2 合作研究形式及发展趋势

以合著度 y 为因变量,以年份 x 为自变量,进行线性回归分析,得出 $y=0.046x-89.234$,方差分析结果为 $F=19.944$,$Sig.=0.002<0.005$,表明线性回归效果显著,得到的回归方程有意义。根据该方程,可以看出合著度与年份成正向关系,表明未来国内民用飞机设计研究领域合作深度将继续增加,但增长缓慢。

以合著率 y 为因变量,以年份 x 为自变量,进行线性回归分析,得出 $y=0.007x-13.564$,方差分析结果为 $F=17.506$,$Sig.=0.003<0.005$,表明线性回归效果显著,得到的回归方程有意义。根据该方程,可以看出合著率与年份成正向关系,表明未来国内民用飞机设计研究领域合作广度将继续增加,但增长缓慢。

尽管合著率在未来有进一步上升趋势,但并不意味着国内民用飞机设计研究领域内独立研究就会消亡,而是逐步下降并保持在很小的比例。国外学者 Donald 等曾从社会学角度探讨了独著论文存在的原因。按照科学的利己主义历史,一个人的学术地位要得到承认,则要求其研究成果的重要部分无疑义地属于他个人。因此,独著论文的存在以及它所享有的某种特殊声誉也就不足为怪了[7]。

表 2 显示了国内民用飞机设计合作研究具体形式。可以看出,2~4 人合作是民用飞机设计合作研究的主要形式,占总研究成果的 85.18%。从合作研究形式的发展趋势来看,2 人合作研究经过 6 年的缓慢上升后将逐渐下降,3 人合作研究总体呈上升趋势,而 4 人及 5 人以上合作研究将继续上升,反映出科学技术向两极化发展和科研难度的加大,使得需要更多的研究人员一起合作。

表 2 国内民用飞机设计合作研究形式

类型 年份	2 人合著	3 人合著	4 人合著	5 人以上	合著论文篇数
2000	118	130	70	40	358
2001	145	144	69	25	383

（续　表）

年份 \ 类型	2人合著	3人合著	4人合著	5人以上	合著论文篇数
2002	100	130	75	34	339
2003	133	123	102	51	409
2004	104	139	118	33	394
2005	125	127	80	36	368
2006	131	196	121	57	453
2007	166	238	170	75	649
2008	154	197	156	60	567
2009	124	196	172	85	577

由于重要科研人员往往对把握技术研发方向以及提高科研效率起着非常关键的作用，而科研人员之间的有效合作则可以在较小的成本条件下，更快更好地推动技术研发的进程。因此，我国大型民用的研制需要相关重要科研人员的有效合作。目前，尽管国内外已有大量关于合作研究的研究文献，但却很少有人关注到重要科研人员这一特殊群体的合作研究。因此，文章试图基于社会网络分析法定量分析我国民用飞机研制中重要科研人员之间的合作研究状况。

2.3　重要科研人员的评价方法

科研人员学术表现评价是科学技术评价的主要内容之一。客观、公平、公正地评价科研人员的学术表现是制定科研人员激励政策、优化科技资源配置效率、促进科研活动与科学技术繁荣发展的基础和手段。充分发挥科研人员学术表现评价的真正作用，首先需要构建合理而正确的评价方法。科学合理性、客观可比性和可操作性是评价方法的基本要求[8]。近年来，特别是美国物理学家 Hirsch 2005 年提出 h 指数法以来[9]，科研人员的学术表现评价成为国内外科学计量学的一大研究热点。

目前国内外已有大量关于科研人员学术表现评价方法的研究文献，在科研人员学术表现评价实践中采用的方法及指标主要有同行评议法、发表论文数、论文被引次数（总被引次数、篇均被引次数）、期刊影响因子、代表作做法、h 指数法等。这些方法及指标的应用实际是基于一个隐含的假设，即不论论文作者的署名顺序，所有作者对论文的贡献都视为相同，从而论文所有作者享有相同且全部的论文功劳与荣誉。对于单作者的论文来说，假设显然是成立的，但是对于有多个作者的论文，假设并不成立，其原因就是不同作者对论文的贡献量往往不同，而作者署名顺序就是作者对论文贡献量大小的反映，并且一般来说，署名越靠前的作者，对论文的贡献越大。因此，不是论文所有作者都能享有论文相应的等量的功劳与荣誉。此外，既然论文是合作研究的结果，论文的任一作者，特别是排名靠后作者和“挂名”作者都不能享有论文的全部功劳与荣誉。否则，采用上述方法对科研人员学术表现进行评价时，即使能够做到万无一失的过程控制，也难以获得客观、公平的评价结果。

假设A、B、C三位科研人员合作发表了20篇科研论文，其中A在15篇论文中为第一作者，B、C分别为第二作者和第三作者，并且这15篇论文总被引次数为200；在另外5篇论文中，B为第一作者，A、C分别为第二作者和第三作者，并且这5篇论文总被引次数为100。那么按照传统评价方法，A、B与C的学术表现评价完全一样（发文量均为20，总被引次数均为300），这显然不科学。因为它不仅没有达到对A、B、C的学术表现进行公平评价的效果（A、B、C自身可能都会抱怨“这不公平”），而且还造成20篇论文的荣誉（发文量与被引次数）被三人重复计算。这仅是个简单的例子，科研人员的论文合作实际情况远比此复杂。据Glanzel对1992年出版的SCI论文的统计表明，90%以上的论文通过合作研究完成，并且平均每篇论文作者数为4.5人，最多一篇论文作者数高达102人[10]。

总的来看，那些不考虑贡献大小的科研人员学术表现评价方法在实际运用中至少会造成三方面的负面影响：① 评价结果不够公平公正；② 同一篇论文的荣誉被重复计算；③ 助长了不劳而获之风和论文“合作”泡沫。并且，随着科研论文合作规模的不断增长[11-12]，会导致这些负面影响变得更为严重。因此，有必要在现有的科研人员学术表现评价方法中增加论文中科研人员贡献大小的因素。

目前，有关基于论文贡献大小的科研人员学术表现评价的研究文献还非常少见。苏新宁教授2006年在分析国内图书馆、情报与文献学学术影响力时，首次提出了根据论文作者的署名顺序来统计作者的发文数量[13]。其中，他把每篇论文的分值定为1，对于独著论文，论文作者就可以得1分，而对于合著论文，则根据作者的署名顺序并按照一定的权重来分配1分。应当说用这种方法来统计作者的发文数量更具合理性与科学性。我国科学院院士张春霆2009年在h指数的基础上提出了w指数，即带有权重的h指数，它等于论文引用次数与作者权重系数的乘积[14,15]。这是一种根据论文作者排序计算带权重的论文引用次数的方案，即使科研人员的论文总引用次数和h指数相同，只要作者排序不尽相同，计算出来的w指数就会不同，因而有助于解决论文的引用次数泡沫问题。不过以上两种方法由于所使用指标的单一性，因而并不能全面反映科研人员的学术表现。

发文量特别是核心期刊论文发文量是衡量科研人员学术成就与活跃性的重要指标，而论文总被引次数是衡量科研人员学术影响力的重要指标，本报告所构建的科研人员学术表现评价方法就是基于核心期刊论文发文量与论文总被引次数这两个指标，并且其计算方法为

$$AP = PS \times 80\% + CS \times 20\% \tag{3}$$

式中：AP为科研人员学术表现得分；PS为科研人员核心期刊发文得分；CS为科研

人员核心期刊论文被引得分。并且有

$$PS = \sum_{j=1}^{p} pc_j \tag{4}$$

$$CS = \sum_{j=1}^{k} cc_i \times c_i \tag{5}$$

式中：p 为科研人员核心期刊论文发文量；pc_j 为科研人员在第 j 篇论文中的贡献；k 为科研人员核心期刊论文被引篇数；cc_i 为科研人员在第 i 篇被引论文中的贡献；c_i 为第 i 篇被引论文的被引次数。

pc_j 和 cc_i 值的确定最为关键。最理想同时也是最精确的方法是根据科研人员对每篇论文的实际贡献量给出，但这在现实中显然不具操作性。由于科研人员在论文中的排序其实就是其贡献的排序，在此，本文给出一个统一的根据科研人员署名顺序的贡献分配表(见表 3)。从表中可以看出，每篇论文的分值为 1，每位科研人员对论文的贡献可直接根据其在论文的排序及论文中科研人员总数确定。假如科研人员甲发表了 3 篇核心期刊论文，其中一篇论文为甲独著，而另外两篇论文的作者数分别 3 和 4，并且甲的署名顺序都是第二，那么甲在这 3 篇论文中的贡献就分别为 1、0.25、0.2。依据这种方式，每篇论文参与的科研人员越多，每位科研人员的贡献就会相应变小，并且科研人员在论文中的署名越靠前，表示其对论文的贡献也越大，这与现实情况基本一致。根据式(3)、式(4)、式(5)和表 3，就可以得出每位科研人员学术表现的评价结果。

通过实践应用，发现这种评价方法能够得到比较精确的评价结果，被引得分对总得分影响较大，说明这种评价方法侧重于反映科研人员的学术影响力。由于发文得分具有动态发展性，被引得分具有累积性，因此该方法具有动态发展与累积性相结合的特征。此外，从科研人员的职称来看，评价结果越靠前，科研人员的职称越高，评价结果靠后的科研人员，其职称也较低。

这种基于贡献度的科研人员评价方法的主要优点是：① 相对更为科学合理。增加了科研人员对论文贡献的评价因素，并且科研人员对论文的贡献越大，其得分就会越高，这与现实较为一致；② 可比性。既可以进行总指标的比较，也可以进行发文得分与被引得分两个分指标的比较，并且即使科研人员的发文量、论文被引次数、h 指数都相同，也基本不会出现相同的比较结果；③ 综合性。综合采用发文得分和被引得分两个指标，并根据重要性赋予相应的权重，从而能够综合反映科研人员的学术表现，避免了指标的单一性；④ 客观性。完全基于客观的基础数据，从而不会受到操作人员主观偏见的影响；⑤ 操作简单。计算方法简单，实施方便，并且能够较快速地得出科研人员的学术表现评价结果。需要指出的是，与其他评价方法一样，文章所提出的科研人员学术表现评价方法也有不足之处，如科研人员的贡献分配可能与有些实际情况有偏差(署名第二的贡献有时比署名第一的贡献大)，另外，被引得分对评价结果产生较大的影响。

总体而言,文章提出的基于贡献的科研人员学术表现评价是一种可比性、客观性以及操作性强的方法。这种方法的应用除了可以快速地获得公平、客观、精确的评价结果外,由于区分了科研人员的贡献,从而可以在一定程度上遏制论文合作泡沫(挂名科研人员由于排名较后,其相应得分就会较低,对其总的学术表现所起的作用就小)和避免科研成果的重复计算。同时,由于这种方法既具有动态发展性,也具有累积性,因此不仅可以评价有资历的科研人员,也适合评价年轻科研人员的发展潜力,因而有利于引导年轻科研人员的学术发展。

3 典型的合作研发机制分析

基于上述方法,以民用飞机领域为例,从科研人员之间的关系来看,主要的合作研发机制可以归纳为四种:雇佣合作研发、师生合作研发、同行合作研发以及非同行合作研发。

3.1 雇佣合作研发

科研人员有时为了提高科研效率或从事自己更擅长的研制工作,雇佣研究助手或技工进行诸如问卷调查、数据收集与整理、试验操作、计算机系统开发等工作。在这种合作中,科研人员与雇员在知识技能、地位上具有不对等性,雇员从事的大多是较为简单费时的机械性工作,科研人员需要为此给雇员支付劳动报酬,并且需要花费一定的时间来培训与监督雇员的工作。在荣誉分配和研究成果的认定时,参与这种研究过程的雇佣者通常不会被当做做出重要贡献的合作者。

雇佣合作研发是一种最为初级的合作研发机制,科研人员往往是处于提高效率或效益的目的去雇佣人员从事合作研发的,因而合作关系不会持久和深入。这种方式可以让科研人员从烦琐的基础工作中解放出来从事更重要或自己更擅长的工作,如理论研究、算法研究、试验设计等,但增加了一定的科研成本,并且由于雇员的技能水平有限,其工作可靠性可能不如科研人员亲自动手。因此选择这种合作机制的科研人员还须在结果可靠性和事必躬亲之间作以权衡。

3.2 师生合作研发

师生合作研发是一种最为常见而重要的合作模式。如高校和科研院所内导师与研究生科研合作。在这种合作方式中,学生虽然和雇员一样还是承担诸如数据收集与整理、实验操作、程序开发等耗时的机械性工作,并且在知识与地位上仍不具对等性,但其主要目的是学习老师的知识与技能,以便将来成为独立的科研人员。

师生合作研发机制比雇佣合作研发更为充分、深入和持久。这种研究方式不仅是为了完成特定的科研项目,同时还为培训学生的科研能力。在师生合作研发过程中，老师的思想、技能、科研范式等被传承下来，学生毕业离开老师后仍能够独立在这个领域中从事科学研究。师生合作研发对于学生的成长与成才非常重要，特别是学生与大科学家合作更有利于学生将来成为大科学家(学生依靠学术大师的指引，比较容易进入科学的前沿而尽早创新，而且有名家作质量保证，论文也容易得到发表，发表后也能更多地被引用)。从事科学研究需要各种各样的知识和技能，如怎样设计实验，建造实验装置，解释复杂的统计数据等。科研实践过程中获得的隐性知识和实验技能远比课堂上或书本中讲授的知识要复杂得多。繁难的实验和数据分析通常需要很多技巧，这些技巧只能在与有经验的科研人员一起工作的过程中才能实地获得。朱克曼在对 313 位诺贝尔奖获得者进行分析后，指出了一个突出的现象：这些诺贝尔奖获得者大多数出身"名门"，与世界著名科学家具有师承的合作关系。如世界顶级科学家汤姆逊和费米的门下各有 6 人获奖，玻尔的学生有 7 人获奖，卢瑟福的弟子有 11 人获奖。美国 1901—1972 年间 92 位诺贝尔获奖者中，有半数以上其老师也是诺贝尔奖获得者。玻尔师承卢瑟福之后，他的学生任科芳雄也师承传统，回日本后发现和培养了汤川秀树、坂田昌一、武谷三男、朝永振一郎等一大批优秀的科学家，建立了日本物理学派。

在师生合作研发中，老师通常需要在经济上给予学生一定的资助，因而增加了科研成本(但一般会计入雇佣合作研发中的成本)。此外，由于学生是新手，各方面相对缺乏经验，时常会出现失误或错误，因而可能会影响到科研结果的可靠性。

3.3 同行合作研发

同行合作研发是指具有相似知识背景和研究方向的科研人员进行合作研究，也是一种较为常见和重要合作研发机制，可细分为同行同事合作研发与同行非同事合作研发。在这种合作研发中，科研人员在知识、技能、研究方向以及地位方面是相似的，因此容易开展。国外有学者从社会学的角度定量分析了科研人员之间的社会距离，认为真正的合作者当属这种科研兴趣相同、学术地位相似的合作伙伴[16]。著名的同行合作研发例子是 20 世纪克里克与沃森合作进行 DNA 双螺旋结构研究以及李政道与杨振宁合作发现宇称不守恒定律。

同行合作研发，特别是有建树的同行进行合作研发往往能取得卓著的成效。这种合作研发机制的优点主要体现在：① 能很好地提高研发效率与效能，一方面同行之间由于具有相同的专业知识可以快速了解各自进行的工作，另一方面还可以并行工作，这与计算机并行处理类似；② 激发创新思想，同行之间通过观点、思想的交流讨论，经常可以激发出新的解决问题的方法或思想；③ 增强研发结果的可靠性，因为多个专业相同的科研人员可以减少一个人容易犯下的错误和疏忽。

3.4 非同行合作研发

这是指具有不同专业背景的科研人员为了共同的研究目标而进行的科研合作。

相对于同行合作研究,非同行合作研发频度相对较低。由于合作者之间来自不同的专业,因而在合作前需要花费一定的时间去了解对方的专业知识,并突破专业、思想和眼界的障碍。这种类型的合作中,不同领域的科研人员通过合作将各自学科领域的相关理论、方法相互交叉整合,从而可能会产生单一学科不可能具有的重大科学突破。在认知科学中,心理学家、行为学家、神经学家和计算机科学家之间的合作即属此种合作类型。另外,在同一学科的不同领域也存在这种合作类型。譬如物理学中理论物理学家与实验物理学家之间的合作即属此种合作类型。

非同行合作研发机制与同行合作研发相比,更容易产生创新的方法与理论,并且产生的科研成果往往具有巨大的潜能,因为这种交叉科学成果可以被相关领域的很多科研人员利用并进一步发展。此外,它用不同领域的科研方法去验证同一结果,有助于增加科研成果的可靠性。非同行合作研发机制作用的发挥关键在于打破科研人员之间的专业壁垒,一旦他们之间的障碍突破,就可能产生巨大的成果收益。

4 结语

鉴于科研技术领域的合作将日趋成为"新常态",由此研究和分析合作研发的深度与广度、重要科研人员的合作研发网络、跨机构合作研发网络以及跨国合作研发,都将成为新的课题。通过对不同领域的合作研发研究,加强科研合作意识与合作能力的培养,寻找合作机会,挖掘合作潜力,建立合作机制,促成更有效的合作,将会发挥日益重要的作用。文章分析的几种合作研发相关的测算方法,总结的合作研发机制,虽然还不尽完善,但希望对相关的研究和实践能有所借鉴。

参考文献

[1] 李纪珍.研究开发合作的原因与组织[J].科研管理,2000,21(21):106-112.

[2] 刘云,常青.中国基础研究国际合作的科学计量测度与评价[J].管理科学学报,2001,4(1):64-70.

[3] Zuckerman, H A. Patterns of name ordering among authors of scientific paper: A study of social symbolism and its ambiguity[J]. American Journal of Sociology, 1968, 74(3): 276-291.

[4] Glanzel W, Czerwon H J. A new methodological approach to bibliography coupling and its application to national, regional and institutional level[J]. Scientometrics, 1996, 37 (2): 1995-221.

[5] 张庆伟,林左鸣.世界民用飞机手册[M].北京:航空工业出版社,2009.

[6] 胡一,朱道立,张建同,陈克东.中外科研合作网络对比研究[J].管理学报,2009,6(10):1323-1329.

[7] Donald J, Beaver de B. Patterns of co-authorship: statistical, philosophical, and sociological implications[J]. Procedings of ISSI, 2005, 727-300.

［8］ 汪再非，杨国祥. 学术期刊对科研的评价作用[J]. 科技管理研究，2006(11)：170－172.

［9］ Hirsch J E. An index to quantify an individual's scientific research output[J]. PNAS，2005，102(46)：16569－16572.

［10］ Glanzel W，Czerwon H J. A new methodological approach to bibliography coupling and its application to national，regional and institutional level[J]. Scientometrics，1996，37 (2)：1995－221.

［11］ 刘云，常青. 中国基础研究国际合作的科学计量测度与评价[J]. 管理科学学报，2001，4(1)：64－70.

［12］ Zuckerman H A. Patterns of name ordering among authors of scientific paper：A study of social symbolism and its ambiguity[J]. American Journal of Sociology，1968，74(3)：276－291.

［13］ 苏新宁. 图书馆、情报与文献学学术影响力研究报告(2000—2004 年)——基于 CSSCI 的分析[J]. 情报学报，2006，25(2)：131－154.

［14］ Zhang C T. A proposal for calculating weighted citations based on author rank[J]. EMBO reports，2009，10(5)：416－417.

［15］ 张春霆. 如何评价一名科研人员的学术表现？——关于论文引用次数泡沫问题及解决方案[J]. 科技导报，2009，(10)：1－1.

［16］ Hagstrom W O. The scientific community[M]. New York：Basic books，Inc.，1965.

系统发展与技术应用篇

高校图书馆移动电子教参服务构建

潘　卫　施晓华①

摘　要　融入教学环境的电子教参服务，是高校图书馆近年来服务教学的重点之一，而移动互联又进一步促进了移动电子教参服务的发展。本文介绍了上海交通大学图书馆推出的移动电子教学参考资源服务体系，包括其系统设计、客户端应用、版权控制等。该服务体系为学生在探究式学习过程中提供了便捷的移动学习环境，既提高了学生的学习体验，也有力地支持了教师的教学模式改革。

关键词　电子教参　移动学习　高校图书馆

教学参考资源（以下简称教参），是高校教师在教学活动中向学习某门课程的学生指定阅读的参考书籍、课件、论文和多媒体资源等各种与课程相关资源的总称。图书馆为课程提供内容丰富、形式多样、获取便利的教参资源服务，可以有力地为高校教师转变教学模式，从传统的"被动型"、"填鸭式"的教学向"探究型"、"启发式"的新型教学模式转变奠定资源和服务基础。在当今移动环境下的数字化学堂中，学生期望能置身于学习资源触手可及的智能化环境之中，这更要求转变图书馆现有的教参资源服务模式，将数字化教参服务融入学习者的移动环境的之中，并从过去单一的资源服务走向综合学习服务，转向提供包括深度知识处理、碎片化阅读、智能推送、在线学习和互动交流等服务，创建集成、移动、泛在的无缝学习环境。移动环境下的教参服务作为信息时代传统教参服务的发展和延伸，对当今高校教学创新与变革提出了新的需求[1]。

目前，国内有众多各类图书馆推出了基于某个平台的读者移动阅读服务，但其中预设的阅读内容并不专门针对学生的课程学习，未与学生的课程无缝融合，不能满足

---

①　本文是上海市教委科研创新项目"支持新型教学模式的教学参考资源移动阅读服务"成果之一。

学生的个性化课程阅读需求。而新加坡国立大学[2]在此方面已做了有益的尝试，在课前教师把包括论文、专利、课件等电子教参集成进电子设备，学生学习指定文献并随时笔记；课堂上以学生分享结合讨论形式进行，以学习论文和讨论展示加权结果作为最终考核。美国康奈尔大学 EMBA 项目已与 XanEdu 合作，提供数字化课程资源移动阅读服务[3]，课程用户只需登录访问 Blackboard 课程系统的课程资源(Course Material)模块，选择 iPad 或 Andriod 应用程序来访问课件、参考书和视频等数字资源，系统会自动下载课程资料到基于 XanEdu[4]的移动应用程序中，此应用程序还内置注释、笔记和标记功能，所有资源仅在课程开始的 6 个月内有效。美国明尼苏达大学图书馆支持读者利用 iPAD 浏览器，从 Moodle 课程网站中输入电子教参密码认证授权后，浏览课程电子教参，按资源不同，提供 PDF 文件下载和离线阅读，论文在线阅读和基于 eBrary 平台的电子书阅读，以支持课程资源的移动阅读服务[5]。这些移动电子教参服务目前主要支持读者在移动客户端上阅读[6]，而没有真正实现基于客户端的一体化电子教参移动解决方案。因此，如何有效将教学参考资源服务与移动阅读相结合，是本文研究的重点。

1 上海交通大学移动电子教参服务系统

上海交通大学图书馆曾率先推出"智慧泛在课堂"的理念和服务架构，一是将电子教参资源和服务嵌入学生的课程，实现了电子教参与课程的无缝融合；二是构建了分享、交互、协同的教与学支持环境，催生多元化、协同化、立体交织的新型教学模式，即：教师改革设计课程，依托获取便捷的电子教参，启发学生课前自主学习，课中组织群组式探究研讨、共同解决授课重点，培养学生知识探究与协同创新的能力[7]。该服务架构如图 1 所示。

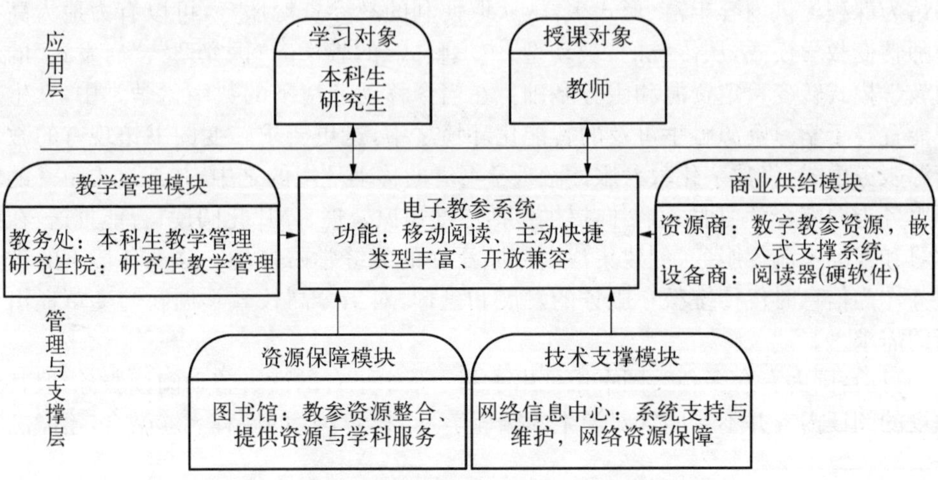

图 1 上海交通大学电子教参服务架构

为了将此电子教参服务进一步拓展到移动环境，以满足学生的行为习惯，项目组提出了移动环境下高校电子教参服务体系和相关模型，建立了相关数据标准和技术规范，推出了融入学习过程的移动电子教参服务系统。

移动电子教参服务系统的设计目标是上海交通大学全校师生可以通过各种移动终端（以安卓和 iOS 系统为主），随时随地访问和阅读与课程直接相关的教学参考资料，并为课中进行群组研讨提供支撑。该系统以已有的上海交通大学电子教参服务框架为基础，但又是一个相对独立的系统。

该系统包括教参基础服务数据平台和移动客户端两大部分，同时整合用户认证、课程浏览、移动阅读、版权控制和群组分享等功能。

● 基础服务数据平台：数据平台全面整合自建教参资源、共享教参资源和商业教参资源，统一到数据平台的资源发布模块。实现不同客户端对同一数字化教参的互操作，使得数字化教参可以在各个环节畅通流转。基础服务数据平台基于标准协议实现与学校课程系统的互操作，为师生提供教学参考资源的移动服务。

● 移动客户端：以基础服务数据平台的数据与资源作为支撑，融合课程学习要素，设计用户个性化、交互式的移动服务客户端。

2 基础服务数据平台设计

基础服务数据平台的设计原则是通过整合各类电子教参相关的信息，构建开放式电子教参接口服务，提供方式多样的电子教参服务应用（见图 2）。

为了支撑整个系统的数据交互与运行，基于用户使用流程，此平台实现各类外部

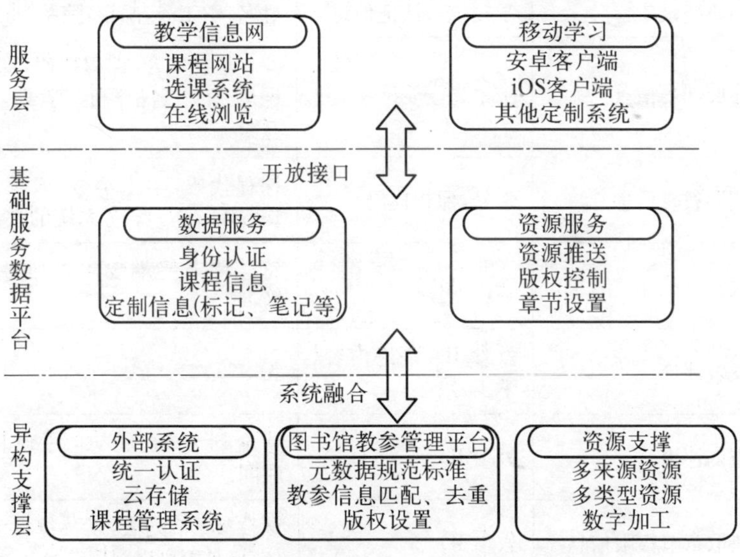

图 2 上海交通大学移动电子教参基础服务数据平台

数据的本地化整合与交互、统一收割和提供标准服务，包括：

(1) 教参资源整合：整合来自商业资源、共享资源和自建资源中的图书、论文、课件和多媒体电子教参；

(2) 系统融合：融合学校课程管理系统、统一认证系统、云存储服务以及图书馆教参数字化管理平台，所有信息和资源均实现实时同步；

(3) 服务功能提供：提供如章节目次浏览、读书标注和笔记、资源评价和推荐、用户交互服务、版权保护和使用日志等各类教参服务功能；

(4) 开放接口：提供课程对应教参的管理和使用，支持安卓、iOS 等各类型客户端应用。

从流程可以看出，该移动电子教参基础服务平台设计的关键和难点，是从教师添加教参信息，直至为客户端自动提供这些教参相关信息和数字化教参全文，整个流程必须实现跨平台的数据信息自动交互和动态融合。

2.1 主要接口设计

所有平台接口请求均以基于 OAI 和 Open URL 协议的 GET 和 POST 方式提交，其返回结果设计为 json 格式包装。所有数据接口访问均需验证用户身份，基础平台的接口设计采用 Oauth 身份授权方式，主要的 7 种主要接口如表 1 所示。

表 1 基础服务数据平台主要接口

序号	接口名称	输 入	输 出
1	用户登录	学校统一认证信息	姓名，学工号，邮箱，院系，身份类型
2	获取课程信息	学工号	课程信息集合(课程代码，课程名称，授课老师姓名，学年，学期，院系名称登封)
3	获取教参信息	学号，课程代码	课程代码，学生学号，教参名称，教参 ISBN(ISSN)，教务系统的教参 ID 等
4	教参下载	教参 ID	符合特定终端要求的加密后的原文数据
5	发表评论	教参 ID，评论内容，学工号	无
6	查询评论	教参 ID	评论列表(评论人，评论内容，评论时间)
7	获取章节权限信息	教参 ID	该教参章节列表，以及每章节对应权限信息(是否可以阅读等)

2.2　加密流程和证书设计

设计的基础服务数据平台能兼容不同的客户端，因此对于图书等数据的加密模块可由客户端灵活定制，根据客户端的特性使用不同的加密算法和绑定方式。

客户端的设计开发者无需关心外部具体下载流程，只需按一定接口标准提供相应的加密模块即可。由外部框架辨识客户端请求中的标记来自动加载对应的加密处理模块。加密模块亦无需考虑加密后数据的缓存等问题，统一由数据平台进行外部处理。

数据分为证书数据和教参实体数据两部分。证书内保存了该资源的各种权限信息以及密钥，实体数据根据证书内保存的密钥进行加密。证书数据在下载到客户端时是经过加密保存的，加密方法由客户端开发者自行决定，但要符合系统中设定的绑定方式。证书以 XML 格式进行描述，如表 2 所示。

表 2　访问证书设计

```
〈? XML version=″1.0″ encoding=″UTF-8″?〉
〈cert〉
〈createdate〉2012-1-1〈/createdate〉
〈expdate〉2012-12-12〈/expdate〉
〈userinfo〉
  〈username〉username〈/username〉
  〈userid〉1〈/userid〉
〈/userinfo〉
〈bookinfo〉
    〈jcid〉12345678〈/ jcid 〉
〈/bookinfo〉
〈rightinfo〉
  〈key〉key1〈/key〉
  〈download permission=”1”/〉
  〈print permission=”1”/〉
  〈copy permission=”1”/〉
  〈spread permission=”0”/〉
  〈availabletime〉180〈/availabletime〉
  〈encrypt〉1〈/encrypt〉
  〈binddingtype〉2〈/binddingtype〉
〈/rightinfo〉
〈auth〉ADF7B1062D9F52D16861D2A879DE2D2B〈/auth〉
〈/cert〉
```

证书中包含三类信息：

(1) 证书日期信息，包括证书创建日期和证书过期日期信息；

(2) 用户信息，包含用户名和用户学工号；

(3) 教参资源信息，主要指教参 ID 和权限信息，主要包含密钥、下载权限标识、打印权限标识、资源有效天数以及验证证书有效性的校验码。

2.3　标注设计

作为学习资源的阅读，与常规阅读最大的区别在于读者需根据学习需要随时对阅读内容进行标注，以加强记忆或供后续参考。在移动电子教参中，读者在使用全文教参时的标注主要分为两种，一种为图像标注，包含直线、曲线和高亮等；另一种文字标注，用户只需在页面中选定一段文字后，进行批注。

- 图像标注格式定义

针对数字化图书的图像格式数据，需定义标注数据用 XML 格式来描述，一条教参对应一个标注 XML 文件。在 XML 中一页为一个基本标注段，即如下的〈Page〉〈/Page〉段内容。一个标注文件内保存图书信息以及标注人信息。

- 文本格式数据标注格式定义

文本格式图书标注方式同图像格式图书有一定区别，是通过选择文字后再进行标注，所以标注方法仅有批注和高亮两种。又因为进行批注需要高亮，而高亮后亦可以再添加批注，所以该格式标注只有一种标记，即 HighLight，通过 NoteType 来标记该标注是以批注为主还是高亮为主。

表 3　标注格式设计

图像格式标注	文字格式标注
Book：图书信息标记 　BookName：书名 　Author：作者 　Publisher：出版社 　PublishTime：出版时间 　JCID：教参 ID 　Noter：标注人信息标记 　　UserID：用户名 　　CreateTime：标注时间 　　ModifyTime：最后修改时间 支持的标注内容： a，　Note，批注：在指定位置附注一段文字。 b，　FreedomLine，自由线：任意曲线 c，　Line，直线 d，　Circle，圆形：支持椭圆形 e，　HighLight，高亮区域：将一个范围以特定颜色标记。 f，　Link，超链接：支持书内链接和书外互联网链接。	Book：图书信息标记 Noter：标注人信息标记 Page：页标记 HeighLight：标注内容标记 　NoteType：1-高亮，2-批注 　StartX，StartY：该标注的起始坐标 　EndX，EndY：该标注的结束坐标 　Color：高亮颜色 　DateTime：标注的时间 　NoteText：批注内容 ImgWidth，ImgHeight：做标注时图书页面显示的高宽 TipTxt：高亮部分的前 n 个字，用来作为标注列表的提示。

所有客户端用户所做的标注允许保存在远程服务器中进行备份，同一用户可以在不同的设备间进行同步。同时，用户可分享自己的标注，也可查看其他用户分享的标注。基础服务数据平台中与标注相关的内容主要包括：提交标注数据到服务器进行备份、获取服务器端最新版本的标注、共享和取消共享标注、获取一条教参共享的标注列表、检查某条教参的标注是否需要上传至服务器以及查询某个用户是否共享了某本书的标注等六个部分。

2.4　书签功能设计

书签分为手动书签以及自动书签两种。手动书签由用户手工增加，基本内容包括：书签标题，页类型、页码，备注。自动书签实际上是用来记录用户最后阅读的一页，用来下次打开图书时的定位，其基本属性包括页类型和页码。

3　移动客户端功能应用

据2014年7月统计，国内的iOS和安卓两类移动平台客户端占移动设备近90%的使用量[7]。因此在校园内提供支持此两类移动教参客户端服务，可以支持绝大多数师生的移动阅读需求，符合当前师生电子阅读习惯。

移动电子教参客户端的核心任务在于融入学习过程，并分析用户阅读行为、了解用户阅读兴趣、帮助用户找到适合用户需要的信息资源，以此满足学生课内外学习需求。因此，学生个性化使用和交互式参与，是客户端设计的关键。图3示例了移动电子教参客户端用户使用流程（以iOS为例）。

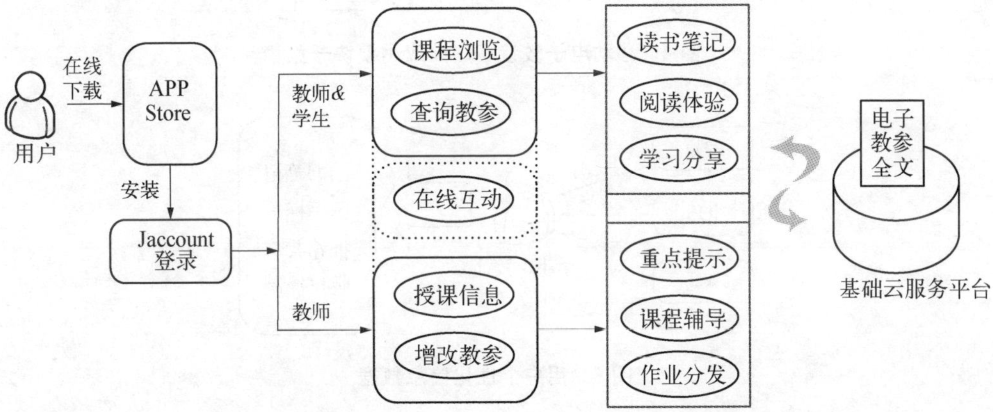

图3　移动电子教参客户端用户使用流程(以iOS为例)

目前，移动电子教参客户端提供每年全校1 200多门本科生课程的年均新增或更新的2 000多种、累计年均近6 000余种各类型电子教参资源的移动阅读。如图4、图

5所示,从学生端来看,主要包括学生登录、查询课程、教参阅读(包括查询与下载)、页面标注、定义书签和教参评论等,还可对教参添加书签或标记,记录读书笔记,添加阅读评论,所有相关信息均同步保留在基础数据服务平台中;同时学生笔记信息可离线保存,联网时自动上传至服务器。

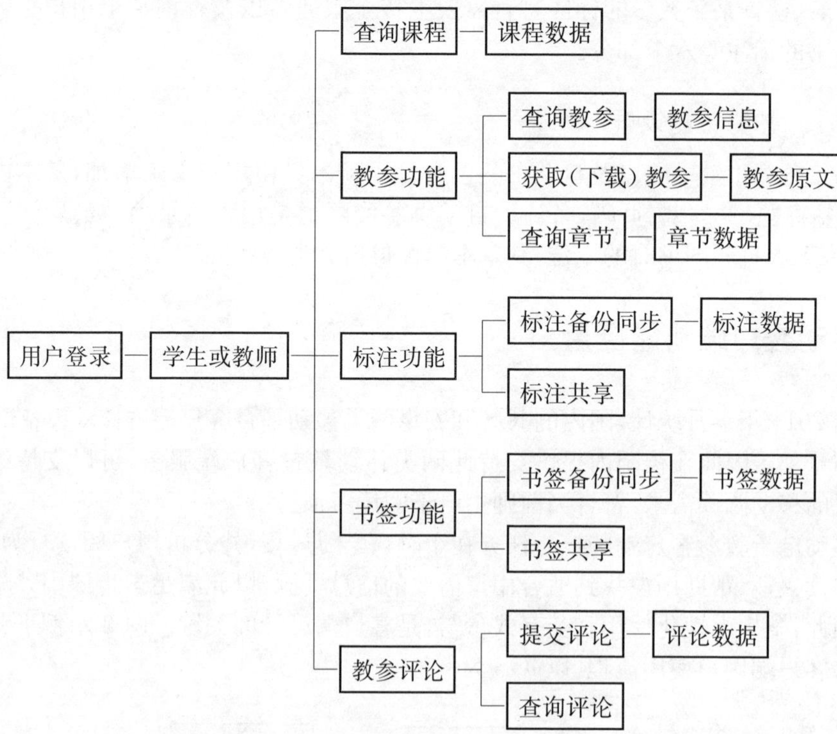

图4　移动电子教参客户端应用模块一览

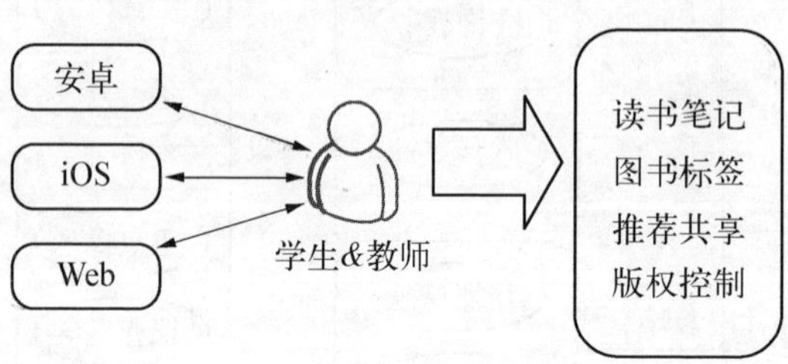

图5　用户个性化信息数据

3.1　用户安装与登录

如图6、图7所示,师生通过安卓客户端下载安装或在iOS的APP Store下载安装客户端,之后以交大统一身份认证(jAccount)登录移动电子教参客户端。

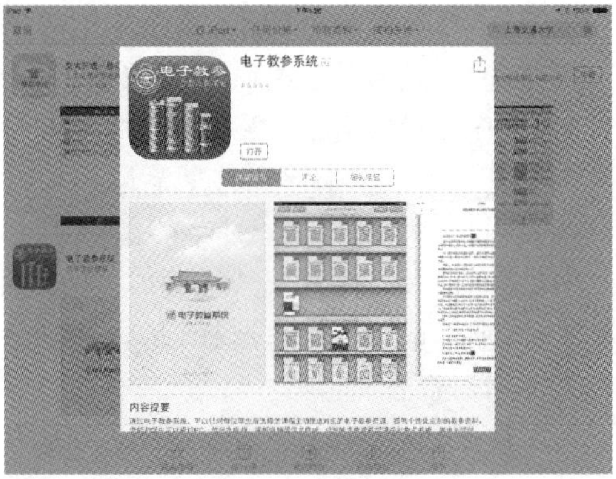

图 6　iOS 客户端安装

图 7　jAccount 登陆

客户端使用时，所有用户认证均基于上海交大 jAccount 统一身份认证[8]。具体用户认证由电子教参基础服务数据平台联合学校统一认证平台提供，用户可以在客户端保留登录信息。如图 8 所示，学生或教师登录后，显示包含学生本学期所选课程或教师所开设课程对应教参的书架，未选课程教参放在不同书架，按课程名称排列；每格书架下方显示课程的名称、教师、年级，没有教参的课程不予显示。

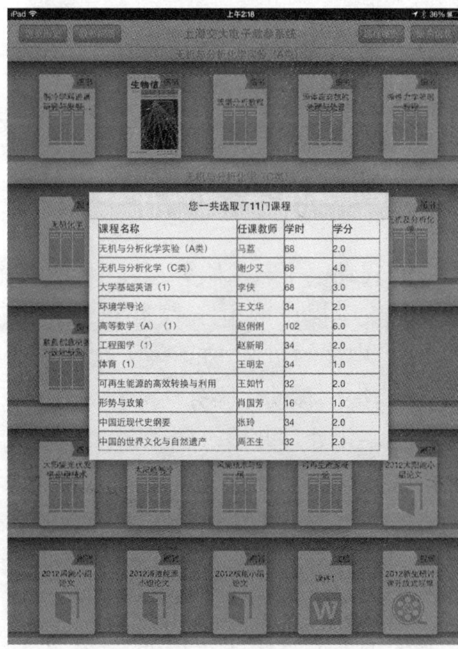

图 8　课程书架展示形式的电子教参界面

在书架内通过不同图标显示不同类型教参，如图书、论文和视频等，利用不同颜色图标标识教参是否已经本地下载。在此界面中，还提供查看课程概览功能，供学生浏览自己本学期已选课程的名称、老师等信息。同时，学生首次点击某本教参书，系统可以自动下载至本地，已下载的教参书，可在有限权限内离线阅读。

从上可以看出，用户使用的整个过程都实现了课程与电子教参的无缝融合，为师生的教与学提供了最大程度的方便。

3.2　书签、标注、读书笔记和书评功能

如图 9 所示，读者可对数字化教参进行添加书签、标记、读书笔记、书评等信息。用户添加的书签、读书笔记、标记等信息可以自动备份至云端服务器上；笔记信息可离线保存，联网时自动上传至服务器；同一用户在使用不同平台时，书签、标记、读书

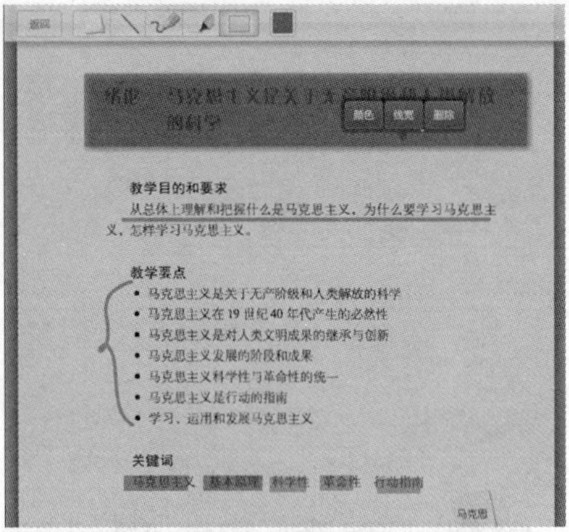

图9　添加书签、标记、读书笔记

笔记、书评等信息可同步；读书笔记可由用户选择，是否共享给其他用户查看、查询；用户在参看电子教参全文时，可方便浏览其他用户的书评和共享笔记。

同一用户在使用不同终端平台时，书签、标记及读书笔记等信息均实时同步；读书笔记可由用户选择，是否共享给其他用户查看、查询。

由于通过基础服务数据平台，专有的标注服务器会实时保存每一位用户的阅读标记和评论信息，若有需要，今后就可以设计还原出用户对某一电子教参阅读后的版本，将来乃至学生毕业后，类似于纸质书的旁录笔记，仍能呈现其阅读电子教参时的轨迹。

4　移动电子教参资源版权处理分析

在移动电子教参服务过程中，图书馆需首先解决相关的电子版权使用问题。上海交通大学提供的电子教参资源优先从商业平台购买、获取，如外文的 Springer、Ebrary，中文的超星、方正等。购买后的商业电子教参资源，结合相关的版权工具进行处理，提供移动化服务。而对无电子版权的纸质馆藏，只对与课程相关的少量章节进行数字化处理并提供服务[8]。

关于移动电子教参资源的访问，主要通过将可访问的对象范围限定在选定了相应课程的本校学生范围之内来进行权限控制。

目前，上海交通大学的移动电子教参服务资源（包括图书、论文、讲义的 PDF，视频等），均统一存放在上海交通大学云平台。教参图书、论文、讲义的 PDF 文件可以实现终端本地缓存，提供离线浏览服务；教参章节信息，直接从 PDF 文件中获取；终端平台支持基础云服务平台提供的多媒体视频实时播放，以 MP4 格式为主。

通过基础服务数据平台接口，可实时获取不同用户的教参书章节服务权限信息，严格按照此信息，提供对应全文内容，供读者浏览。学生在移动客户端，首次点击教参书，需在联网的条件下，由系统自动下载至本地；已下载的图书（论文），可离线阅读。学生课程完全结束后（课程结束的时间由基础服务数据平台接口获取），所下载的书自动删除。同时，将教参全文与机器绑定，禁止学生在使用电子教参时，通过各种方式复制、传播电子教参资源；对于有版权保护，只可播放、不可复制的在线视频，可嵌入或跳转至 Web 浏览器播放。

在设计移动客户端时，首先要求客户端必须基于学校统一认证，合理限定了电子教参的使用范围，防止了其他非选课用户未经授权进行下载；同时通过限定校园网 IP 授权访问、禁止全文下载、嵌入数字水印及加强数字版权加密（DRM）保护等策略，有效防止电子教参的复制和传播[9]。

5 结语

上海交通大学移动电子教参服务分别于 2012 年（安卓客户端）和 2013 年（iOS 客户端）推出，由此也使电子教参阅读量有了很大的提升（见图 10）。

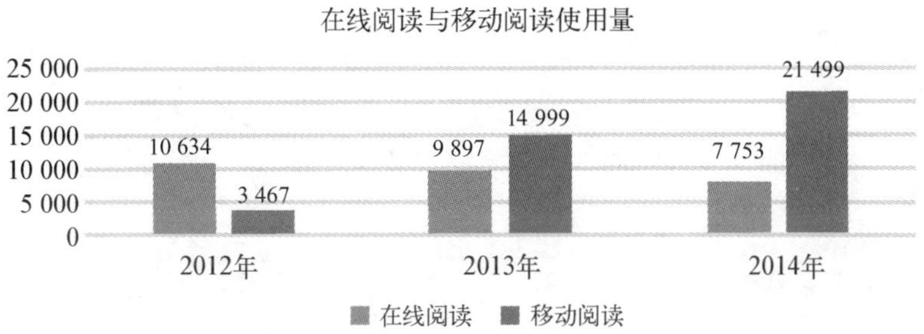

图 10　2012—2014 年度移动电子教参客户端下载量统计

目前，上海交通大学图书馆涵盖移动电子教参服务的“智慧泛在课堂”，已累计为 4 200 多门次课程提供 7 000 余册电子教参的在线和移动阅读服务，并通过 340 台预设了电子教参客户端的移动终端的免费外借服务，有力地支持了师生的教与学。在此过程中，图书馆学科服务团队也基于此客户端，与部分院系的专业课教师合作，在创新型课程建设等方面进行了有益的尝试，为教学模式和教学方法的改革创新提供了良好的资源与服务基础。

参考文献

[1] Xh. Shi, Xw Yu, W Pan. Integrating innovative library e-reserves service into teaching and learning at Shanghai Jiao Tong University[J]. Chinese Journal of Library and Information Science, 2012, 2: 004.

[2] Pinto K. Tablets in the Classroom: Learning Points From IPAD Loan Schemes for teaching Staff and Students[J]. INTED2013 Proceedings, 2013.

[3] Accessing XanEdu Digital Course Materials https://jconnect.johnson.cornell.edu/Portals/0/2015_CE_DigitalCoursepackStudentAccessInstructionsRev1.pdf.

[4] http://www.xanedu.com/. [2015-07-10].

[5] Using eReserves onYour iPad. http://academics.cehd.umn.edu/mobile/files/2013/02/Using-eReserves-on-Your-iPad.pdf.

[6] Bush M H, Cameron A H. Digital course materials: A case study of the Apple iPad in the academic environment[D]. Pepperdine University, 2011. http://www.csdn.net/article/

2014 - 08 - 05/2821047 - ios-usage-falls-behind-android-for-the-first-time [2015 - 03 - 20].
[7] jAccount in SJTU. http://jaccount. sjtu. edu. cn[2015 - 08 - 23].
[8] 王昕，施晓华. 融入教学的多类型电子教参资源建设研究[J]. 图书馆学研究，2013，19：39 - 44，68.
[9] 彭佳，黄栋晓. 高校图书馆电子教学参考资源服务的版权问题分析[J]. 图书馆建设，2014，04：46 - 48，45.

高校图书馆学习空间自助预约服务系统的设计与实现

邢卓媛　宋海燕

摘　要　近年来，图书馆为了提高资源的使用效率和管理效率，自助预约服务种类日趋增多。在众多自助预约服务中，以小组学习室为代表的学习空间自助预约服务是服务人数最多、影响最广的服务之一。本文针对图书馆近年来快速发展的自助预约服务需求，以及不断变化的服务环境，结合小组学习室的具体情况，提出了上海交通大学图书馆小组学习室自助预约服务系统设计方案，分析了系统整体设计框架，阐述了系统实现过程，并介绍了应用效果情况。

关键词　自助服务　预约服务　图书馆　学习空间　小组学习室

图书馆近年来正在经历转型，从起初的以资源为中心逐渐发展为以读者为中心，又进一步演化为以服务为中心。随着以服务为中心模式的不断发展，自助服务逐渐成为图书馆的一种重要服务形式[1]。在计算机技术发展的支撑下，高校图书馆（以下简称“高校馆”）自助服务的形式不断丰富化：不仅提供资源相关的图书借阅、电子资源查询下载等自助服务[2]，也提供如自助打印复印扫描[3]、自助缴纳罚款[4]、自助研究小间使用[5]、自助阅览室使用[6]、培训讲座自助预约[7]等各类自助服务。在众多自助服务中，有些服务对资源的依赖性较大，读者需要通过预约的方式来获取服务，如书籍的借阅、学习空间的使用等。自助预约服务作为自助服务的重要组成部分，以其便捷、实时、准确而被越来越多的高校馆所青睐，对提升图书馆服务质量、提高读者满意度、加强图书馆与读者之间联系有很大帮助，是实现图书馆服务转型的重要手段。每一种自助预约服务在技术层面，都需要一套系统予以支撑。为降低这些系统间的信息交互复杂度，从整体架构上对自助预约服务进行统一规划，通过实践探索，为后续可能出现的服务提供积累，是自助预约服务在技术层面发展的需求。本文通过对上海交通大学图书馆小组学习室自助预约服务系统的介绍，提出一种自助预约服务的设计方法，为其他自助预约服务的实现提供参考。

1 研究背景

1.1 人工预约与自助预约

图书馆传统的人工预约步骤为：学生电话或到馆登记→馆员纸质版本记录→馆员在系统或设备中作相关处理。在这种预约模式中，不仅馆内需要固定的馆员从事预约服务，而且读者每次预约都需要通过电话或到馆等方式与管理员联系。随着图书馆提供越来越多预约服务，“电话”和“到馆”要求显得非常烦琐，读者需付出较多的资金成本和时间成本。

信息化自助服务是指有服务需求的主体通过互联网等网络技术获取、传递其所定制的信息和数据，是一种新型的便捷服务模式[8]。用户可借助自助终端，通过智能环境获得教学、科研、管理、图书、生活等各方面的信息服务，并进行自助式的管理。相对传统的人工预约服务而言，在依赖信息化自助服务的自助预约服务模式下，读者不再需要依赖人工帮助，不再局限于图书馆的实际地理位置，也不再受限于图书馆的开闭馆时间。通过自助预约方式办理业务，不仅为图书馆节省了大量的人力成本，馆员对用户只需起引导和帮助作用，而且读者可以更高效、更便捷地完成服务需求，减少读者排队等候的时间，同时能够保护读者的隐私，增加用户对交互过程的自我控制感，进而获得良好的用户体验，达到图书馆和读者的双赢[9]。在信息化浪潮中，图书馆需考虑充分运用新技术来打破图书馆内长期大量依赖人工的操作方式，促进自助预约服务模式的拓展，提高服务质量与效益[10]。

1.2 学习空间自助预约服务现状

提供学习空间是图书馆的重要职能。目前，高校图书馆为读者提供的学习空间较常见的有：电子阅览室[6]、小组学习室[5]、培训教室、会议室以及阅览室座位[11]等。这些学习空间的服务特点是资源有限且服务具有排他性，即同一时间段、同一资源仅可供固定数量的读者或团体使用。学习空间的服务特点决定了其需要自助预约使用的服务模式。

自助预约服务模式为读者使用各种学习空间资源提供了更多的便利：① 读者可以通过多种线上途径获取学习空间当前预约和使用情况，实时性强；② 读者可以通过自助预约服务系统在线提交预约请求，降低了对馆员服务的依赖性；③ 通过自助预约系统与门禁系统的集成，读者可以自助使用各种学习空间而无需管理员协助。相比传统的预约服务，自助预约服务让读者能够更方便地利用图书馆提供的学习空间，不仅提高了资源使用率，同时降低了对馆员工作的依赖性，有利于图书馆优化资源配置，让馆员投入到更多有价值的工作中去。

2　学习空间自助预约服务总体设计框架

2.1　设计原则

在尽量满足系统建设需求的基础上，整个系统建设过程需遵循以下原则：

1）完全自助的服务模型

传统预约方式中完全依赖图书馆管理员的行为模式已经不能适应当前发展的需要。完全自助预约的服务模式，要求整个预约过程中尽量减少图书馆馆员人工干预，从发起预约申请，到读者使用，一切事务均由系统支持用户在线完成。

2）采用松耦合、模块化的系统结构

自助预约服务系统与其他各支撑服务之间的交互采用 API 接口或 Web Service 调用方式，通过固定的数据格式完成数据交互，保证各系统之间代码层面的完全隔离，松耦合便于划分服务界限，保持代码的逻辑简单，提高系统可维护性。自助预约服务系统自身内部的结构设计也要符合模块化的设计思路，这种系统结构方便整个系统提供持续演化和交付。

3）统一身份认证

各种自助预约服务，都需要利用一种方式对用户进行身份验证，涉及消费行为时，也需要利用一种支付方式完成支付。对于同一馆内提供的服务，采用统一的身份验证和支付方式可以降低硬件设备的采购成本，增加软件代码的可复用性，也能为读者提供统一的服务体验。

4）多途径的提醒模式

为了进一步提高自助服务体验，系统需提供多种信息推送和提醒方式，例如短信、邮件、微信等。

5）个性化服务

读者服务发展的未来是个性化服务，系统应根据读者需求为其提供一系列个性化服务。例如，当读者发出场馆预约申请时，系统可以根据读者以往的使用习惯，优先为读者提供其惯常使用的场馆。

2.2　框架设计

自助预约服务系统的总体框架设计如图 1 所示，分为三层框架体系：表现层、应用层、数据存储层。

表现层：基于当前流行的多终端环境，表现层需要支持多种终端设备，不同的设备需要不同的表现层形式。对于电脑使用来说，web 网页浏览的方式非常方便。读者只需打开相关的服务页面，根据自身需求，根据提示录入相关信息后即可。手机端服务方式除了可以采用手机访问 web 的方式完成服务外，还可以通过微信公众平台获取相关服务信息，也可以在手机端通过扫描二维码的方式进行。在一些场馆外，配

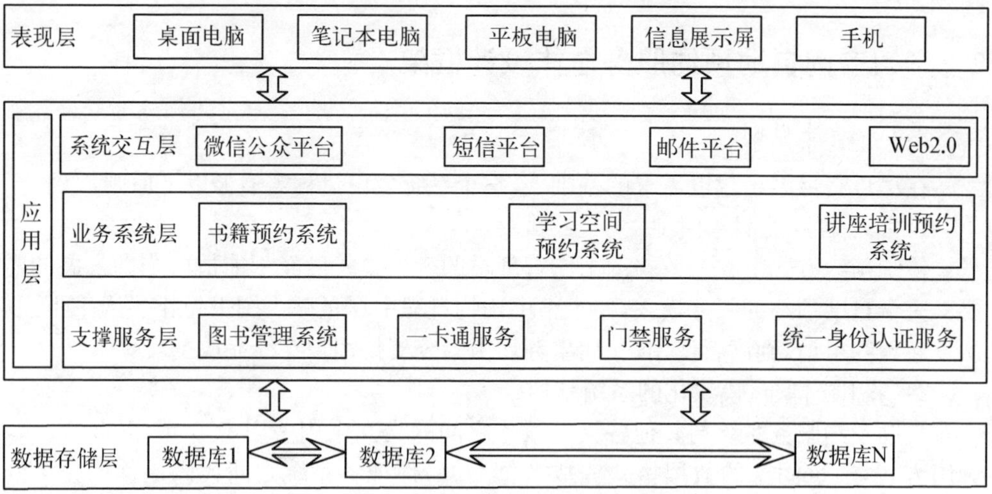

图1 系统框架结构

备了场馆信息展示的电子信息展示屏,在这些展示屏上,可以通过展示屏上的 APP 软件完成场馆的自助预约服务。而在平板电脑端,则可以结合电脑和手机端的优势,随心选择 web 浏览方式或二维码扫描方式完成服务。

应用层:应用层整合所有自助预约服务的各种应用。应用层根据各应用的不同作用,从上至下,又可分为下面三个层次:系统交互层、业务系统层、支撑服务层。支撑服务层是指为业务系统层提供支撑服务的各种系统平台,这一层中的系统提供一些基础服务,这些基础服务会被各种业务系统使用。各种实际的自助预约服务系统都被包含在业务系统层中。这一层中的自助服务系统根据业务系统的逻辑,通过调用下层支撑服务层提供的服务,在完成自助预约服务的主要逻辑功能后,向上层提供业务数据信息。最上层的系统交互层,在得到业务系统层提供的数据信息后,以各种信息展示方式技术完成信息展示。

数据存储层:数据存储层支撑着应用层所有数据存储需求的应用系统,在底层提供数据持久化功能。在存储层上,不同的应用系统可以根据需要定期同步数据,保证数据的一致性和正确性。

3 上海交通大学图书馆小组学习室自助预约服务系统的实施

以小组学习室自助预约服务系统为例,进行上海交通大学图书馆(简称"上海交大图书馆")学习空间自助预约服务系统的实践以及应用分析。

小组学习室是上海交大图书馆以共享空间促进信息流动,以社区活动启迪创新思维的服务理念为目标向全校师生提供预约使用的房间,以方便师生开展学术交流和教学研讨。小组学习室仅对学术研讨、教学培训、讨论交流、赛事支持、社团活动等提供支持，自修、娱乐不在使用范畴之列。小组学习室自助预约服务系统的使用流程为：读者通过网站登录自助服务系统，登录后根据需要选择相应的场馆登记预约使用信息，通过系统自动审核或管理员人工审核后，用户即可在相应的预约时间使用自己的校园一卡通打开场馆门进行使用。具体使用流程如图 2 所示。

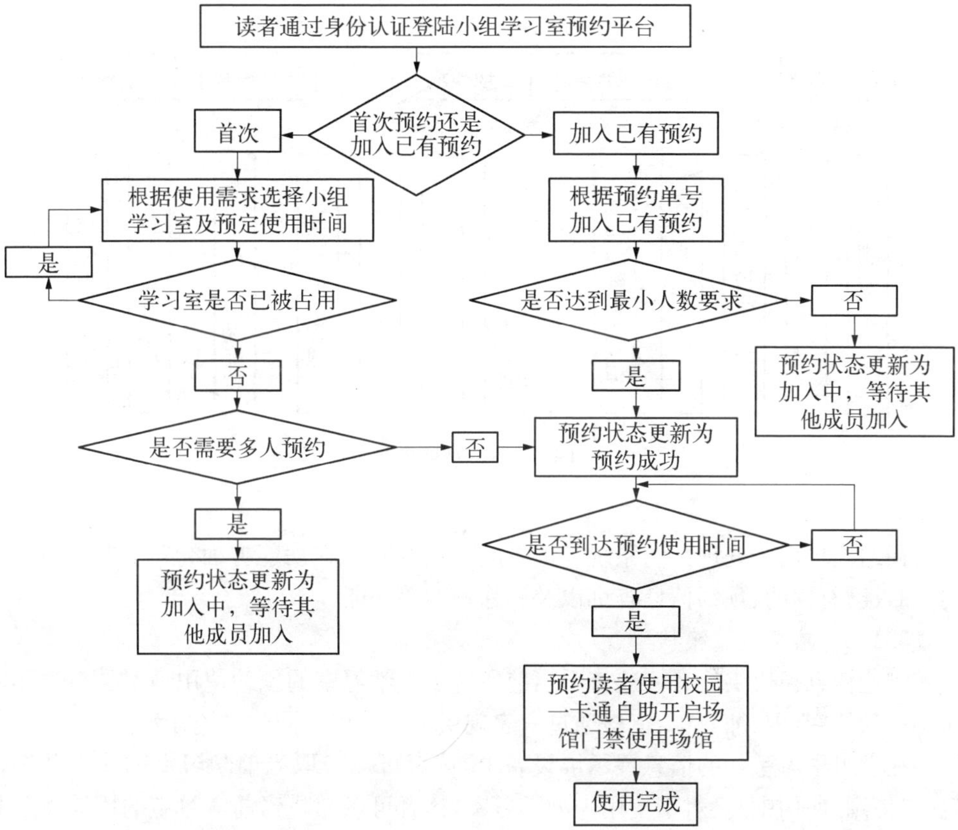

图 2　小组学习室自助预约服务流程

3.1　系统主要功能模块及设计

系统为读者提供的主要服务包括：① 读者通过 JAccount 统一身份认证系统登录系统，通过输入预约日期、使用起止时间、房间设备要求等信息，由系统查找所有符合条件的可用房间信息，读者从中选择一个完成预约；② 参与同一预约的其他读者通过系统加入已有预约；③ 读者通过系统修改和删除某一次预约；④ 到预约时间时，对应场馆的门禁系统权限自助为相关读者开启，并在使用结束后删除门禁权限；⑤ 每次预约操作成功后的短信和邮件通知服务；⑥ 感知模块获取用户信息后向用户推送相关信息。目前，主要服务中的第 1～5 项均已完成并提供服务，第 6 项仍在设计和部署阶段。

系统可具体分为五大功能模块：预约模块、管理模块、统计模块、信息浏览模块、门禁同步模块。系统功能模块结构如图 3 所示。

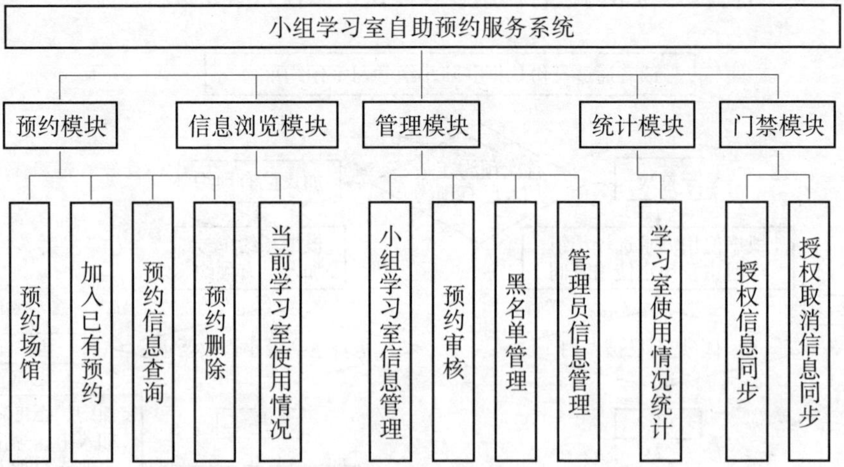

图 3　系统功能模块

3.1.1　预约模块

预约模块用于处理预约系统与读者的直接交互。在功能方面包括：发起新的预约、加入已有预约、预约信息查询以及删除预约等功能。

3.1.2　信息浏览模块

浏览信息模块供读者快速查看当前所有小组学习室的预约使用情况。对于不同状态的预约(空闲、加入中、审核通过)，表现层可以使用不同的颜色标示。

在小组学习室外的信息展示屏设备上，读者可以获取当前学习室的使用状态信息(未使用、使用中)。对于使用中的学习室，读者可以知晓当前学习室的用途以及是否欢迎场外读者共同参与。这种信息的展示进一步提高了小组学习室的利用效率，促进了读者间的互动交流。

3.1.3　管理模块

管理模块提供给管理员使用，可以分为四部分：信息管理、预约审核、黑名单管理、管理员信息管理。信息管理功能可以设置场馆的开放状态、场馆描述信、收费情况、是否需要人工审批等信息。预约审核用于管理员对已有预约进行审核处理。黑名单管理部分可以根据读者的使用情况，对没有按照规范使用学习室的读者信息进行记录。管理员信息管理可以新增和删除管理员。在增加管理员时，可以设置管理员权限：仅可对预约做审核操作的审核员以及可以执行其他管理员操作的管理员。

3.1.4　统计模块

统计模块提供给管理员使用，可以对场馆的使用信息进行综合整理，为场馆管理者提供一定的数据统计分析功能，辅助管理者做调整决策。

3.1.5 门禁模块

门禁模块的主要功能是向门禁系统同步授权信息和取消授权信息。在预约时间开始之前的一定时间内，该模块根据当前预约情况，向门禁中央系统发送当前需要授权的房间号、读者一卡通卡号等信息。在预约时间结束后，门禁模块发送对应的房间号和读者一卡通信息给门禁中央系统，以通知系统取消该读者的门禁授权。门禁中央系统再继续将授权或取消授权信息下发到对应的小组学习室门禁设备中，以实现读者一卡通卡对特定房间门禁系统的控制。

3.2 与其他系统间对接实现

3.2.1 登录与权限

小组学习室自助预约服务系统本身不做身份验证工作，而是依托于上海交通大学网络中心的JAccount统一身份认证系统。根据JAccount身份认证系统开发者平台说明[12]，将对应的动态链接库文件和申请好的加密key文件放入对应开发目录即可在程序中调用其接口API。使用时，未登录用户将被重定向至统一的登录页面，输入用户名和密码信息，由JAccount验证通过后返回给调用接口的场馆自助服务系统该用户的姓名、学工号等信息。JAccount调用的主要代码如下：

```
Set Jam = Server.CreateObject("JAccMan.Manager")
call Jam.SetJAManager(strSiteID,strKeyDir)
set userProfile = Jam.checkLogin()
if (userProfile.count>0 and Jam.hasTicketInURL) then
    call Jam.redirectWithoutTicket()
end if
```

其中，strSiteID为JAccount颁发的站点ID，strKeyDir为加密key文件的路径。JAccount登录成功后，用户数据将保存在userProfile中返回。

权限部分的限制在小组学习室自助预约服务系统中进行处理，预约系统需要根据学工号等标识保存管理员信息表，用以区分普通用户和管理员。通过从JAccount返回的信息中获取学工号，从预约系统中获取当前登录用户的权限，为不同权限的用户展示不同的操作界面。

验证当前用户是否为管理员的SQL命令为：

```
select * from suser where (userid = '"&userProfile("id")&"' and admin>0)
```

3.2.2 与短信平台的连接

图书馆短信平台基于上海交通大学网络中心提供的短信服务搭建。具体流程为：① 小组学习室自助服务系统在任何需要发送短信的事件发生时，负责将相关的信息内容、接收人手机号等信息计入短信库并标记为待发送状态；② 图书馆短信平台通过轮询的方式查询短信库中所有状态为待发送的短信，调用网络中心的短信服务 API 发送短信信息至网络中心并修改当前短信库中的短信状态为已发送。短信服务的完整交互模式如图 4 所示。

图 4 短信数据流

3.2.3 与门禁系统的连接

小组学习室自助服务系统与门禁系统的对接采用 Web Service 调用方式。小组学习室自助服务系统定时轮询当前预约列表中的所有预约项，对于预约时间在 1 小时范围内的所有未交互的门禁授权信息取出，按照门禁系统 API 接口要求，以规定的数据格式调用门禁系统 API 完成。

门禁在预约时段授权后，应考虑在使用结束后取消对读者的授权。但在何时执行取消操作，需要考虑。为了提高小组学习室的流通量和使用效率，上海交大图书馆规定每位读者每天最多可以进行两次预约，每次预约时间不超过 4 小时。此时，读者为了使用超过 4 小时，其可以在系统中发起两次时间连续的预约请求。此时，在读者第一次预约完成前一小时，小组学习室自助服务系统将向门禁系统发送同一房间、同一读者的门禁授权请求。但如果在第一次预约完成后，预约系统马上向门禁服务器发送取消授权的信息，那么读者的第二次授权也将被取消。因此，综合考虑后，小组学习室自助服务系统统一在每天凌晨定时取消前一天的所有授权信息。

向门禁系统发送为指定用户开放指定房间权限的调用如下：

```
private bool WhiteListInsert ( uint AccountID, uint CardID, uint CardReaderID,uint DoorControlID,uint WorkAroutnID ,string LimitedDate)
{
    StudyRoomService. WhiteListInfo wli = new StudyRoomService.WhiteListInfo();
    wli.AccountID = AccountID;
    wli.CardID = CardID;
    wli.CardReaderID = CardReaderID;
    wli.DoorControlID = DoorControlID;
    wli.LimitedDate = LimitedDate;
    wli.WorkAroundID = WorkAroutnID;
    return SRS.WhiteListInsert(wli);
}
```

其中，AccountID 为用户学工号，通过学工号，可以查询获取读者一卡通标识信息 CardID 和 CardReaderID。DoorControlID 和 WorkAroutnID 为门禁系统中的房间信息标识。LimitedDate 为权限到期时间。目前，由于门禁系统没有实现

LimitedDate 字段的功能，所以需要定时向门禁系统发送取消授权的信息。取消授权前先通过 UserID、CardReaderID、DoorControlID、WorkAroundID、EndTime 与数据库中的授权记录做联合验证，保证数据一致性后，调用取消授权的 Web Service 方法。

3.3 应用效果

上海交通大学图书馆小组学习室自助预约服务系统上线使用后，在应用上实现了诸多效果。

1）实现了完全的自助预约服务

读者可以随时随地查看学习室的预约情况，根据自己的需求，在线即可完成所有的预约操作。当预约出现变动时，也可在线完成预约申请撤销和变更。在此过程中，不需要图书馆管理员人工干预。

2）降低了人力资源成本

在小组学习室自助预约服务系统推行后，管理员不再成为一切服务的关键元素，除了收费、咨询、监督外，整个预约过程都由系统和读者完成，将图书馆有限的人力资源释放出来，开展学科服务与咨询服务，更多地投入到其他更有价值的工作中。相比传统的人工预约方式，管理员付出的时间成本降低了约 80%。

3）延长了预约服务时间

在小组学习室自助预约服务系统运行前，所有预约操作需管理员人工登记申请使用人信息，预约的服务时间受管理员工作时间限制，为 6×14 小时。在自助预约服务推行后，实现了 7×24 小时不间断的预约服务。

4）简化了读者操作流程

通过自助预约服务，读者不再受到地理环境和时间环境的限制，在任何地点任何时间，读者可以方便地通过各种设备接入互联网完成预约，避免了频繁的电话沟通和到馆沟通。

4 结语

图书馆学习空间自助预约服务工作的推广，将馆员从简单机械的人工重复劳动中解放出来，重新配置，为读者提供更高层次的工作。对馆内而言不仅降低了频繁人工操作造成的资源浪费，而且提高了管理效率、节约时间和成本，延长了服务时间。通过学习空间的自助预约服务，读者避免了长时间的排队等候，也不需要“电话”或“到馆”办理各项业务，可以更方便、更快捷地使用图书馆的空间资源。学习空间自助预约服务系统仍然存在一些需要进一步研究和探索的问题。以小组学习室自助预约服务系统为例，目前系统需要读者在开始使用学习室之前的一小时外完成预约申请，这种限制主要是因为小组学习室自助预约服务系统与门禁系统之间交互以及门禁系统的权限逐层下发所产生的时间成本有关，在图书馆层面上，如何通过改善与门禁系统的交互方式，来降低预约系统与门禁系统的交互时间成本，进而降低预约完成与开始使用之间的时间差，实现“随时预约、随时使用”，是我们需要继续改进的方向。另外，如何通过各种新兴的智能感知技术，向读者提供更便捷和智能的预约方式，也是我们可以继续研究和探索的问题。

参考文献

[1] 陈武，姜爱蓉．构建以自助服务为导向的现代图书馆[J]．大学图书馆学报，2013(3)：93-96.

[2] 莫振轩．我国图书馆自助借阅服务的研究现状与发展趋势[J]．图书馆工作与研究，2013(6)：22-25.

[3] 徐敏．公共图书馆自助复印系统的应用[J]．数字与缩微影像．2013(3)：43-45.

[4] 曲建峰，孙翌．高校图书馆一卡通自助支付系统的设计与实践[J]．图书馆论坛．2012(6)：78-81.

[5] 沈奎林，赵华，邵波．研究小间预约系统的设计与实现[J]．现代图书情报技术，2013(5)：87-91.

[6] 陈作新，王玉香．图书馆电子阅览室网上预约系统的设计与实现[J]．情报探索．2013(5)：93-97.

[7] 吴礼志．高校图书馆读者预约培训的实践与思考[J]．图书馆学刊．2013(3)：75-76.

[8] 唐瑛，张立国．基于自助服务的高校智慧校园构建研究[J]．中国教育信息化，2014(2)：51-53.

[9] 张宁，刘正捷．自助服务终端界面交互设计研究[J]．计算机科学，2012，39(6)：16-20.

[10] 李若云．新技术在高校图书馆自助服务中的应用[J]．图书馆论坛，2009，29(4)：70-72.

[11] 王彦，田文夫，冯晴．高校图书馆座位管理系统中预约系统的现状与实现[J]．科技情报开发与经济．2013，23(14)：12-14.

[12] 上海交通大学软件开发者平台[EB/OL]．[2015-03-13]．http://developer.sjtu.edu.cn/wiki/JAccount，2015.

MOOC 环境下高校电子教参服务发展策略研究

马　晨　施晓华　王　昕

摘　要　MOOC 环境下，电子教参对于学习者和施教者的资源支撑作用依然重要，但是却需要配以切合 MOOC 自身特点的新服务模式。本文以梳理高校电子教参服务和 MOOC 的发展现状入手，分析 MOOC 的主要特征，从使用对象范围、教参资源类型、资源添加模式、服务融合方式、教参资源来源和资源建设内容等方面与现有服务模式进行对比和论证。对面向 MOOC 的电子教参服务提出功能需求，提出发展策略，并改进系统流程。

关键词　慕课　高校图书馆　电子教参服务　发展策略

教学参考（以下均简称教参）资源是高校师生日常教学中不可或缺的文献资源，而教参服务也是高校图书馆服务的重要内容之一。随着网络信息技术的飞速发展，电子教参服务由于其不受时空限制，获取快捷，使用方便等诸多优越性，使用人群快速增加，已经逐渐成为图书馆教参服务的主流。而大规模开放在线课程（massive open online course，MOOC），也被称为“慕课”，作为近年来全球高等教育领域的热点话题之一，是一种基于网络的崭新教学模式，很多教育单位和机构都在努力进行这方面的探索，但是当前大部分 MOOC 相关研究还集中在课程资源建设等方面，电子教参等具体图书馆服务的研究还十分鲜见。在 MOOC 这一席卷世界高等教育界的数字海啸面前，目前的电子教参服务模式需要做出怎样的变革和创新才能满足用户在新学习环境下的需求呢？

1　高校电子教参服务发展概况

中国高等教育文献保障系统（CALIS）在“十五”期间确立了“高校教学参考信息

管理与服务系统”(http://iri.calis.edu.cn/cm/main.jsp)重点建设子项目,包括教学参考信息库和教学参考书电子全文书库两部分的建设。部分国内高校也自建了电子教参平台。但是最初的图书馆电子教参系统和学校课程系统相互独立,缺乏关联。根据2009年的一份研究表明,当时国内排名前100名的高校图书馆,虽然都建立了自己的电子教参系统,但是一般只提供简单的书目链接,而缺少非常重要的全文浏览功能[1]。

课堂教学与电子教参资源的融合以及为用户提供“一站式”的教参全文服务随后被作为电子教参系统及服务模式的主要发展方向。例如众多北美高校启用的自动化教参系统(automated reserves system,ARES),实现与学校课程管理系统的整合,教师通过该平台可以创建自己课程的教参子库,在线向图书馆提交教参信息,而学生则不论何时何地,均可以通过该平台以自己的注册账号、密码登录查询并下载各门课程的教参资料[2]。国内高校也不甘落后,上海交通大学图书馆联合学校教务处和网络信息中心共同推出的电子教参服务“泛在智慧课堂”,嵌入学校选课服务网(教学信息服务网),教师可为课程选择和管理教参资料,学生可“一站式”获取所选课程指定的教参资料,并支持这些资料的全文阅读;而且将电子教参资源主动推送至PC、Pad、智能手机等各类终端,实现移动阅读。

2 MOOC国内外发展概况

MOOC是开放教育资源(open educational resources,OER)和网络开放课程(open course ware,OCW)发展的延续。MOOC在OER和OCW开放共享理念的基础上,在全世界范围内开放优质的在线教育资源,实现大规模学习共享,把知识的学习从原来传统的“课堂内到课堂外”转变为“课堂外到课堂内”,从“讲授主导的学习”变为“研讨提升的学习”[3]。因为MOOC没有时空和门槛限制,没有班级人数限制,一般都是名校名师授课,并且教学模式和教学设计均以学生为中心,所以被一些国内高等教育者认为是中国高水平大学发展的一个契机,可以打破优质教育资源少并且分布不均的限制[4]。MOOC打破传统高等教育模式,促进高校教学方式的变革、课程结构的优化以及新式教学体系的建立,受到了越来越多教育者和学生的青睐和关注。

MOOC这一概念最初由加拿大爱德华王子岛大学的Dave Cormier和Bryan Alexander于2008年联合提出,用来描述加拿大曼尼托巴大学开设的一门在线公开课程,最初注册此课程的只有该校的25个学生,但是后来快速发展到全球2 300余人。从2011年MOOC开始受到全球的广泛关注,该年斯坦福大学的一门《人工智能导论》课程,有来自世界190多个国家的约16万学生注册和学习。2012年哈佛大学与麻省理工学院的edX、斯坦福大学的Coursera和Udacity这三大MOOC平台纷纷建立起来[5],因此这一年也被纽约《时代》周刊作者Laura Pappano称为“MOOC元年”[6]。

在席卷全球的MOOC浪潮的影响下，国内高校紧跟脚步：北京大学和清华大学于2012年加入了edX平台，随后上海交通大学和复旦大学于2013年加入Coursera平台，推出了本校的MOOC课程。本土化的中式MOOC平台也开始接连涌现：例如上海市内30多所高校成立的“高校课程共享中心”(http://www.ucc.sh.edu.cn/)打破校际壁垒，推出的共享课程采用混合式教学模式，让学生通过在线自主学习、网络互动，结合见面课小组讨论、大课堂直播互动等形式进行学习，并承认课程学分；此外清华大学的“学堂在线”(http://xuetangx.com/)，上海交通大学的“好大学在线”(http://www.cnmooc.org/)等自主MOOC平台也纷纷上线。

3 面向MOOC的电子教参服务

MOOC相比传统的教育模式更开放，更强调交互性，但是教参服务在教与学过程中的不可或缺性对于学习者和施教者并没有改变。新的教参服务模式需要针对MOOC“量体裁衣”：通过对MOOC自身特点以及MOOC环境中各主体(师、生、校等)功能需求的分析，寻找教参资源扩充、资源推送方式以及服务嵌入模式等问题的解决方案。在此基础上，制订新电子教参服务的发展方向和系统流程。

3.1 面向MOOC的电子教参服务功能需求

MOOC的四个主要特征分别为：① 参与学生、教师、高校与可选课程大规模化；② 学习对象、教学与学习形式、教学与课程内容、教育理念深度开放；③ 教学内容、课程资源、学习时空、学习数据等网络化；④ 课程组织方式强调“翻转课堂”，课程内容强调强调重组，教学模式强调众包交互[7]。MOOC的这些特点使得新电子教参服务的功能需求从使用对象范围、教参资源类型、资源添加模式、服务融合方式、教参资源来源和资源建设内容等方面均发生了很大变化(见表1)。

表1 面向MOOC的电子教参服务功能需求

	现有的电子教参服务	面向MOOC的电子教参服务
使用对象范围	本校师生	本校师生及校外人士
教参资源类型	主要为图书、期刊、课件、音频、视频	除了图书、期刊、课件、音视频等传统资源之外还可包括试题试卷、学习笔记、思维导图、研讨记录、答疑记录、案例研究等多种类型的学习资源
资源添加模式	教师单方面提供教参信息，学生被动接受	教师和学生(可由教师审核)都能提供教参信息，多源化、多向化
服务融合方式	嵌入到学校教学系统	与MOOC平台和学习社区无缝融合

（续　表）

	现有的电子教参服务	面向 MOOC 的电子教参服务
教参资源来源	本馆馆藏资源	除了本馆资源之外，扩展到 MOOC 联盟共建共享资源
资源建设内容	购置商业数据库，收集 OA、免费资源	对 MOOC 原生数据进行收割、组织和加工，使之规范化、有序化，然后再加入到教参资源数据库中，使其可被揭示和使用

1）使用对象范围

目前绝大部分高校的电子教参服务仅限于校内范围，只有本校师生可以享受到服务，但是 MOOC 的学生和教师可能来自五湖四海，其全面的开放性使相应的电子教参服务对象扩展到学校围墙之外，在处理好知识产权问题的前提下，为全国乃至世界范围的用户提供优质的教参服务。

2）教参资源类型

现有电子教参服务推送的资源主要包括图书、论文、开放课件、多媒体资源类型，其中以电子书为主。以在线形式存在的 MOOC 具备学习碎片化的特点，这就要求面向 MOOC 的电子教参服务能够推送内容更丰富、类型更多样的参考资源，以满足学生随时随地、全天候学习的需要。只要是对学习有帮助的信息资源均可纳入该门课程的教参资源范围之内，例如试题试卷、学习笔记、思维导图、研讨记录、答疑记录、案例研究等多类型学习资源。

3）资源添加模式

MOOC 的开放性和互动性非常强，课程中师生互动、学生之间互动非常充分和热烈，再加上由大规模化实现的“高足弟子传授”的教学方式，有些热心的优秀学生很乐意回应别人的问题，与他人分享自己的学习心得和资源。相应的教参服务模式应该符合这些特点。但是当前电子教参服务模式还是处在 Web 1.0 时代，系统中资源的添加和管理一般基于封闭结构的聚合模型，采用“老师生产，学生消费”的单向信息来源的信息传递模式。教参资源一旦创建，只有教师和系统管理者才有权限对内容进行修改，单纯地向学生呈现资源内容，而缺乏与学习过程之间的联系[8]，不能满足 MOOC 对于交互性的需要。因此面向 MOOC 的电子教参服务必须要向 Web2.0 模式转变，将学生引入到教参资源建设中来。不过考虑到学生水平的参差不齐，可以加入审核环节，先由教师或者专门的教参建设团队对学生的资源推荐和创建申请进行审核。

4）服务融合方式

目前电子教参服务虽然实现了图书馆学术信息资源到教学环境中的融入。但是面对 MOOC 风暴的冲击，电子教参服务必须突破教参资源与 MOOC 平台互不关联的窘境，实现与 MOOC 平台和学习社区的无缝融合，保证学生可一站式获取所选 MOOC 课程的相关参考资料，支持全文阅读，并通过移动阅读的技术手段，让学习无处不在，教参资源触手可得、随心而用。

5) 教参资源来源

在传统的课堂教育模式下，图书馆的文献资源只要能覆盖本校的学科即可，学校每年增加的新专业很有限，因此馆藏资源的学科覆盖度与本校课程学科设置之间的矛盾并不是特别突出。但是 MOOC 的开放性决定了其课程所涉及的学科范围非常广泛，即使是北大、清华这样馆藏资源非常丰富的高校图书馆，也很难独立覆盖平台上所有课程的学科领域。在 MOOC 面前，资源的共建共享是一项亟待完成的工作。美国著名的图书馆联盟 OhioLINK 已经做出了非常好的榜样，通过快速有效的馆际互借和文献传递，以及强有力的联盟式资源采购模式，在有限经费的制约下，实现大规模的、方便快捷的资源共享[9]。MOOC 在建立平台建设联盟和课程建设联盟的同时，也需要建立资源建设联盟，资源的共建共享应该成为 MOOC 联盟重要的工作内容之一。

6) 资源建设内容

面向 MOOC 的电子教参服务所能提供的教参资源，除了学校购置的商业数据库、收集的 OA 和免费资源之外，还可以对 MOOC 平台中生成的原生数据，例如试题试卷、学习笔记、思维导图、研讨记录、答疑记录、高质作业等信息进行收割、组织和加工，使之规范化、有序化，然后再加入到教参资源数据库中，使其可被揭示和使用，形成原创资源持续的动态积累。

3.2 面向 MOOC 的电子教参服务发展策略

根据目前高校电子教参服务的现状、MOOC 自身特点以及新环境下对服务的功能需求，可采取以下发展策略。

1) 全方位无缝嵌入 MOOC 环境，组建泛在学习环境

MOOC 的大规模、开放性和网络化等特点充分表明其泛在学习的特征，高校图书馆应利用个人智能移动终端、APP 应用和 SoLoMo 等新一代互联网技术在泛在知识环境中为用户提供互操作性较强的、内容丰富类型多样的、可与 MOOC 平台无缝对接的、资源随手可得的电子教参服务，充分体现智慧图书馆的互联互通和无所不在，让用户在 MOOC 环境下学习的时候，可随时随地的享受图书馆提供的电子教参服务。

2) 全面收集学习资源，建立完善的教参资源体系

在现有馆藏资源的基础上，根据用户实际需求和课程特点，全面收集互联网资源等多类型学习资源，自动收割并存储 MOOC 平台上在课程教与学过程中生成的原生信息，例如试题试卷、学习笔记、研讨记录等。同时也不能忽视规避知识产权风险，应持续开展版权清理工作。

3）构建多维度电子教参资源组织体系，提高资源发现效率

电子教参资源类型的多样化要求建立科学、合理的信息组织体系，首先要确定资源组织的架构思路，莫振轩[10]认为需要强化不同类型资源的知识关联，以“知识点”为核心，对资源重新进行“碎片化”拆分和“关联性”整合，但是如果再加入学科、讲课者、课程提供机构、个性化标签等多维度揭示渠道，则更有助于资源的发现和使用；其次应根据不同类型、不同学科的资源特点，制定相应的元数据标准和规范，以便保存、管理和共享教参资源；最后应开发新的基于语义扩展、云储存和机构知识库的教参资源平台，这是未来图书馆在为海量教参资源构建能够实现知识关联的多维度组织和高效揭示体系的有力工具，也有为以后开展教参资源的开放获取（open access）留下方便之门。

4）加强各级协同，建立 MOOC 教参服务联盟

MOOC 目前尚处于起步摸索阶段，图书馆要想参与其中并起到有效作用还面临着很多困难，所以加强各级单位的协同合作很有必要。首先整合学科服务、系统技术、采访编目等馆内业务部门的资源，发挥各自强项，可以建立专门的 MOOC 教参工作组，为提供优质服务而共同努力；其次加强与校内各院系，以及教务处、网络中心等行政、教辅机构的沟通与合作，争取学校支持，确保顺利开展服务；单个图书馆无力独自应付高度开放和泛在化的 MOOC 环境，积极开展馆际协作，将不同图书馆的资源整合在一起，建立区域、全国乃至世界范围的多层次 MOOC 教参服务联盟势在必行；最后也要重视和 edX、Coursera 等 MOOC 平台的合作。

3.3 面向 MOOC 的电子教参服务系统流程

目前多数高校推出的教学参考服务所能提供的资源类型主要以图书为主，相对单一，未考虑诸如网络课件、音视频多媒体资料等多种教参类型，而且与学校课程也不能实现很好地融合。上海交通大学自 2012 年全面开展的融入教学环境的电子教参服务可以提供多类型教参资源，一定程度上突破原有教学参考资源类型单一不足的限制[11]，但是针对的依然是传统的课堂教学模式，未考虑 MOOC 这一新教育模式的特点。

为契合 MOOC 特点，提高服务响应速度，新电子教参系统的运行流程（见图 1），通过图书馆、网络中心、教务处等校内多部门共同协作，实现数据信息的自动交互和动态融合：有效获取 MOOC 平台课程管理系统中的教参信息，快速响应师生添加的相关教参资源，实时、主动地将与各门课程匹配的电子教参资源融入 MOOC 课程平台，令学生和教师能够自动获取到电子教参全文内容[12]；并且重视 MOOC 中生成的原生学习信息资料，首先对其进行自动收割，然后经过清洗、描述和组织等加工步骤，再加入到教参资源数据库，使之成为有序化、规范化、可被揭示的学习资源，供教学使用。

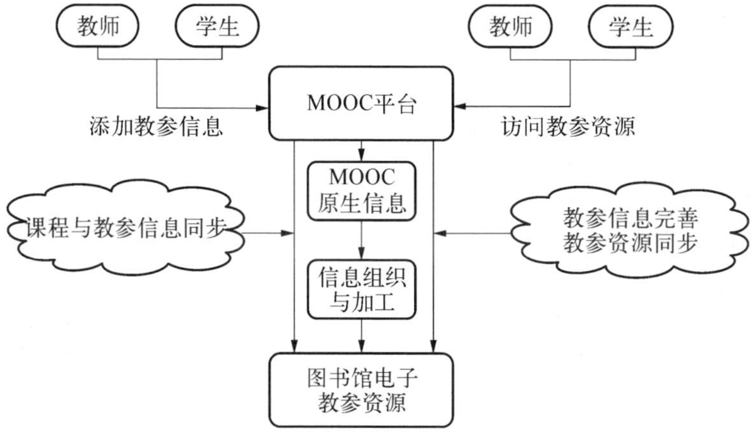

图 1 面向 MOOC 的电子教参服务系统运行流程

4 结语

MOOC 是一种全新的、颠覆性的教育模式，在许多方面都与传统的课堂教育大相径庭，仍然需要电子教参服务的文献资源支撑，而且从 MOOC 完全网络化这一角度来说，对于电子教参资源和服务的需求反而更加强烈。相比传统课堂教学，MOOC 要求教参资源的受众更宽广，内容更丰富，类型更多样，利用更高效。MOOC 实现了大规模并且个性化、自由化的学习方式，使更多的人享受到优质教育资源成为可能。那么面向 MOOC 的电子教参服务就应该根据 MOOC 的特点来设计多元化的服务模式，切合 MOOC 的特点和用户的需求。

参考文献

[1] 马瑛. 试论我国高校图书馆的电子教学参考系统建设[J]. 农业图书情报学刊，2010(1)：20－24.

[2] 朱宁. 高校图书馆电子教参服务新进展——一站式联合协作的教参服务体系 ARES 的应用[J]. 图书情报工作，2013(23)：5－9.

[3] 李晓明. MOOC(慕课)——是橱窗？还是店堂？[OL]. http：//www.ccf.org.cn/abcdy/cncc/2013/%E6%9D%8E%E6%99%93%E6%98%8E.pdf.

[4] 张男星，饶燕婷. "慕课"(MOOC)带给中国大学的挑战与机遇——访上海交通大学校长张杰[J]. 大学(学术版)，2014(01)：4－15.

[5] Creed-Dikeogu Gloria，Clark Carolyn. Are you MOOC-ing yet? a review for academic libraries [C]. Kansas Library Association College and University Libraries Section Proceedings：Vol. 3. http：//dx.doi.org/10.4148/culs.v1i0.1830.

[6] Laura Pappano. The Year of the MOOC[N]. The New York Times. 2012. 11. 4：26.

[7] 陈肖庚,王顶明. MOOC的发展历程与主要特征分析[J]. 现代教育技术,2013(11): 5-10.
[8] 余胜泉. 学习资源建设发展大趋势(上)[J]. 中国教育信息化,2014(01): 3-7.
[9] 李国庆. 世界图书馆联盟的典范: OhioLINK信息资源共享模式研究[J]. 图书情报工作,2004(07): 13-16+89.
[10] 莫振轩. 基于SWOT分析的我国高校图书馆MOOCs服务发展策略研究[J]. 图书馆学研究,2014(24): 51-57.
[11] 王昕,施晓华. 融入教学的多类型电子教参资源建设研究[J]. 图书馆学研究,2013(19): 39-44.
[12] 王昕,余晓蔚,潘卫. 融入教学的电子教参资源建设实践研究[J]. 图书馆杂志,2014(2): 46-50.

高校图书馆新生入馆信息素养平台的思考与建设

——以上海交通大学图书馆“2014 年新生专栏平台”为例

钱　吟　孙　翌　曲建峰

摘　要　利用信息和网络技术构建新生入馆信息素养平台已经成为高校进行新生入馆信息素养教育的主流渠道和重要手段。顺应网络时代的发展的需要，受到读者阅读习惯与行为的改变的影响，新生入馆信息素养平台的建设也发生了较大的改变，结合上海交通大学图书馆“2014 年新生专栏平台”的建设实践，利用 HTML5 和 CSS3 等技术，提出构建高校图书馆新生入馆信息素养平台的新思路。

关键词　网络　高校图书馆　新生入馆信息素养　平台建设

高校图书馆是高校的文献信息中心，是为教学和科研服务的学术性机构，认识和使用图书馆是新生进入大学校园的第一门课程，也是图书馆对读者信息素养教育的一个重要环节，将对读者在今后的学习和生活产生深远的影响，这也是为何高校对新生入馆教育如此重视的原因。

在新生入馆信息素养教育发展的初始阶段，集中讲解和实地参观等传统模式发挥了普及图书馆知识、服务和资源的重要作用，但是随着高校发展规模的迅速扩大和信息的海量增长，这种传统模式的弊端也日益凸显。于是利用信息和网络技术来构建新生入馆信息素养平台已经成为高校进行新生入馆信息素养教育的主流渠道和重要手段。新生入馆信息素养平台是指高校图书馆在其网站上构建的专供新生读者这一特殊群体“一站式”了解和认识图书馆的网络集中展示区域，是新生读者快速掌握图书馆知识与技能的便捷、绿色通道，受到越来越多图书馆的重视[1]。

现有新生入馆素养教育平台存在着诸如表现手法陈旧、内容平淡乏味、结构烦琐不合理等一系列问题，给读者认识和利用图书馆带来了一定的困难，甚至会影响读者对图书馆的喜爱程度。本文结合了互联网技术和网站建设趋势提出了构建高校图书馆新生入馆信息素养平台的新思考，并以上海交通大学图书馆新生专栏为例阐述了如何实现一个表现形式丰富生动，内容简洁实用，兼具交互性和易用性的新生入馆信息素养平台。

1 新生入馆信息素养平台现状及存在的问题

1.1 国外高校图书馆新生入馆信息素养平台现状

国外高校图书馆一般不太会在网站上开设专门的新生入馆信息素养专栏，原因可能与国外在中学时期就开始普及图书馆的使用知识有关，但是大多数的高校图书馆都会设置与图书馆培训相关的栏目。

布朗大学图书馆针对找书、找文章、馆际互借、资源评估，如何咨询图书馆员，获得学科馆员的帮助等主题拍摄的图书馆视频教程 (Library Video Tutorials)[2]，用叙述的手法，真人演绎如何获取图书馆的资源和服务。

田纳西大学图书馆的在线教程(Online Tutorials)[3]提供了图书馆的基础资源和服务，如何进行基础研究，了解什么是抄袭，如何利用图书馆的馆藏和数据库进行学习，图书馆网站的快速导航等内容的指导。牛津大学图书馆针对新读者开设的栏目"Getting started: information for new readers"[4]以第一人称的口吻提出了新读者最可能需要知道的一些问题，如：我应该怎样搜索馆藏目录？我如何获取电子资源？我如何使用图书馆的网络？我如何进行打印、复印和扫描？我如何找到我的学科导航？我应该怎样获取帮助？等等，结合视频和文字为新读者进行使用指导。

还有一些高校图书馆会为不同身份的读者开设一个专门的服务板块，例如哥伦比亚大学图书馆的本科生服务(Services for Undergraduates)[5]，刚进入大学的本科生能够得到馆藏，课程阅读，图书馆空间，图书馆的工具和 APP 等方面的帮助。

1.2 国内高校图书馆新生入馆信息素养平台现状

近几年国内很多高校图书馆都相继推出了独立于主页的新生入馆信息素养平台，类似于"新生专栏"或者"新生导航"、"新生通道"等相同性质的平台，其主要作用是为了能够让读者自主方便、随时随地获取和了解图书馆所提供的信息和服务。

清华大学图书馆的"新生专栏"[6]提供了中英文两个版本，采用了 Win8 风格进行搭建，以鲜明的色块填充读者最关心的几个问题，十分简洁、清晰。

武汉大学图书馆的"新生专栏"[7]以图标菜单的方式为新生介绍了图书馆的资源和服务。

厦门大学图书馆图书馆以"图书馆 · 遇见"为主题开设的"新生专页"[8]分为：小图欢迎你、网上课堂、读者手册、通识测试四大板块，其中网上课堂和读者手册涵盖了大部分图书馆的相关资源和服务介绍。

此外还有很多图书馆采用的是比较传统的静态网页的方式来搭建新生信息素养

平台。

这种基于网络的新生入馆信息素养教育方式，大多采用了丰富的表现形式：静态网页、电子书、网络课程（PPT，PDF，Flash）、视频、漫画、游戏、自测题等。

1.3 当前新生入馆信息素养平台存在的问题

通过对各大高校图书馆新生入馆信息素养平台的调查研究，发现目前新生入馆信息素养平台存在的问题主要下列几个。

1）栏目结构庞大，层次较多

传统的新生入馆信息素养平台为了能够向新生提供尽量全面详细的图书馆的信息和服务，对菜单的设置过多、过广，一个栏目下众多二级目录，三级目录，信息隐藏过深，读者可能需要点击多次才能进入目标栏目，造成了信息的隐蔽和使用上的不便捷，使读者无法快速找到自己需要的信息。如图1所示，假设黑框部分是读者真正需要的信息，读者却需要在首页进行三次或三次以上的点击才能获取。

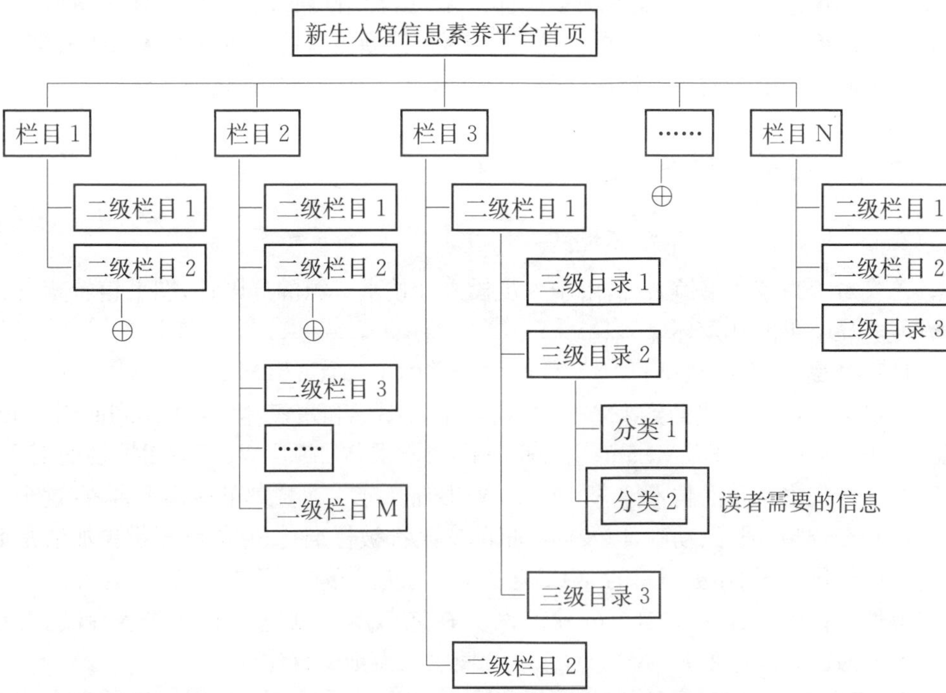

图1 传统新生入馆信息素养平台目录结构

2）表现形式陈旧，不够新颖

除少数高校图书馆推陈出新以更加新颖，更加吸引年轻读者的方式来建设新生入馆信息素养平台外，大多数的图书馆还是多以静态网页的形式展现，基本以大片文字内容为主，很难适应富媒体时代的发展，虽然在展现形式上也呈现出多元化的趋势,配合 Flash、PPT、视频等展现形式,但总的来说不够新颖有趣,无法吸引现代年轻读者的注意力,激发其接受图书馆信息和服务的兴趣。

3) 网站内容烦琐,更新困难

由于系统平台分支的众多,由几十甚至上百个网页共同组成,有的网页之间存在着一定的联系,在更新维护的过程中经常会出现内容更新不同步、错误链接、无效链接等情况。

4) 多终端不兼容,无法移动

传统的信息素养平台服务通过桌面 PC 机来实现,然而除了利用 PC 桌面端来浏览平台网页,为了能够使读者在使用其他终端媒介时也能正常访问系统平台,可能还需要配合手机、PAD 等终端的特性来定制其专门的浏览页面,以满足移动时代随时随地获取信息的需求。

由于平台存在的不足导致图书馆的资源和服务无法充分、便捷和正确地传达给新生读者,不利于图书馆自身的发展,也不利于高校学习和科研工作的开展。可见利用现代化的信息技术、网络技术和多媒体技术,结合用户心理,采用多样化的形式和创新灵活的内容来构建新生入馆信息素养平台,使新读者能够更好地认识图书馆,合理高效地利用图书馆的各项资源与服务是一项非常有意义且迫切的工作。

2 系统平台总体思路模式

2.1 简单便捷的开发环境

首先对于高校图书馆来说,由于人员投入和技术资源的局限性,图书馆希望有一个方便容易上手的开发环境。

HTML5 是 W3C 和 WHATWG 合作开发的下一代 HTML[9],互联网目前正在全面迎接 HTML5 时代的到来,它的亮点在于富图形和富媒体内容(graphically rich and media rich)[10]。HTML5 的出现是时代的要求,顺应了 WEB 应用发展的需要,为网页设计带来了新的技术理念。它将 WEB 带入了一个成熟的应用平台,在这个平台上,视频、音频、图像、动画,以及同人机的交互都被标准化;它能够提供更加清楚明了的页面结构,能创建更简单的 WEB 程序,书写更简单的 HTML 代码;此外它良好的兼容性不仅仅能让 HTML5 创建的网页在老版本的浏览器上正常运行,也能让 HTML4 创建的网页在 HTML5 时代继续使用无需推倒重建。

与 HTML5 一起发展的规范还有 CSS3。CSS(层叠样式表)的出现是为了能让网页内容与视觉呈现分离开来,一方面能够使页面的维护工作更加容易,不会因为内容或视觉效果改变影响到另一方。另一方面,CSS 也可以增加页面在不同媒体的显示效果,一份页面可以根据用途或媒介的不同,例如宽屏显示、手机显示、平板电脑显示、打印等自动切换不同的 CSS 语法,使网线的呈现实现最佳化。

HTML5 的应用是基于网页的,它不需要安装,无需占用本地空间,随时随地都能进行访问，开发人员只要对 HTML 语言有所熟悉就能非常快地上手，相对于开发专门的应用软件、Flash 或者 APP 来说，使用 HTML5 和 CSS3 来开发系统平台对高校图书馆来说无疑是一个非常好的选择。

2.2 丰富和生动的实现效果

高校图书馆希望能够摆脱以往给人沉闷刻板的印象，更好地融入读者的学习和生活中去，让读者能够喜欢图书馆，更多地参与到图书馆的各项活动和服务中去。这也是近几年图书馆不断推出形式新颖的阅读账单、毕业季活动平台、图书馆微电影等的主要原因之一。针对目前新生读者主要通过上网来获取图书馆信息和服务这个通用需求来说，网页需要有更加新颖的表现方式和更加生动的实现效果。

页面应该清楚与直观，文字精练，摒弃以往大篇幅文字描述的做法，可以利用图像、动画、Flash、视频等多种方式进行表达；平台的配色应更符合年轻读者的审美需求，大胆使用区分度高的对比色；合理使用页面的多种效果，例如图片的轮转，页面切换的过渡效果，位置跳转等，使得页面表现更加新潮更有吸引力。

2.3 良好的跨平台性

系统平台如果能在不同终端的不同浏览器上有同样的显示效果，对读者来说是一种相当好的使用体验，对技术人员来说也不必再花费大量时间在调试浏览器兼容的问题上。这就要求开发的系统平台应该具有良好的跨平台性。

采用 HTML5 进行平台的开发的另一大优势在于它可以跨越不同的系统平台，不仅仅是在桌面端浏览器之间，同时可以在 iOS，Android，Blackberry，Windows Phone 等手机系统上访问，节约了开发的成本。

从 2014 年最新的数据调查统计[11]来看，随着近几年 HTML5 的迅猛发展，各大浏览器公司的浏览器都处在不断推陈出新的过程中，从图 2 和图 3 可以看出 PC 桌面端和移动端的各大主流浏览器对 HTML5 的支持呈现出连年上升的趋势。即使是支

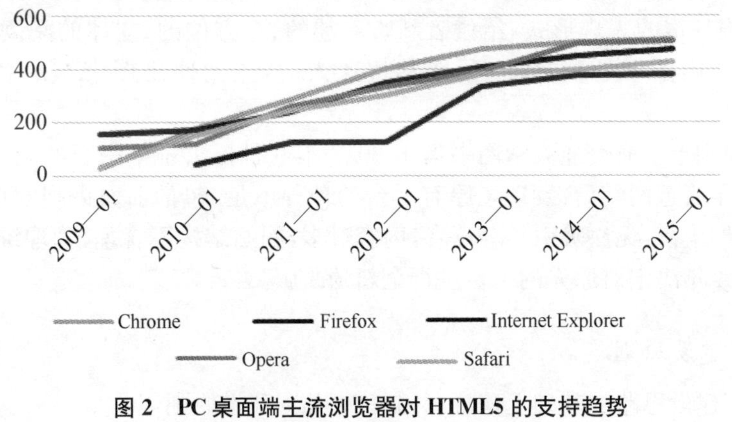

图 2 PC 桌面端主流浏览器对 HTML5 的支持趋势

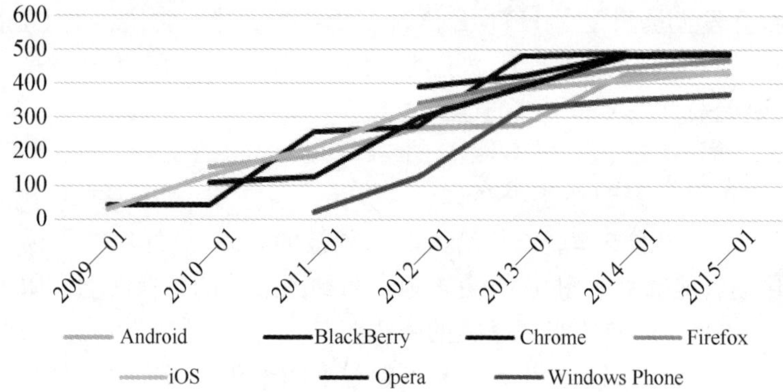

图 3 移动端主流浏览器对 HTML5 的支持趋势

持相对较差的 IE 浏览器也有望在新一代的版本中有所改进和突破。可以看出各大主流浏览器在近几年对 html 的支持都呈现出大幅度支持的趋势，这也是我们使用 HTML5 的原因之一。

2.4 合理的系统层级结构

系统平台应该要有明晰的结构和清晰的导航，目的是帮助读者快速从网站的众多内容中找到想要的信息，也能够让搜索引擎快速理解网站每个页面所处的层次。导航的设计上特别是要避免内容放置在非常深的层级，使读者需要进行多次点击才能够到达，根据网站内容的多少设计合理的网站层级结构，也会更有利于对整个系统进行调整和管理。

3 "2014 年新生专栏"平台设计与实践

早在 2011 年上海交通大学图书馆就推出了"新生专栏"的设计思路[12]：契合 90 后新生的特点，以新生读者为核心来编排网站内容，通过令人耳目一新的内容组织与不拘一格的表现形式，给读者新奇有趣的、全方位的、立体的阅读体验，激发新生读者使用图书馆的兴趣，帮助其快速入门，主动使用图书馆的各项资源和服务。

在此原则上上海交通大学图书馆于 2012 年 9 月推出了第一版的"新生专栏"平台，在使用了将近两年后，发现了原有平台的种种不足，包括前面提到的形式不够新潮，表现不够丰富，无法吸引年轻读者，内容过多，网站结构不合理，管理维护不便等，于是在 2014 年决定对原先的平台进行全新的改版。

3.1 建设原则

在原有建设思路的基础上，我们又制订了几项建设原则：

1）网站栏目结构清晰明了

很多时候，读者都是通过点击次数来评价一个网站是否好用，读者应该点击多少次才能达到目标位置？凭直觉来说，一般认为是越少越好的，虽然这样的做法能够保证读者只通过少量的点击就能实现他们所需的功能或内容的获取，但是事实却是过浅的层级结构会迫使读者在每一层级都要从大量的可行操作中选择自己想要执行的操作。这就需要在层级的深度和广度上做出平衡，为此在"2014 年新生专栏"平台的设计上，不再使用传统平台一级栏目、二级栏目、三级栏目……的形式，而是将网站主体划分为两大主要板块：① 新生最关心的九大问题；② 快速访问通道。

2）网站内容表达简洁易懂

虽然听上去有些奇怪，但是事实确实是越来越多的人在访问网站的时候都在尽可能地避免阅读文字，他们更倾向于接受更容易理解的表达方式。于是希望在网站内容的表达上能够做到：

（1）使用可粗略浏览的文字，目的在于阐明主旨，提取关键信息。

（2）不要啰唆，只显示对用户有用的语句。

（3）语句表述清晰，不使有歧义的语句。

（4）使用图形化的表达，力求做到一目了然。

因此在组织平台内容的时候舍弃了大篇幅的文字介绍，网站上出现的文字尽量精简清晰。新生最关心的九大问题用简明扼要的语言，借助图片、图形、图标、数字、流程图等表现方式将需要传达的信息表达清楚，并用不同的色块来区分这九个问题。一方面抓住重点节省读者的信息获取时间，另一方面活泼生动的表现形式也给读者带来了全新的访问体验。

3）扁平化设计展示

除了对内容进行组织编排之外，为网站内容选择合适的展示方式也很重要。近几年来，网页的设计展示方式也开始从拟物化设计向扁平化设计过渡。对拟物化设计的简单理解就是模拟现实物品的质感和造型，通过各种叠加高光、纹理、材质、阴影等效果对实物进行模拟[13]。所谓扁平化设计，就是在进行设计的过程中，去除所有具有三维突出效果的风格和属性。它是一种极简主义美学，简化了诸如按钮、图标一类的界面元素[14]。扁平化设计典范包括 Microsoft 的 Windows 8 和 Windows Phone 的界面设计，Apple 自 iOS7 开始也对应用图标的设计采用了扁平化设计。我们在新版的"新生专栏"的展示方式上也采用了这种高效和整洁的设计方式，理念在于能够更加简单和直接地将信息和事物展示出来，减少读者认知障碍的产生，使平台的展示更简约，条理清晰，还有很重要的一点是有更好的适应性，在各种尺寸的屏幕上这种设计都会很好看。

4）网站系统便于管理维护

在此之前，旧版的"新生专栏"共有 25 个页面，还有针对触摸大屏定制的 25 个页面,共计 50 个页面,有一个主页面和若干个套用相同模板的子页面组成,不仅显示方式单调乏味,而且在维护管理和内容更新时容易出现错误。于是新版的新生专栏平台采取了目前流行的单网页的形式搭建,配合顶部菜单导航和侧边导航栏将网站的主要内容呈现在单个的 HTML 文件中,读者通过导航进行内容的滚动和选择跳转。单网页显示不仅便于网站的维护管理,精简了网站的目录结构,而且更能引起读者的兴趣,带来新鲜感。

5) 网站兼容多终端浏览

前面提到了这也正是 HTML5 和 CSS3 的特性之一,我们无需再为触摸大屏、手机或是 iPad 专门去定制显示页面,从而实现了跨媒介、跨平台的相同显示。

3.2 建设实践

3.2.1 系统平台整体设计

一旦设计方案开始付诸实施,再做出设计上的变更的代价是很高的,即使是小小结构上的变化也会产生很大的影响,为此进行的第一步便是对系统整体架构和运行流程进行设计,勾画出网站整体结构和流程的草图。

由图 4 系统平台整体结构和流程草图可以看到将网站整体设计为三个部分:首页、子页和页脚。采用单网页的形式来进行搭建。

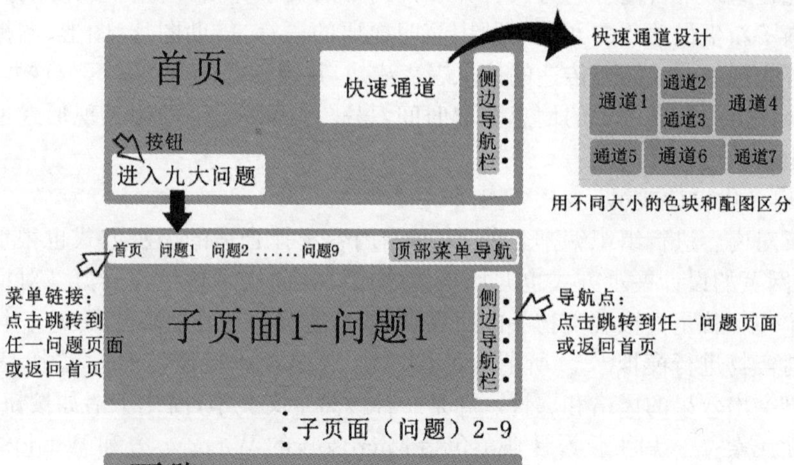

图 4 系统平台整体结构和流程草图

首页一方面起到了封面的作用,体现了本校和本馆的元素和特色,另一方面起了导航的作用,使得用户可以自主选择进入九大问题或者快速访问通道。若直接从按钮处进入九大问题则将进入第一个问题页面,若从侧边导航栏则可以跳转到任一问题页面或是选择返回首页。快速通道将采取类似于 Windows 8 的设计风格,用不同大小的色块和配图进行区分展示,每个通道链接到一个主题内容,读者可以一目了然地选择查看。

子页面共有 9 个,分别阐述了九大新生最关注的问题,9 个页面将采用不同的主色调进行区分和展示,读者可以通过子页面的顶部菜单导航或是侧边导航栏选择跳转到任一自己感兴趣的问题页面或者返回首页。

页脚是每个网站都必备的,一般都是放置联系方式、版权信息等内容。

3.2.2 系统栏目结构

在确定了系统的整理架构和运行流程后,系统的栏目结构也就十分清晰简单了,主要分为两大部分,如图 5 所示。

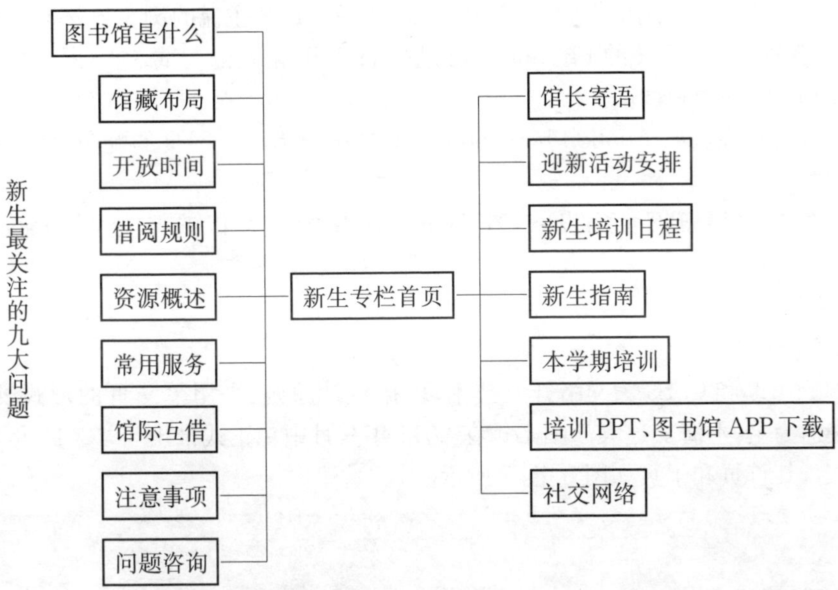

图 5 上海交通大学图书馆"2014 年新生专栏"平台栏目结构体系

从栏目结构可以看到"2014 年新生专栏"平台的栏目分为两个主要部分:

(1) 新生最关心的九大问题: 馆员和读者一起花了大量的时间总结出了新生最关心的九大问题,避免冗余信息的分布出现,包括: ① 图书馆是什么——为什么要好好利用图书馆;② 馆藏布局——不同类型的书要到哪里去借;③ 开放时间——什么时候可以去图书馆;④ 借阅规则——借阅、借书权限、图书预约;⑤ 资源概览——图书馆有哪些资源;⑥ 常用服务——小组学习室、电子教参、其他服务;⑦ 馆际互借——图书馆没有馆藏的书怎么办;⑧ 注意事项——使用图书馆请注意;⑨ 问题咨询——遇到问题,我应该怎么办。

(2) 快速访问通道: 为有进一步了解图书馆资源和服务需求的新生提供更细致和深层次的信息服务,包括: 馆长寄语,迎新活动安排,新生培训日程,新生指南,本学期培训讲座,新生培训 PPT,图书馆 APP 下载,社交网络等。

不同于以往网站的多层级结构和需要多次点击，更利于新生读者快速找到自己需要的信息服务，在感兴趣的服务页面可以进一步查看详细信息。

3.2.3 开发环境

要进行网站的开发我们的基本需求是：网页文本编辑器，浏览器，图片编辑软件，Web 服务器等。

这里我们用的文本编辑器是 Adobe Dreamweaver，这是一款所见即所得的网页编辑器，上手非常容易，用它可以进行 HTML5，CSS3，JavaScript 代码的编写。

建议可以多安装几种浏览器，包括主流的 Google Chrome，Internet Explorer，Firefox，Opera 等，便于测试不同浏览器的显示效果。每个主流的浏览器都有一些内置的工具，比如说 Firefox 的 Firebug 能够进行 HTML 语言的调试，CSS 元素的检查和 JavaScript 的查看和调试。

图片编辑软件例如 Adobe Photoshop 的主要作用是用于网页的配色、图片的制作和裁切等。

Web 服务器用于网页的发布，在 Windows 平台上可以选择安装 Apache 或是 IIS。

3.3 应用成效

以 HTML5 和 CSS3 为网络开发技术，依据设计原则，采用单网页的形式，以图形图像表达为主，上海交通大学图书馆在 2014 年 9 月中旬正式推出了“2014 年新生专栏”平台，其首页和子页如图 6、图 7 所示。

图 6 上海交通大学图书馆“2014 年新生专栏”平台首页

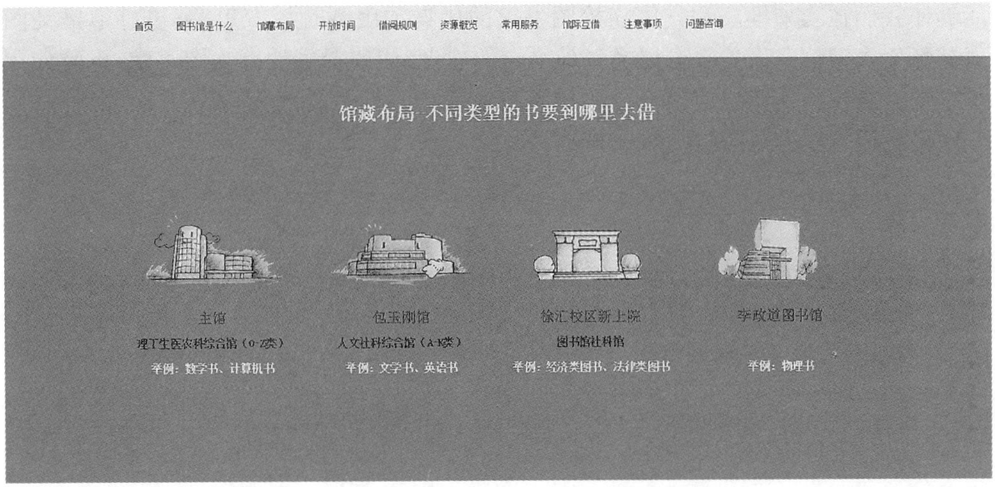

图 7　新生最关注的九大问题——馆藏布局

其生动的表现形式和全新的使用体验受到了师生的肯定和赞誉，大致反映的情况有：

(1) 展现形式新颖灵活，打破了以往网页的传统形式，采用单网页的形式，有新鲜感。

(2) 色彩光鲜整洁，符合 90 后新生的审美需求，让人眼前一亮。

(3) 网站可读性高，运行流畅，兼具美感与实用性。

(4) 设身处地地从新生读者的编排和组织内容，有重点，语言活泼，简洁易懂。

在整个 9 月迎新月，平台共计被访问 1 884 人次，同比 2013 年迎新月的 1 042 人次有了大幅增长。

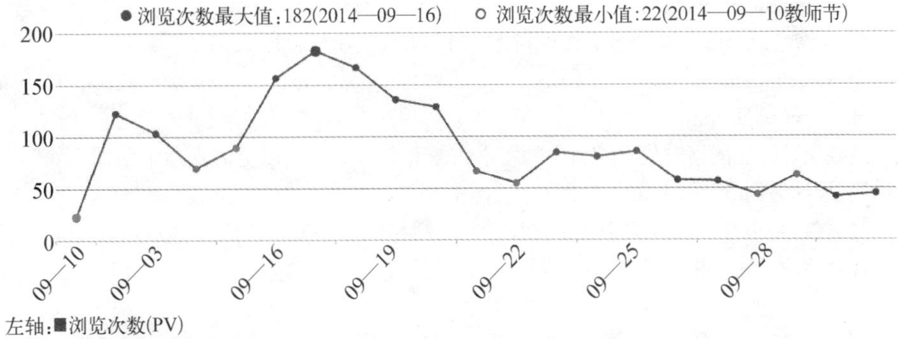

图 8　上海交通大学图书馆 2014 年迎新月"新生专栏"平台访问情况

4　结语

新一代的网络技术仍处在不断成长和完善中，它带给我们一些新的启示和思考，能够使我们在未来推广和宣传高校图书馆的信息和服务时拓宽思路，更好地推动图书馆新生入馆信息素养平台以及其他平台的建设，使读者更加喜欢图书馆，更爱使用图书馆。高校图书馆也应该充分利用自身的人力、技术、信息资源等方面的优势，紧跟网络应用发展，抓住机遇，接受挑战。

参考文献

[1] 王宝英.高校图书馆网站"新生入馆教育平台"构建情况分析——以26所"211工程"院校图书馆为例[J].图书馆学研究 2013，06：44-47+52.

[2] 布朗大学图书馆视频教程[EB/OL].[2015-8]. http：//library. brown. edu/tutorials/index. php.

[3] 田纳西大学图书馆使用指导[EB/OL].[2015-8]. http：//www. utc. edu/library/services/instruction/.

[4] 牛津大学图书馆"Getting started：information for new readers"[EB/OL].[2015-8]. http：//www. bodleian. ox. ac. uk/bodley/using-this-library/introduction.

[5] 哥伦比亚大学图书馆本科生服务[EB/OL].[2014-8]. http：//library. columbia. edu/services/undergraduates. html.

[6] 清华大学图书馆新生专栏[EB/OL]. [2015-8]. http：//lib. tsinghua. edu. cn/tutorial/newstudents/.

[7] 武汉大学图书馆新生专栏[EB/OL]. [2015-8]. http：//www. lib. whu. edu. cn/freshman/index. asp.

[8] 厦门大学图书馆新生专栏[EB/OL]. [2015-8]. http：//library. xmu. edu. cn/freshman/index. html.

[9] W3C HTML5 Introduction [EB/OL]. [2014-12]. http：//www. w3. org/TR/html5/introduction. html.

[10] 陆凌牛. HTML. 5与CSS. 3权威指南 [M].机械工业出版社. 2011.

[11] W3C HTML5 Introduction [EB/OL]. [2014-12]. http：//www. w3. org/TR/html5/introduction. html.

[12] 兰晓媛，潘卫.网络时代大学新生的图书馆教育新探索——以上海交通大学图书馆"新生专栏"设计为例[J].图书馆杂志 2013，06：54-57.

[13] 陶薇薇，张小玲. UI界面中扁平化设计的原则与技巧 [J].科技传播 2014，13：176+155.

[14] 林鸰，陈歌.扁平化风格在GUI设计中的应用浅析[J].设计 2014，09：105-107.

基于社会网络的高校微博用户结构分析
——以上海交通大学为例

陈 琛 邢卓媛

摘 要 随着微博等社交网络的兴起，越来越多的高校图书馆采取这一新媒体方式进行宣传。本文基于社会网络的分析方法，以上海交通大学图书馆官方微博为例，通过用户转发、评论、点赞行为，建立关系准则，利用 Pajek 软件，生成社会网络关系图。并从社会网络关系中结点的度、传播路径与密度以及中间中心性等方面，对该校图书馆微博用户的关系结构进行分析。发现其微博具有中心高影响力用户突出，网络整体紧密度较低的特征。

关键词 图书馆 微博 社会网络分析

1 图书馆官方微博与社会网络分析方法

随着互联网技术的不断发展，尤其是 Web 2.0 技术的推进，社交网络日益显现其生命活力，成为人们日常交流的重要环节，也成为官方宣传的重要手段。无论国外的 Facebook、Twitter 还是国内的新浪微博、微信等，都已成为重要的新媒体媒介，在组织机构形象宣传与活动推广中发挥着不可替代的重要作用。新浪微博是一个由新浪网推出，提供微型博客服务类的社交网站，是一个基于用户关系的信息分享、传播以及获取平台，用户可以通过 Web、Wap 以及各种客户端组建个人社区，通过发表简短的文字信息，实现即时分享。高校图书馆也纷纷依托新浪微博这一新媒体平台，开通官方微博，进行官方宣传，开展新媒体时代的参考咨询服务。然而，部分高校图书馆官方微博在进行推广宣传的同时，也存在关注度不足，影响力有限的问题。

最初，社会网络关系图中的结点表示参与者的状况，边表示反映真实世界人与人之间的关系。之后，部分学者对结点与边缘进行进一步发展，认为在社交网络中结点应该是社会角色，而边缘则是直接连接结点的二元关系。社会网络代表各种社会关系，经由这些社会关系，把从偶然相识的泛泛之交到紧密结合的家庭关系的各种人们或组织串连起来。社会关系包括朋友关系、同学关系、生意伙伴关系、种族信仰关系等[1]。

微博用户，通过转发、评论等行为，构建了一个包含虚拟关系与现实关系的社会网络关系。上海交通大学图书馆于2011起开通官方微博服务，进行宣传推广。本文以上海交通大学图书馆官方微博为例，基于社会网络分析方法，通过分析图书馆官方微博的评论、转发等关系，了解官方微博的关注者的关系信息以及偏好情况，了解关系网络的结构，描绘出图书馆微博用户的关系图，以期能够更好地提供利用微博这一新媒体形式服务用户。

2 数据来源及分析方法

本文社会网络分析采用实证研究和统计分析的研究方法。实证研究即以上海交通大学图书馆微博为例，通过微博用户转发、评论、点赞行为，建立关系准则。统计分析方法则被用来反映关系，分析对象数量变化的规律和进行趋势分析。两种方法在本文中互相渗透，统计分析方法使用数据收集来源于实证研究，与此同时实证研究就试图解释或者统计分析获得的结果。

本文数据采集于2015年3月28日至2015年5月28日这两个月期间，上海交通大学图书馆官方微博(http://weibo.com/sjtulib)所发布的微博的用户评论、转发、赞的数据。该微博是上海交通大学图书馆进行宣传与推广参考咨询服务的重要平台。每条微博下产生评论、转发或赞的行为的用户视为一个小群体，两两之间具有联系。同时跟踪同一条微博被用户一次或多次转发后产生的用户评论、转发或赞的行为。转发用户与其引起的评论、转发或赞的用户之间也存在这种联系。以2015年5月28日17时37分的发布的微博为例，产生了如下多级用户转发、评论、赞的关系，如表1所示。

表1 数据采集样表

发帖时间	一级评论、转发、赞用户	二级评论、转发、赞用户	三级评论、转发、赞用户	四级评论、转发、赞用户
2015年5月28日17时37分	chiaotunguniv	5297113153		
		5330671763		
		heroine		
		3970333097		
		stiverj		
		52zhaojuan		
		sjtuers	lizhengdaolib	2499476044

以该样表为例，10 个结点（用户）间具有以下关系准则：① 上级用户与下级用户之间的关系，如一级用户与二级用户之间的关系，即 chiaotunguniv 与 5297113153、5330671763、heroine 等；二级用户与三级用户之间的关系，即 sjtuers 与 lizhengdaolib 之间的关系；三级用户与四级用户之间的关系，即 lizhengdaolib 与 2499476044 之间的关系，方向由下级用户指向上级用户；② 同级用户之间的关系，如二级用户之间的关系，即 5297113153、5330671763、heroine 等之间的两两关系，方向为相互指向。

主流可视化网络分析软件有 UCINET、Pajek 等，但 UCINET 不善于分析结点数目庞大的复杂网络，Pajek 适用于结点数较多的复杂网络。鉴于本例产生的结点数较多，经反复实践，最终选取 Pajek 作为可视化分析软件。Pajek 是用于进行大型复杂网络分析工具，是用于研究各种常见的非线性复杂网络的重要媒介。目前，Pajek 可运行于在 Windows 环境，可用于分析上千甚至数万个结点的复杂网络的可视化分析操作。Pajek 拥有良好的分析功能，可进行分析结点度的状况、中心性等分析。[2]

通过上文建立的结点关系准则，利用 Phython 软件，将原始数据整理成可视化软件 Pajek 可以识别的格式，利用 Pajek 软件进行分析，描绘生成社会网络图。

3 社会关系图

通过上文所述的关系准则，对原始数据进行加权处理，以处理后的用户数为结点集，如果 A 是 B 的下级用户，则 A 到 B 连接一条有向边，从而形成一个有向图。如果 A 和 B 之间为同级用户的相互关系，则形成一条双向边。最终得到一个共有 580 个结点，8 145 条边的复杂网络关系图，如图 1 所示。

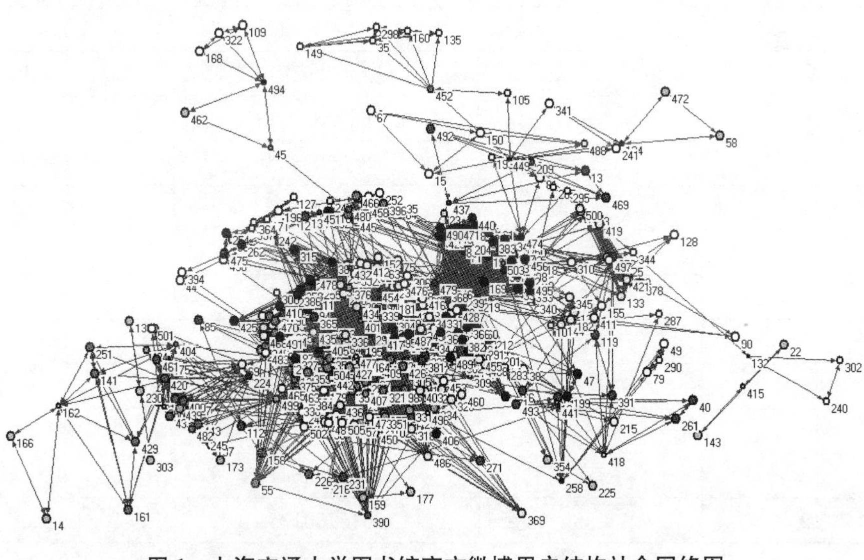

图 1　上海交通大学图书馆官方微博用户结构社会网络图

3.1 结点的度

一个结点的度是指连接该结点的边的数量。度是衡量一个复杂网络最简单也是最重要的依据之一。显然,在复杂网络中,某结点的度的值越大,就说明这个结点的重要性越高。

在有向图中,一个结点的度又可以分成出度和入度两种。结点的出度是指所有被该结点所指向的结点数量的总和,与此同时,入度的定义为某一结点所指向的结点数量的总和。而某一结点总的度是指该结点入度与出度的总和。[3]

将整理好的数据导入 Pajek 软件,通过路径 Net/Partitions/Degree,可选择生成该网络的入度、出度与总度。最终,生成上海交通大学图书馆官方微博用户关系入度、出度与总度排名前二十的表单,如表 2～表 4 所示。

表 2 总度排名表

排　序	Pajek 编号	用户微博代码	总　度
1	417	chiaotunguniv	357
2	238	3251359970	175
3	401	5559639958	160
4	311	5027335458	134
5	479	sjtuers	132
6	346	5292710279	130
7	368	5340998536	130
8	250	3325653042	116
9	278	3790386381	112
10	31	1686236041	110
11	239	3255303862	108
12	387	5425959190	100
13	339	5260724379	92
14	83	1987275801	91
15	131	2332394120	91
16	148	2499560575	91
17	169	2690400297	91
18	186	2784035641	91
19	188	2815180133	91
20	191	2836539215	91

总度数是在上海交通大学图书馆微博用户关系网络中，某用户与其他用户发生评论、转发和赞的关系同引发其他用户评论转关系的总和。因此，总度数值越大，其在该网络的总体影响力就高。

表 3　入度排名表

排　序	Pajek 编号	用户微博代码	入　度
1	238	3251359970	88
2	401	5559639958	80
3	311	5027335458	67
4	479	sjtuers	67
5	346	5292710279	66
6	368	5340998536	66
7	417	chiaotunguniv	59
8	250	3325653042	58
9	31	1686236041	56
10	278	3790386381	56
11	239	3255303862	55
12	387	5425959190	51
13	83	1987275801	46
14	131	2332394120	46
15	148	2499560575	46
16	169	2690400297	46
17	186	2784035641	46
18	188	2815180133	46
19	191	2836539215	46
20	203	2951774693	46

入度是指在上海交通大学图书馆微博用户关系网络中，某用户对其他用户发生评论、转发和赞的关系的总和。即上文提及下级用户对上级用户的关系，以及同级用户之间的单次关系。因此，入度值越大，表明该用户越活越，越容易与其他用户发生评论、转发和赞的关系。

表 4 出度排名表

排 序	Pajek 编号	用户微博代码	出 度
1	417	chiaotunguniv	298
2	238	3251359970	87
3	401	5559639958	80
4	311	5027335458	67
5	479	sjtuers	65
6	346	5292710279	64
7	368	5340998536	64
8	218	3056431917	59
9	250	3325653042	58
10	278	3790386381	56
11	31	1686236041	54
12	239	3255303862	53
13	387	5425959190	49
14	339	5260724379	46
15	83	1987275801	45
16	131	2332394120	45
17	148	2499560575	45
18	169	2690400297	45
19	186	2784035641	45
20	188	2815180133	45

出度是指在上海交通大学图书馆微博用户关系网络中，某用户引发其他用户评论转关系的总和。即上文提及上级用户对下级用户的关系，以及同级用户之间的单次关系。因此，出度值越大，表明该用户影响力越大，越容易引发其他用户发生评论、转发和赞的行为。

3.2 传播路径和网络密度

网络的路径中顶点 i 到顶点 j 之间所经过的边的数量。其中最短路径定义为：所有连通 (i,j) 的通路中，所经过的其他顶点最少的一条或几条路径。同时两个顶点 i,j 之间的距离 d_{ij} 定义为 i,j 之间最短路径上的边数[3]。

网络的直径是指在整个网络中，任意两个结点之间的最大距离的数值。网络的平均路径长度定义为网络中任意两个顶点之间路径距离的平均值。

Net > Parths Between 2 Vertices > Distribution of Distances > From All Vertices，执行之后，可以得出本文网络的平均路径长度和网络的直径，分别为 3.304 99和 9(从 1456622910 (14) 到 2624529825 (160))的距离。

密度指的是社会网络图中各个结点之间，连接每个结点关系的紧密程度，连接结点的边越多，值越大，则该网络图的密度就越大。经过分析得到，在本例中，图书馆官方微博用户关系的总密度为：0.024 212 2[4]。

表 5 路径和密度表

平均路径长度	直 径	总密度
3.304 99	9	0.024 212 2

以上指标可用于分析网络关系中，结点关系的密切程度。

3.3 中间中心度

如果一个结点处于很多连接结点的路径上，可以认为该结点居于重要的地位。该点具备控制其他点连通、交往的重要能力。因此，中间中心度通常测量的某个结点，对于整体网络资源的控制程度，若该点处于较多的其他结点的最短连通路径上，则说明该点的中间中心度值较高[5]。

表 6 中间中心性表

排 序	Pajek 编号	用户微博代码	中间中心性
1	417	chiaotunguniv	0.344473
2	238	3251359970	0.079917
3	224	3150737984	0.065893
4	31	1686236041	0.055383
5	311	5027335458	0.050755
6	454	lizhengdaolib	0.050557
7	479	sjtuers	0.049737
8	499	yukyzone	0.048844
9	401	5559639958	0.038526
10	474	sdaulib	0.03573
11	278	3790386381	0.029533
12	250	3325653042	0.025012

（续 表）

排　　序	Pajek 编号	用户微博代码	中间中心性
13	477	sjtubbs	0.021997
14	449	lihusheng	0.021206
15	305	3970333097	0.021191
16	496	xixi19900207	0.019139
17	296	3905285390	0.018697
18	339	5260724379	0.01736
19	395	5492185552	0.016943
20	432	gusjtu	0.016799

在本例的复杂网络中，总共 580 个结点中，共有 117 个结点中间中心度大于 0。其中，中间中心度排名前 20 的结点如表 6 所示，中间中心度社会网络关系如图 2 所示。可见，chiaotunguniv 中间中心度的数值最大，且显著高于其他点中间中心度值。

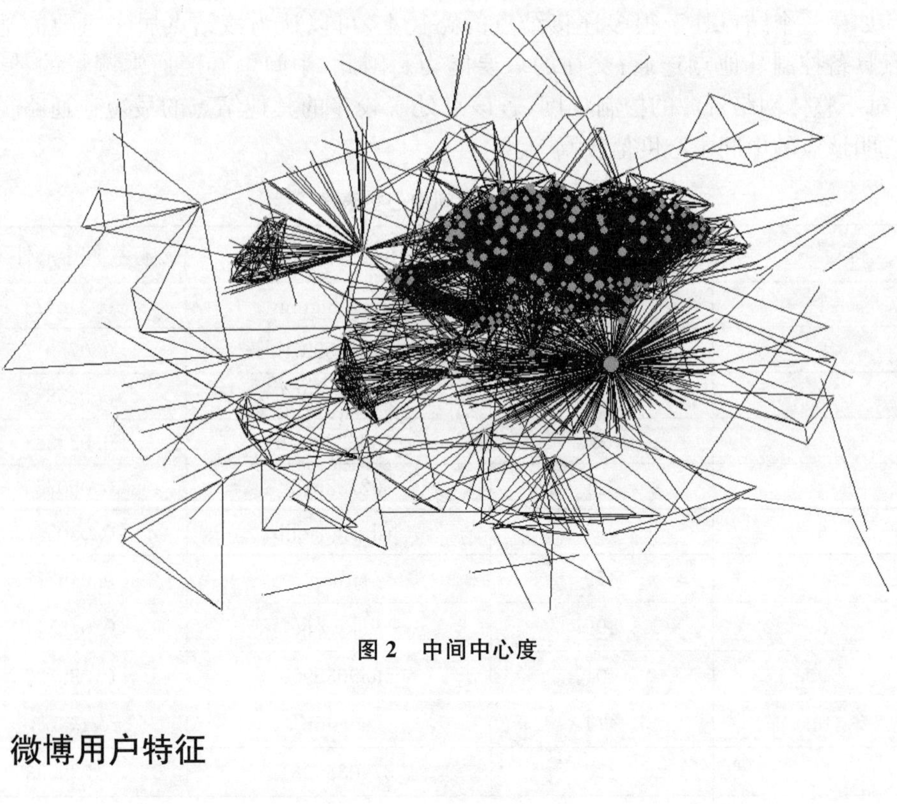

图 2　中间中心度

4　微博用户特征

通过对于上海交通大学图书馆官方微博用户的社会网络关系的生成，并从社会网络关系图的结点的度、传播路径指标、网络的密度以及中间中心性的简要分析，不难发现，上海交通大学图书馆官方微博用户具有下述显著特征。

4.1　中心高影响力用户突出

通过进行结点的度及点度中心性的分析，发现结点的总度与出度排名第一的用户均为 chiaotunguniv，且该用户的入度排名为 7/580，也具有很强的影响力。且以某用户引发其他用户评论转关系的总和的出度指标为例，因为该指标是最具有衡量用户影响力的指标。不难发现，该点的出度值为 298，位出度排名第二位的值的 3.4 倍，相当于排名第二位至排名第五位的点的出度值的总和，且占本社会网络中所有点的出度值的 7.12%。可见该用户点度中心性值突出显著，在本例的社会网络中具有绝对的中心高影响力。

同时，根据表 6 以及图 2，可见该用户中间中心度的数值最大，且显著高于其他点中间中心度值，为第二名的 4.31 倍，相当于第二名到第八名的总和，占本网中间中心度总值的 25.9%。中间中心度是衡量点对网络其他点的控制力的指标，越大则说明该点的控制力越强。可见，该点在整个网络中具有绝对的中心高控制力。

通过上述两个指标的分析很容易得出，在上海交通大学图书馆官方微博用户的社会网络中，用户 chiaotunguniv 处于绝对中心位置，具有绝对的高影响力和高控制力。因此可见，微博用户的社会网络的中心高影响力用户显著突出，具有左右影响其他用户的作用。值得一提的是，对该用户身份进行研究，发现该用户为上海交通大学官方微博，可见高校官方本身对于图书馆官方微博用户具有举足轻重的整体影响力。

4.2　网络整体紧密度较低

通过对于上海交通大学图书馆官方微博用户的社会网络的平均路径长度、网络直径和总密度进行分析。发现该网络的网络直径较长为 9，网络直径是衡量网络整体连通度的指标，值越大说明网络的通达性不足，存在着离散结点的情况。与此同时，本例中该网络的总密度为 0.024 212 2，也较低，密度越高说明网络整体的紧密性越强，密度低则说明结点之间的总体联系较为分散，说明用户与用户之间的联系不足，互动性有待提升。

5　结语

本文通过对于上海交通大学图书馆官方微博用户在官方微博近期的评论、转发、赞的行为，利用社会网络分析工具生成社会网络关系图，对该网络从度、传播路径和密度、中间中心性三个方面进行分析。发现上海交通大学图书馆官方微博用户社会网络具有中心高影响力用户突出，网络整体紧密度较低的特征。高影响力用户对于整个网络关系具有举足轻重的作用。图书馆官方微博应该充分发挥该用户作用，同时注重调动用户与用户间的互动联系。

参考文献

[1] 刘军.社会网络分析导论[M].北京：社会科学文献出版社，2004.

[2] Pajek 操作指南.[2015-07-25]http：//mrvar. fdv. uni-lj. si/pajek/.

[3] 沃瑟曼.社会网络分析方法与应用[M].北京：中国人民大学出版社，2012.

[4] 许伟.基于社会网络的学科服务微博圈研究[J].情报科学，2015，02：59-62.

[5] 姜鑫，田志伟.微博社区内信息传播的“小世界”现象及实证研究——以腾讯微博为例[J].情报科学，2012，08：1139-1142.

移动图书馆：发展述评及未来展望

周　衡　胡银霞

摘　要　本文采用文献调研和网络调研的方法，对国内外移动图书馆的发展历程和服务模式进行了梳理、归类和分析；同时结合互联网络技术和高等教育发展的最新趋势，对移动图书馆的未来发展提出设想，即移动图书馆将逐渐走向手段多样化、内容个性化、互动多向化。

关键词　移动图书馆　服务模式　发展趋势

随着移动互联网络技术的发展和移动设备的普及，移动图书馆由早期穿行于社区间的移动书车逐渐发展为利用现代移动终端设备获取信息的新型服务模式。移动图书馆的建设拓宽了传统图书馆的服务内容，契合读者阅读习惯和信息获取途径的不断变化，成为近年来图书馆着力建设的项目之一。美国图书馆协会（American Library Association, ALA）在《2013 年美国图书馆状况概述（2013 State of America's Libraries Report）》[1]中指出，移动环境已经成为研究型图书馆发展的十大特征之一，而移动设备则改变了提供和获取信息的方式；无独有偶，Gartner 的《2014 年十大战略性技术趋势》报告[2]将移动设备多元化与管理、移动客户端及应用置于十大趋势的前两位，可见实现和优化移动服务已经成为图书馆服务模式转型的重点发展趋势。

20 世纪 90 年代，现代意义的移动图书馆开始萌芽；进入 21 世纪，移动图书馆迅速发展，国内外高校图书馆纷纷进行移动图书馆的建设，在服务手段和内容上不断突破。相应地，关于移动图书馆的研究方兴未艾，但大部分集中在实践应用的总结[3]，对移动图书馆发展趋势的分析则鲜有结合技术和教育发展的大环境。本文通过文献和网络调研，分析和比对国内外移动图书馆的服务模式，同时结合互联网络和高等教育发展的最新趋势，尝试对移动图书馆的发展趋势进行新的诠释和解读。

1 国内外移动图书馆述评

1.1 国外移动图书馆发展概况

在国外，移动图书馆(mobile library)最初指的是移动书车，主要为居住在偏远乡村不方便前往图书馆的居民提供便利的图书借阅服务[4]。随着数字图书馆、互联网络技术和移动终端设备的不断发展，移动图书馆的内涵逐渐由实体的移动书车转变为读者通过无线网络随时随地获取图书馆信息和资源的服务模式。

早期对移动图书馆的研究集中在个人电脑(personal digital assistant, PDA)的使用上。早在1993年，美国南阿拉巴马大学(University of South Alabama Library)图书馆就推出了"没有屋顶的图书馆计划"(The Library without a Roof Project)，首次尝试用蜂窝通信网络将PDA接入联机公共检索目录(OPAC)、商业在线数据库(commercial online databases)和互联网[5]，开启了图书馆移动服务的先河。进入21世纪，日、韩及欧美等国相继推出移动图书馆服务：2000年，日本富山大学图书馆(Toyama University Library)开发了首个基于I-mode服务的手机书目查询系统[6]；2001年，芬兰的赫尔辛基理工大学图书馆(Helsinki University of Technology Library)利用Portalify公司开发的Liblet，为读者提供图书到期提醒、续借、预约通知、馆藏查询和参考咨询等短信服务[7]；同年，韩国西江大学与WISEngine公司共同推出了利用馆藏资源的手机检索平台[8]。经过十余年的发展，移动图书馆服务与新技术密切结合，服务模式日趋多样，服务内容不断丰富，在兼顾传统服务的同时拓展了许多特色项目。

在图书馆最佳实践网站Library Success：A Best Practices Wiki中汇集了众多图书馆服务案例，该网站下的M-Libraries列举了200余个提供移动服务的图书馆[9]。其服务方式以Mobile interfaces，即WAP网站服务为主，以SMS notification services(短信提醒服务)和mobile applications(客户端应用软件)为辅，同时结合二维码(QR)、增强现实(AR)等技术。就服务内容而言，大致可以分为信息、资源、特色服务三类：信息类服务包括图书馆基本信息(开关时间、联系方式、位置导引等)、读者账户、新闻通告、新书速递、移动参考咨询(ask a librarian)、视频导览等；资源类服务包括移动数据库(mobile databases)的使用、移动联机公共检索目录(mobile OPAC)以及特色移动馆藏资源，如Boston College在其移动图书馆网站上提供精选数字馆藏(Digital Collection Highlights)[10]；特色服务则是每个图书馆根据本馆特色及读者需求提供的服务。例如宾夕法尼亚大学图书馆(University of fPennsylvania Libraries)在目录检索之外，增加视频检索(Vedio Search)、图片检索(Image Search)、电子资源检索(E-Resource Search)，以及sfx应用(PennText Article Finder)，大大强化了资源服务，同时整合多个学习工具软件如文献管理软件RefWorks、在线教学管理系统Blackboard等，方便学生发现、利用和整理馆藏资源[11]；乔治城大学图书馆

(Georgetwon University Library)将学科导航(Research & CourseGuides)和小组学习室预约(Study Spaces)纳入移动服务,给读者的学习提供便利[12];迈阿密大学图书馆(Miami University Libraries)则充分利用社交网络(Twitter、Facebook、Instagram、Pinterest)与读者分享图书馆的动态和特色馆藏[13];德国巴伐利亚国家图书馆(Bayerische Staatsbibliothek)则利用增强现实技术(augmented reality)来展示路德维希二世的传奇人生,从而激发用户的兴趣[14]。

总体来说,外国图书馆的移动服务内容丰富(信息、资源、软件),形式多样(文本、视频),并且注重与读者的互动(社交网络)[15]。与国外图书馆相比,我国的移动图书馆建设起步较晚,无论从普及度还是服务深度上都与外国图书馆有一定差距。

1.2 国内移动图书馆发展概况

宋恩梅、袁琳指出,国内移动图书馆建设始于2000年以后,2005年进入集中发展阶段;2007年之前以短信服务为主,之后WAP网站兴起,与短信服务互为补充并成为大势所趋[16]。我国图书馆移动服务的案例最早可以追溯到2003年12月,北京理工大学图书馆成为国内最早开通手机短信服务平台的图书馆,主要功能为借阅提醒。2005年以后,清华大学、北京大学、重庆大学等高校图书馆纷纷推出以短信为主的移动服务,在催还提醒和预约图书到馆提醒两方面发挥了很大作用。经过近十年的发展,高校移动图书馆的服务模式和内容有了很大扩展。以清华大学图书馆为例,其2012年与书生公司合作推出了新的WAP网站,包含新闻通告、个人中心、一站式检索平台、期刊导航、论文导航、电子书导航、LibGuides、云笔记本、图书荐购等多种内容[17]。公立图书馆方面,上海图书馆开通首家基于短信服务的手机图书馆,至今已形成集短信服务、WAP网站服务以及APP移动客户端于一体的综合服务模式[18];国家图书馆则在2008年推出掌上国图,经过5年的完善,涵盖读者服务、OPAC检索、特色资源检索、新闻公告、讲座预告、书刊推荐、在线阅读/讲座/展览等丰富的内容,同时提供人人网、新浪微博、QQ空间等社交网络的链接,读者可以推荐文献并分享阅读体会[19]。近年来兴起的微博、微信也被快速应用到图书馆移动服务当中。例如微博已经成为上海图书馆进行读者咨询服务的主要窗口之一;上海交通大学图书馆于2013年底推出微信服务号,提供文献检索、借阅状态查询、预约讲座及小组学习室查询、图书馆各类资讯等,与此同时,开通微信订阅号,实时推送图书馆动态,分享优质资源。

除了常规的移动服务内容,国内移动图书馆也在积极尝试开发特色服务。例如清华大学图书馆开发的在线咨询机器人小图,就深得清华学子的喜爱;上海交通大学图书馆与网络信息中心、教务处联合开发电子教参系统,并推出移动终端,方便师生管理和阅读教学参考资源。

总体来看,国内的移动图书馆建设起步晚,发展快。但茆意宏指出,目前国内移动图书馆总体存在总量偏少，地域发展不平衡，对新的移动信息技术的跟踪与研究不够，对用户在移动环境下的信息需求研究不够，服务方式被动单一，宣传推广力度不够，未能纳入图书馆的整体业务推广与管理中，服务功能的使用率不高等诸多问题[20]。从服务内容上来说，目前我国图书馆的移动服务仍以资源导航和信息推送为主，对于移动参考咨询和移动特色资源的探索尚在起步阶段。

移动图书馆从20世纪90年代发展至今，无论从服务方式还是服务内容上都有了巨大的充实，但着眼点仍是图书馆自有的资源和信息，究其本质不过是传统图书馆服务的延伸。虽然图书馆纷纷利用社交网络，但以信息发布和资源推荐为主，相比于静态的网页虽增加了与读者的直接互动，却对促进读者之间的交互无能为力。移动图书馆的发展需要紧跟互联网络环境和用户信息行为发展的新动向，从而防止移动服务跟不上用户需求或者与之脱节的情况。

2 互联网络环境及读者信息行为新动向

2011年2月，美国著名风险投资人约翰·杜尔(John Doerr)提出SoLoMo的概念，即社交化(social)、本地化(local)和移动化(mobile)三个概念的有机融合。SoLoMo一经提出便得到了热烈的响应，被认为是Web2.0以来最具颠覆性的应用模式，是互联网发展的最新趋势，也将深刻影响大众社会生活方式。正如谢蓉、刘炜(2012)所说，SoLoMo实现了互联网从技术性向社交性、从内容平台向活动平台的转变，在各类功能初步实现“移动化”之后，进一步实现移动的社会化、互动性和个性化。在这样的互联网络环境中，图书馆不能仅仅扮演资源和信息的传递者，而要“参与媒体、通道、交互方式与资源的结合，以读者喜闻乐见的方式，嵌入到读者的信息环境中”[21]。现有的移动图书馆服务契合了SoLoMo移动性的一面，而进一步将社交化和本地化纳入移动图书馆的概念中则对于打开移动服务新局面不可或缺。就社交化而言，现有移动图书馆服务模式中的互动仅仅是读者与图书馆之间的互动，远未实现SoLoMo概念下的社交化，要想在移动服务平台中真正实现社交功能，必须将读者之间的互动纳入其中；至于本地化，就移动图书馆而言，除了发掘“基于位置的服务(location based service)”，还可以进一步延伸为根据读者的属性(方位、院系、兴趣等)推送个性化的内容。

除此之外，牛端、田晟(2008)指出Web1.0向Web2.0的转变将导致E-learning由单向传递到协同共享的变革。在这种互联学习环境下，知识(资源)由教师到学生的单向传播转变为互相共享的多向传播，而知识建构则由以教师为中心转变为协同创作[22]。图书馆作为学术资源的重要载体，需要提供平台支持这种新的知识重组及传播方式。

最后，高等教育模式的变化对于读者的信息行为产生了重大的影响。张晓林(2011)在《颠覆数字图书馆的大趋势》一文中提出，图书馆需要支持高效率的交互合作学习以适应用户利用信息基本方式的变化。当高等教育日渐成为"合作型、研究型和面向问题型"的团队活动,其基本形态应当是对整个网络信息的"灵活发现、解析、共享、重组和创造",因此需要"新型的支持动态交互知识构建"的信息服务[23]。为了实现这一目标,有必要将搭建知识发现与共享平台纳入移动图书馆的范畴,而云技术的兴起和成熟,也为这种交互共享的模式提供了技术支持。上海交通大学图书馆陈进馆长在第二届(2014)新技术时代大学图书馆领导与管理创新国际会议上的报告《移动图书馆与服务变革》中,就指出"协同、群组学习和分享"应当成为移动图书馆的核心模式[24]。

3 移动图书馆未来展望

综上所述,随着 SoLoMo 概念的不断深入、高效率交互合作学习日渐成为高等教育主流、云技术的日益成熟,依靠移动网络和终端单方面向读者推送信息和资源的"移动图书馆"已不足以全面反映和支持读者发现和利用信息方式的变化。基于此,本文根据互联网和用户信息行为发展的新动向,同时结合移动图书馆发展至今的既有成果,提出移动图书馆的发展趋势,即手段多样化、内容个性化、互动多向化。

手段多样化是针对移动服务的方式而言。移动图书馆从最早的短信服务,发展到今天短信、移动网站、客户端、社交网络协同作用的服务体系,同时辅以 RSS、二维码、增强现实等技术支持,为读者提供全方位的资源和信息服务,相信随着网络信息技术的不断发展,将带来移动服务手段的不断丰富和更新。

内容个性化针对移动服务的内容而言,即有针对性地推送读者感兴趣的内容,例如通过对读者阅读数据的分析推送相关书目,通过对读者属性(学科背景、兴趣爱好等)的辨别推送相应服务,通过分析读者所在方位推送相关资讯等。

互动多向化则是针对读者行为而言。移动图书馆将不仅仅是图书馆单向输出的工具,而应当被构建成一个交互共享的平台,读者不仅可以与图书馆进行交互,从中获取资源,还能够创造资源,与其他读者甚至馆员进行讨论并共享资源,而这些由读者创造的资源和讨论的成果将作为移动图书馆的特色资源,为更多读者的学习、研究创造价值。在这个意义上,移动图书馆将成为一个由读者和图书馆共同搭建的创新知识平台。

参考文献

[1] ALA. 2013 年美国图书馆状况概述[EB/OL]. [2015-07-12]. http://www.ala.org/news/sites/ala.org.news/files/content/2013-State-of-Americas-Libraries-Report.pdf.

[2] Gartner. 2014 年十大战略性技术趋势[EB/OL]. [2015-07-12]. http://www.gartner.com/newsroom/id/2603623.

[3] 施国洪,夏前龙. 移动图书馆研究回顾与展望[J]. 中国图书馆学报,2014,(02):78-91.

[4] Carpenter J, Trohopoulos I. Extending European information access through mobile library services[J]. Resource Sharing & Information Networks, 1997, 12(2): 49 - 58.
[5] Foster C D. PDAs and the library without a roof[J]. Journal of Computing in Higher Education, 1995, 7(1): 85 - 93.
[6] Negishi M. Mobile access to libraries: librarians and users experience for "I - Mode" applications in Libraries[C]. 68th IFLA council and general conference, Scotland. 2002: 1 - 15.
[7] Pasanen I. Around the world to Helsinki University of technology: new library services for mobile users[J]. Library Hi Tech News, 2002, 19(5), 25 - 28.
[8] 黄群庆. 崭露头角的移动图书馆服务[J]. 图书情报知识,2004,(05): 48 - 49.
[9] M-Libraries[EB/OL]. [2015 - 07 - 12]. http://www.libsuccess.org/index.php? title=M-Libraries.
[10] Boston College Library[EB/OL]. [2015 - 07 - 12]. http://www.bc.edu/sites/libraries/m/highlights/index.html.
[11] Penn Libraries[EB/OL]. [2015 - 07 - 12]. http://www.library.upenn.edu/m/.
[12] Georgetown University Library [EB/OL]. [2015 - 07 - 12]. http://www.library.georgetown.edu/mobile.
[13] Miami University Libraries[EB/OL]. [2015 - 07 - 12]. http://www.lib.muohio.edu/m/socialmedia.
[14] Ludwig II-Walking in the Footsteps of a Fairytale King[EB/OL]. [2015 - 07 - 12]. http://www.libsuccess.org/index.php? title=M-Libraries.
[15] 叶莎莎,杜杏叶. 国内外移动图书馆的应用发展综述[J]. 图书情报工作,2013,(06): 141 - 147.
[16] 宋恩梅,袁琳. 移动的书海: 国内移动图书馆现状及发展趋势[J]. 中国图书馆学报,2010,(05): 34 - 48.
[17] 清华大学移动图书馆[EB/OL]. [2015 - 07 - 12]. http://mo.lib.tsinghua.edu.cn/ddlib/.
[18] 罗晓涛. 探索移动图书馆服务新模式——以上海图书馆"手机图书馆"为例[J]. 图书馆论坛,2013,(02): 98 - 101.
[19] 掌上国图[EB/OL]. [2015 - 07 - 12]. http://wap.nlc.gov.cn/.
[20] 茆意宏. 我国图书馆移动信息服务的现状与发展对策[J]. 大学图书馆学报,2012,(02): 35 - 41.
[21] 谢蓉,刘炜. SoLoMo与智慧图书馆[J]. 大学图书馆学报,2012,(03): 5 - 10,79.
[22] 牛端,田晟. Web2.0下的E-Learning变革: 从单向传递到协同共享[J]. 现代教育技术,2008,(08): 14 - 17.
[23] 张晓林. 颠覆数字图书馆的大趋势[J]. 中国图书馆学报,2011,(05): 4 - 12.
[24] 陈进. 移动图书馆与服务变革[A]. In 第二届新技术时代大学图书馆领导与管理创新国际会议[C], 2014.

基于 RFID 通用数据交换平台的图书馆盘点系统研究与应用

周　锋　郑巧英　陈嘉懿　蔡峰华　曲建峰

摘　要　RFID 技术在图书馆盘点系统中的应用已经有案例，但是各应用系统都是各自为政，彼此之间设备不能通用，造成了资源的浪费。上海交通大学图书馆提出了基于通用数据交换平台的 RFID 盘点系统，解决了各 RFID 硬件供应商之间的通用问题。本文介绍了通用数据交换平台中的 RFID 盘点系统模块，也介绍了 RFID 盘点系统的整体设计架构和功能，以期推广 RFID 盘点系统，提高图书盘点效率。

关键词　RFID 通用数据交换平台　RFID　盘点系统

RFID 是 radio frequency identification 的英文缩写，学术专业名称是无线射频识别，俗称电子标签。根据 RFID 不同的工作频率，划分为低频、高频和超高频，根据 RFID 标签能量来源可以分为无源和有源两种，由于 RFID 标签具有快速扫描、体积小、数据存储等特点，被广泛应用于国内外的图书管理系统。

图书馆的图书数量都是数以百万计，作为图书馆的决策者，需要掌握当前图书馆的实有藏书总量与理论数值的差距。在 RFID 应用之前，要实现这个目的，必须依托图书馆书库工作人员，耗费大量的时间与精力，才能得到一个可靠的数据，这就导致了盘点工作的非常态化，这跟管理目标存在着一定的差距。RFID 标签的应用，使得盘点工作常态化成为可能，RFID 盘点系统应运而生。

1　目前国内图书盘点软件现状

盘点需求不是新生的，是图书馆有史以来就存在的。限于当时技术，无法有效、彻底解决问题，该需求被无限期搁置，直到 RFID 技术的产生。

RFID技术引入图书馆后，盘点软件得到了前所未有的发展，但几乎在同时也遇到了发展的瓶颈：图书管理系统复杂多样，而当前主流的盘点系统都是基于图书管理系统，这必然导致盘点系统多样性、个体性，极大限制了RFID盘点系统的发展。为了彻底解决各图书系统异构数据平台问题，上海交通大学图书馆提出了将异构数据进行一次协议抽取转换，形成一个通用的数据结构，按照这个设计思想，与公司合作研发了RFID通用数据交换平台。

2 RFID通用数据交换平台中盘点模块设计

RFID通用数据交换平台，顾名思义是RFID所有相关应用都能够通过与通用数据交换平台交互，完成相应的RFID功能。通用数据交换平台的职责就是与异构数据平台通信，返回给前端接入设备，完成RFID相关功能应用。这样的设计就使得前端盘点软件可以脱离具体的异构数据，而与既定的通用数据交换平台交互，在市场推广时只需要开发修改通用数据交换平台与异构数据的交互问题，RFID整体盘点系统流程如图1所示[1]。

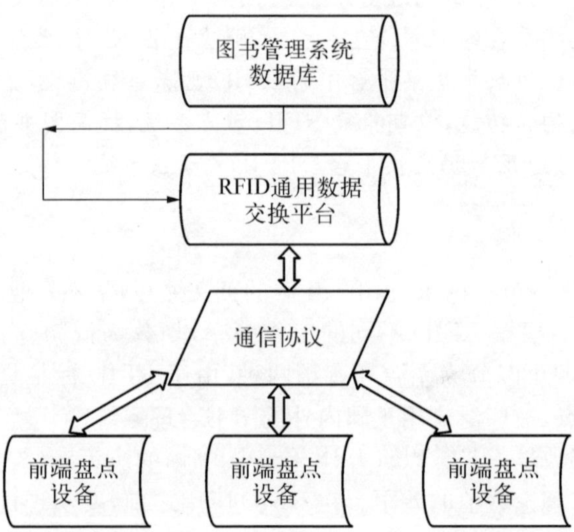

图1 RFID盘点应用系统架构

这样的设计，使得前端盘点系统可以着重进行系统功能开发，而不必受制于具体的图书管理系统平台，有利于系统的稳定性和健壮性。

目前RFID通用数据交换平台盘点系统模块包含了以下几部分内容：

1）接口服务

通过Socket通信，为RFID前端盘点应用提供服务，如标签注册、架位分配、首书定义等[2]。

2）定时同步服务

目前上海交通大学图书馆的同步服务，主要是跟 ALEPHA 图书管理系统之间的数据同步。为了保证数据的安全性，上交大图书馆规定 RFID 通用数据交换平台与 ALEPHA 之间数据是单向流动，即只能由 ALEPHA 发起修改数据，然后同步到 RFID 通用数据交换平台。

3）后台管理系统

主要是针对前段接入设备的管理，包含了接入许可管理、运行状态监管和远程维护等。

4）辅助决策系统

RFID 通用数据交换平台所有的业务数据都来自 RFID 业务，图书馆决策领导层可以通过收集 RFID 通用数据交换平台统计数据和 Alepha 图书管理系统统计数据来比较，发掘用户对 RFID 设备应用的认知度、认可度，评估 RFID 技术带来的经济效应等。

5）日志分析服务

RFID 通用数据交换平台的每一个动作都做日志，通过对日志系统的分析，查找分析系统运行情况及前端接入设备的兼容性问题等。

3 图书盘点系统整体架构设计

盘点系统设备目前主流有两种，一种是手持式扫描设备，一种推车扫描设备。手持式设备的局限性在于屏幕太小，不适合显示丰富内容，只适合于检查两种状态的场景。而图书馆盘点系统是基于图书管理系统的自动化系统之一，涉及的图书状态远远多于两种，如外借、在库、预约、在编、踢旧等状态，在盘点时都要做不同的显示，故选用推车扫描设备。基于该设备，上交大图书馆在设计盘点系统时，考虑到推车的移动性，可能使用无线网络，而无线网络在各个图书馆并没有实现全覆盖，所以设计了在线模式和离线模式。

在离线模式下，要完成盘点功能，必须在本地建库，以保存工作数据。这就必须考虑将工作数据如何同步到服务器的问题。再者每个 RFID 生产商都有个性功能，要实现个性化功能，或许要存放个性化数据，所以在盘点系统中存在一个 RFID 个性库。整个 RFID 盘点系统数据流如图 2 所示。

整个 RFID 盘点系统中存在多个数据库，必然存在不同数据库之间的数据同步问题。考虑到数据安全问题，应尽量避免直接操作数据库。离线模式下，将工作数据直接 SQL 保存本地数据库，当主程序出于长久空闲状态且网络畅通时，程序就开始向服务器同步工作数据。同步时，与 RFID 通用数据交换平台通过通信协议更新数据。与 RFID 个性库的通信由研发者自行决定，目前上交大图书馆是采用直连数据库的方式。在线模式下，直接跳过本地服务器，与 RFID 通用数据交换平台、RFID 个

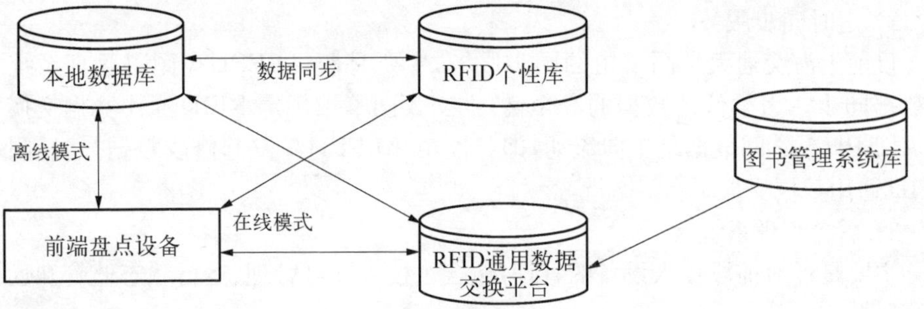

图2　RFID盘点系统数据流

性库交换数据，方式与离线模式相同。

这仅仅解决了数据由下而上的更新同步问题，那么由上而下的数据更新该如何进行呢？

首先将图书管理系统中新增的、删除的（逻辑删除）、修改过的数据抽取出来，在图书管理系统相对空闲时间，单向同步RFID通用数据交换平台，这部分工作由上交大图书馆开发人员自行研发，采取直连数据库的方式，由上交大图书馆负责数据的正确性。更新到RFID通用数据交换平台后，由RFID盘点系统研发公司通过RFID通用数据交换平台提供的接口，同步到RFID个性库和本地数据库。由于更新的数据可能比较大，Socket通信或许满足不了大数据的交互，RFID通用数据交换平台又提供了WebService的方式来同步到RFID个性库，再同步到前端设备本地库。

4　图书盘点系统功能设计[3]

图书盘点系统主要目的是为了清查图书资产、查找错架图书、清理图书错误数据。为了达到这个目的，盘点系统包含了如下几个功能：

1）新书上架

馆员根据RFID盘点系统计算得出的新书正确层架信息上架。盘点系统在顺架时能发现错架图书，修正完成后，新书的上架过程如果不加控制，新的错架图书始终会不断产生，该功能目的就是控制错架数据的源头。

2）图书下架

是将RFID图书从书架上撤下来（只是理论数据的下架，实体书是否下架由馆员决定），暂时不做定位。这功能主要应用于特定架位，比如陈展架位，这种架位的书经常流动，可能每天都要换，在换之前，需要将在架上的书先撤下来，或许过一段时间后才返回原馆藏地，这就要用到图书下架功能。

3）首书定位

是图书定位的一种方式。目前国内普遍认可的定位方式有首书定位、强制定位、首书强制共存。每个图书馆都会按照中图法和自身馆藏地，给每一本图书一个专属位置，计算机根据既定规则计算出每本书的准确位置。首书定位是将每一个架位的最小排架号(注意不一定是第一本书)记录下来，排在这个号后面的书，排架号必须比它大，然后根据本架的首书(排架号)和下一邻架的首书(排架号)来确定一个排架号区间，所有排架号落在这个区间的图书，都应该在本架位。上海交通大学图书馆采用的首书定位，这对层架数据提出了相当高的要求。这个功能是图书顺架、上架、移库操作的基础。

4) 图书顺架

管理员使用RFID读写设备扫描某一架上的图书，根据理论架位信息与实际架位信息相比较，发现错架图书，由系统提示管理员。这种方法的基础是数据库里的层架信息是准确的。还有一种方法是即时生成层架信息，与扫描到的层架作比较，这个方法的优势是在变动了些许排架规则后，即时生效，准确计算出架位，但效率降低了，实用性降低了。排架规则一般是不变动的，所以采用第一种方法合适，即使排架规则偶有变动，用既定的规则遍历数据库更新层架信息后做图书顺架工作。

5) 图书移架

将图书从一个书架移动到另一个书架的操作，在这里我们定义为同一个书库里的操作。这个功能主要是针对采用强制定位的图书，对于首书定位，在同一个馆藏地里，系统是自动计算层架的，即理论数据是准确的，如果要改变系统层架，必须采用强制定位的方式来实现。

6) 移库

将图书从一个书库移动到另一个书库的操作，并自动计算图书的层架。如果目标馆藏地的层架首书尚未定义完成，源馆藏地图书的层架信息将被置空，该功能是RFID盘点系统的重要功能之一。基于RFID通用数据交换平台的移库功能效率稍低，因为前端设备是通过SOCKET协议发送命令修改数据，但是数据的安全性提高了。

7) 图书踢旧

将一些流通量小且年代比较早的图书，从开架书库移到密集书库，不再使用RFID标签来管理。踢旧时，清空RFID通用数据交换平台上书目数据和层架信息，同时清空RFID标签内容，发起修改图书管理系统图书状态的请求，以保证RFID通用数据交换平台与图书管理系统数据的一致性。

5 采用RFID通用数据交换平台的盘点系统优劣分析

RFID通用数据交换平台解决了图书管理系统多种异构问题，使得RFID盘点系统与单一的后台数据库交互，而不必关心各种图书管理系统的数据结构问题，从而使得软件开发工作统一、开发人员可以专一开发，减少了错误产生，代码效率提高。

(1) 前端RFID接入设备与统一接口的RFID通用数据交换平台交互，使得接入设备的软件开发单一化,解决问题简单化,程序代码效率化。

(2) 由于 RFID 通用数据交换平台采用通信协议的方式进行通信,避免了直接操作数据库,提高了数据的安全性。

(3) 缓解了因网络故障发生的数据错误问题。往往 SQL 语句执行需要一段时间,恰好在这段时间中,因网络不稳定,特别是无线网络意外中断,可能将导致数据错误,后续的操作无法继续执行等问题。采用通信协议后,发送一条指令,执行完毕后,返回一个执行结果给前端设备。前端设备如果没有接收到返回信息,可以重发指令,这样就大大降低了发生错误的概率。

(4) RFID 通用数据交换平台的存在,使得 RFID 应用脱离了现有图书管理系统的异构数据库问题,使得 RFID 应用大规模推广成为可能。

(5) 脱离了具体的 RFID 前端盘点设备。只要盘点设备遵循 RFID 通用数据交换平台数据模型,通过通信协议与 RFID 通用数据交换平台交互,就能完成盘点系统功能。

当然,凡一个事物都有两面性,采用 RFID 通用数据交换平台的 RFID 盘点系统也存在一些劣势:

(1) 增加了开发成本。一个 RFID 通用数据交换平台要考虑到 RFID 所有业务需要用到的数据,通信协议要尽量设计完整,避免后期开发遇到阻力,前期的调研要求相当充分,投入相当大的人力物力。平台的开发是完全新增出来的工作,让项目从开发到交付,时间延长了,成本增加了。

(2) 增加了一个维护点、故障点。既然 RFID 通用数据交换平台是要保存 RFID 应用必需的数据,那么必须对这个平台进行维护。在日常的数据同步中,可能有意外的情况导致数据与图书管理系统中数据不同,在查找问题时,必须核查 RFID 通用数据交换平台数据与图书管理系统数据是否一致,增加了一个故障排查点。

虽然采用 RFID 通用数据交换平台的盘点系统存在一定的不足,但是比起带来的优势,这点损失相对较小,这种设计模式是一劳永逸的,值得推广借鉴。

6 结语

RFID 通用数据交换平台的研发使用虽然增加了一定的研发成本和一个运行故障点,但是它为 RFID 盘点系统解决了众多厂商设备标准不统一而无法通用的问题,也同时解决了国内众多图书管理系统后台数据库的异构问题,使得研发标准的商业化前端盘点系统成为现实,"利"远大于"弊"。基于 RFID 通用数据交换平台的盘点系统,彻底解决了决策者由来已久的需求,解决了 RFID 盘点系统"百家争鸣"的乱象,推动了 RFID 图书盘点系统的发展。

参考文献

[1] 陈嘉懿,郑巧英,李鲍. RFID 通用数据交换平台建设研究[J]. 图书情报,2014(12):

97－101.

［2］ 郑巧英，陈嘉懿，张洁. 图书馆RFID应用中建立数据交换规范的思考与实践[J]. 图书情报，2014(12)：91－96.

［3］ 杨国栋. 让馆藏盘点常态化——图书馆RFID盘点系统之改进[J]. 图书馆建设，2014(8)：44－47.

自助文印管理系统在图书馆的应用

叶　平

摘　要　自助文印管理系统在本馆已投入了实际应用。本文叙述了自助文印管理系统的结构框架和系统特点，简述了系统的功能模块，并介绍了自助文印管理系统在本校图书馆个性化应用的功能实现和运行分析。

关键词　自助文印　管理系统　网络

随着图书馆信息资源的不断开放，网络信息技术的飞速发展和应用，数字化的信息资源越来越多，并以其特有的快速、高效和便捷改变着人们学习和生活的方式。数字图书馆是信息的集散地，图书馆阅览室是数字资源利用、传播和学习的场所。读者期望从图书馆中能够获得更加全面的信息知识，对于图书馆服务的要求也越来越高，如何提高服务质量是现代图书馆必须要完成的工作，而自助式的文印，包括复印、打印和扫描是提供快捷服务的形式之一。它通过对读者所需资料的复印、扫描，电子信息的打印，给师生带来全方位、多层次、多载体的文献信息服务，并且通过服务为读者及时、广泛而准确地传递数字信息资源，在科研和教学中发挥其极大的作用。而个性化的自助复印打印扫描服务形式进一步提升了为读者提供数字信息资源利用、获取和处理信息知识的效率和空间。

自助复印、打印、扫描服务形式与传统文印室人工服务有着根本的不同，为了提高服务质量、管理效率，必须使用计算机管理系统。图书馆建设这套自助式管理系统，不仅是全面提升对读者各种应用服务的重要组成部分，而且对计算机网络方面应用的研究、跟踪新技术发展趋势、电子信息获取与应用、整合图书馆新技术应用策略等都将起到积极的作用。

1 自助文印管理系统建设背景

1.1 自助文印管理系统主要作用概述

自助式复印、打印及扫描在学校图书馆的应用为师生提供了一个个性化的服务环境。阅览室每台自助一体机均由读者根据实际需求独立操作，并通过简单步骤实现书籍、杂志、文档的自助复印和自助扫描，对电子图书、电子杂志、电子数据库信息资源进行自助打印。通过这种建立在校园网络环境下的管理系统平台，读者可以更加快捷、方便地获取有用的信息资源资料，同时管理员对所有阅览室自助一体机实现远程实时监控和管理，从而提高了应用管理的效率。

1.2 自助文印管理系统建设目的

随着网络技术、计算机技术和一体机技术的迅速发展，图书馆的各项服务都逐步在使用计算机管理。数字图书馆的各种自助式服务在图书馆得到了广泛的应用，如果图书馆信息资源的复印打印扫描还沿用传统方式提供服务，势必对读者的需求、服务的管理、设备的利用应用的统计等带来不便。为此我们希望结合数字图书馆的建设，构建一个自助式复印打印扫描的计算机管理系统，使图书馆的文印工作真正使用计算机管理，提高读者文印的管理水平，更好地为读者服务。

自助式复印打印扫描作为完善图书馆所提倡的"资料随手可得，信息共享空间，技术支撑服务，科研推进发展"理念，实现对读者服务的形式越来越受到了学校和图书馆的重视，沿用传统的文印室管理模式既不能满足读者对信息资源的不断需求，又花费了大量管理员的人力和时间。因此我们认真分析了图书馆对自助复印打印扫描和管理等功能的需求，利用当今先进实用的计算机网络通信技术、校园网的一卡通平台及复印一体机设备，建设了对读者完全开放的自助式服务系统，形成了安全可靠、便利快捷、高效管理的环境，通过引进的应用软件平台来管理自助式复印打印扫描的实际服务。在这一先进的个性化环境下，使全校师生获取和共享国内外的信息资源及图书馆的电子文献和馆藏信息时更加方便和高效，从而可提高教学质量，促进图书馆的全面发展。自助式文印管理系统是对传统图书馆文印服务管理的根本改变，一改以往的沉重、复杂、烦琐的手工工作与管理方式，以轻松、灵活的方式提出了管理工作的新理念，打破了工作中的局限性，管理和运作都焕然一新，节约了人力、物力和财力，提高了工作效率，并实现了传统人工管理无法实现的功能，其带来的好处不言而喻。

2 自助文印管理系统的结构框架

自助文印管理系统采用 Client/Server 的结构体系和 SQL Server 数据库管理方

式,一体机端、用户端、管理端运行于 Windows XP、Windows 7 等操作系统平台(见图 1)。自助复印打印扫描具有连续开放,读者使用频率高、服务量大的特点,系统将读者认证数据与一卡通数据库同步对接整合,系统管理信息和统计数据参数等存放于服务器端。校区内各阅览室中的多台自助一体机实施联网共享,读者能在任何一个校区进行复印、打印及扫描,费用通过校园一卡通实时扣款,同时读者在提交打印文件、获取扫描文件和复印文件时必须通过学校的身份认证系统,以保证资源信息和系统服务的安全可靠。

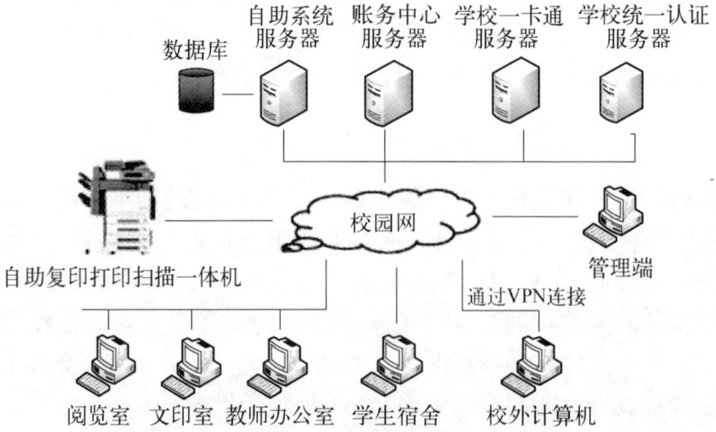

图 1 自助文印管理系统网络结构

3 自助文印管理系统特点与个性化应用的实现功能和流程

3.1 自助文印管理系统特点

1) 系统功能齐全

自助文印管理系统的功能模块涵盖了读者的复印、打印、扫描的内容,同时也包含了后台管理日常大量烦琐而又重复的工作,实现了人工管理难以完成的功能。可根据需求对整个自助服务平台下多项类型的自助一体机故障点的预报、读者使用状态的查询、虚拟费用的添加、系统权限的设置以及各种日常的报表统计等。

2) 与校园统一身份认证平台和一卡通系统的整合

统一身份认证是信息化校园建设的基础平台之一,它对全校师生信息进行集中管理,可为信息化校园的各种网络服务和应用系统提供统一的用户管理平台和身份认证服务,其优点是用户登录平台的统一,同时安全性也得到极大的提高。读者在使用该系统时,首先需通过统一身份认证系统成为合法用户,并使用校园卡在一体机上直接刷卡进行自助复印打印或扫描,同时从卡上实时扣费,并能在一卡通中心和自助系统中查询服务的消费记录。

3）良好的实时响应性

系统软件面向全体读者，不仅满足实时一个读者的请求，还能响应多个读者用户的服务请求，该系统通过校园网同时为学校各个图书馆的自助复印打印扫描服务所使用。

4）友好的用户界面

具有方便的系统安装程序，用户只需在图书馆网站下载系统插件，同时注册为学校 Jaccount 用户，即可安装程序自动对系统进行配置，迅速的建立起系统打印扫描环境平台。系统用户界面简单、易用，用户无需经过培训，就能轻松上手。

5）系统具有开放性和先进性

系统具有数据的共享能力，使用自助系统的读者身份验证数据取自学校一卡通管理系统数据库，实现了数据的一次输入多处利用，提高了管理人员的工作效率。同时为系统管理提供了个性化设置，更改系统功能和参数的能力，管理人员可以随意根据需求改动运行参数，如收费标准、读者权限等。系统功能远行稳定、维护方便、操作容易、升级方便、支持各种操作系统平台。

6）个性化的服务管理

读者在打印时无需指定打印机，无需了解具体的打印机型号，无需安装具体的打印机驱动，也无需与具体的打印机保持连接状态，读者只需在校园内任何一台联网计算机上方便地提交任何内容及形式文件至系统个人服务空间，之后随时随地在自助一体机刷卡打印输出文件；在自助一体机上扫描的文件可自动传送至系统个人服务空间，直接下载获取。

7）系统的通用性

可支持不同品牌的打印复印扫描一体机。能自动识别打印、复印的纸张型号，自动识别打印、复印内容彩色与黑白和扫描内容的大小。

8）灵活的虚拟账户

系统支持新建读者虚拟账户，该账户可作为学校师生专项使用复印打印扫描之用；也可用于系统在出现错误扣款时，方便给读者补款，减少一卡通在费用上的烦琐操作。

3.2　自助文印管理系统的主要功能

1）读者身份管理功能

(1) 读者身份验证：读者通过自助一体机上读卡器刷一卡通校园卡或虚拟卡，系统对读者身份进行验证，确定是否是合法读者，以及是否有使用自助系统的权限。

(2) 读者信息维护：管理员可随时根据需要对使用自助系统读者信息，如身份、消费限制、使用截止日期、使用权限等进行修改、删除等维护和管理。

(3) 读者信息查询：系统可通过姓名、学工号或校园卡号查询读者具体信息，并显示学工号、姓名、校园卡余额、虚拟账户余额、校园卡号、读者身份、使用状态、账户属性等。

2）一体机自助点管理功能

在管理平台实时显示系统中所有一体机工作状态，如缺纸、卡纸、缺墨粉、机器故障等，在纸或墨粉偏少时会自动报警，提醒管理员及时添加。当出现任何影响一体机正常工作的状态都会及时上报管理员，并根据故障类型限制读者的使用，比如缺A3纸时，只能打印复印A4，缺墨粉时禁止一切打印复印操作，但可以进行扫描功能等。

3）收费标准管理功能

可以对每台一体机分别进行复印、打印、扫描和各种纸张及材料费率的灵活设置，也可根据不同的读者身份设置不同的费率。

4）安全机制管理功能

该功能可以实施管理员用户的增加和删除，密码的更改。对管理使用权限的设置，其中权限有系统配置，查询统计，读者账户管理（查看、增删改、虚拟账户、使用权限），纸张管理，一体机站点管理，打印扫描任务管理等。

5）虚拟账户管理功能

对读者新建虚拟卡及账户，并可进行充值、扣款等操作。可对账户的使用属性进行修改，如该账户中金额用完时，是否继续使用校园卡账户的金额等。

6）统计和查询功能

根据系统管理的具体情况，提供了统计和查询的功能。管理人员可以随时将需要查看和统计的报表显示在屏幕或打印输出。系统提供按某个自助点使用统计，也可以按多个自助点统计，报表以表单和图形方式输出。提供的统计和查询的类别有下列几种：

（1）复印打印扫描使用情况查询和统计：可针对系统中所有一体机站点使用量的查询，也可根据单个读者学工号信息进行使用查询，并显示包括使用日期、复印打印扫描的类别、学工号、读者姓名、纸张数量、纸型类型、消费金额、一体机站点等信息。

（2）打印任务查询：系统将根据学工号对读者提交的打印文件信息查询，显示打印时间、文件名、内容、属性、纸张规格、页数、打印分数及是否已打印输出等信息。

（3）扫描任务查询：系统将根据学工号对读者提交的扫描文件信息查询，显示扫描时间、文件名、内容、文件大小等信息。

（4）使用排行统计：对月进行复印、打印、扫描的使用统计；对读者复印打印扫描的使用排名统计，列出读者姓名、总页数、总费用等；对院系部门的使用排名统计，列出院系名称、使用人数、总页数、总费用等；对功能类别使用排名统计，包括复印、打印、扫描，列出自助一体机站点名、使用人数、总页数、总费用等。

（5）系统管理日志查询：管理员对系统操作记录，包括创建用户、删除用户、系统初始化和系统消息如自助点网络故障、读卡器故障、一体机故障、缺纸、缺粉墨以及故障恢复等信息的查询。

(6) 虚拟账户明细查询：对读者所建立的虚拟账户的充值，减值操作查询，列出读者名、时间、金额数、使用类型、操作管理员名等信息。

7) 系统参数维护功能

根据图书馆阅览室服务规定，管理员可以方便地设置系统运行参数，如所有一体机的控制方式、复印打印扫描功能的支持、双面打印的支持、设备状态的自动检测、一体机复印打印输出的速度以及设备开放和关闭的时间等。

3.3 自助文印管理系统复印、打印及扫描的流程

1) 复印流程

读者在学校图书馆阅览室的任何一台自助一体机上，使用校园卡刷卡认证后，即可自己进行文件的各种复印操作，完成后系统自动计算并从校园卡中扣除费用(见图 2)。

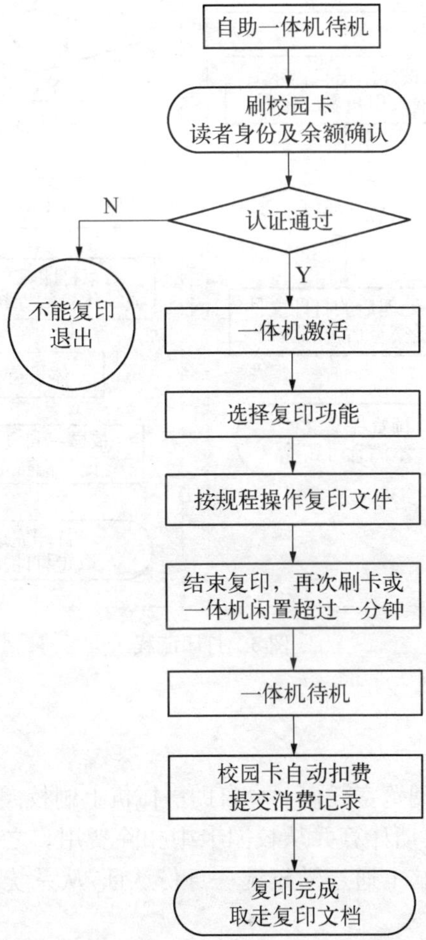

图 2 复印流程

2）打印流程

读者在学校内任何一台联网电脑上下载系统插件，并通过学校统一身份认证后，进行打印文件的提交，之后随时可在图书馆阅览室任何一台自助一体机上刷校园卡打印输出文件，完成后系统自动计算并从校园卡中扣除费用（见图3）。

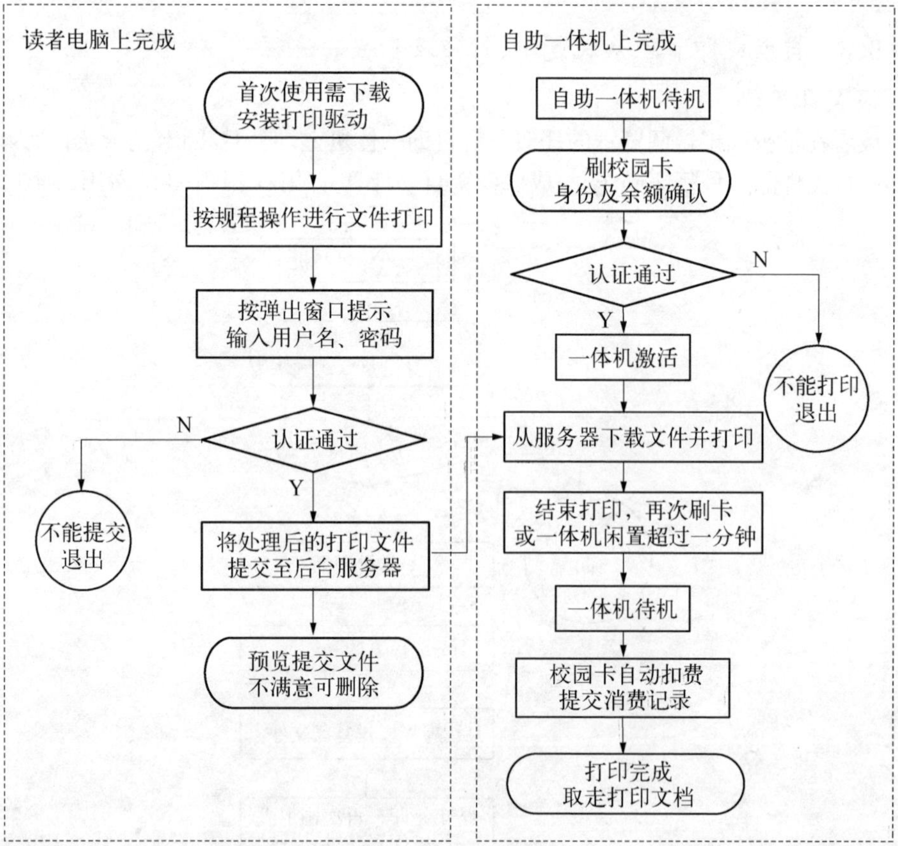

图3　打印流程

3）扫描流程

读者在学校图书馆阅览室任何一台自助一体机上刷校园卡并将文件扫描至系统个人空间，完成后系统自动计算并从校园卡中扣除费用。之后可在校园网内任何一台安装有系统插件的电脑上通过学校统一身份认证，从系统个人空间中下载扫描的文件（见图4）。

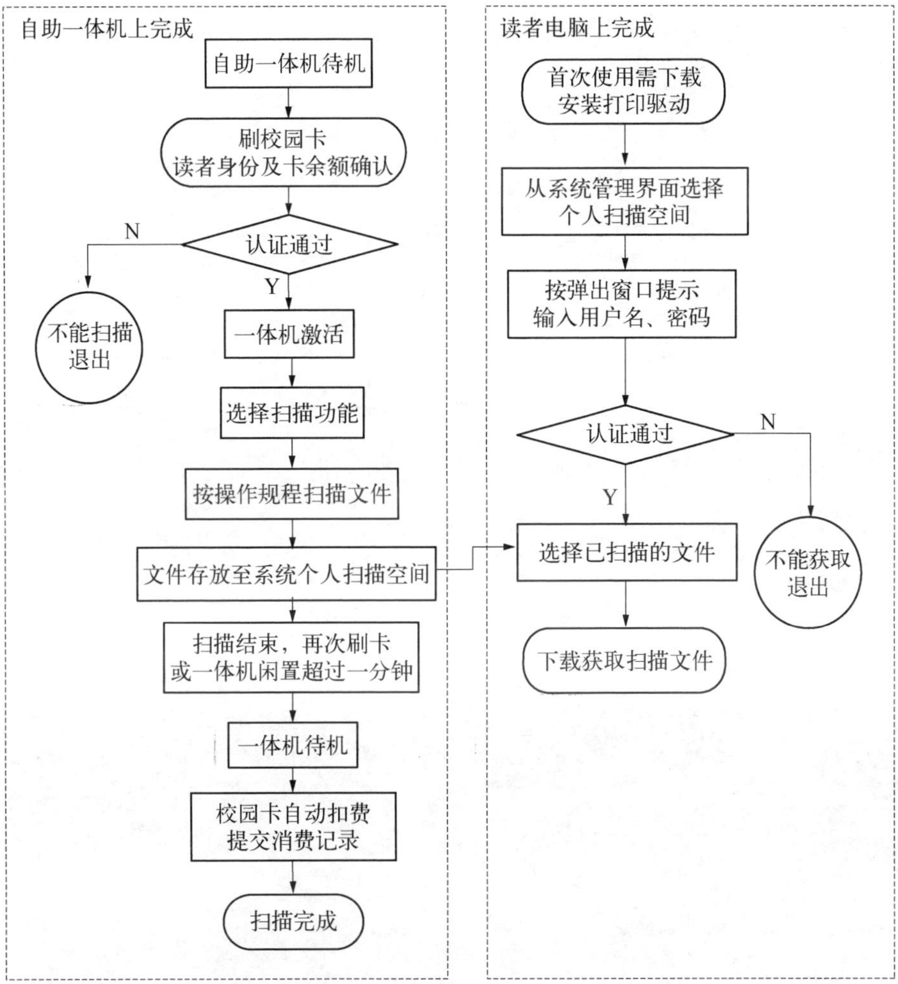

图 4　扫描流程

4　结语

自助文印管理系统利用自助一体机、计算机、校园一卡通、读者身份认证、网络等设备系统为读者提供了一个良好使用传统和数字化资源的服务，是图书馆信息资源、电子文献，网络资源为读者提供自助服务窗口的一种形式。长期以来图书馆的资源复印打印扫描倍受广大读者的青睐，在图书馆起着不可替代的作用。我们建立的自助复印打印扫描管理系统，克服手工管理带来的许多不便，改善服务的环境，提高服务的水平和工作效率，系统在图书馆已经投入正式使用，受到广大师生和图书馆管理人员的欢迎。图书馆的生存与发展，在一定程度上掌握在读者手中,我们要以读者为中心,营造良好的服务环境。我们将在实际使用中不断完善系统功能,使自助复印打印扫描的服务以最大限度地满足读者的需求。

论协同用户进行 LibGuides 平台的建设与维护
——以上海交通大学图书馆为例

朱红艳　姜静华　陈志玲

摘　要　图书馆学服务科导航平台作为"图书馆学科指南(导航)"的创建与发布工具，是一款风靡全球图书馆界的"内容管理和知识共享系统——LibGuides"，旨在组织、揭示与发布学科资源和服务，共享国内外学科馆员间的工作成果，使其成为读者充分利用图书馆的学科资源和服务的阵地。如何协同用户将其建设与维护，成为读者习惯性、按需访问的服务平台，并且可持续性地发挥学术导航作用，是当前 LibGuides 平台面临的难题。

关键词　学科指南(导航)　协同用户建设与维护

上海交通大学学科服务导航平台目前主要是按院系(专业)来搭建学科指南的，指南主要包含网络资源导航、馆藏资源指引、IC^2 创新支持/IC^2 人文拓展、学术热点追踪、资源荐购、学习社区等资源和服务内容。在建构指南的过程中，学科馆员已经充分发挥了能动性，内容也各具学科特性，但仍存在内容专指性不强、面向对象不清晰、读者缺乏访问及互动热情等问题。鉴于上述存在的问题，上海交通大学图书馆电子电气学科服务团队 2014 年 10 月底，发布了独具全新 Windows 8 特色的首页，兼具内容针对性的电子信息与电气工程学院学科服务导航，即 SEIEE 图书馆。该 LibGuide 面向本科生、研究生和教师以及新生这四个读者群体，根据其对图书馆资源和服务的不同需求和特点，建构不同层面的导航内容，同时注重增强与读者的交互性功能。SEIEE 图书馆旨在以馆员为主导，以师生为主体的方式进行 LibGuide 平台的建构与维护，进而有的放矢地搭建师生感兴趣的学科化服务平台，将 SEIEE LibGuide 打造成为满足电信学院师生差异化需求的微型图书馆。究竟如何吸引读者的兴趣，打好 LibGuides 平台建设与维护的阵地战和持久战，仍然是目前困扰我们的课题。

1 国内外研究现状

1.1 国外现状

根据Springer公司的数据，截至2013年8月，有70余个国家和地区的4 255家图书馆应用LibGuides，创建了371 700个Guides[1]. 上海交通大学图书馆LibGuides经过6～7年的建设与发展，尚处于探索与实践向深入发展的过渡阶段，尝试有余经验不足即开始步入瓶颈期，本文调研了国内外13所大学图书馆的LibGuides内容建设情况。认为较具特色的学科导航如下文所述。

国外，加州大学伯克利分校图书馆的"Mechanical Engineering Guides"，其在写作页面介绍出版商的出版风格指南，有利于高校师生掌握出版发行的新动向，把握文章写作风格，进而选取适合自身学科方向的出版商进行合作；牛津大学图书馆LibGuides平台内容设有新读者专栏，将新读者群作为特殊对象开展服务，便于初入校门的师生读者群快速熟悉图书馆资源与服务，有助于拉近读者与图书馆的心理距离。康奈尔大学图书馆LibGuides平台的特色是Libguides数量庞大，学科门类丰富齐全，分为学科、课程和技能三类。

1.2 国内现状

针对主题词"LibGuides"的相关文献进行检索，截至2014年6月，在CNKI和万方数据库中分别获取67条、63条结果。最早发表的文献是在2008年，CNKI数据库中题名为"Facebook与国外图书馆服务"；最新发表的文献则是在2014年1月，CNKI数据库中"基于层次分析法的LibGuides信息构建体系研究"。

目前国内关于LibGuides研究、建设与维护的探讨，大多集中于综述、建设方法和策略方面，如高校图书馆学科服务解决方案——LibGuides综述[2]；Libguides学科服务平台的应用实践和优化策略[3]；而LibGuides建设过程中学科馆员与用户之间的合作模式、共建机制等方面尚待深入探讨[4]，国内仅有基于LibGuides的用户协作式学科服务平台建设实践[1]和基于LibGuides的图书馆学科服务中的用户交互问题研究。以西交利物浦大学为例[5]探讨图书馆员利用LibGuides与用户互动交流机制问题，也没有深入探讨这种协同机制如何做好长期维护，走可持续发展之路。至于读者对LibGuides建设成效的接受度、认知度和认同感，以及将来LibGuides平台的走向和可持续发展等问题更少有人问津，更不要说是专门研究论述。香港大学图书馆LibGuides平台设有专业期刊和WTO文献资源中心，这种专业期刊统一搭建学科导航的方式，优势在于一站式检索和获取各学科期刊，不足之处在于获取其他资源需要另外寻找途径；清华大学图书馆热门期刊学科导航页面采用层叠式罗列出人工智能、信息系统、电信等12个期刊导航，该内容的逻辑排列方式节省了学科导航的虚拟空间，将密切相关文献一网打尽值得借鉴。但毋庸置疑的是，先行者的实践研究毕竟为开拓更有针对性的深层次学科服务提供了可持续发展的空间，为后来者协同用户打造可持续性的 LibGuides 平台创造了条件。

2 读者对 LibGuides 利用率和认知度

2.1 LibGuides 建设现状

截至 2014 年 6 月，上海交通大学图书馆目前共创建 49 个学科导航(指南)，其中已发布学科指南 33 个，详情如图 1 和图 2 所示。

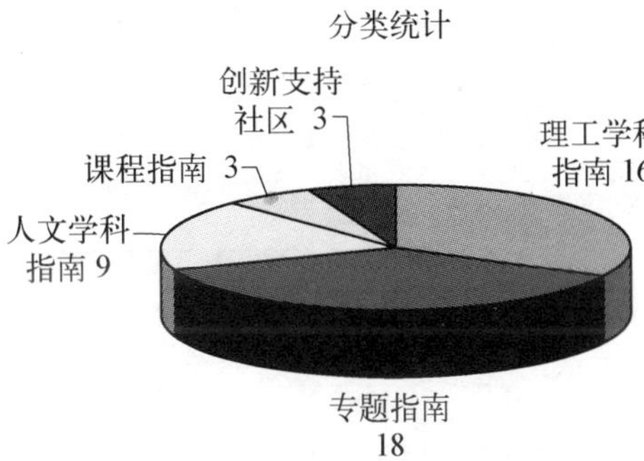

图 1 上海交通大学学科服务平台分类统计

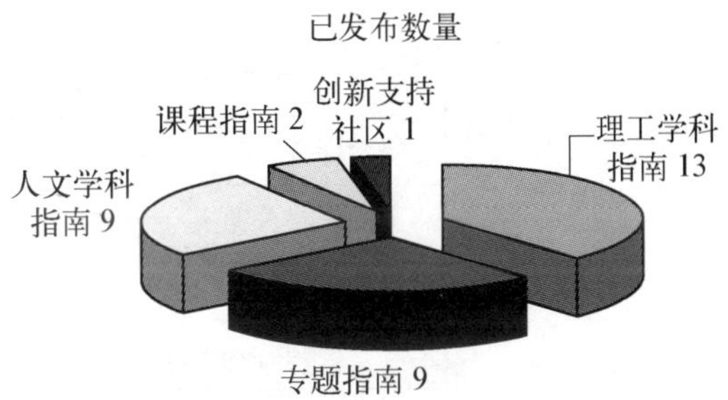

图 2 上海交通大学已发布学科服务平台

截至 2015 年 5 月，依照“受欢迎程度，更新时间，访问频次”三个字段对清华大学图书馆 LibGuides、人民大学图书馆 LibGuides、上海交通大学图书馆 LibGuides 读者访问量进行统计，取各图书馆访问量前 10 的学科导航，结果如表 1 所示。

表 1 三所大学图书馆读者访问量前 10 的 LibGuides

图书馆	学 科 导 航	更新时间	访问量 (2015 年)
清华大学图书馆	数学学科资源导航	2015.4.27	1 464
	美术专业信息资源导航	2015.5.7	1 083
	人文与科技哲学学科导航	2015.5.7	547
	社会学信息资源导航	2015.5.6	380
	信息学科服务导航	2014.9.22	350
	物理 & 天文学科资源导航	2015.4.14	277
	航空航天及工程力学资源导航	2014.5.16	222
	机械工程学院学科服务	2012.12.13	221
	新闻传播学科	2014.8.28	183
	材料学科信息导航	2014.12.18	146

（续 表）

图书馆	学 科 导 航	更新时间	访问量（2015 年）
人民大学图书馆	经济统计	2015.5.8	1 161
	环境学科	2015.4.7	923
	会计	2015.5.8	472
	中国古代史	2014.1.6	286
	民商法	2014.6.16	231
	科学技术哲学	2015.1.8	218
	图书馆学/情报学	2015.1.5	216
	社会保障	2013.12.17	193
	马克思主义理论	2014.1.3	155
	中国现当代文学	2013.12.24	85
上海交通大学图书馆	哲学(Philosophy)	2015.5.8	1 925
	科学技术哲学(自然辩证法)	2015.5.6	1 487
	中国语言文学	2015.5.8	1 323
	物理学	2015.5.6	1 250
	科学技术史	2015.5.6	1 122
	生命医药	2015.4.27	753
	数学	2015.5.6	537
	致远学院	2015.5.6	353
	SEIEE 图书馆	2015.5.7	285
	计算机科学	2015.1.2	268

从表 1 数据可见，2015 年上半年读者访问量前三甲分别是上海交通大学图书馆哲学学科导航，读者访问 1 925 次；科学技术哲学导航，读者访问 1 487；以及清华大图书馆数学学科资源导航，读者访问 1 464 次。读者访问频次从侧面反映出这几个学科导航在该学科的吸引力和受欢迎程度，并通过对前三甲的学科导航的分析，得到其受欢迎的主要原因在于：① 这三个学科导航界面布局简洁明了；② 内容契合读者需求；③ 这三个导航的创建者，除在学科导航的形式与内容等本体方面“做功课”之外，其受欢迎度还取决于馆员同院系师生的日常学术交流以及进行 LibGuides 的有效宣传和推广，并精心维护其可持续发展。

由 2012 年国外大学图书馆导航数量和最受欢迎导航年浏览次数的相关数据可

见(见表 2),国内学科导航对读者的吸引力远远低于国外图书馆情况。应主要归因于国内学科导航的引入起步较晚,尚处于过渡期;与读者学习研究的内容结合度不高,大多数学科导航,包括嵌入师生课程的导航,其特色与吸引力也是在创建初期如昙花一现,后劲不足,甚至有些访问量比较低的导航,其更新时间仍然处于 2013 年的停滞状态;学科导航的页面形式单一,内容针对性偏弱,互动效果不强。对比表 1 和表 2 可知,国内高校读者访问 LibGuides 学科导航的频率远远低于国外情况,读者对 LibGuides 的知晓度和认可度,甚至运用 LibGuides 平台与馆员互动的积极性也不高。

表 2 2012 年国外大学图书馆导航数和最受欢迎导航年浏览次数[6]

大学名称	导航总数/个	最受欢迎导航年浏览次数
康奈尔大学	795	13 524 (课程导引)
杜克大学	759	22 341
伊利诺伊大学	877	16 996

2.2 上海交通大学图书馆 SEIEE LibGuide

为了判断上海交通大学读者对图书馆学科导航平台的认知度和利用程度,以及更好的创建并维护电信学院 SEIEE LibGuide,本文采用问卷调查法,通过发放 50 份纸本问卷和 50 份电子邮件方式进行调查研究。该问卷分为两级指标: 3 个一级指标,每个一级指标对应 4 个二级指标,共 12 个二级指标。一级指标分为 SEIEE 图书馆学科导航总体概况(界面设计,资源总量,资源质量,系统配置 4 个二级指标); SEIEE 图书馆学科导航特性(及时性,交互性,可持续性,安全性);读者对 SEIEE 图书馆学科导航认可度指标(权威性,精炼性,可靠性,规范性)。在对读者反馈的问卷进行分析时发现,只有 1 份问卷 100%填写正确。由此可以看出,第一,本文问卷设置有问题;第二,读者对 LibGuides 平台知之甚少;第三,读者对 LibGuides 利用率低,这也是造成该结果的根本原因。

2.2.1 SEIEE LibGuide 主要优势和特点

1) 界面风格新颖

基于上述调研分析,上海交通大学图书馆 SEIEE LibGuide 克服了以往学科导航界面布局单一枯燥的不足,将主页(home)界面与上海交通大学图书馆主页 Windows 8 风格相接轨,分别设立新生、本科生、研究生、教师四个导航模块,作为读者一站式学科导航的入口,增强页面美观度对读者的吸引力,如图 3 所示。

2) 内容针对性强

每个页面(page)以不同读者身份创建出具有较强群体区分度和针对性的学科导航内容。如针对新生导航模块,主要介绍图书馆方位布局,书目借还流程与规则,简

图 3 上海交通大学图书馆 SEIEE LibGuide 主页界面

单检索查找图书资源等内容；针对本科生则侧重于教学信息和论文写作等内容；针对研究生则主要是科研、课题查新、数据库检索等内容；教师导航内容主要涉及教学方法、PPT 课件制作，基金和科研项目申请等内容。旨在满足不同身份的读者个性化的资源和信息需求。

3）信息专员轮值

引入信息专员轮流值班机制，每位信息专员值班一周时间，负责检查以往内容漏洞，并可以单独创建 BOX，介绍其团队科研情况和学术动态，科研资源以及信息专员自身在学习与科研过程中的收获等。旨在通过各位信息专员参与图书馆学科导航 LibGuides 建设与维护工作，履行信息专员的相应职责，使信息专员真正融入图书馆学科服务的日常工作中；并将 SEIEE 图书馆真正建设成各位师生的学习与科研资源获取平台，满足信息专员所在院系、所在学科团队的特色需求，同时为全学院的师生构建一站式获取该学科专业资源与信息的微型图书馆。

4）馆员与读者交互共享

图书馆学科服务人员以 LibGuides 平台为虚拟阵地，充分引导和发挥信息专员的个性特长，给予信息专员展现其学识、技巧与技能的机会和平台，使信息专员乐于架起图书馆与院系学科团队、实验室之间的桥梁，同时亦能增强馆员协同读者共建共享 LibGuides 平台的交互功能。

5）宣传推广扩大影响

2014 年 12 月，为扩大 SEIEE 图书馆学科导航建设的影响力，使广大师生积极参与其中并促进其可持续性发展，电子电气学科服务团队拜访教授过程中，对 LibGuides 学科导航进行了面对面的宣传和推广。SEIEE 图书馆于 2014 年发布以后，当年的 12 月 9 日日最高访问量高达 167 次，如图 4 和图 5 所示。

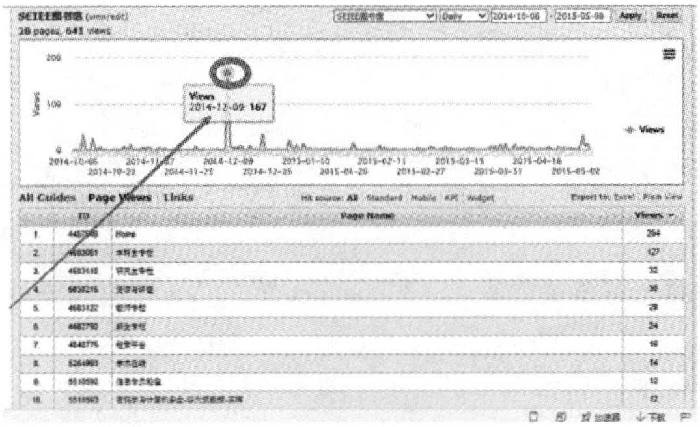

图 4　2014 年最高访问量

上海交通大學圖書館
Shanghai Jiao Tong University Library

图书馆电子电气学科服务团队-信息专员 SEIEE 图书馆 LibGuides-轮值排班表

轮值时间	姓　名
01 月 05 日~01 月 09 日	孙　辰
01 月 12 日~01 月 16 日	李晓东
04 月 07 日~04 月 10 日	王　晖
04 月 13 日~04 月 17 日	陈骥希
04 月 20 日~04 月 24 日	薛若冰
04 月 23 日~04 月 27 日	李思莹
04 月 27 日~04 月 30 日	孙攀军
05 月 04 日~05 月 08 日	郭鹏泽
05 月 11 日~05 月 15 日	方斯顿
05 月 18 日~05 月 22 日	王　嫱
05 月 25 日~05 月 29 日	怀　峥
06 月 01 日~06 月 05 日	何浠松
06 月 08 日~06 月 12 日	刘　凌
06 月 15 日~06 月 19 日	罗　晓
06 月 22 日~06 月 26 日	王亚伟

图 5　信息专员轮值排班表

2.2.2　SEIEE LibGuide 的不足和解决方案

1）Library Guides 嵌入课程网站

上海交通大学图书馆引入和应用 LibGuides 平台进行学科服务的推广建设，已经有 5 年时间，尽管由当初的 10 个到现在的 49 个，在数量上有所增长。馆员们也注意到前期制作的不足，并在后面再建设过程中取长补短。但是读者访问量仍然偏低、适用性还不够强。针对该问题的解决方案可以借鉴杜克大学的 Library Guides 嵌入课程网站的做法。2007 年秋，杜克大学的 4 位图书馆员向一些教师请求许可他们以“课程构建者”的身份嵌入到他们 Blackboard 课程网站中。8—12 月 58 个 Guides 的点击率高达 12 737 次。教师们也非常喜欢新的 Library Guides 界面，甚至有些教师声称发现学生们的功课有了明显的进步，且把这些归功于 Library Guides 和面对面的指导，LibraryGuides 简直可称得上“重拳出击、效果显著”[7]。

2）协同教授推动，图书馆与学院统筹

建立一种绑定机制，方便学科馆员保持频繁的、持续的与用户沟通与互动，加强感情联络，加强双方的合作与协调[8]，教授作为教学与科研的主导，馆员协同教授共建 LibGuides 平台应该是比较有效的方式。图书馆与学院达成绑定机制，会更有利于推动 LibGuides 平台建设与维护。

3　结语

基于图书馆学科导航拥有更集中的、专业化的学术资源和数据库资源，将 LibGuides 的建设与师生的课程管理系统相结合，既能提高 SEIEE LibGuide 的利用率，又可推广其在师生中的认知度和受欢迎度。将 LibGuides 的建设与新生专栏相结合，能够拉近新生与图书馆的心理距离，还能够在可持续发展中增加新成员参与建设。值此新媒体爆炸的时代背景下，读者获取学术资源的途径广泛而多样化，高校图书馆究竟如何做好 LibGuides 的建设与维护，恰到好处地贴近读者需求是值得深思和实践中的瓶颈问题；既不过分包装宣传，又不自娱自乐，打好阵地战和持久战，协同读者共同创建和维护，需要学科服务人员不断在实践中探索。

参考文献

[1] 何雅琪，齐慧彬，刘敬芹，等. 基于 LibGuides 的用户协作式学科服务平台建设实践[J]. 图书情报工作，2013，57(21)：81－85.

[2] 熊欣欣，李艳芬，周晓丽. 高校图书馆学科服务解决方案——LibGuides 综述[J]. 图书馆学研究，2011(11)：33－36.

[3] 袁晔，郭晶，余晓蔚. Libguides 学科服务平台的应用实践和优化策略[J]. 图书情报工作，2013，57(2)：19－23.

[4] Bowen A. A Libguides presence in a Blackboard environment[J]. Reference Services Review，2012，40(3)：449－468.

[5] 金小璞，徐芳. 基于 LibGuides 的图书馆学科服务中的用户交互问题研究——以西交利物浦大学为例[J]. 情报资料工作，2012(2)：58－62.

[6] 傅天珍，郑江平. 国内外 LibGuides 应用差异分析及启示[J]. 图书情报工作，2013，57(5)：61－65.

[7] 李晓娟. 杜克大学学科 LibGuides 嵌入 Blackboard 的启示[J]. 情报资料工作，2014(1)：71－74.

[8] 初景利. 学科馆员对嵌入式学科服务的认知与解析[J]. 图书情报研究，2012(3)：1－8.

浅析高校建设数字音乐图书馆的意义及策略

舒侃侃

摘　要　数字音乐图书馆是虚拟化的分布式、开放式、对象化集成知识信息系统。依托信息存储与检索平台,它可以有效节约信息存储空间,跨数据库整合优质信息,完善资源结构,提供精准检索服务,打破时间、空间壁垒,带来便捷高效的信息使用体验。将数字音乐图书馆系统引入高校,可为其教研活动注入新的活力。本文从数字音乐图书馆的概念入手,从教研支持、学生综合素养的提升等角度分析了建设高校数字音乐图书馆的意义,并提出了相应的建设数字音乐图书馆的基本建议。

关键词　数字音乐图书馆　资源整合　教研支持　互动平台

随着互联网与信息平台技术的进一步发展,信息存储与分享技术日趋成熟,为人们的信息交流与共享生活带来了全新体验。基于逐步完善的技术平台,数字音乐图书馆(digital music library)凭借诸多优势逐渐走入民众视野。对于高校来说,建设数字音乐图书馆具有更加深远的意义。

1　数字音乐图书馆解析

从本质上来看,数字音乐图书馆是一种多媒体制作的分布式信息系统,它以获取、分享音乐知识信息为目标,依托完善的信息存储、筛选、检索、利用、分享技术平台,整合各类音乐知识信息,将各类信息资源数据化整合,集成存储于硬件系统,从而实现跨区域、跨时间的音乐知识信息检索、使用与分享服务。

从本质来看,数字音乐图书馆是一种集成化知识信息系统。它依托信息技术平台,打破信息收集、存储、分享环节中面临的时间、空间载体壁垒,发挥数字化系统管理优势,形成连接异种数据库与智能检索的全新服务格局,从而成为一种数字化、便捷化、分布式、大规模的音乐知识信息服务系统。

音乐数字图书馆并非一类实体，它的工作系统贯穿于音乐知识信息收集与使用的整个链条。同时，音乐数字图书馆也是一项社会公共事业，它整合优质音乐知识信息资源，以给受众群体提供突破时间、空间限制的高效信息服务为核心诉求，凭借信息整合与精准检索的独特优势，为用户提供全面、整序、便捷、优质的信息资源。

互联网技术的快速发展，为信息使用群体带来了更加直观的信息使用模式与丰富繁杂的信息资源。而技术的变革与用户的信息使用习惯、能力也具有交互影响的特质，新型信息环境改变了用户的信息利用渠道，影响着用户的信息分享模式，逐渐培养起用户更加多元化的信息服务要求。数字音乐图书馆的产生、发展与信息环境的变革关联紧密，其灵活便捷的服务模式、全面优质的信息资源、高效多元的管理机制造就了其以用户服务为发展导向的全新信息服务形态，从而有效对接音乐信息使用者的现实需求。数字音乐图书馆，借鉴传统图书馆的资源管理模式与组织架构，对接数字信息资源管理的独特优势，对音乐类知识资源整合优化，形成专业化的学科优势，是未来学科图书馆的重要发展方向。

2 建设数字音乐图书馆对于高校的意义

2.1 为教学提供支持与服务

将数字音乐图书馆引入高校信息管理系统，是高校教学服务体系的一项突破。将数字音乐图书馆系统引入高校，将会为高校教学工作提供强大的知识信息资源支撑。

第一，数字音乐图书馆信息收集与存储系统可联动整合优质音乐信息资源，突破传统图书馆信息整合受制于物理空间这一瓶颈，连接异种数据库，形成跨越多个工作站、数字服务站、数据库之间的交互信息传输渠道，从而形成与物理空间无关的大规模、交互式、分布式信息梳理与存储平台。数字音乐图书馆的平台系统可借此优势抓取更加全面的音乐分类信息，并对其进行整序梳理，从而大大提升了高校图书馆的教学信息存储能力。

第二，数字音乐图书馆采用的信息存储方式多为磁盘存储，磁盘存储器所占用的物理空间较小，在很大程度上节约了信息存储空间，从而为信息的再整合与知识的无限扩充提供了外部条件。

第三，数字音乐图书馆提供了专业化、类别化的信息检索与使用服务，为信息使用者集中提供多维度的音乐信息支持。全面、完整、丰富的音乐类知识信息[1]。

2.2 增强学生的综合知识培养

将数字音乐图书馆引进高校，不仅可为相关的教学与研究工作提供基础性支持，更可为在校学生提供全新的自主学习与知识服务平台，从而提升学生的综合素养，完善其知识体系与能力结构。数字音乐图书馆借鉴传统图书馆的资源管理结构与组织架构,但利用系统技术赋予平台以全新的交互式用户使用界面,带给用户全新的信息检索与使用体验。

非音乐及相关专业的高校在校生需要的音乐知识信息具有多元化特征,其对音乐知识的追求多数出于个人兴趣,信息使用与检索方式趋于碎片化,信息内容及使用模式的趣味性与匹配性要求随之凸显。传统高校音乐图书馆收藏的知识内容趋于标准化,且信息检索与使用模式固化,对学生的个人知识基础也有一定要求。而数字音乐图书馆不仅能为学生提供更加全面的知识信息,以匹配其日趋多样化的信息使用需求,更以自主化的信息使用体验,为系统内存储的信息注入新的活力,改变信息单向式传递路径,以灵活的信息使用方式真正连通读者,充分盘活信息资源,使学生能够更加直观地接触音乐知识,更加主动地探索知识,更加系统地理解知识,从而在便捷的信息互动中潜移默化地提升学生的综合音乐素养。

2.3 更好增加馆员与师生互动交流

数字音乐图书馆改变了传统图书馆馆员与师生的互动交流模式,以服务为导向,以信息化数字沟通平台为依托,形成了更加灵活高效的互动渠道。一方面,数字音乐图书馆改变了传统图书馆体系下,信息使用者必须与馆员直接接触才能激活信息使用流程的互动模式。它依托虚拟化的知识信息系统,将馆员与师生的互动交流模式与物理空间的束缚剥离,对接各类互动交流终端,形成了全新的交互性互动关系。

另一方面,当师生有资料检索、信息咨询、个人业务办理等需求时,可打破柜台办理的时空局限性,通过账户登录、网上留言、客户端留言、自助信息终端服务等渠道及时表达、传递需求,借助各类终端、平台媒介与馆员及其他服务者进行实时互动交流,极大地提升了业务效率,增加了沟通频率。师生的使用需求得以及时传递给图书馆管理人员,交互式沟通模式也在很大程度上提升了资源利用效率与服务质量。

2.4 延伸课堂后学习,拓展师生兴趣发展

高校数字音乐图书馆将成为师生延伸课堂知识链条,开展课后自主学习的全新平台与重要助力,帮助师生进一步拓展自己的兴趣面。一方面,高校数字音乐图书馆凭借其资源整合优势,整序存储了大量跨区域、跨平台、跨数据库的音乐知识信息。这些信息内容丰富,知识点覆盖全面,结构多元,相较于传统图书馆,可更充分地满足师生的兴趣发展要求。

如KUKE数字音乐图书馆拥有Naxos, Marco Polo, Countdown, AVC等国际著名唱片公司的授权,同时整合了中国唱片总公司等国内唱片公司的资源。目前该图书馆已经收藏了世界上98%的古典音乐,以及中国、美国、西班牙、日本、瑞士、南非、伊朗等多个国家独具特色的民族风情音乐,同时还包含爵士音乐、电影音乐、新世纪音乐等多种音乐类型;并且汇聚了从中世纪到现代5 000多位艺术家、100多种乐

器的音乐作品，总计约 50 万首曲目[2]。丰富的音乐知识资源，可充分满足师生兴趣发展的需要。

另一方面，高校师生可依托校园机房、个人电脑、相应数据库客户终端等连接渠道，随时随地对接信息检索、电子书籍及影音资料查阅等课后学习诉求。数字音乐图书馆可为师生提供全天候、跨终端、跨地点的分布式信息数据集成系统，突破时间与空间对音乐知识学习的限制，进一步扩大信息用户群体，提升师生对课后学习与研讨的兴趣，以高效便捷的全新体验进一步拓展师生兴趣发展。

3 建设数字音乐图书馆对于图书馆文献资源的提升

3.1 增强馆藏个性化、特色化、民俗化音乐文献

收集、存储、筛选、检索、使用、分享是图书馆文献信息资源管理的主要环节，这些环节形成完整的信息组织链条，整合大规模、分布式的音乐信息资源，将不同地域、不同类别的信息依据一定标准进行有序组织与梳理，从而形成全新的待检索资源序列。

一方面，数字音乐图书馆可以凭借大量的文献资源构筑以中文为主体的专业音乐信息数据库，横向整合大规模个性化、特色化、民俗化音乐文献资源。另一方面，数字音乐图书馆存储的可供使用的音乐知识信息不仅包括电子书籍，还包括多媒体资料、电子杂志、电子图册、动画影音、声音、视频资料等。且随着技术的不断完善，数字音乐图书馆存储的信息可对接更多存储介质。高校数字音乐图书馆作为面向对象的开放式、分布式、集成式大规模多媒体资源综合数据库，其媒介形式可扩展至声、光、电、图像、文本、多媒体等多种形式，其外部存储载体也可对接光盘、磁盘、多媒体设备、电子设备等，其通过超媒体、超文本、多媒体链接多种信息资源的独特优势可契合更多音乐文献种类，为扩充文献数据库提供外部可行性助力，打造更加丰富、多元、个性的馆藏文献资源库[3]。

3.2 保存历史优秀音乐文献资源

将数字音乐图书馆引入高校，有利于保存历史优秀音乐文献资源。数字音乐图书馆作为一种知识信息集成系统，没有图书馆实体，却可以借助互联网平台存储各类信息流质，充分盘活音乐文献资源，为其注入新的活力。

数字音乐图书馆是保存、保护历史优秀音乐文献资源的重要驱动力。数字音乐图书馆系统将各类文献资源加以数据化并进行存储为着力点，书刊、善本、古籍、原始图像及各类文本资料，以及微缩胶片等优秀历史文献资源均可被整合收录、存储起来。历史音乐文献经数据化处理，存储更为便捷、安全、完整、系统，且具有整序扩充的优势。如 KUKE 数字音乐图书馆系统，就存储了约五十位音乐名家的历史演奏文献，包括格什温亲自演奏的《蓝色狂想曲》音频资料，指挥大师卡拉扬于半个世纪之前进行指挥的录音资源等[4]。

此外，数字音乐图书馆在对各类历史音乐文献进行数据化处理后，可将原件移往博物馆、研究院所等更加安全、适宜的保管处所，而数字化复制的文献资源则能充分满足一般的信息使用与分享需求，在妥善保存优秀历史音乐文献资源的同时提升资源利用效率，使优秀历史音乐资源焕发新的生机。

3.3 馆际互借特色资源分建共享

将数字音乐图书馆系统引入高校，充分发挥其资源整合与共享优势，可通过馆际互借特色资源共享，有效提升高校音乐文献资源质量，完善音乐文献资源结构。数字音乐图书馆可打通多个异种数据库，连接跨区域服务站、信息站，构筑结构化知识组织与非线性信息整序排列。依托高效的结构化检索系统，可有效连通各个数字图书馆的资源数据库，协作联动，优化特色资源配置，提升资源利用率。

如某个数字音乐图书馆的用户在访问本馆数据库查阅信息时，不必再逐一访问信息站点，自己筛选繁复冗杂的信息，而是可以依托强大的协调式、联合式的交互性操作系统，从标准的同类信息资源中筛选信息的深层语义，通过一个操作站点获取各个数字图书馆资源库中的系统化信息，客户终端将为其提供完整的、体系化的资料，并将其一次性呈现出来，使用户可以实现突破时间、空间限制的馆际特色资源共享。

4 建设数字音乐图书馆的策略

4.1 音乐类资源的收集整合

进一步强化数字音乐图书馆系统整合音乐类信息资源的能力，是建设高校数字音乐图书馆的关键策略。第一，建议进一步完善技术集成体系，包括大规模数据管理及处理技术、信息数据化技术、多媒体资源处理及应用技术、网络空间技术、语义理解、信息剥离、信息传播及系统维护技术等，以攻克技术难点，实现综合提升。在建设数据库时，要注意尽量符合通用技术标准，对于非标准化数据信息要保留灵活接口，以契合后期的数据化及信息传输、匹配工作[5]。完善的技术支持是收集整合音乐类资源，组织有效知识结构的重要前提与关键支撑。

第二，如条件允许，建议在引入外部数字音乐图书馆的基础上，将自身纸质音乐类馆藏资源加以数据化，整合纳入数字资源库，从而进一步完善音乐类资源结构，并根据高校自身的教研工作特点，打造特色馆藏资源库，形成独特优势。

第三，建议依托数字音乐图书馆信息抽离、筛选及检索系统的优势，进一步整合分类资源，提升操作交互性，在信息精准分类与匹配的基础上扩展资源类别。如中央音乐学院数字音乐图书馆就在收集、存储基本音乐类资源的基础上，加入了音乐名家信息、世界著名音乐学府、世界音乐比赛与音乐会、乐器及制造商查询名录、音乐术语与常识等多个资源类目，充分发挥数字音乐图书馆资源整合优势，完善音乐类资源结构[6]。

4.2 数字音乐图书馆馆员与师生互动交流平台

打造高校数字音乐图书馆馆员与师生互动交流平台，可有效提升图书馆的信息服务质量与用户体验，更好地对接用户的现实信息利用需求。数字音乐图书馆可实现图书馆馆员与师生的剥离式交互互动，因而互动平台的灵活性、信息传递的时效性、用户使用的便捷性、信息反馈的精准性成为影响互动质量的关键要素。建议定期维护平台系统，确保硬件支持，保证信息传递与反馈速度，提升用户体验。

此外，数字音乐图书馆突破了传统图书馆双方主体交流的单向性与局限性，强化了交互模式，提升了交流模式中用户的主动性，凭借对象化的信息分布优势，将简单的信息传递与反馈流程转换为以提升用户体验为诉求，以优化用户服务为导向的全新互动机制。建议依托馆员与师生的互动交流平台，匹配个性化、多样化、交互性的多元互动模式。如用户可使用自己的图书馆账号形成个人资源信息使用档案，记录每位师生资源检索、使用的内容与习惯，在数据处理技术的辅助下捕捉不同用户的差异性有效需求与信息使用习惯，并将其反馈给馆员信息处理系统。后者则可以凭借数字音乐图书馆的信息发布与传递优势，对不同账号精准投放不同的音乐资源推荐，并依据其使用习惯调整检索序列，借助信息传递机制实现双方间的实时互动交流，捕捉动态信息流，提供更精准的音乐资源使用服务。

4.3 数字音乐图书馆音乐欣赏及学习资源

充分整合利用高校数字图书馆的音乐欣赏及学习资源，盘活各类资源，打通信息流转环节，是引导高校数字音乐图书馆系统对接师生现实需求的重要渠道。在实践中，可依托高校数字音乐图书馆的丰富资源及平台的交互性优势，打造个性化音乐欣赏及学习板块，提升音乐资源利用效率。比如 KUKE 数字音乐图书馆在进入高校后，推出了多个趣味学习模块。KUKE 数字音乐图书馆收录了大量英文朗读资料，均由 BBC、ABC 等广播电台的著名主播朗读，辅以相契合的古典音乐，带给读者丰富、直观、立体的学习体验，受到了高校师生的青睐。其内容涵盖了儿童文学、诗歌名著、小说、历史传记等近千部作品，目前已被众多院校作为英语口语视听课件使用。

KUKE 数字图书馆还为唱片等影音资料配备了丰富的文字解释，内容涵盖音乐常识介绍、歌剧文学内容简介、音乐家信息等，扩展了学习资源的广度，提升了师生对音乐欣赏的兴趣。此外，该数字音乐图书馆还打造了《ARIA 阿丽雅》电子时尚古典音乐杂志，内容涵盖中外优秀歌剧欣赏、世界音乐探索、中国音乐、名家漫谈、时尚经典音乐等，汇集了多元化的音乐元素。其作为全新的音乐学习资源，以师生喜爱的电子杂志作为媒介向用户由浅入深地传递古典音乐知识，大大提升了学习的互动性，使师生在音乐欣赏与知识学习的过程中充分发挥主观能动性，精准、高效、持续地利用音乐数字图书馆中的学习资源[7]。

5 结语

互联网技术的发展带来了空前丰富的信息资源，用户对信息检索、使用、分享的要求也随之发生改变。依托快速发展的信息与平台技术，数字音乐图书馆这一概念逐渐走入民众视野。数字音乐图书馆是一类分布式、大规模、专业学科化的知识信息资源集成系统，整合信息收录、筛选、存储、检索、分享、利用等多个信息资源管理环节。高校数字音乐图书馆，依托大规模、系统化的音乐类资源数据库，以及精准、开放、结构化的检索体系，为高校师生带来了全新的信息使用与共享体验，充分满足其个性化、多元化、碎片化的学习需求。将数字音乐图书馆引入高校，不仅可为高校教研工作提供强大的信息支持，更可以拓展教研板块，延伸课堂学习链条，完善师生的知识结构，丰富其知识储备，提升其综合素养。且高校数字音乐图书馆可进一步整合、扩充音乐类文献资源，存储大量优秀历史音乐文献，形成特色数据库。结合数字音乐图书馆的特质，从进一步收集整合音乐信息资源、构筑馆员与师生交互式沟通平台，充分利用学习资源等角度入手，可有针对性地进一步提升高校数字音乐图书馆建设水平。

参考文献

[1] 赵大朋.基于 Web2.0 的数字音乐图书馆[J].计算机工程，2009(35).

[2] 单亚丽.漫步音乐世界——库克数字音乐图书馆评介[J].图书馆建设，2011(25).

[3] 赵继海.论数字图书馆个性化定制服务[J].中国图书馆学报，2008(27).

[4] 刘冬萌.高雅音乐进校园的新途径——基于库客数字音乐图书馆的思考[J].音乐大观，2014(10).

[5] 路玉丽.数字图书馆建设中存在的问题及意义分析[J].黑龙江科技信息，2012(12).

[6] 倪文敏.论现代个人数字图书馆的个性化服务[J].辽宁省社会主义学院学报，2014(16).

[7] 景月亲.走进音乐的殿堂——“库客数字音乐图书馆”检索应用研究[J].中国索引，2014(02).

图书馆自助借还与馆员工作站服务模式初探

丁建敏

摘　要　探讨无线射频识别技术(RFID)应用于图书馆自助借还后所带来的变革,以及由此建立的馆员工作站服务模式在图书馆转型进程中发挥的积极作用和面临的挑战。自助借还的实现是培养读者自助文化中最重要的一环,也是工作人员得以解放人力,提升服务层次的必要条件。以上海交通大学图书馆为例,研究馆员工作站服务模式在延长服务时间,提升服务的广度和深度,调配馆员人力资源等方面的优势,以及由此面临的新挑战。

关键词　无线射频识别技术　馆员工作站　自助借还　流通

进入21世纪,全球范围内掀起了一场无线射频识别技术(RFID)的热潮,该技术是一种非接触的自动识别技术,其基本原理是利用射频信号和空间耦合(电感或电磁耦合)或雷达反射的传输特性,实现对被识别物体的自动识别和相关数据获取。RFID技术在制造、物流、零售、交通,甚至旅游等行业的应用迅速发展覆盖,被业界公认为是21世纪最具潜力的技术之一。随着图书馆界对RFID技术及其应用的认知、探索、深入应用,无疑会给这一古老的行业带来一场翻天覆地的技术革命,以及已经开始、但无疑会被这一技术剧烈催化的图书馆转型进程。

1　RFID技术催化图书馆转型

继深圳图书馆(2006年7月),集美大学诚毅学院图书馆(2006年2月)这两家首开国内图书馆应用RFID技术先河之后,公共图书馆和高校图书馆均有不在少数对这项新技术青睐有加,如厦门市少年儿童图书馆、上海市长宁区图书馆、武汉市图书馆、汕头大学图书馆、中国国家图书馆、上海图书馆等先后建成使用RFID智能系统或已正在酝酿中。

简而言之，具体到图书馆的应用，就是为书籍加装 RFID 标签，并配备相应的读取设备，从而实现自助借还书系统、标签转换系统、馆藏盘查系统、门禁识别系统等自动化管理系统的一条龙应用。借助 RFID 技术，图书馆提高了流通效率，服务水平得到了大幅提高，节省了大量的人力和物力，取得了良好的经济效益和社会效益。

尤其对于图书馆而言，相对已经运用成熟的自助复印和自助缴费系统，RFID 技术的投入使用，使得整个自助服务链上最重要的"自助借还"系统得以较圆满的实现。这不仅有利于创建图书馆自助服务文化氛围，更为催生智慧图书馆，加速服务转型带来了无限可能。

2 延长服务时间，提高图书流通率

2010 年，由内地和香港三所大学图书馆，即香港城市大学、上海交通大学及清华大学图书馆联合发起，建立"高校图书馆'UHF RFID'应用工作小组"，并于当年 3 月召开了第一次工作会议。至 2011 年 6 月第四次工作会议时正式改名为"高校图书馆 RFID 技术应用联盟"（以下简称"联盟"）。2012 年，北京大学、复旦大学、浙江大学、香港理工大学、台湾逢甲大学等又相继加入联盟工作组。共同希望 RFID 技术会给图书馆的整个服务体系带来革命性的变化，拓展出更多"智慧型"的模式、解决方案和应用系统，而非简单地实现"方便借还"这样的替代传统服务[1]。

以上海交通大学图书馆为例，从 2014 年 3 月起中旬到当年 11 月中旬，图书馆主馆、包玉刚馆、徐汇社科馆在正常运行、未闭馆及闭库的情况下，完成了一百余万册图书的标签粘贴及转换工作。并通过转换过程中及完成后的各项指标测试，于当年 12 月上旬正式将自助借还系统及配套的馆员工作站在图书馆主馆投入使用。

在运行了一段时间后，抽取 2015 年的数据进行统计，如表 1 所示。

表 1 读者借还书数量统计

	周一至周五 20:00—22:00		周末 8:00—22:00			
	借	还	六(借)	六(还)	日(借)	日(还)
三 月	4 990	2 585	3 232	2 431	3 887	5 619
四 月	4 217	2 350	2 865	2 543	2 118	2 028
五 月	4 155	2 533	3 140	2 722	3 091	2 943
六 月	3 701	2 523	1 843	1 989	2 174	2 578

有鉴于 2014 年 12 月为自助借还设备熟悉期，并排除 2015 年 1 月及 2 月寒假时间，接下来的 4 个月所统计的数据截取的时间段正是未投入自助借还设备前，没有人

工值守的时段(除周六),也即原先无法进行图书借还操作的时间段。

从表 1 中数据可以看出,在周一至周五的 20:00—22:00 的这两小时内,每日借还书总量平均约为 45 本。以一般人均单次借阅量 1.5～3 本计算的话,服务读者人次可达 15～30 人,每小时约服务 10 余人次。对于该时段而言,一般读者借阅的都是急需的图书,或是图书馆“铁杆”爱好者在一天的最后时光借走自己心仪的图书。自助借还机的设立,无疑在这一时段大大提升了读者的图书馆使用感受,对图书馆树立知识传播中心起到了正面的强化作用。

再以每月平均 4 个周末计,周六、周日的单日借还书量平均为一千余本,尤其是三月份的周日达到了日均两千多本,可以视作为读者和自助借还设备的“蜜月期”。原本在周日到馆的读者无法处理图书借还业务,三月份的统计数据可以视作为读者需求的一次大爆发,此后也稳定在了一个较高的使用频率上。这一数据无疑也是对自助借还设备效益价值的正反馈,即在节省人力的同时,延长了借还书时间,培养了读者的自助服务习惯,加强其自我服务能力。而这样一种自助文化的形成,对促进图书馆的高效运行,无疑是有益的。

3 从“流通台”到“馆员工作站”

除了延长了借还书时间,由此催生的全新服务模式即为馆员工作站模式,可以说馆员工作站集成了原先的流通服务功能和证件事物处理功能,在本案例中,还承担了事实上的读者咨询服务总台功能。同时继续承担原个人负责的馆内其余各项事务。

3.1 “馆员工作站”模式促进业务整合

由于将自助借还机、馆员工作站、自助罚款缴费机集成在了一块比较集中的区域,整个“自助服务系统”得以高效运行。当读者在自助借还过程中,或使用设备前表现出为难、犹豫的状态时,馆员工作站内的工作人员可以第一时间观察到,并迅速反应,给出支持和引导。当借还过程中图书状态出现问题时,可以及时拿到工作站进行处理,或给予人工操作;当读者由于罚款超限或证件失效导致自助服务失败时,可由工作站一体化处理完成。而此前的服务模式需要读者先在“证件事务”窗口完成证件处理后,再次前往流通借还窗口进行借阅。

目前服务模式下,以下业务也由馆员工作站完成。在借归还书为预约书的归还及发信,预约书到期下架工作,异地预约图书每日书单打印及寻找工作,各类读者信息新增、开通、修改、延期、暂停、离校处理工作,移动学习终端借阅工作,以及其他各类读者咨询和证件事务处理工作。

3.2 “馆员工作站”模式提高人员配备效率,提升馆员专业素养

除了以上可以视作“窗口业务”的工作站工作内容,新服务模式下的人员布局变

动，使得原先被隔离开的“窗口”与“后台”可以有更好的统筹布局，在不增加人员的情况下延长了流通及证件事务服务时间，并使更多的工作人员由从事某项单一的工作内容变到参与整个工作流程，从各司其职变成“通才”。

从人员配置及服务时间上，可以看到如下变化，如表2所示。

表2 应用RFID后人员配置与服务时间的变化

	原服务人员	原服务时间	现服务人员	现服务时间
流通	两名馆员	周一至周五 8:00—20:00 周六 9:00—16:00	一名馆员(非工作站，兼休闲区管理等事务)	周一至周日 8:00—22:00
证件事务	一名馆员	周一至周五 8:0—17:00 (午休暂停1小时)	馆员工作站(配额3人。日均在岗2人，夜间1人值守)	周一至周五 8:00—20:00 周六 9:00—16:00 (无午休暂停时间)
移动学习终端	证件事务岗兼任	周一至周五 8:00—17:00 (午休暂停1小时)	馆员工作站兼任	周一至周五 8:00—17:00 (无午休暂停时间)
个人专项业务	后台四名工作人员各负责其专项业务	周一至周五日班	后台仅一人为专职学科事务。其余各专项工作由工作站成员兼任	周一至周五日班

由表2可以看出，原先的人员配置是窗口(2+1)+后台4的组成，即窗口共三人：两人同时分别负责借、还图书，一人处理证件事务及移动学习终端，以及大部分的读者咨询。而后台四人，一人专门负责学科事务，一人负责学生勤助工作，另两人负责其余流通事务(如分拣、上磁、休闲区等)及个人其余业务。日均同时在岗7人，每周服务时间67小时(按窗口计)。自助借还机投入使用以及馆员工作站模式创建后，人员配置修改为窗口(2+1)+后台2的组成，即窗口工作站成员2人(夜间1人)处理原上述业务，另一人处理窗口杂项事务并兼顾休闲区。而后台人数得到巨大缩减，除仍由一人专门负责学科事务，另一人仅需负责流通杂项事务(如分拣、上磁、兼顾休闲区)。日均同时在岗5人，每周服务时间大幅提升至98小时(按窗口计)，服务时间达到原先的147%，并且原其余各专项工作仍由馆员工作站成员兼任完成。

馆员工作站模式的另一显而易见的优点是，工作站成员工作强度较原先岗位设置更平均，工作站全体成员参与了全部的窗口业务，熟悉各项工作流程，避免了原先证件事务岗工作人员因各种原因不能到岗情况下，无人能够替岗的尴尬局面。而原先由证件事务岗及后台工作人员承担的各专项业务，在优化分配后仍由每人负责一部分，责任到人。

此外馆员工作站还承担了问题图书的处理，加装标签及重新定位等工作。结合工作站在承担读者咨询服务时获得的第一手读者意见与建议，未来可对馆藏资源调整提出优化建议。

4 “自助”——指向“安全”与“隐私”的双刃剑

使用该系统后，整个“自助服务系统”成功完成闭环。当读者进入图书馆，首先可以在自助查询电脑上查询图书的馆藏信息情况，找到所需图书后，通过使用“校园一卡通”在自助借还机上进行借阅，借阅成功的同时完成消磁，读者可在自助机上随时查询书籍到期日、是否有预约图书可取，以及被预约图书催还等个人当前的借阅情况。若因罚款超限，读者可在自助缴款机上完成缴纳后按以上步骤操作。在以上操作中，若无机器故障及读者“校园一卡通”失效问题，加之经过前期普及教育使用方法后，一旦进入常态使用，工作人员基本无须介入。

当然，任何新生事物在诞生初期总还是有着一些矛盾或不足。在受到大多数读者欢迎的同时，不可否认的是，自助借还对老年读者等部分特定人群造成了困扰，需要工作人员在第一时间给予指导和帮助，并引导其接受、了解、掌握这一新技术、新模式。另一较显著的矛盾就是保护读者隐私与保障流通安全的矛盾，在本案例中体现为读者使用“校园一卡通”自助借阅图书时，是否需要输入该卡号对应网络账户的密码。试运行期间要求读者在刷卡后输入密码，但耗费时间较长，降低自助借阅效率导致经常排队，以及部分平时不需要使用网络账户的读者无法进入系统借阅，需要临时开办。取消密码可以提高机器使用效率，但与之前人工借还相比，缺少安全保障即核对是否读者本人使用。经研究后的现行处理办法是取消密码，但在自助借还机上方加装摄像头，同时对读者加大安全使用宣传教育力度。

5 结语

RFID 技术在图书馆的应用，馆员工作站服务模式的建立，虽然还处于探索阶段，但有利于引导馆员学习、掌握新技术，从一成不变的重复劳动中抬起头来，关注新的变化和转型，在紧迫感中跟上变革的步伐，接受新理念，转型发挥自身的知识价值，加强对自身综合素质的主动提升。

参考文献

高校图书馆 RFID 技术应用联盟. http://www.cityu.edu.hk/lib/rfid_consortium/conference.html.

RFID 技术在高校图书馆流通服务中的应用与思考

李贵凤　徐　炜　陈晶晶

摘　要　介绍了RFID技术在上海交通大学图书馆流通服务中的应用现状，分析并总结了RFID技术在流通服务中的优势和不足之处，并针对RFID技术的不足之处提出了一些解决对策。

关键词　RFID技术　高校图书馆　流通服务

射频识别(radio frequency identification，RFID)是一种非接触式的自动识别技术，主要通过射频信号自动识别目标对象并获取相关数据。将RFID应用于图书馆，可大幅提高管理与运作效率，降低成本，因此RFID技术也被认为是构建智慧型图书馆服务的基石，日益受到关注，发展非常迅速[1]。

上海交通大学图书馆(以下简称“交大馆”)自2014年底采用RFID技术以来，在提升图书馆的服务质量，提高图书管理效率和读者的满意度等方面取得不错的效果，特别是工作比重最大的流通服务向自助、数字化发展，将RFID释放出的资源有效配置到高附加值的信息服务上，实现服务转型，提升了图书馆的整体形象，顺应了时代的发展潮流，但也存在一些实际问题。本文将针对这些问题进行分析、总结，为今后进一步做好服务工作提供借鉴。

1　RFID自助借还系统的工作原理

RFID自助借还系统通过结合无线射频识别、计算机、网络、软件以及触摸控制操作技术的方式，实现对安装有电子标签的多本图书进行同时借、还书操作。无线射频识别标签不需要工作人员手动操作，通过感应就可以向借还机发送信息。其主要由电子标签(Tag 芯片)、阅读器和数据管理系统三部分组成。

附着于图书的电子标签是一个由集成电路和天线组合而成的无线电收发器,它保存有可供识别的电子数据。当电子标签进入阅读器电磁场,就会产生感应电流,自动发送自身编码数据信息。阅读器读取并解码电子标签信息后,传送到电脑系统及相应的自动化管理软件,从而进行自助借还书操作处理。读者需要借书时,只需把读者证(内置 RFID 芯片)、图书放到机器平台上方的感应区就能自助办理借还书手续[2]。RFID 自助借还系统方便快捷、成功率高。以前需要借书时,都是走到借阅台前,工作人员对着电脑用激光扫码器逐一瞄准图书内部的条形码,成功读取后,再通过流通台消磁。

现代图书馆采用 RFID 技术进行数据读取,不论借书还书,自助借还机均可一次对多本图书进行一次性读取,无需一本一本重复操作。完全感受不到借还书工作的烦琐性和操作运行的复杂性,看不见红色激光扫描,不用接触和瞄准,无需重复操作,一定范围内自动识别,无需专员辅助。这种非常简单的操作,让广大读者体验到了图书馆充分运用科学技术后的便捷。

2 RFID 技术对流通服务带来的变革

2.1 简化流通过程

原来的借还书流程是工作人员通过扫描书的条码一本本进行操作,效率较低,工作量很大,也较容易与读者之间有冲突;而读者现在借还书只要在机器上自助操作就可以了。这既提高了图书的流通效率,也节省了大量的劳力。另外读者还可以在自助借还机上查询自己所借书的明细及图书归还时间等信息,极大地方便了读者。

2.2 保护读者的隐私,创造宽松的借阅环境

读者通过自助操作,对图书借阅的方便性有了更多的认识,增强了读者的自主意识,保护了自身的隐私,对图书馆有了亲切感。同时,工作人员也可以从手工借还操作中解放出来,走到读者中去,拉近与读者之间的距离,增加与读者的交流和沟通。在节省时间和方便读者的同时,服务方式也更加自由、灵活、便利,有利于图书馆形成愉悦的借阅环境,大大提高图书的使用率和流通量[3]。

2.3 减少排队时间,培养学生的动手能力

在未使用 RFID 自助借还系统之前,由于工作人员数量相对不足,借还速度比较慢,在图书馆流通台经常会见到读者排着长队的现象。而使用 RFID 自助借还机之后,读者只要按照设备屏幕显示进行操作,只需要十几秒就可以完成借还书的整个过程。RFID 自助借还机能对图书进行批处理,一次可以完成多本图书的借还识别工

作。减少了读者的等待时间,加快了图书的流通速度,让读者进入图书馆就能充分感到自由与放松。

2.4 避免了人工借还操作失误

在图书流通量比较大的情况,手工扫条码的借还方式有时会容易发生错误操作,造成读者图书的错误借还,以至于造成读者的不满意或者投诉。而读者自己使用RFID自助借还设备进行操作,每一个步骤屏幕提示操作简单明了,避免了人工借还环节中的错误操作,提高了读者对图书馆服务的满意率。

2.5 延伸了图书馆服务时间

使用RFID自主借还设备,即使工作人员不在的情况下,读者也可以自助进行借还书操作,极大地方便了读者。将来图书馆门口可以设置自助还书机,可以像银行自动取款机一样提供24小时自助还书服务。读者只需要将归还图书放入还书口,按操作提示进行操作,确认后即可完成图书归还。24小时还书设备不受图书馆开馆、闭馆的限制,极大地方便了读者,充分显示了图书馆的人性化服务。

3 RFID技术在流通服务中存在的问题及解决方案

3.1 自助借还操作失败

有些图书虽已加装RFID标签,但因种种原因自助借还机无法识别,造成读者自助借还操作失败。这需要及时对问题图书进行原因分析和进行相应的处理。例如书皮如果是锡箔纸,会导致无法读取RFID电子标签,对于此类书就需要更换书皮。

3.2 误读图书信息

RFID自助借还机感应过于灵敏,在两位读者距离隔得太近的情况下,其他读者手中的书刊也会被借还机读取到,从而产生莫名其妙的张冠李戴式的借还书记录。

解决方法主要有:一是可以像银行取钱一样,有次序进行借还。同时图书馆也须加强宣传,告知读者借、还书时所注意的事项,尽量避免扎堆或拥挤情况发生;馆员也要加强巡视,对不规范的操作及时进行纠正。二是针对RFID机天线功率设置不当带来的问题,可通过不断调试天线功率来解决。当功率设置为最大值时,RFID机识别灵敏度特别高,机器周边稍微有近一点的读者时,如果该读者手中有书,就会被机器误读到,造成不必要的麻烦;当功率设置为最小值时,则读者借、还书的信息就不能准确地被读到,造成借、还书失败[4]。为了解决这一矛盾,通过一段时间的运行和实践,交大馆系统发展部的人员经过不断调试天线功率的数值,把功率调整到一个比较理想的数值。

3.3 每次还书有册数限制

针对目前自助借还机一次还书数量限制为1本的问题，可以通过明显的提示信息更加容易让读者看到；另外还可以进行技术改进，使还书操作也可以跟借书操作一样，在多本书同时归还的情况下也可以可靠地进行。

3.4 自助借书消磁不成功

读者在自助借还设备上成功借书后，由于有些图书消磁失败，经过门禁系统仍然出现报警的情况，读者只能重新到馆员工作站人工消磁，给读者带来了一定的困扰。解决方法：一方面可以提高自助借还设备在消磁方面的可靠性，另外一方面门禁系统可以考虑只根据图书的借阅状态来判断是否报警。

3.5 无法识别损毁图书

读者自助借还书操作时，对于图书破损、污损甚至恶意损坏的情况无法在第一时间发现，难以确定是哪个读者所为。不过毕竟恶意损毁图书发生的比例比较小，所以可以通过对读者加强教育或者工作人员加强巡视获得解决。

3.6 部分读者排斥自助借还

对任何一种新事物的出现，人类所表现出来的接受程度都是不一样的，有接受的，有反对的，也有观望的。同样，对于交大馆的读者也是如此，有的读者对新生事物表现的是欣喜、兴奋，很乐于接受，并跃跃欲试，此类读者使用RFID自助借还机的频率就高；相反，有些读者持观望甚至是拒绝新生事物的态度，其往往不愿用RFID借还机进行自助借还。工作人员可以指导这些读者进行自助操作，逐步帮助读者过渡到更喜欢使用自助设备进行借还的状态。

3.7 工作人员工作量增大

在工作人员的潜意识里认为新技术的引进可以大大减少劳动量，但在RFID技术初期使用时，实际情况恰恰相反，由于读者对自助借还操作的不熟悉以及自助借还机的不稳定等原因，咨询量不但没有减少反而骤增，导致工作人员的工作量和工作压力加大。但是随着读者自助借还良好习惯的养成，图书馆流通服务人员从繁重的借还服务工作中解脱出来，可以进一步提升图书馆的服务水平，探索新环境下的读者服务模式。

4 结语

目前RFID技术在国内图书馆的应用还处于探索阶段，存在问题在所难免。但是相信随RFID技术在图书馆的应用和普及，自助借还服务模式一定会呈现出无限的生命力，极大地简化图书借还流程，使图书借还速率和流通次数得以提高，极大地提高图书馆的服务效率。另外RFID技术在图书馆的运用可以将大量的一线工作人员解放出来提供更多深层次的图书馆服务。

未来图书馆必将采用全开放的服务模式，RFID技术与图书借还系统网络连接，实现图书在线识别、查找、跟踪和管理[5]。随着基于RFID技术很多功能的实现，RFID技术并不仅仅能够实现自助借还、盘点等基础功能，在未来还可以打造出智能化、无人化、全自动化的智慧型图书馆。

参考文献

[1] 杨爱武. RFID在图书馆的应用现状及存在问题[J]. 现代情报，2012，32(4)：162-164.

[2] 朱学芳，曾娜，曾维. 自助借还书系统研发及应用探讨[J]. 情报科学，2009，(3)：413-416，436.

[3] 王丽云. RFID技术在图书馆应用中存在的问题及对策[J]. 当代图书馆，2009，97(1)：50-52.

[4] 叶莉. RFID技术在图书馆的应用实例及障碍分析：以武汉图书馆为例[J]. 图书馆论坛，2008，28(5)：71-73.

[5] 季毅，刘婉琦. RFID技术与图书馆智能化管理[J]. 图书情报工作，2008，(S2)：252-253.

陈列布展与社教宣传篇

刍议李政道图书馆场所精神营造

李　巍

摘　要　场所精神是建筑现象学研究的核心，只有当抽象的物化空间转化为有情感的人化空间时，建筑才能成为真正的建筑。本文从空间营造、知觉营造、事件营造的多个方面，对李政道图书馆建造与运行过程中如何进行场所精神营造简要分析，以期为今后同类文化场馆的场所精神营造提供借鉴。

关键词　李政道图书馆　场所精神　行为背景

"场所精神"是指人通过体验建筑与地域环境特质的关系以及建筑空间本身的艺术特质，而产生的认同感和归属感[i]。这一概念最初源于古罗马人的宗教信念，认为所有的个体和场所都拥有自己的守护神灵。守护神灵自始至终伴随着人和场所，同时决定着个体的特性和本质。尽管这种万物有灵的世界观所具有的神秘色彩，广受现代社会的批判，但是其中古代先民们对环境特质的认识及敬畏，却是现代社会环境伦理困境的有益补充。在当代语境中，诺伯舒兹对场所精神进行了升华和扩展，其最早、最完整系统深刻地讨论建筑现象学的著作就是在其 1980 年出版的《场所精神——走向建筑的现象学》(*Genius Loci-Toward a Phenomenology of Architecture*)一书。

舒尔茨从建筑现象学的角度认为建筑的讨论要回到"场所"。以建筑自身作为模式，包含了三方面的内容：① 功能和结构；② 内部要适应人的存在；③ 独特性和特殊性。在现象学中，场所和建筑与人们的存在及其意义紧密地联系在一起。只有当人造物或者建筑物界定了一个具有明确特性的空间范围，人与环境发生联系，场地(site)才能转变为有意义的"场所"(place)[ii]。正如郑时龄院士所述："场所精神存在于能够容纳体验、能够产生共鸣的空间之中，场所精神是空间体验的产物，也是空间的再创造。"[iii]文章即以上海交通大学李政道图书馆为例，从空间营造、知觉营造、事件营造造的各个环节讨论其场所精神营造的实践经验。

1 李政道图书馆场所精神营造

1.1 空间营造

场所精神很大一部分来自空间的营造,李政道图书馆在建设设计、内部空间功能分区等方面,完成了大量细致扎实的工作,呈现出紧扣主题、凸显主题,进而达到建筑与其精神表达融为一体的效果。

1.1.1 设计定位

从地理区位来看,李政道图书馆位于上海交通大学闵行校区,毗邻计划建设的理学楼群,东侧为餐饮大楼,西侧为沧源路,北侧为新体育馆,南侧为工程训练中心。因此在设计之初就要考虑李政道图书馆建成后,师生的走向和使用便利,以及与周围场馆的功能互补和外观呼应,同时亦要体现李政道图书馆的独特性和内涵。

经过前期专家论证,李政道图书馆设计定位为"五馆合一",即以图书馆、档案馆、博物馆为主,兼有艺术馆、科技馆的功能。因此设计方案既要体现李政道先生物理巨擘、赤子情怀、科艺双馨的特质,也要能够完成其图书馆日常阅览需求,档案馆对于珍贵文物的贮藏及查阅需求,作为博物馆、艺术馆、科技馆的陈展需求等。

在众多的设计方案中寓意与设计最为巧妙有三。其一是"无尽无极":借鉴吴冠中先生《无尽无极》的画作,旨在建筑上呼应李政道先生的理论。其由对称与非对称共同构筑的美妙平衡最为切合李先生的志趣,也与上海交通大学校园整体建筑风格完美融合。其二,四叶草:体现自然界中对称与不对称之美,生动的曲面表达出李政道图书馆在严谨的科学研究功能之外,还具备独有的浪漫艺术一面,体现科学与艺术相结合的理念。其三,诺贝尔山:立足于李政道先生三十一岁便获得诺贝尔物理学奖的辉煌成就,意在激励青年学生和科学工作者坚持不懈、勇攀科学高峰。方案设计经历了一系列的论证和选择,最后"诺贝尔山"方案脱颖而出,其建筑表达与建馆初衷最为切合。

1.1.2 建筑

首先是李政道图书馆的建筑外观。李政道图书馆主体建筑所有的造型元素统一于简洁有力的建筑轮廓之内,方整中酝酿着动态,亦表达出科学与艺术的美妙关联。位于下方的三菱体,内部为半下沉式多功能报告活动的核心区域,为使用者创造层次丰富的交流场所。厅的顶部为阶梯式公共平台;位于上方的为带切角的方体,其内包含展览、库藏、阅览、办公、科研等功能。在立面设计上,建筑北侧的方体以米黄色石材作为外墙饰面,并通过简洁大气的形体切割以及虚实有致的开窗方式,表现出仿山如石的拙朴之美,既有化繁为简、回归本源之意,体现物理研究的科学特性和伟大贡献,又能暗示出图书馆将传承辉煌的历史走向广阔的未来。建筑南侧的三菱体以红洞石为外墙饰面,以求与西侧红砖为外墙饰面的理学楼群取得色彩上的和谐,强化李政道图书馆的学科特点,使三菱体周边成为励志、学习和互动的场地;三菱体的几何造型、暗红色彩以及向上延伸的户外台阶共同强化了不断攀登科学高峰的构思主题。

其次是李政道图书馆的室外场地,主要包括草坪、诺贝尔山、大台阶。无切割的完整草坪,几棵优雅的树木兀自生长,给予建筑一个青葱的底色,也让在李政道图书馆里面学习工作的师生得以释放疲惫的视神经。“诺贝尔山”在对称稳定的体量中引入动感的切割,以笔直上扬的一笔勾勒出动感跃升的遒劲之美,并最终生成上下叠置的两个单元。向西的户外大台阶作为强化图书馆与理学楼群关联的核心要素,不但能把理学楼群的师生直接引向图书馆,并且把科学和艺术展览的功能从图书馆室内延伸至室外,为交大师生和各类参观者提供了一个集户外阅读、观展、思考、讨论、讲演等多功能的活动场所。朝向理学楼群的大台阶是进入图书馆阅览空间的有趣路径。拾级而上的过程将激发学生向上的意志与精神。台阶上,适于集体照拍摄的大阶梯、静谧的阅览区、惬意的讨论区、迸发激情的室外讲坛,均可为学生提供丰富的活动场所,为图书馆成为师生汇聚的中心提供了许多的可能。目前,在台阶上镶嵌有199位历届诺贝尔物理学奖获得者铭牌,扫描所附二维码,读者可便捷获取详尽信息。

1.1.3 内部功能分区

李政道图书馆主体建筑负一层为报告厅,首层为入口门厅、多功能展厅、开放式展厅;二层为阅览大厅并结合交通空间局部布置开放式展览;三层为开放式阅览区和特藏书库、采编中心;四层为李政道先生工作时、研究中心、图书馆工作用房和访问学者工作室。按照功能李政道图书馆亦可分为核心空间、陈展空间、阅览空间、科研与行政办公区、服务休闲空间、交通空间[iv]。

1) 核心空间

核心空间是李政道图书馆空间序列的核心,指的是参观流线的前端,与门厅直接相连形成一个挑高的中庭,可以水平和垂直方向组织人流集散。同时,核心空间也是一个表现展示空间,位于中央的《对称乎》雕塑及门厅上方由数字组成的“李政道密码”,馆舍主题表达开门见山且饶有趣味,展现了李政道图书馆的文化内涵和艺术感染力。

2) 陈展空间

陈展空间是李政道图书馆的博物馆、艺术馆、科技馆功能的主要承担者。对于这部分空间,要兼顾展品的保护和观众的视觉心理要求。展品、背板、声音、光线、视频、移动终端应用等,共同形成一个整体的展示空间。李政道图书馆的封闭式展厅位于在一楼门厅右侧,主要采用人造光源,适于观者集中精力参观展品和欣赏视频,参与互动性知识扩展等。除此之外,在整个李政道图书馆的各个区域均有与主题相关的表达,有画作的展示,也有相对隐性的表达,比如无所不在的李政道图书馆的标识。这种集中式与分布式展出、实体环境与网络空间有机结合的方式,既展现了李政道先生最具代表性的成就、品格、事迹,同时以分布式、分层次、多侧面的方式,结合互动与体验等多种手段,从治学、研究、轶事等方面进行铺开,生动、立体地展现了伟大科学家的传奇人生、科学精神与爱国情怀，为参观者提供了极具代入感的物理空间和历史场景。

3）阅览空间

李政道图书馆建成之后，二层、三层主要为图书馆功能，承担学校部分理学图书和期刊的借阅服务。阅览室无线网络覆盖，实木家具符合人体工学，书桌自带护眼灯，为学习提供更多舒适和便利。阅览区还配备设施齐全可预约的小组学习室，辅以馆员服务站，将上海交通大学 IC^2 服务模式不断扩展[v]。

4）科研与行政办公区

这一部分是李政道图书馆的服务部门，不属前台，却十分重要。没有科研的推进，陈展宣教活动就成了无源的死水；没有日常行政人员的细致工作，李政道图书馆的运营难以保障。为了不分散馆舍主题的表达，行政办公室位于三层北边较为隐秘的角落，内部结构简洁紧凑。

5）服务休闲空间

李政道图书馆的服务休闲空间，既有集中的区域，例如一楼入口处的服务台，二楼阅览区的咨询台，也包括户外草坪、诺贝尔山台阶和一些零散的沙发等。它分散穿插在以上各个空间之中，起到满足观众的休憩、娱乐、放松的心理需求，阳光、绿地、竹林等自然元素的引入，使得李政道图书馆“以天之语，解物之道”的陈展主题润物无声。

6）交通空间

李政道图书馆的交通空间主要指起着组织参观流线、引导观众的区域，包括走道、楼梯（电梯）、坡道等。在李政道图书馆这类空间多以直线、曲线、折线等线性空间的形式出现，既达到了放松和调节心理的作用，也是藏品陈展的所在，成为“泛陈展”重要的组成部分。尤其值得一提的是李政道图书馆在楼梯扶手处设置了 64 了触控点与天桥屏幕相连，参观者通过对扶手的触摸而在屏幕上看见相应变换。于是楼梯不再是一处通往另一处的连接，而成为独立而有意义的存在，实现了交通空间的趣味化和不同功能的立体式交融。

1.2 知觉营造

场所特质对建筑本身的意义和地域精神表达的恰当与否，决定了人与场所关系的亲疏。如在战争性纪念馆，空间营造的宁静让人回忆历史，很容易使人产生共鸣。更进一步，人与场所的亲疏程度取决于人对场所特质的感知强弱。这意味着场所调动人的感官体验越丰富，就越能形成人与场所的“亲密的关系”。也就是说，感知越强，关系越亲密，场所精神就越容易形成[vi]。李政道图书馆在馆舍建设和日常运营中对于营造读者和参观者的知觉体验进行了有益的尝试，通过听觉、视觉、触觉、味觉、嗅觉以及移动的体感接收外部环境传达的信息[vii]。为行文简明，择其一二列文详述。

1.2.1 照明与采光

李政道图书馆照明设计与采光口的布设十分讲究,"观"与"被观"的要求,决定着照明的方式、灯具的布置方式。李政道图书馆中艺术品的多视点观赏,要求景物立体投光照明;展厅内单视点观赏,则要分析视觉焦点单面细节重点照明。对于需要仰视和俯视观赏的藏品,要分析其视线所及视域范围,布立体光或者单面光。对于李政道图书馆门厅及展厅内有环视观赏需要的地方,则在布光时考虑到各景物在组合时的层次感,尤其是配合不同视频内容营造相应的气氛,根据被观景物特征、大小、颜色来确定照明的光色和灯光位置[viii]。

采光口按其位置可以分为:侧窗式、高侧窗式和顶窗式,有效弱化建筑内部与外部空间界面的实体感,室外环境向室内渗透,室内空间向外延伸,形成感知的节点。透明的玻璃,通畅了室内对室外的视线,人对环境的感知被强化[ix]。

李政道图书馆在三楼阅览室采用侧向天光,建筑于东侧开辟一方竹林天井,将自然引入建筑内部,也为三层的阅览空间和四层的访问学者办公室带来斜向射入的柔和自然光[x],在保证获得充足光线的同时,也为学生创造休憩观景的别致体验。

在李政道图书馆四层科研人员办公区,采用中庭天井辅以高侧窗,竹影斑驳四季有序。李政道先生办公室位于中庭南侧,平日里先生可于工作间隙中庭信步,学生们也可透过展窗看到李政道先生办公室全貌。

此外,李政道图书馆一楼展厅到挑高门厅,特意在交通空间设置李政道信箱区域作为过渡空间满足参观者视觉从暗到明的转换。

1.2.2 台阶与下沉式建筑

台阶是优秀的媒介元素,造访它的原因是或上或下地到达某个地方。它连接着多个层面,像桥梁一样在实现联系、引导、依赖、表达情感等目标中发挥着辅助的作用。作为建筑空间的主要连接形式,它反映了一种对空间的"驯服"与占用。在李政道图书馆,台阶不仅起到交通引导路径、交往空间的营造、过渡空间与分隔场所的作用,也起到了表达空间意象,表达场所精神的作用,成为重要的感知节点[xi]。

台阶作为交通空间,没有起点和终点,走的人却赋予其方向。李政道图书馆著名的户外大台阶,仿照哥伦比亚图书馆设计建造,从外面一层拾级而上可直接到二楼阅览区。若从二楼李政道图书馆科艺展区南面的玻璃门走出来,则是一路向下,怀里抱着书,累了便可顺势坐下来,彼此聊一聊,惬意轻松。左拐到草坪,满眼皆绿,竟还是有台阶,曲径通幽,面前的是李政道图书馆的下沉式报告厅。

下沉式建筑在处理建筑与环境时,自有其妙处。下沉掩埋的方式可以尽可能地减少占用自然空间,保护原有生态,并且易于建立嵌入环境的认同感,营造具有亲和力的环境氛围。从地面往下走,容易给参观者带来心灵的安定[xii]。此外,地下空间具有隔音效果较好的特点,利于塑造宁静的空间氛围。李政道图书馆报告厅,在音效方面做足细节:舞台使用卷材规格的木纹地胶,地面铺块材地毯,天花采用吸音吊顶,舞台墙面使用吸音板,报告厅墙面吸音板(纤维石板基材、布艺饰面)等。周末或是傍晚，讲座、电影、音乐会，一个人或是一群人，这里是最棒的感知节点。

1.3 事件体验

每个地方的特征都是由不断发生在那里的事件的模式所赋予的[xiii]。学校之所以被称为学校，不是因为门口挂着学校的牌子，而是因为有教书育人的事件持续在其中发生。同理，李政道图书馆的意义实现与场所精神营造，在场所提供、展品陈列等单向呈现之外，必须要有学生来看书、校内校外个人和团体来参观，有学者来查阅档案等。五馆合一的定位，多种功能区域交错其中，李政道图书馆必须要有人在其中完成多样的活动，丰富的事件体验，才能成就其自身的场所精神。

事件体验，可分为常规事件与主题事件。常规事件，即那些与场馆基本职能相匹配的日常事件。对于李政道图书馆而言，例如图书借阅，展品参观，档案服务等。这些事件使得使用者对场所的感知通过持续的、断点连续记忆的方式得以加强[xiv]。

主题事件，是指那些某时为某种特定目的而形成的事件，对于李政道图书馆而言包括主题活动，还有特别事件，比如某同学要在李政道图书馆拍婚纱照。李政道图书馆的主题活动丰富多彩，寓教于乐，给参加者以互动机会和全方位的感知体验。李政道科学与艺术作品展，汇集了28件海内外知名艺术家的作品，理性与感性交相辉映，体现着李政道"科学与艺术的交融与发展"的主题。"发现李政道"第一季活动，以"Running Man"(跑男)为蓝本，将李政道图书馆要传达的信息融于游戏环节，各院系同学在智力与体力的较量中，对李政道图书馆产生了深刻的印象。上述活动，从感官审美体验、视频欣赏和座谈交流、团队合作过关等渠道，打破传统教育与文化建设的藩篱，充盈五感，在短时间内从陌生，到熟悉、再到认同、接受，迅速拉近了师生们与李政道图书馆的距离，建立了人与场所的亲密关系，不知不觉中完成了场所精神的营造。

2 结语

李政道图书馆从蓝图到落成，从试运行到参观人数突破万人，几年来在场所精神的建立与表达中积累了一些经验。场所精神的表达绝不是主题元素的简单叠加组合，而是要回到真实的生活世界中，寻找深层的共性所在[xv]。今后，随着高校师生不断升级的服务需求，增强现实等技术的应用，李政道图书馆必将在空间营造、知觉营造、事件营造各方面不断做出新的探索，让场所精神营造贯穿始终，真正构建一个生动的、人和场所有感情交流的地方。

参考文献

[1] 李宁.场所精神营造研究——从研究日本地方美术馆开始[D].北京：中央美术学院，2014.
[2] 胡映东.场所精神的回归[J].山西建筑，2007，33(18)：26-27.

[3] 郑时龄. 建筑空间的场所体验[J]. 时代建筑，2008，(6)：32－35.
[4] 马颖梁. 艺术博物馆自然光环境的设计及研究[D]. 长沙：湖南大学，2008.
[5] 郭晶 陈进. IC^2：一种全新的大学图书馆服务模式[J]. 图书情报工作，2008，52(8)：
[6] 马珊珊. 台阶在城市空间中的应用研究[D]. 北京：北京服装学院，2011.
[7] 赵星宇. 历史事件纪念馆场所精神的表达研究[D]. 西安：西安交通大学，2013.
[8] 董栋梁. 纪念性空间场所精神表达的策略研究[D]. 重庆：重庆大学艺术学院，2013.
[9] 陈思韵. 我国纪念性场所外部空间若干指标的量化研究[D]. 广州：华南理工大学，2012.
[10] 诺伯舒兹. 场所精神——迈向建筑现象学[M]. 施植明译. 武汉：华中科技大学出版社，2010.
[11] 博物馆在大学文化建设中的地位与作用，2015 年 5 月版【上海交通大学内部资料】.
[12] 李政道图书馆陈列布展解说词(模块化配展区图)，2014 年 12 月版【上海交通大学内部资料】.

i 李宁. 场所精神营造研究——从研究日本地方美术馆开始. 中央美术学院 2014 年硕士论文，P10.

ii 胡映东. 场所精神的回归. 山西建筑，第 33 卷第 18 期 2007 年 6 月.

iii 详见郑时龄. 建筑空间的场所体验. 时代建筑，2008.

iv 马颖梁. 艺术博物馆自然光环境的设计及研究. 湖南大学 2008 年硕士学位论文，P14.

v 郭晶，陈进. IC^2：一种全新的大学图书馆服务模式. 图书情报工作，第 52 卷第 8 期 2008 年 8 月.

vi 李宁. 场所精神营造研究——从研究日本地方美术馆开始. 中央美术学院 2014 年硕士论文，P12.

vii 同上，P14.

viii 刘娜. 场景空间景观艺术照明设计研究. 西安建筑科技大学硕士论文，2010 年 5 月，P52.

ix 李宁. 场所精神营造研究——从研究日本地方美术馆开始. 中央美术学院 2014 年硕士论文，P59.

x 自然光是由阳光和天空光共同组成。直射日光是太阳辐射的一次光源，简称直射光，俗称阳光(sunlight)。阳光通过大气层的时候被空气中的尘埃和气体分子折射反射，这些被折射和反射的光线称为天空光(skylight).

xi 详见马珊珊. 台阶在城市空间中的应用研究. 北京服装学院硕士学位论文，2011 年 12 月.

xii 李宁. 场所精神营造研究——从研究日本地方美术馆开始. 中央美术学院 2014 年硕士论文，P58.

xiii 赵星宇. 历史事件纪念馆场所精神的表达研究. 西安交通大学硕士研究生学位论文. 2013.

xiv 李宁. 场所精神营造研究——从研究日本地方美术馆开始. 中央美术学院 2014 年硕士论文，P14.

xv 董栋梁. 纪念性空间场所精神表达的策略研究. 重庆大学艺术学院硕士论文，2013 年 4 月，P72.

英美两国数字档案版权政策对李政道数字资源中心版权保护的启示

尤晶晶　张　吉

摘　要　信息化背景下，越来越多的档案馆提供数字化档案服务，数字档案版权保护问题成为关注的焦点。本文在对比分析国内外数字化档案版权政策的基础上，以李政道数字资源中心网站版权政策为蓝本，分析档案数字化版权保护方面现有措施和不足之处，并对数字化档案版权的保护对策进行探讨。

关键词　数字化档案　版权政策　版权保护对策

1　我国数字档案版权政策制定与执行现状

随着信息技术的高速发展，我国各类数字档案馆的建设也迅猛发展。档案数字化成为新时期下档案工作的常态，推进档案数字化工作规范化、合法化成为档案馆研究的重点。

一方面，档案本身版权就具有复杂性，由于数字化资源产生于纸质档案资源，使得数字化建设受到相应制约；另一方面，档案数字化既涉及档案学理论问题，又涉及法律专业知识，数字档案的版权政策的制定与执行成为交叉学科问题，这无疑增加了版权政策制定的难度。因此，客观的社会环境以及数字档案的特殊性质要求制定数字档案版权保护政策。

理论上来看，我国档案馆的档案内容多种多样，有的涉及国家秘密、有的涉及个人隐私，举例而言，我国《著作权法》第五条规定："本法不适用于：(一) 法律、法规，国家机关的决议、决定、命令和其他具有立法、行政、司法性质的文件，及其官方正式译文；(二) 时事新闻；(三) 历法、通用数表、通用表格和公式。"由此可知，大部分的档案具有版权，受到《著作权法》的保护。因此，绝大多数档案需要制定数字档案的版权政策。

数字档案网络传播中版权面临的主要问题体现在：档案馆未经授权上传未解决版权问题的档案；档案馆非经授权将未解决版权问题的档案数据库与网络相连；用户在使用档案过程中，对档案频繁的摘录、引用而未指明出处，或传递给第三方。第一方面是指档案本身的授权，第二方面是档案数据库的授权，第三方面针对用户。由于下载、浏览、打印等方式都属于对档案的复制，会因此引发版权问题，档案馆会因此承担连带责任[3]。因此，数字档案版权问题的多样性使得制定规范、完整的数字档案版权政策十分必要。

综上所述，无论从理论角度还是从实践角度看，数字档案版权政策建设都应当成为我国档案版权管理的重要组成部分。但现实情况并不乐观。

高校图书馆身处社会最前沿的思想交流和传播阵地，对传播先进思想、理念，促进社会进步具有重要作用。在数字资源的利用方面，高校图书馆仍存在诸多问题。我国众多高校图书馆关于其电子资源的版权政策也多为简单的“版权声明”、“使用规定”、“管理办法”、“相关说明”等，且在格式架构、内容的表述等方面存在不科学、不合理、不完整、不规范等问题。一项针对 104 所“211 工程”大学图书馆的版权管理调研表明，只有 53 所(占 50.96%)制定了版权政策[4]。数字资源版权政策的重要性在高校没有得到足够的重视，贯彻执行版权政策的效果还不理想。

同时，在社会的大背景下，全球最大的中文全文数据库“中国知网”收录的涉及我国档案版权保护的文献数量只有几十篇，其中以档案网站版权政策为研究主题的更是凤毛麟角。国家档案局网站友情链接的我国内地 31 个省级档案网站中只有 2 个发布了简单的版权公告。

由此观之，现阶段数字档案的版权政策建构与执行依然是我国数字档案管理工作中的薄弱环节，而英美国家在这一领域一直处于世界的前列，其版权政策的理念、建构与贯彻执行中众多丰富的经验值得我们去学习和借鉴。

近年来，随着数字档案馆建设的不断推进，如何通过规范的版权政策来引导用户合理使用数字档案馆，帮助档案馆预测侵权的风险，同时维护档案馆自身合法权益已经成为每一个数字档案馆建设过程中急需解决的重要问题。

就李政道图书馆而言同样如此，完善的数字化资源使用的版权政策制定刻不容缓。李政道数字资源中心为了解决版权保护的压力和经验不足的矛盾，在参考英美实践经验的基础上，结合中国法律政策，制定了其数字资源的保护政策。

2 李政道数字资源中心版权政策概况

李政道数字资源中心作为李政道图书馆的重要组成部分，是在对李政道先生相关文献资源数字化加工和组织揭示基础上，按照李政道图书馆的特色建立的具有文献、音频、视频、图像、第三方资源等构成的国际化资源网站。该网站共分为“史·

记”、“物·理”、“授·业”、“科·艺”、“实·时”五大版块，数字资源包括李政道先生的生活照片、书信、手稿、成果报告、视频、音频等多种媒体资料。

目前，已对李政道捐赠的资料进行数字化处理，共计完成45万页资料的加工。上海交通大学对这些数字化资料进行了编目，数据达6.23万条，主题标引8 116条。从数据可以看出，除数字档案本身的交叉学科的复杂性问题，李政道数字资源中心需要档版权保护的资源仍具有种类多、数量大的特点，我国现阶段的有关档案馆和高校的实践经验不能完全满足李政道数字资源中心的建设需求(见图1)。

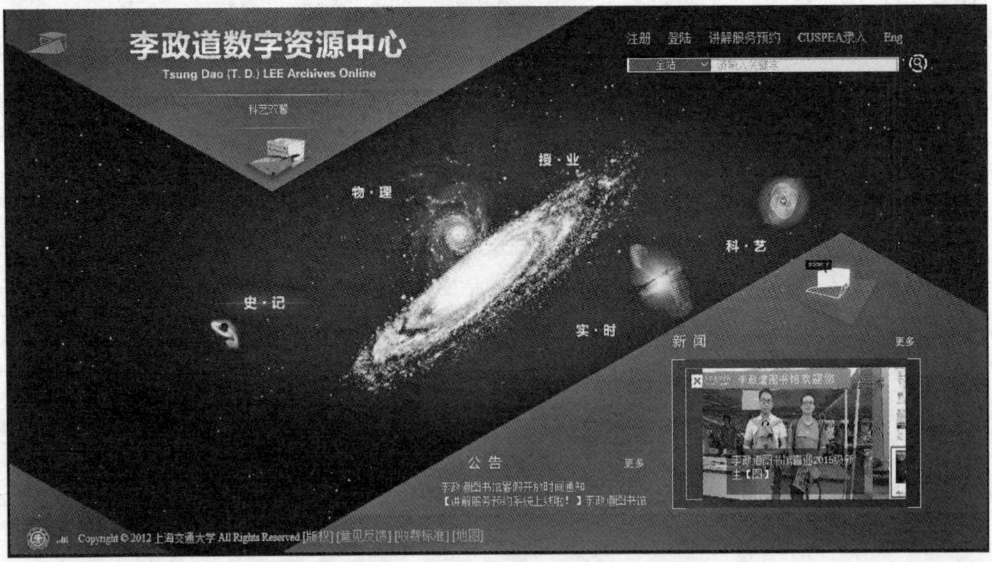

图1 李政道数字资源中心首页

因此，李政道数字资源中心的建设不仅依靠技术平台的搭建，其版权政策的制定也应得到重视，数字档案版权政策既可以为数字资源中心的构建和发展提供指导，也是数字资源中心建设质量的重要衡量指标之一。

为规范对数字档案的版权保护，李政道数字资源中心在建设伊始就制定了该网站的《版权申明》，之后又陆续制定了《李政道图书馆数字化档案数据利用规定》和《李政道图书馆数字化档案数据利用协议书》，同时在协议书中明确规定：“未尽事宜，遵照《中华人民共和国著作权法》和《中华人民共和国档案法》执行。”

该《版权申明》中并未指出版权政策制定的目的和依据，只可从协议书中间接推定出其法律渊源是我国的著作权法和档案法，并且将打击违反知识产权保护法的行为以保护国家、学校及档案捐赠人的利益作为该政策的主要目的之一。

在网站用户的权限方面，“李政道数字资源中心”按照分层管理原则，将用户分为注册用户与非注册用户两种类型，其中注册用户分为研究型用户和普通用户。研究型用户是指包括图书馆专家、校内专家等在内的少量研究人员。该类用户原则上在申请注册并通过审核后可不受限制地浏览其被授权的所有资源。而普通用户是指研究型用户之外的其他注册用户。该类用户在网上注册并经管理员审核后，享有部分全文资源和全部元数据资源的浏览权限。至于非注册用户，版权声明中规定其可享有资源元数据的浏览权限。

限制性规定方面，版权声明中指出，“任何被授权的浏览、复制、打印和传播属于本网站站内的资料都必须遵循此版权声明，所有的资料和图像均不得用于商业目的；转载或引用本网站内容不得进行如下活动：① 损害本网站或他人利益；② 任何违法行为；③ 任何可能破坏公序良俗的行为；④ 擅自同意他人继续转载、引用本网站内容。”

违规处理与免责方面，《李政道图书馆数字化档案数据利用协议书》中明确规定，“若因使用档案不当而损坏国家、学校及档案捐赠人的利益，违反知识产权保护法的相关规定，造成的影响以及因此引起的后果，由使用者承担。”（见图 2）

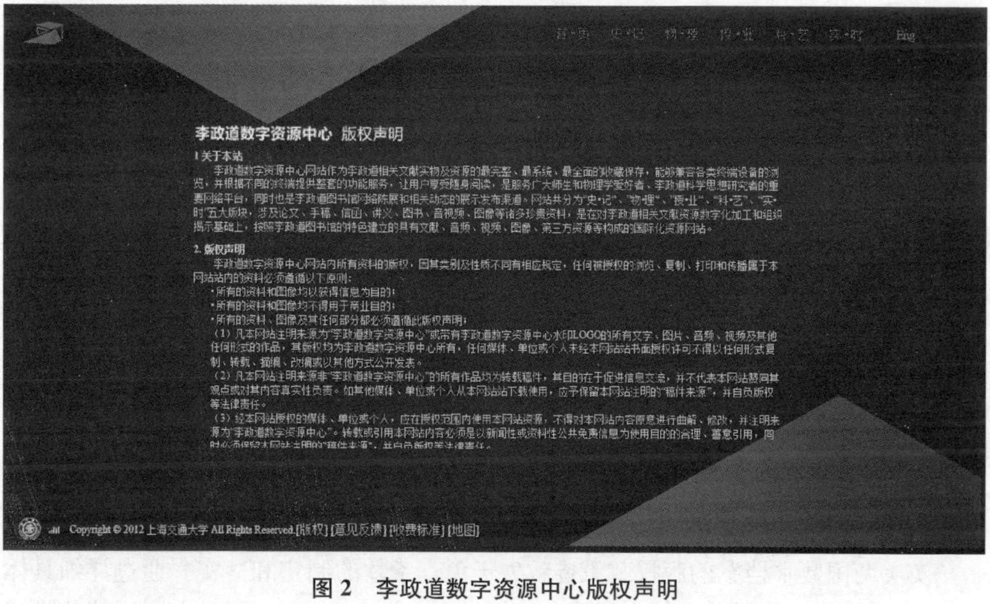

图 2　李政道数字资源中心版权声明

3　英、美两国数字档案版权政策

一方面，李政道图书馆需要数字化资源具有种类多、数量大的特点；另一方面，无论是国内还是国外的法律和实践情况也在不断变化。因此，李政道图书馆的数字档案版权政策制定具有复杂性和长期性的特点。借鉴、学习、融合的过程并不能一蹴而就，需要持续地进行完善。因此，在本章中对英美数字档案版权政策中需要特别关注的几个方面进行了着重介绍，并在下章节中提出针对性的完善建议。

对数字化档案中的版权人合法利益的保护，英美等国作为版权法保护的先行者，在这一领域建立了各具特色的政策体系。

3.1 版权政策的制定依据

国家合法、合理的版权政策是档案馆版权政策完整性、有效性的重要保证，英、美两国数字档案的版权政策中都对此做了明确的规定。

英国国家档案馆的网站表示，该网站上被标以皇家版权标志的资料均受皇家版权保护，即无论是公共性质的档案还是私人性质的档案，其法律渊源均为英国国内版权法[2]。在美国，由于按照《美国版权法》规定绝大多数公共性质的档案不享有版权，因此美国国家档案馆对于公共档案的法律政策是依据美国政府颁布的《信息自由法》，对于私人性质档案的版权政策制定则依据《美国版权法》。

3.2 版权政策的具体内容

内容政策是数字档案版权政策最为核心的部分，内容政策涵盖的范围直接影响到一个数字档案馆版权政策自身的完整与健全。英国作为版权制度立法的肇始国，一直具有尊重、保护版权的传统，同时，美国是世界上版权制度最为完善的国家，两国档案馆网站的版权政策内容均具有科学合理的架构。

英国国家档案馆网站版权政策包括版权、版权与相关权、官方出版物、政府信息公开许可、用户参与、版权指南、国家档案馆资料的使用 、移除封存政策等部分。

美国国家档案馆网站版权政策包括版权和许可声明、病毒防范、信息保证、信息自由法与国家档案指导等部分。网站版权政策不仅涵盖法律依据、版权基本理论知识，而且涉及档案权利归属、权利确认、侵权认定等版权管理的必要内容还涉及档案公开、复制、下载、数字保存、馆际互借、远程检索、增值开发许可等具体业务中的问题。

3.3 版权政策中的免责条款

英美两国数字档案的版权政策皆致力于免责条款的制定和落实。通过详细具体的免责条款，将各种风险在馆方和用户之间进行公平合理的分配，最大限度地免除或限制未来责任，避免不必要的诉讼和争议。

英国国家档案馆网站版权政策中指出，网站对用户文献中的观点保持中立，不保证用户发布信息的非侵权性；也不能保证网站链接信息的准确、完整，档案馆不承担由此引发的法律责任；不承担系统故障、自然不可抗力对版权人造成的损害；不对用户从网站得到档案资料的后续的使用行为负责。

美国国家档案馆在版权政策中给出了较为详尽的免责声明，以弱化其所承担的法律风险和保护档案馆自身的合法权益。该声明中指出：更正网站上的信息在所难免，欢迎访问者提出关于提高国家档案馆网站和更正错误的建议；国家档案馆无法控制也无法保证国家档案馆网站上的资料所参考的外部资料的相关、合时和准确；国家档案馆不对从国家档案馆网站上请求或下载的数据在到达用户电脑前被病毒破坏负责。免责声明内容涉及信息准确性、参考资料的相关性与及时性以及病毒破坏等三个方面，规定范围比较全面完整。

3.4 版权政策中的移除封存

英、美国家档案馆网站版权政策都设置有“移除封存条款”，即按照版权法规定的“避风港规则”。在避风港规则下，档案馆对其网站上发布和传播的侵权资料负有接到警告通知后的删除义务，又称“通知—删除”程序。版权政策不仅告知用户向档案馆发出侵权警告时应提供相关的证明资料作为有效性的判断标准，而且指出档案馆在接到通知后应采取移除封存措施。其中，英国国家档案馆在其政策中特别强调，发布在网站上的信息被认为已经进入了公共领域，只有在特殊情况下才会被从网站上移除，并给出了关于从其网站上移除资料和封存已公开档案的说明。

3.5 差异化政策中对私人档案版权的保护

英国国家档案馆在其网站的用户参与政策中指出，用户可以贡献文本、图像和文件。美国国家档案馆在其政策中指出，馆内资料中既有从个人或组织处获得的，也有通过个人或组织捐赠获得的。这些资料包括图像、音像、制图、文本或电子资料。除政府档案外，英美两国国家档案馆还保存有其网站用户通过 Wiki 贡献的档案和从其他来源获得的档案。这些档案可能受版权保护，也可能被其版权人施加了使用限制。

由于公共档案与私人档案的不同属性，英、美两国的国家档案馆网站版权政策都将两者进行了明确的区分，并针对两者的不同特点制订了差异化的版权政策，其中对私人档案的版权保护力度尤为突出。

为保证国家档案馆 Wiki 的自由、开放和协作，两国国家档案馆都制定了包含反版权条款的网站用户参与政策，要求资料贡献者授予其他参与者对其贡献自由使用、保存、传播、编辑和移除的许可。尽管如此，英国国家档案馆仍注重对其网站贡献者剩余版权的保护，要求参与者使用其他参与者的贡献时要给出贡献来源，并承诺会通过电子邮件告知贡献者其贡献的被修改状况。

英美两国国家档案馆有关“其他来源”档案的政策都注重对使用版权档案行为的规定，要求除合理使用外，网站访问者必须获得版权人的许可才能使用这些档案，并给出了部分版权人的联系信息。此外，英美两国国家档案馆还注重对个人其他权利的保障，提示访问者使用涉及个人隐私权、肖像权的资料前，要获得权利人的许可。

4 李政道数字资源中心版权政策完善想法

规范、系统的版权政策建设不仅可以表明李政道图书馆对待版权问题的态度、向用户提供使用电子资源的行为指南及设立对侵权问题的处理原则和程序，还可以通过其规范版权人、图书馆、用户之间的权利、义务与责任来维系各方利益关系的相对平衡，促进版权资源在图书馆的科学配置和使用绩效的提高，为和谐图书馆构建与职能的充分发挥创造有利的条件[5]。因此，在李政道数字资源中心建立规范、完善的版权政策显得尤为重要。笔者借鉴英美法律和实践，按照逻辑顺序循序渐进地为李政道数字资源中心版权政策的长期建设提出了三点完善建议。

4.1 制定系统化的版权政策

李政道数字资源中心目前关于版权保护最主要的规范为网站首页上链接的版权声明。而英美国家则有着系统化、具体化、可操作的成熟的版权政策，相比之下这一声明的内容显得过于简单、抽象。“版权政策”与“版权声明”不只是文字上的不同，更在于意志属性、规范形式、调整范围、实施办法、约束强度以及稳定性、程序化等方面的实质性区别。

版权声明的最大不足是功能缺失，反映为许多重要内容的概括性规定。规定笼统，实践中可操性不强。英、美国家档案馆都避免以版权声明(或版权公告)代替版权政策，这从其标题、结构、内容、表述等方面都有体现。在李政道数字资源中心版权保护措施的完善过程中，需要正确定位网站版权政策，致力于系统化版权政策的制定。

4.2 合理安排版权政策体系内容

李政道数字资源中心现阶段仅仅停留在版权声明的层面，而英、美两国国家档案馆版权政策覆盖面极广，涉及政策目的、法律依据、档案馆与版权法、权利确认、版权限制、违规和侵权认定、救济对策、免责条款、版权管理信息、版权技术措施等诸多方面的内容[6]。

因此，要想使李政道数字资源中心的版权政策趋于科学和完善，就必须合理安排版权政策的体系内容，大致可以规划为总则版块、法源版块、权利义务版块、版权规则版块、违规处理版块以及版权教育版块等。

4.3 大力宣传落实版权政策

李政道数字资源中心版权政策的权威性要想得到真正体现，还得通过其宣传与贯彻执行来落实。英美国家档案馆网站的执行推广版权政策的力度非常值得我们借鉴。在数字资源中心系统化的版权政策制定工作完成后，可以将政策内容设计成“用户须知”或“使用协议”，用户通过点击“同意上述条款”的方式来确保对版权政策内容的知悉，还可以通过在网站上公布版权政策、发放版权政策宣传单页等多种形式将版权政策的内容进一步告知广大用户，以加强版权政策对用户使用行为的约束。对于用户的违规行为，需及时查清侵权事实，并依据版权相关法律法规和本网站版权政策的相关规定追究侵权者的责任，从而维护版权政策的权威性。

参考文献

［1］ 马洪霞.对档案数字化版权保护的思考[J].兰台世界,2012,9：6.

［2］ 符玉霜.我国图书馆知识产权管理的现状、问题与建议[J].国家图书馆学刊,2009,2：28.

［3］ 阎婷婷[编译].英美国家档案网站对隐私权和著作权的保护[J].浙江档案,2005,11：41.

［4］ 秦珂.我国部分高校图书馆电子资源版权政策的分析与思考[J].图书馆建设,2010,2：12.

［5］ 武敏.档案馆网站版权政策构建刍论[J].兰台世界,2014,1：38.

高校图书馆育人功能的实现
——以李政道图书馆为例

何　伟

摘　要　高校图书馆教育是高校教育体系的重要组成部分,而高校图书馆职能的核心功能是育人功能。育人的实质是一种潜移默化的效应。李政道图书馆从环境育人、精神育人、制度育人三个层面,实践着高校图书馆的育人功能。

关键词　高校图书馆　育人功能　李政道图书馆

党的十八大提出,把提高人才培养质量作为工作重点,高校作为培养高素质人才的主要平台和基础,应该在推进这项工作上承担更大的责任,其中,高校图书馆教育是高校教育的重要组成部分,高校图书馆的主要职能应是教书育人。高校图书馆教育应成为育人的主力军。

然而,随着社会就业竞争压力的日趋强大,大学生进入高校后对于自身"硬件升级"需求的迫切性也日益强烈,这种需求功利性浓重,比如注重英语和计算机的学习,人文素养和思想修养的塑造往往不被重视,而高校图书馆更多的仅是大学生"升级"的场所。故而,激发并实现高校图书馆的育人功能是重塑大学生人文德育修养的关键,亦是提高人才培养质量的关键。

1　高校图书馆育人功能的实质

在物质水平高速发展的当下,大部分高校图书馆在硬件设施上,已经能为广大高校学生提供一个环境舒适、馆藏丰富、功能全面、服务一流的场所了。这里的"场所"属于高校图书馆育人功能的外部特征,总体来说,育人功能的实现是成体系的。故而,高校图书馆的育人应是内外结合的,其内部实质是"润物无声"式的育人,就是在潜移默化中，在培养学生高尚情操、塑造优良品德、历练坚韧意志上发挥重要作用。而且，这一作用在经过长期积淀后，往往能提高学生的思想境界，这使得高校学生在修习文化课知识之外还能获得自身思想能力的升华，这使得他们面对问题、处理问题时变得更为沉着、冷静，更使得他们在毕业以后踏上社会时能够以较为良好的心境应对各类困难。这些都有益于高校毕业生顺利度过由毕业转型为职业的过渡期。然而，高校学生作为育人功能下的客体，还须高校图书馆这一主体来发挥其主导作用，高校图书馆主要是从育人功能的内容出发来发挥主体与客体的联动作用。

2 高校图书馆育人功能的内容

2.1 高校图书馆的环境育人

当今中国，伴随着经济水准的大力提高，高校图书馆的馆舍环境水平也高速发展着，高校图书馆已成为各个高校的标志性建筑物之一，故而，高校图书馆在“安静宜人，舒适恬淡”这一标准配置之上，往往还能为广大高校读者提供优雅的感受，甚至不少高校图书馆在这方面能媲美一些高档的知名的书吧、咖吧。高校图书馆环境性的读者体验的确是好评如潮，然而，新时代高校图书馆的环境应是展现为“书、馆、人”三位一体的生态性环境。

第一，“书”即是高校图书馆馆藏的各类文献资源。高校图书馆的馆藏丰富而优质，不仅能满足当代大学生在各个专业领域的知识需求，而且为大学生人文、道德素养的培养提供了良好的条件。大学生在专业文化课知识扎实的同时，若能置身图书馆各类名家著作的书海中静心阅读、品味书香，便能充实自身的积累。

第二，“馆”即是高校图书馆的馆舍环境。馆舍建筑是图书馆的外部特征，宽敞的借阅空间为读者提供了卫生、舒适的场所，廊栏石柱、绿树成荫塑造了幽怡的环境，使读者能舒心地浏览馆藏。随处可见的名人箴言警句也时刻警醒、激励着每位读者，助力着他们的潜心学习及奋斗。

第三，“人”即是高校图书馆的馆员。在各行业都讲求服务体验的今天，高校图书馆的馆员不再只是坐在服务台和声细语地微笑对待读者了，而是由馆员走入读者、服务读者的方式由被动变为主动，以读者需求的结果为导向，致力于事前、事中的服务体验。读者置身于如此高素养馆员队伍的服务之中，自然能更为轻松愉快地享受图书馆。

读者在“书、馆、人”三位一体的环境之中，犹如大自然中的花草植物，接受阳光、空气、水分的呵护，吸收着宝贵的养分充分成长着。

2.2 高校图书馆的精神育人

物质文明和精神文明的共同推进发展，一直是国家极力提倡的。中国已是全球第二大经济体，精神文明的水平也应与经济发展程度相匹配。高校图书馆历来是精神文明建设的前沿阵地，它依靠着高质量的信息资源，能有效丰富读者的知识，拓宽他们的视野，增进他们的见识，使每一位高校读者成为精神财富富裕的青年人。此外，在充裕高校读者知识库的同时，高校图书馆亦能丰富他们人格的内涵，提升心境。一个人若具备有一定深度的知识储备，那么心境就会变得沉静，行事也会显得缜密周到，性格更会表现得淡定沉着。

这些对于正值青春年华的高校学生来说实在是非常宝贵，在如今的物质社会，年轻人知道路易·威登、香奈儿远多于国学历史常识，中国是一个有悠久历史、灿烂文明的国家，作为国家发展中坚力量的年轻人必须是热爱、了解自己国家的人，现如今不少年轻人一味逐名逐利，不过是赚钱的机器。国家新时代的发展需要的是具有高尚情操的人才，许多科研行业领域出成果往往要十几年，甚至几十年，浮躁的人是不可能得到这种成果的。高校图书馆对于打破这种浮躁的风气肩负着重大责任，高校图书馆有能力为社会输送品格高尚、志趣高远的高素质人才。高校图书馆也应该是读者精神休憩的港湾，无论物质能力是否充裕，读者都会愿意去充实自身的精神需求，这就是高校图书馆的精神育人作用。

2.3 高校图书馆的制度育人

在构建大学物质文化及精神文化之外，近年来，大学制度文化的建设越来越受到重视。所谓大学制度文化，就是指符合大学精神的规则体系和大学在操作执行制度的实践中产生的有关大学制度的价值观、行为、道德等因素的整合[1]。大学制度文化建设作为大学建设中的重要的一部分，不容忽视。高校图书馆作为高校的标志性场所，其对大学制度文化的建设也有着巨大的推动力。每一个高校图书馆都有其相应的规章制度，如借阅规则、入馆指南等。这些规章制度正是高校图书馆日常运行的保障和基础，同时它的严格执行正是对读者权利和义务的负责。高校读者在这一系列的规章制度约束的环境下，能形成良好的遵纪守法的习惯，这有助于培养大学生的优良道德品质，有助于大学生形成正确的规则观，有助于大学生在日后踏入社会时较早地产生社会责任感。此外，高校图书馆的规章制度还应该做到违者必究，适当地加入惩罚机制，对于违反规定的情况予以合理程度的惩罚亦有利于大学生形成良好的道德习惯和责任感，更有利于大学生培养规则精神、契约精神。

3 李政道图书馆育人功能的实现

3.1 李政道图书馆的环境育人

位于上海交通大学闵行校区的李政道图书馆，是一座以图书馆、档案馆职能为主，同时兼有博物馆、科技馆、艺术馆功能的“五馆合一”的综合性场馆，其建筑面积为6 500平方米。地下至地上共有五层，地下一层为报告厅，可用做举办学术讲演研讨、文艺演出及音乐会等活动。地上一层为多功能陈展厅，二层为阅览大厅和结合交通空间布置的开放式展厅，三层为开放式阅览区与图书馆工作人员办公室，四层为李政道办公室、特藏书库和高等科学研究所。李政道图书馆的环境育人主要通过其环境因素中包含的所有的景物与事物信息等外部性条件的反射在人的感官上产生驱动力，改变人的行为、心境变化，从而逐步形成极具特质的思想德育取向过程[2]。故而，李政道图书馆的整体环境在育人中也发挥了重大作用，正如美国斯坦福大学第一任校长约旦(Jordan)在他的开学献词中说的："长长的连廊和庄重的列柱也将是对学生教育的一部分。四方院中每块石头都能教导人们要知道体面和诚实。"[3]

李政道图书馆的整体建筑主要分为图书馆主体与诺贝尔山两个部分。米黄色的图书馆主体以简约大气的切割工艺，化烦琐为简朴，体现出物理研究的科学特性和伟大贡献。这正是告诫前来参观的读者和游客们，科学研究应当质朴勤恳、追根溯源，不追求事物华丽的外表，而着重探究事物的本质。而呈暗红色的诺贝尔山不仅象征着李政道先生年仅三十一岁便获得诺贝尔物理学奖的殊荣，而且是借用"山"这一意象与"诺贝尔奖"结合，寓意鼓励广大的青年学生与科技工作者坚韧不拔、奋勇攀登科学的高峰。诺贝尔山的台阶将图书馆的科艺展示功能室外延至室外空间，给师生以及参观游客营造了综合户外阅读、思考、讨论、演讲等多功能的场所，为高校学生活动提供了更多的选择，有利于高校师生协同奋进、教学相长氛围的形成，同时这一台阶面向理学群楼，更便于引导理学群楼的师生进入李政道图书馆，这使得李政道图书馆与周边的理学群楼形成相互联动作用。诺贝尔山台阶上还镌刻有 199 位诺贝尔物理学奖获得者的铭牌，扫描所附的二维码，就可以了解到这些诺贝尔奖获得者的经历和事迹，丰富了参观者的常识。

3.2 李政道图书馆的精神育人

李政道图书馆在二楼和三楼的阅览大厅里主要收藏物理学、晶体学和天文学领域的书籍和期刊，这便于学校师生借阅浏览专业领域的文献资料，提高相关领域学生的专业素养。宽敞明亮的阅览空间，辅以三楼斜窗外的竹林背景，为潜心修习的读者创造了一个清新典雅、安静质朴的研习环境。读者在阅览研读之余，也可至一楼、二楼的展览中庭和多媒体展区，参观李政道图书馆的陈列展览区域，展厅由"问道、悟道、传道、超弦"四部分组成，围绕"物理巨擘，赤子情怀，科艺双馨"这三个关键词，通过集中式与分布式展出、实体环境与虚拟网络空间的有效结合，核心展示了李政道最具代表性的科学功绩、高尚情操、生平事迹。更以分层次、多侧面的表现方式，配合互动式体验等手段，从严谨治学、潜心研究、个人轶事等方面展开叙述，形象生动地展现了李政道的科学精神与教育上的巨大贡献，为大学的精神文化建设提供了充满时代感和现实感的素材，为每一位参观读者营造了一片充实精神财富的空间。使他们通过对名人经历、成就、人格魅力的光、影、声的立体式的了解，年轻的灵魂激荡出巨大的动力，指引他们奋发向前，做德才双修的有志人才。

3.3 李政道图书馆的制度育人

大学的物质文化与精神文化之外，李政道图书馆亦着力于大学的制度文化建设。在日常管理层面，李政道图书馆创新地执行学生自管会制度。上海交通大学李政道图书馆自主管理委员会（以下简称“自管会”）是学生馆员参与图书馆管理、协助图书馆改进工作的学生组织机构，隶属于李政道图书馆，并在校“学生工作指导委员会”的指导和支持下开展工作。自管会的宗旨是建立和完善李政道图书馆与广大读者及参观者沟通、互动的长效机制，协助图书馆开展宣传、服务、管理等各项工作。从实际出发，培养学生自我教育、自我管理、自我服务的能力，创建学生和图书馆“共建、共管”的新局面。自管会制度为学生提供了一个工作实践的平台，从专业的岗前培训到任职后的日常工作，培养了学生的责任意识，丰富了学生的阅历，为学生毕业后踏入社会打下了良好的能力和心理基础。同时，年轻学生思维活跃，使得图书馆宣传策划等工作更有创意，这也增添了学生们的自我价值认同感。

4 结语

育人应是高校图书馆工作的重心，育人功能的实现必须在环境、精神、制度三个层面同时展开，相辅相成。发挥好高校图书馆的育人功能是塑造高素质、高涵养青年人才的关键，每一位高校图书馆工作者都应在这方面积极工作、努力探索，为育人事业贡献自己的力量。

参考文献

[1] 肖福赟.论大学制度文化的基本内涵及特征[J].天水师范学院学报，2011，31(3)：56－59.
[2] 唐华林.发挥大学图书馆优势，强化德育教育功能[J].湖北广播电视大学学报，2007(5)：148－149.
[3] 路亚北.当代博物馆功能与大学文化建设的融合[J].常州大学学报(社会科学版)，2012，13(4)：30－32.

李政道图书馆数字资源内容建设与资源发布政策研究

张思思

摘　要　当前高校图书馆、博物馆在数字资源的管理及服务上尚在不断探索，本文以上海交通大学图书馆李政道数字资源中心为例，探讨了李政道图书馆数字资源中心在内容建设、资源发布指南两个方面的内涵及实现途径。

关键词　李政道图书馆　数字资源　服务政策

2011年9月，由教育部审批的李政道图书馆建设项目正式启动，李政道图书馆位于上海交通大学闵行校区，由"李政道数字资源中心"和"李政道图书馆(实体建筑)"两大部分组成，将实现图书馆、档案馆、博物馆、科技馆、艺术馆"五馆合一"的功能定位[1]。

1　李政道图书馆数字资源中心概述

作为李政道图书馆重要组成部分之一，李政道数字资源中心于2010年8月启动，2013年4月13日正式上线运行，主要完成与李政道先生有直接关系(捐赠实物与相关论著等)及对中国和世界科技教育事业发展有深层影响的资源收集、整理和保管等工作，秉承开放式服务理念，旨在将资源分享到全球范围。

2　内容建设及实现途径

李政道数字资源中心的资源主要有如下四个方面：① 李政道先生捐赠实物，即珍贵藏品(如艺术与科学结合的艺术珍品)、手稿资料等；② "口述历史"资料：即对

“艺科结合”作品的艺术家的实地走访资料，包括音频、视频等；③ 相关出版物与网络资源，包括生平传记、经典论著、研究论文等；④ 社会征集资源，即向全社会征集与李政道先生相关的各类实物、书信等。

2.1 资源内涵

根据资源的分布情况，李政道数字资源中心用户界面主要分为史·记、物·理、授·业、科·艺、实·时五个版块[2]。分别将李政道先生的成长经历、对科学孜孜不倦的追求、为祖国科教事业所作出的巨大贡献、对科学与艺术的独到见解以及李政道图书馆的新闻公告等五个方面的内容展示出来。与之相对应的后台建设内容主要集中在资源收集与整理、数字化加工、资源组织与揭示、系统平台开发与运维、资源发布等工作。

2.2 实现途径

首先，是资源的收集与管理。对李政道先生捐赠的珍贵藏品与手稿资料等进行收藏与整理，包括相关文献实物的实地调研与采访，以及电子出版物、网络及多媒体资源的收集与整理。

其次，是资源数字加工。对李政道先生的所有资源包括生平传记、经典论著、研究论文、新闻报道、手稿资料、图片、音频、视频、书画藏品等进行数字化加工，生成元数据信息及其数字对象链接，实现数字资源的长期保存。

再次，是资源组织与揭示。以时间为主线，多维度、标准化地汇集李政道先生不同学术研究阶段的信息资源，为用户提供分面聚类浏览、一站式的跨库检索以及全文获取。

最后，是系统平台开发与运维。按照李政道生平传述、数字文库、图片、多媒体资源等栏目进行系统框架的搭建，建立全面、完整的资源长期保存以及功能强大的资源揭示系统，提供数字化手稿的便捷浏览功能、图片可视化功能、实物藏品的三维展示功能、全文搜索与获取功能、交互式多媒体功能、跨平台网络资源共享功能以及中英文双语种功能等。同时考虑平台及内容的管理运维机制。

3 资源发布指南

3.1 服务对象与资源类型

数字信息是海量的，对这类信息进行长期保存是保证数字图书馆服务的基础[3]。李政道数字资源中心指南针对用户类型和资源特点，对相应的发布原则和服务政策制订了详细规则，并为网站的资源服务发挥了积极作用。

针对服务对象，“李政道数字资源中心”用户可分为校内用户、普通用户与访客三种。校内用户指所有校内 IP 用户。该类用户无需注册即可享受普通用户注册后的权限，享有部分全文资源和全部元数据资源的浏览权限。普通用户指校外用户在网上注册并经管理员审核后，可享有部分全文资源和全部元数据资源的浏览权限。注册后可使用网站个性化功能。访客指校外的非注册用户。只可以享有元数据浏览权限。如需查阅、复制资料，需要收取一定的费用。

李政道数字资源中心现有的数字资源可根据资源类型分为8类，分别为手稿、讲义、信函、论文、图片、图书、音视频以及其他，其中，“李政道数字资源中心”的资源由元数据和全文对象数据组成，因此资源发布有元数据、部分数据和全部数据三种类型。元数据是针对敏感信息或不便于公开发布的资源，仅发布其元数据，不开放全文对象数据的浏览使用。部分数据是指元数据与部分全文对象数据公开发布。全部数据是指元数据与全部全文对象数据公开发布。

针对不同的重要程度分级别分类，主要情况如表1所示。

表1　数据库根据资料类型的分类情况(数据统计截止日期：2014年11月5日)

资源类型(编码)	元数据数量	对象数量	重要级别分类
手稿(P)	5 725	72 293	三级(▲▲▲)
讲义(L)	881	21 702	二级(▲▲)
信函(C)	40 309	82 663	二级(▲▲)
论文(R)	3 384	62 495	一级(▲)
图片(A)	542	3 326	二级(▲▲)
图书(B)	663	63 598	一级(▲)
音、视频(V)	3	1	三级(▲▲▲)
其他(T)	10 918	72 461	

注：音视频资料仍在建设中。

3.2　资源发布指南的实现途径

1）资源发布细则

对象数据公开发布主要考虑的因素包括是否政治敏感、是否损害李先生形象、是否牵涉隐私、是否有可能导致纠纷等。根据上述因素，制订“李政道数字资源中心”资源发布细则(见表2～表9)。

表2　手稿资源的对象数据发布细则

资源类型(编码)	处理情况	用户权限	发布程度
手稿(P)	仅开放元数据	校内IP用户	元数据
	仅开放元数据	普通用户	元数据
	仅开放元数据	访　客	元数据

表 3 讲义资源的对象数据发布细则

资源类型(编码)	处理情况	用户权限	发布程度
讲义(L)	全文发布	校内 IP 用户	全部数据
	每个讲义前 2 页全文	普通用户	部分数据
	仅开放元数据	访客	元数据

表 4 信函资源的对象数据发布细则

资源类型(编码)	处理情况	用户权限	发布程度
信函(C)	仅开放元数据	校内 IP 用户	元数据
	仅开放元数据	普通用户	元数据
	仅开放元数据	访客	元数据

表 5 论文资源的对象数据发布细则

资源类型(编码)	处理情况	用户权限	发布程度
论文(R)	全文发布	校内 IP 用户	全部数据
	每篇论文前 2 页	普通用户	部分数据
	仅开放元数据	访客	元数据

表 6 图像资源的对象数据发布细则

资源类型(编码)	处理情况	用户权限	发布程度
图像(A)	审核通过后的部分图片	校内 IP 用户	部分数据
	审核通过后的部分图片	普通用户	部分数据
	仅开放元数据	访客	元数据

说明：图像中的人物照片需经过宣传部门审核，审核通过后都可公开发布。

表 7 图书资源的对象数据发布细则

资源类型(编码)	处理情况	用户权限	发布程度
图书(B)	全文发布	校内 IP 用户	全部数据
	李政道先生的著作、其他港台及小语种图书、其他科技类图书的前 17 页	普通用户	部分数据
	仅开放元数据	访客	元数据

表 8 音视频资源的对象数据发布细则

资源类型(编码)	处 理 情 况	用户权限	发布程度
音视频(V)	全部多媒体	校内 IP 用户	全部数据
	全部多媒体	普通用户	全部数据
	仅开放元数据	访 客	元数据

表 9 其他资源的对象数据发布细则

资源类型(编码)	处 理 情 况	用户权限	发布程度
其他(T)	结合数据的清理,逐步发布	校内 IP 用户	元数据
		普通用户	元数据
		访 客	元数据

2) 系统后台审核

针对一些敏感词汇,系统后台将配合审核并自动屏蔽。

自动屏蔽特殊字符	自动屏蔽敏感词:赵紫阳	支持录入时对特殊内容的自动屏蔽、自动复制、自动计算

3) 收费标准

开放部分数据是出于保护资料、合理利用的考虑,用户如确有需要,可以在缴费后进行查阅及复制。

4 结语

李政道数字资源中心是数字图书馆的具体体现,正如北京大学图书馆馆长朱强先生所说的:数字图书馆不再是一个趋势,而是我们身边正在成长的事物。将像空气一样,不知不觉,随时随地地为人们的日常工作,学习和生活提供服务[4]。目前,李政道数字资源中心在充分利用馆藏资源的基础上,旨在不断完善各项服务政策,探索更完备的服务体系与更人性化的资源发布政策,并逐步建立此类问题的解决模式。

参考文献

[1] 陈煦蔚,张浩,郭晶.高校图书馆的多功能化设计与实现探索——以上海交通大学李政道图书馆为例[J].图书与情报,2014(5):39-41.

[2] 李政道数字资源中心[EB/OL].[2015-08-21].http://www.tdleelib.info/.

[3] 张晓林.数字信息的长期保护问题[J].图书馆,2001(5):7-12.

[4] 刘炜.再续数字图书馆十年辉煌[J].中国图书馆学报,2008(3):84-85.

浅谈李政道图书馆陈列布展实践

周致君

摘　要　李政道图书馆由“李政道数字资源中心”和“李政道图书馆（实体建筑）”两大部分组成，具有图书馆、档案馆、博物馆、艺术馆、科技馆“五馆合一”的功能。通过“细推物理”、“突破守恒”、“情系祖国”和“科艺之光”四个部分，以集中和分布相结合的形式展现李政道的科学精神、爱国情怀和艺术情操。陈展内容从治学、研究、轶事等方面进行铺开，生动、立体展现伟大科学家的传奇人生、科学精神与教育意义。

关键词　李政道图书馆　五馆合一　陈列布展　布展方法

李政道先生是开创华人获得诺贝尔奖的科学巨匠，长期以来情系中国，为中国科技、教育事业的发展奉献了超凡的智慧，是中国炎黄子孙的楷模，中美关系的友好使者。2011 年 6 月，李先生表达了愿意将其毕生积累和收藏全部捐赠给上海交通大学的意愿。2011 年 9 月，国务院和教育部就批准了在上海交通大学建立李政道图书馆。李政道图书馆（实体建筑）于 2013 年 7 月破土动工，历经一年半时间紧张建设，于 2014 年 12 月落成。李政道图书馆总建筑面积为 6 500 平方米，其中地上建筑面积 5 000 平方米，地下建筑面积 1 500 平方米，建筑高度 23.80 米。李政道图书馆将成为李政道先生科学思想和科学精神的国际化研究交流中心，担负激励后学、弘扬科学精神、展示人文素养的科普教育基地和开展高能物理研究的工作基地。

1　初期筹划

1.1　确定功能定位

严谨认真、完善合理的前期准备工作是陈列布展的良好基础。为把李政道图书馆建设好，尤其是陈列布展部分，上海交通大学充分调研论证，并开展专家评审会议，首先确定李政道图书馆由实体建筑和“李政道数字资源中心”两大部分组成。功能定位为：以图书馆、档案馆为主，兼有博物馆功能，同时，结合李政道先生本人特点和信息时代特征，有限扩充艺术馆及科学馆的职能，形成“五馆合一”的有机整体，多维展现李政道的科学精神、爱国情怀和艺术情操。陈展工作以宣扬李政道对科学的献身精神、对真理的执着追求和对祖国的拳拳之心为主旨，突出李政道身上科学精神、治学品格、赤子情怀和科艺双馨相交融的主线。

1.2 编写《李政道图书馆说明牌文字》

上海交通大学迅速成立李政道图书馆建设指挥部，指挥部抽调年轻有干劲的老师组成陈展工作组，并邀请一些文字功底好、有丰富博物馆纪念馆布展经验、责任心强的专家学者予以辅助指导。陈展工作组首先对李政道先生的生平事迹进行横向和纵向梳理，对李政道先生捐赠的各类资料、艺术藏品进行了深入了解，指挥部还先后赴美国、瑞典、北京、青岛、苏州及上海等地展开资料征集与口述历史采访工作，采访了李政道本人及多位科学家、艺术家、教育家及友人，获取珍贵的一手资料。经过多渠道的搜集和深入的研究，逐渐形成了《李政道图书馆陈展文案》，此后经过百余次的修改和有关专家反复的论证，于 2014 年 11 月 26 日，最终确定《李政道图书馆说明牌文字》，最终篇幅为 27 309 字。

2 陈展设计

2.1 主题脉络

李政道图书馆根据李政道先生的学术历程和人格魅力，确定为“以天之语，解物之道”的陈展主题，经过深入研究，凝练出“物理巨擘，赤子情怀，科艺双馨”12 字作为关键词，扩展为“开创华人科学家获诺贝尔奖历史的物理大师；推动中国科技教育事业发展的炎黄赤子；倡导科学与艺术交融的智慧使者”，三句作为核心定位。此主旨贯穿工作始终，文本时代感强，立意准确，意境深远，脉络清晰，内容集中，主题鲜明，印象深刻，并在陈列布展中得到全方位的立体展现。

“天之语”，是客观存在所传达出来的信息；“物之道”，是人类作为创造者，在不断的探索和传承中发展出来的科学、文化和道德情怀。李政道图书馆的内部空间以“天之语”为形式设计元素，以“物之道”为陈展思路，展现李政道“物理巨擘、赤子情怀、科艺双馨”的伟大成就。陈展内容按照专题式编排，共分为问道、悟道、传道及超弦四个部分。其中，问道展区通过“真理的光芒”、“拳拳赤子心”两幅大型油画和“对称乎”雕塑，集中呈现出李政道物理巨擘、赤子情怀和科艺双馨的鲜明人物特征；悟道展区是展馆唯一的封闭展区，主要展示李政道先生的成才历程、突破宇称守恒的过程、获得诺贝尔奖的辉煌时刻以及他在物理领域的其他主要成就；传道展区主要展现李政道为推动中国科技、教育事业发展所作出的杰出贡献；超弦展区借助物理学“超弦”概念，无处不在地展现李政道倡导科学与艺术交融的思想，以及科艺结合的艺术作品。

2.2 空间利用

李政道图书馆地下一层为报告厅，地上一层为多功能展厅、开放式展厅；二层为阅览大厅和结合交通空间局部布置的开放式展厅；三层为开放式阅览区与图书馆工作用房；四层为李政道先生办公室、特藏书库和高等科学研究所。陈展空间面积约500平方米，为充分地利用好展陈空间，采取了“集中展陈”与“无处不在”相结合的设计理念，巧妙利用交通和公共空间，如楼梯、过道、屋顶、角落、户外等。

2.3 虚实结合

实体展陈中设置链接，参观者可自行浏览“李政道数字资源中心”，这巧妙地实现实体建筑和“李政道数字资源中心”网站的结合，延伸了展示的空间。

3 布展方法

一般性的平面展板，以内容顺序一个版面挨着一个版面顺次进行，研究表明在这种简单平面化的浏览中，人的新鲜感只能维持10～15分钟，展品的艺术美感会逐渐淡化，无法给予主体情境体验和互动共鸣，这些对展览来说都是不利的因素。同时纸质的展品是一种静态的艺术语言和审美，虽然简洁真实，由于其自身外形映射力不足的缺憾，很难吸引打动参观者。

随着科技的进步，人们对新技术的渴求越来越明显，一个深入人心的展览馆自然离不开高科技的运用。为充分调动观众的感官，给观众以精神触动和良好的互动性，李政道图书馆在使用传统平面展板展示的同时，还采用了弧幕、多点触控、LED大屏、增强现实等多种形式，使整个展览以较强的逻辑性、深刻的思想性、引人入胜的情节性，给观众以心灵的震撼力、视觉的冲击力和令人信服的说服力。文章将主要介绍这些较有特色的陈展手段。

3.1 增强现实技术

增强现实(augmented reality，AR)，是一种实时地计算摄影机影像的位置及角度并加上相应图像的技术，这种技术的目标是在屏幕上把虚拟世界套在现实世界并进行互动。这一技术在李政道图书馆得到了很好的运用，参观者可在手机、平板电脑等设备下载安装增强现实APP，打开APP扫描特定的展品，即可在手机和平板电脑等设备中呈现文字、图片或者视频。例如观众扫描瑞典国王阿道夫·古斯塔夫六世(Gustaf Ⅵ Adolf)为李政道颁授诺贝尔奖证书和金质奖章所拍摄的照片，客户端会出现当时颁奖典礼的影片。这一技术的使用，削弱了平面视觉的不足，大大增强了展品与观众的互动性和参观的趣味性，丰富陈列布展的形式。

3.2 电容感应设备

在李政道图书馆的大厅设有天桥多媒体互动展项，该展项主要包含电容感应器、工控主机和LED大屏三个部分。整个系统通过对感应的捕捉，获取观众在扶手上的精确位置，并转换为计算机内部的控制指令，对多媒体内容进行相应的操作，即可实现用户在扶手上进行内容的选择和交互。扶手感应触点共设置64个。根据扶手的实际长度，感应触点均匀分布至扶手表面。每个或多个触点对应一个多媒体内容。显示内容的多媒体源包括图片、视频（MP4、RMVB、WAV等）、Flash等主流播放对象及格式。当观众触摸到扶手不同的位置时，大厅上方的大屏中会呈现不同图片或视频。

3.3 多点触屏

李政道图书馆的馆藏资源丰富，共收录论文3 400余篇，手稿5 700余份，信函4万余封，以及图书、音视频等资料两万余件，但展示面积仅500平方米，为此馆内设置三台多点触摸屏，这不仅可以存储大量的信息，还可及时更新展示的内容，给观众提供丰富的布展信息。

3.4 场景画

李政道先生在改革开放初期对中国科学与教育事业作出的重要贡献，他呕心沥血创办了CUSPEA——中美联合招考物理研究生项目。为此，他每年要向美国各大学和国内各大学发大量信件，这些信塞满了哥伦比亚大学校内及附近的几个邮筒。为把这一故事以最佳的形式呈现给观众，在馆内一角精心布置有两个邮筒，邮筒设计为当时美国常见的邮筒造型，邮筒中“飞出”复制的信件及考卷，直至天花板，并铺满整个上空，这些信件及考卷共有321件，这个数字不仅体现李先生所写书信之多，还代表321位曾为这项工作做出努力的教师与工作人员。整个场景给人以时空穿梭之感，观众仿佛眼前浮现李政道先生推着小推车，将大量的信件塞进一个个邮筒的情景。

4 结语

从社会大发展的角度来看，我国社会文化建设蒸蒸日上，多媒体技术手段日趋技术化，多样化，陈列展览的水准在不断提高，然而观众的欣赏能力和需求也在不断提升。深入人心、值得回味的展览需要深入挖掘展品的深刻意义，形成内容完备、体系清晰的展品文案，再进行与人物品格相契合的精心设计，采取从平面到立体，从传统到创新，从一维到多维，艺术和高科技相结合的手段，赋予观众一个全新的视角，一种深度的思考和一次意义丰富的参观体验。

参考文献

[1] 安小米.新《档案馆建筑设计规范》的特点及实施建议[J].山西档案,2003,06:16-18.
[2] 王普.浅谈博物馆布展工程的控制要点[J].城市建设理论研究,2012(23).
[3] 张雪.数字媒体影响下虚拟博物馆的研究[D].哈尔滨:哈尔滨师范大学,2011.
[4] 郭晓明.浅谈多媒体技术的应用与博物馆的数字化建设[J].华章,2013(13).
[5] 刘芳.博物馆功能与观众[J].四川建筑科学研究,2006.
[6] 邢照华.浅议陈列设计中的展品密度问题[J].北方文物,2003,03:98-100.
[7] 顾全.内容与形式的完美统一[J].新闻窗,2007,03:72-74.
[8] 李婉月,张煜明.谈谈档案文化价值的开发[J].档案学通讯,2003,05:79-82.

从空间利用成效看高校图书馆空间功能转型

——以上海交通大学李政道图书馆为例

刘 音

摘 要 随着高校图书馆空间服务功能经历了从近代具有藏、借、阅、管四位一体功能的半开放时代向现代多元化服务的全开放时代的转变，高校图书馆空间布局进入全新的变革时期。如何合理运用资源，设计并建立起高校复合式空间职能体系，发挥成效已成为高校图书馆人应当重视的问题。本文以上海交通大学李政道图书馆的实践为例，探讨如何有效发挥复合式空间职能体系的效果，为高校图书馆空间功能转型设计提供借鉴。

关键词 高校图书馆 李政道图书馆 复合式空间职能 功能转型

2009年，在意大利都灵市举办的国际图书馆协会联合年会上，在"图书馆设计建筑"主题的卫星会议中正式达成了图书馆成为"第三空间"的共识。会议指出图书馆是知识的共享空间，也应是博物馆、美术馆的文化共享中心，更应是提供创新的舞台[1]。在图书馆成为"第三空间"后，人们意识到空间即资源，有限的空间，无限的空间职能已成为共识。

国内外图书馆界都认识到图书馆的空间布局进入了全新的变革时期。上海图书馆的吴建中馆长在2012年中国图书馆年会主旨报告中指出，我国图书馆要有忧患意识，其中影响图书馆未来发展的四个新指标包括：推广活动、社会媒体、数字流通和数字参考，强调今后发展要更加注重图书馆作为城市第三空间的价值，更加注重复合型图书馆的建设，更加注重信息交互和咨询能力的提升，更加注重与社会各界的广泛合作[2]。

作为图书馆体系的重要组成部分，高校图书馆是高校重要的文化载体和教育职能机构，是辅助教育科研活动、弘扬大学文化的重要场所和基地[3]。高校图书馆空间服务功能经历了从近代具有藏、借、阅、管四位一体功能的半开放时代向现代多元化服务的全开放时代的转变[4]。随着现代社会科学技术的迅猛发展，高校的教育科研文化建设、信息技术的发展、用户的需求变化等，都会引起高校图书馆空间功能的转变。

上海交通大学已经走在了图书馆空间职能转型实践的前列，如闵行校区图书馆主馆，在保留传统借阅空间职能基础上，将公共区域打造成信息共享空间；钱学森图书馆以博物馆、档案馆为主，营造了一个文化共享空间，图书馆的空间职能仅占很小一部分；李政道图书馆除典藏、借阅、管理等基础职能外，拓展出档案馆、博物馆、科技馆、艺术馆等常态职能，成为信息交流空间和文化共享空间。随着又一轮高校图书馆馆舍建设的兴起，如何合理运用资源，设计并建立起高校图书馆的复合式空间职能体系，充分发挥出高校图书馆的优势，让复合式空间职能产生“1+1>2”的利用成效，已是高校图书馆人应当重视的问题。文章主要就上海交通大学李政道图书馆在空间功能转型方面的实践探索进行介绍与分析，以期为我国其他高校图书馆的空间职能转型拓展实践有所借鉴与启示。

1 “五馆”合一的复合空间

李政道图书馆是一座以图书馆、档案馆为主，兼具博物馆功能，有限扩充美术馆和科技馆功能的“五馆”合一的多功能图书馆。全馆总建筑面积 6 500 平方米，分为地下一层，地上四层，由建筑大师何镜堂院士领衔设计而成。作为上海交通大学图书馆体系的组成部分，李政道图书馆定位为理学图书馆。第二、三层设有阅览室，承担资源存储、流通、阅览等职责，同时承担教育、科研辅助功能，包括文献服务、参考咨询服务、学科服务等，采取与上海交通大学图书馆相同的运行与管理模式，即阅览区域一门式管理，推行大开放、大服务格局，采用借阅合一与学科化服务模式，打造信息共享空间。在一层和通往二层阅览室的台阶、天桥等公共区域，陈列着“以天之语，解物之道”主题展览。利用陈展宣教的形式，履行教育和传播功能，展现李政道先生的传奇人生和科学精神，传达出上海交通大学的文化理念和育人理念，肩负起传承与弘扬文化和精神的重任，体现出其作为博物馆的空间职能。在二层的台阶及平台，通过资源建设和陈列展览的手段，设置互动科普装置，展出经典艺术作品，将科学性和艺术性融合到图书馆的空间功能中，体现出科技馆和美术馆的空间职能。四层的特藏书库内，全面收集并保管李政道先生相关资料，行使档案馆的空间职能。

2 李政道图书馆发挥复合式空间职能的途径

2.1 传承大学信仰，承载大学文化

阿根廷著名诗人、国家图书馆馆长博尔赫斯曾经说过：“天堂应该是图书馆的模

样。”天堂是博尔赫斯精神信仰中的至高境界，而承载他精神信仰的则是图书馆。在当代大学中，大学图书馆的首要功能就是承载大学精神信仰，传承大学文化。上海交通大学校长张杰院士对大学的精神信仰有这样的见解：“大学精神就是科学精神与人文情怀的有机结合。科学精神是大学实现其知识创新、积累和传播功能的巨大动力，但唯有人文情怀的引导，科学精神才能摆脱功利主义的藩篱，否则，其求真的冲动也会为功利所摆布，也很难出现影响时代与社会发展的大成果。”[5]

李政道图书馆在设计之初就综合考虑如何在空间职能中对大学文化精神的传承。在外观设计上，米黄色的图书馆主体突出了科研对象如山石，在东南角留置一条缝隙，象征着“石开者为研”的科学研究精神。暗红色的象征诺贝尔奖辉煌成就的诺贝尔山，以此激励青年学生和科技工作者勇攀科学高峰。诺贝尔山的台阶侧面自下而上的台阶镶嵌了199名历届诺贝尔物理学奖获得者的名牌，还可以通过扫描名牌上的二维码，了解到获奖者的生平与事迹。激励青年学生和科技工作者成为“下一个诺贝尔奖获得者”。

2.2 助力学校发展，打造信息共享空间

高校图书馆信息共享空间一般由总服务台，电子阅览室、个人学习空间、小组学习空间、多媒体利用空间、休闲娱乐空间等部分组成[6]。李政道图书馆阅览区的空间功能划分充分满足了现代读者对阅读环境和服务的多样性需求。为方便读者借阅，阅览室提供一站式服务，节省传统职能所占空间。在二、三层的阅览室内，图书存放区域相对集中，更多的空间留给读者进行阅读、学习、思考。在阅览区周围是小组学习室供读者进行自主学习，既可以被营造为安静的独立学习空间，亦可称为相互讨论交流激发美妙创意的灵感空间。根据读者携带移动电脑设备进馆阅览增多的特点，通过多点布控无线网络路由器，实现无线网络全馆覆盖，节省了设置电子阅览室的经费和空间。

依托馆内营造的奇幻展陈空间，上海交通大学“面向未来120项科学技术预见”征集工作新闻发布会、上海交通大学2015年本科招生咨询会等众多重要的会议和新闻发布会选在此举行，成为学校重要的对外窗口。

四层的高能物理研究中心，是重要的信息汇聚空间。这里汇集全球高能物理领域的顶尖学者，中间的天井中修竹繁茂，别有洞天，为研究者提供绝佳的研究环境。在研究中心的一角是李政道先生的办公室，仿照李政道先生在哥伦比亚大学办公室修建。让研究者时刻感受到李政道先生与他们在一起，激发他们“赛因峰顶会李杨”的豪情壮志，传递坚持不懈攀登科学高峰的正能量。

2.3 充分发挥环境育人职能，构筑文化共享空间

李政道图书馆一层是“以天之语，解物之道”主题展览，时刻向读者传递李政道先生榜样的力量。在阅览室内展出李政道和艺术家创作的科艺作品，充分利用学习空

间与展览空间相复合的优势，让读者在潜移默化中接受艺术与科学的熏陶与感染，创造优雅的阅读、学习、休闲环境，充分发挥了高校图书馆环境育人功能。

李政道图书馆地下一层的报告厅，是目前上海交通大学会议设施较先进的学术交流场地，2015 年 5 月 12 日，李政道之孙李善时博士在这里做创业主题演讲，完美开启报告厅首秀。此后，能在李政道图书馆报告厅举行报告会已成为对报告者的一份崇高礼遇。

一层中庭，视野开阔，上方天桥上还有高清晰 LED 显示屏，是召开宣传会议的理想场地。

在短短的半年中，这里先后举办了李政道图书馆落成仪式、李政道图书馆五四青年节系列活动、“快乐拼图，探索李政道”六一儿童节主题活动等。

在基础功能之上，馆方拓展了艺术展演等空间职能。在报告台上设置了专业舞台灯光和音响系统，可以承接文艺演出。高雅的交响音乐会、校园大型知识类真人秀节目“探索李政道”等不同类型活动纷纷在此举办，业已成为上海交通大学新的文化地标与名片。

3 结语

通过对空间职能的科学规划，整合资源，李政道图书馆在开放短短的 100 天时间就接待校内外读者 13 404 人次，成为学校重要的对外窗口、新的文化地标和名片，复合式空间职能得到了很好的利用。从李政道图书馆的空间转型实践可以看出：在高校图书馆全面转型的时代，复合式空间职能已是新建高校图书馆的题中应有之意。但不经过很好的前期调研，不全面考量、整合、评估社会和学校需求，简单的职能堆砌，是无法发挥高校图书馆宝贵的空间资源。

李政道图书馆在充分保障基本空间职能的基础上，对空间职能进行了合理规划，将信息共享空间、知识传播空间、文化共享空间等空间职能有机地融于一馆，开辟出一条空间职能转型之路。但在对复合式空间职能进行协调管理时，不仅要考虑其叠加效应，还要对冲突问题有充足的准备，尽量发挥以图书馆为主体的空间职能优势。在管理上，图书馆与档案馆、博物馆各有不同的管理要求，必须统筹兼顾，不能顾此失彼；在用户需求上，在图书馆阅读学习的读者需要安静的环境，而到博物馆参观的观众需要详细的讲解，一静一动的用户需求也在挑战着管理者的智慧。

参考文献

[1] 吴小林. 图书馆成为“第三空间”[N]. 人民日报，2009 - 09 - 2013.

[2] 吴明明，刘华. 转型期学术图书馆的空间再造[J]. 图书馆杂志，2015，07：32 - 36，58.

[3] 陈煦蔚，张浩，郭晶. 高校图书馆的多功能化设计与实现探索——以上海交通大学李政道图书馆为例[J]. 图书与情报，2014，05：39 - 41.

[4] 郭晶.图书馆空间蜕变.中国教育网络,2010,Z1：85-86.
[5] 张杰.以人文情怀引导科学精神[N].人民日报,2014-08-04.
[6] 李娜,苏阳.高校图书馆信息共享空间建设策略[J].河北科技图苑,2015,02：53-55.

高校图书馆学生自主管理工作探析
——以上海交通大学李政道图书馆为例

李 亚

摘 要 随着高校图书馆的发展，其职能部门逐渐增多，服务内容不断扩充，传统的图书馆管理模式已无法适应现代图书馆的运营，学生参与管理已经成为高校图书馆建设过程中不可或缺的力量。本文以上海交通大学李政道图书馆为例，阐述了高校图书馆学生自主管理工作的背景和意义，讨论了学生自主管理工作实践发展中存在的问题，并提出相应的建议，以提升图书馆学生自主管理工作的效率。

关键词 高校图书馆 学生 自主管理

在数字化、自动化、网络化的浪潮之中，高校图书馆不断更新服务模式，拓宽服务领域，同时高校图书馆秉承“读者第一、服务育人”的宗旨，人性化仍然是图书馆管理中的重要因素。因此如何将技术因素与人文因素相结合，在技术比重不断扩大的管理环境中创造人文精神，成为高校图书馆提升服务质量的新目标。在此环境下，通过学生自主管理的模式，让学生参与到图书馆的建设与运行中，成为当前高校图书馆创新服务的重要措施。高校图书馆学生自主管理，是在改变传统的图书馆管理模式的基础上，让学生参与到管理工作中来。“李政道图书馆自主管理委员会”是学生馆员参与图书馆管理、协助图书馆改进工作的学生机构组织，是图书馆与读者之间的纽带与桥梁。李政道图书馆就尝试采用了这种学生自主管理的模式，在建立图书馆与广大读者之间沟通、互动的长效机制的同时，培养学生自我教育和自我管理的能力。自主管理委员会下设讲解团、人力资源部、信息服务部、宣传部与联络部“一会五部”，分别承担馆内讲解、宣传、策划等多样工作。

1　高校图书馆学生自主管理的意义

1.1　展现高校图书馆“读者第一、服务育人”的宗旨

高校图书馆在服务过程中坚持“读者第一、服务育人”的宗旨，不仅发挥服务职能，也需要发挥教育职能，积极贯彻国家的教育方针。高校图书馆学生自主管理的实施，改变了传统管理模式，让学生从被服务者的身份转变为服务者和被服务者双重身份，在接受图书馆的服务过程中也成为图书馆管理的主体，参与自主管理的学生作为图书馆与服务对象之间的纽带，通过日常对图书馆的使用，得出感受和经验，从被服务者的角度参与图书馆的运行和管理，结合自身的实际问题投入工作，也让图书馆的工作更加贴近学生的需求。

高校图书馆作为读书育人的场所，成为学生的“第二课堂”，对当代大学生综合素质的培养具有重要的意义。通过学生自主管理模式，增强学生管理意识，利用高校图书馆的资源，为学生进入职场提前提供了社会化的场所。

“李政道图书馆自主管理委员会”的宗旨是建立和完善李政道图书馆与广大读者及参观者沟通、互动的长效机制，协助图书馆开展宣传、服务、管理等各项工作。从实际出发，培养学生自我教育、自我管理、自我服务的能力，创建学生和图书馆“共建、共管”的新局面。

1.2　减轻图书馆人员紧缺的情况

高校图书馆受编制限制，图书馆工作人员数量有限，同时由于高校在近年来不断的扩招，学生数量急剧扩大，高校图书馆面临的读者群体日益庞大，而图书馆又延长服务时间，不断更新和增添服务内容，服务项目不断多样化，使得图书馆工作人员的工作量激增，工作压力加大。为了更好地保证服务质量，减轻高校图书馆工作人员的压力，让学生参与到图书馆管理当中，做一些初级简单的工作，也为图书馆员工节约一定时间，将更多的精力放入更专业、细致的研究工作以及更深入高质的服务工作中去。

李政道图书馆作为一个包含图书馆、博物馆、档案馆、科技馆、艺术馆的“五馆合一”的综合性场馆，服务模式多元化，全馆编制名额 15 个，除了阅览室的服务以外，李政道图书馆的陈展区域周一闭馆，周二至周日上午九点至下午五点开馆，庞大的工作量和多重的服务内容都需要让学生加入管理运行中，承担场馆服务、陈展讲解、阅览室服务等工作。

1.3　经济上给予学生帮助

学生参加自管会，通过自己的劳动和付出获得薪酬，不仅获得成就感，尤其对贫困生也缓解了他们的经济压力。

2 高校图书馆学生自主管理的具体实施办法

2.1 制订相应的规章制度

通过制订高校图书馆学生自主管理的各项规章制度，明确组织的宗旨、原则，规范组织职能、奖惩情况等，使其后期工作围绕统一目标进行开展。李政道图书馆自主管理委员会通过建立章程，明确组织架构，并详细描述各岗位部门的组织职能，为之后工作的开展提供准则。同时通过制订管理条例，将学生工作进一步细化，包括请假机制、考勤管理、考核制度、工资管理、部门信息反馈等内容。通过这些制度的制订，图书馆人员在对学生自主管理委员会的指导时有准确参考，而学生参与图书馆管理之前就能明确自身的工作规范和工作职责，更好地投入工作中。责任到岗，责任到人。

2.2 严格把关录用，做好岗前培训

"李政道图书馆学生自主管理委员会"面向全校学生公开招聘，并通过宣讲、报名、考核、录用的方式择优录取学生馆员，在这一过程中需严格把关，根据不同岗位的职能和具体需求，选择符合相应条件的学生予以录用。学生上岗之前，还需经过系统的岗前培训。除了对图书馆基本情况和管理制度等理论知识的学习，李政道图书馆还就中英文讲解、新闻稿撰写、数据统计处理、场馆服务规范、仪器使用维护、应急处理、阅览室图书上架、读架、图书定位等工作给学生进行了细致而系统的岗前培训，保证学生上岗时能够熟悉工作流程，高质量地完成工作任务，为广大读者提供优质的服务。

2.3 教师实践指导，耐心传授技能

学生自主管理委员会的成员，同图书馆馆员一起共同承担各项工作。因此在实际上岗中，图书馆教师应该言传身教，在实践中指导学生更快地适应岗位工作，并耐心指导学生，传授不同的工作技能。讲解工作是目前李政道图书馆学生工作的重要组成部分，教师用实地演示的方式，指导学生讲解，并在与学生共同承担讲解工作的过程中，针对学生出现的问题和错误进行修正，不断提高学生的讲解技能。

3 高校图书馆学生自主管理存在的问题

3.1 工学矛盾严重，学生流动性大

目前李政道图书馆的学生自主管理委员会的成员大多是大一、大二的新生，其主要任务是专业课学习，并且课业压力重，各类活动繁多，因此实际工作中常请假、换班，尤其期中、期末考试期间，学生请假现象严重，造成排班的困难和工作人员空缺。

李政道图书馆作为一个包含图书馆、博物馆、档案馆、科技馆、艺术馆的“五馆合一”的综合性场馆，提供服务更为多元化，对学生馆员的工作要求更高，例如相较于图书馆阅览室区域，陈展区域对学生的工作时间要求更灵活，临时需要学生上岗的情况更频繁，工学矛盾导致排班和安排工作的困难加大。而进入大三及更高年级的同学，尽管经验丰富，工作能力往往更强，却因为实习、就业的压力，请假或者选择退出学生自主管理委员会，造成人员的流动，导致精力和资源的浪费。

3.2 学生能力个体差异，工作责任心参差不齐

由于高校图书馆参与管理的学生量较大，学生素质参次不齐。有些学生对岗位的适应力不够，投入工作效率较低，统一岗前培训很难达到工作要求。李政道图书馆的服务内容丰富，岗位较多，部分学生的特长未被安排到最合适的岗位，积极性未调动，一些同学工作责任心不强，对团队无归属感，缺乏责任意识，降低了工作效率和质量。

3.3 馆员、学生缺乏交流，学生工作积极性难以保持

学生馆员在从事高校图书馆的工作时会不断遇到困难，不仅是针对自身工作职能，学生干部在管理普通学生馆员时，缺乏经验，造成自信心的挫败，而大量烦琐重复的工作需要学生的耐心和坚持，在这一过程中，图书馆员工由于自身工作较忙，缺少与自主管理委员会同学足够的交流，导致学生认为得到的关心不足，而工作相对单调，因此大大降低了学生工作的积极性，长此以往引起学生服务质量的下降。

3.4 岗位多样化，学生工作量分配不均

随着高校图书馆的服务内容越来越丰富，岗位随之增多，学生承担的工作性质和内容多样，从而造成所在不同岗位的学生工作量差异悬殊，学生的调配和使用不合理。李政道图书馆下设的五个部门，讲解团和人资部承担着馆场服务学生的排班和讲解工作，工作量大，工作难度高，而信息服务部、联络部在图书馆正常运营中被安排的工作较少，这就造成了不同部门工作量的差异，讲解团和人资部的学生工作压力大，其他部分同学工作相对清闲，长此以往学生的调配不合理，降低整体的工作效率。另一方面，在各职能部门内部，由于学生干部缺乏经验，缺少合理分配手头工作的能力，造成大量工作事务由一、两名学生干部完成，学生馆员未得到合理调配，人力资源利用率较低。

4 加强高校图书馆学生自主管理的对策

4.1 结合实际完善规章制度

李政道图书馆制订了自主管理委员会章程和管理条例，然而在实践运用中会不

断出现新的情况，使已有的条例无法约束和规范学生的工作。因此针对现实中学生工作产生的问题，需要对已有的章程和管理条例不断地更新并发布。如请假机制的调整，学生馆员迟到、早退和辞职的处理办法，考勤的方法调整等。

4.2 加强考核和监督，责任到人

学生工作过程中各阶段会出现不同问题，需要各部门的老师进行不断指导，将责任落实到人，指导学生的各项工作业务。同时定期对自主管理委员会学生工作进行考核，严格把关，同时针对出现的问题进行中期培训，不断提高学生业务能力和修正工作中的不足。

4.3 适度进行人员调整

针对学生能力的个体差异，工作责任心参差不齐的现象，在定期的考核后，适当进行招新，确立淘汰制度，以淘汰部分工作表现不理想的学生馆员，招聘新的优秀学生投入管理工作，不断为自主管理委员会注入新的血液，提升整体质量。另一方面，自主管理委员会的各部门人员也可进行适当调整，通过日常工作寻找最适合自身的岗位，最大化提高工作效率。

4.4 建立合理的激励机制

高校图书馆学生馆员需面临大量烦琐、重复的工作，较难保持长久的工作积极性。通过适度的激励机制的建立，可以有效地调动图书馆自主管理学生的积极性和主动性，如通过比赛的开展选出业务能力突出的学生进行奖励，定期考核，针对不同的学生工作表现进行奖惩。在这一过程中，需把握适度原则，能够保持优秀学生的工作态度，同时激发出其余学生的积极性，尽量以鼓励为主，奖励工作表现优异的学生。

适当地进行自主管理委员会内建活动，重视组织文化建设，在促进了学生组织内部的交流的同时，增加了学生工作的丰富性。例如组织负责李政道图书馆场馆服务和讲解的同学参观上海市各博物馆，让同学们参与感兴趣的团体活动，提高自身工作的积极性。

4.5 加强与学生交流，强化学生归属感

在实际的高校图书馆管理工作中学生遇到困难，往往害羞或不及时向图书馆馆员反映，导致问题一直存在，工作质量无法提高，这就需要馆员主动与学生交流，加强彼此的联系，一方面增进与学生馆员之间的感情，同时总结学生提出的问题并及时反馈予以帮助，以人为本，重视学生工作，在不断交流中真诚地给予学生帮助，提高学生的工作能力，让学生感觉到学有所成，自身素质得到发展和提高，从而强化学生对图书馆的归属感。

参考文献

［1］ 李建平，符勤．数字原生代读者需求与高校图书馆服务创新初探［J］．图书馆，2009，（4）：77－78．

［2］ 蹇晓玲．高校勤工俭学学生参与图书馆管理工作研究［J］．科协论坛（下半月），2012，（10）：175－176．

［3］ 霍玉娜．对图书馆推行精细化管理的思考［J］．科技情报开发与经济，2008，（12）：25－26．

［4］ 王利军．Wang Lijun 试论高校图书馆学生管理员的培养［J］．山西广播电视大学学报，2010，15（4）：

［5］ 韩娟娟．架起读者沟通桥梁实现读者服务“零距离”——对勤工俭学学生管理工作的认识［J］．科技情报开发与经济 2007，17（33）：

［6］ 宫婷婷．浅谈信息社会环境下的图书馆服务转型［J］．科技信息，2012，（36）：540．

［7］ 任通顺甫．校图书馆聘用特困生勤工助学工作的实践与探索［J］．图书馆工作与研究，2008（12）：73－75．

［8］ 陈晓华．高校图书馆如何使用学生管理员［J］．湖南第一师范学刊，2005，（1）：149－150．

［9］ 许竹萍．高校图书馆学生管理委员会工作的问题和对策 EJ3［J］．图书馆研究，2010，（4）．

［10］ 陈晓飞．贫困大学生勤工助学的路径拓展［J］．中国青年研究，2007，（02）：69．

［11］ 张兵．人力资源管理的新视野［J］．科技情报开发与经济，2009，（4）：66－67．

档案资料的信息化及服务策略研究
——以李政道图书馆为例

吴　天

摘　要　上海交通大学李政道图书馆的档案资料种类多样且来源复杂，为资料的整理及有效利用提出了新的挑战。本文以此为例，探讨了高校图书馆的档案资料信息化以及相应服务策略。

关键词　高校图书馆　李政道图书馆　档案资料　信息化　服务策略

图书馆是人类搜集、整理、收藏图书等资料以供人阅览、参考的机构。随着社会发展，图书馆的职能不断扩大，从简单地保存人类文化遗产，逐步过渡到开发信息资源、参与社会教育等多种职能[1]。在高等学校的服务体系中，图书馆也扮演着重要的作用：不仅是单纯提供图书借阅的场所，也是辅助高校的教学及科研工作的重要机构，同时也对高校的文化氛围建设起到重要帮助。因此，高校图书馆的职能也不断扩展，发展出兼具展览、档案存储等其他文化机构的职能[2]。在图书馆的日常管理中，档案及文件资料的科学化管理工作能够强化图书馆的运行效率，为高校各部门乃至全社会提供服务。而在这些服务活动中积累的经验，对于高校图书馆发展自身的档案储存以及服务职能有着启发作用[3]。上海交通大学李政道图书馆（以下简称"李政道图书馆"）是兼具"五馆合一"（图书馆、档案馆、博物馆、科技馆、美术馆）特性的有机整体。本文主要就李政道图书馆的档案资料的特点、储存以及服务策略进行介绍和分析，以期对国内高校的其他综合性图书馆有所借鉴与启示。

1　李政道图书馆及其档案资料现状的概述

李政道图书馆是2011年经教育部批复同意在上海交通大学闵行校区选址建立

的科学家纪念馆，其实体部分总建筑面积约 6 500 平方米。根据李政道本人特质和其所捐赠珍贵资料的特点，李政道图书馆包括两大部分：实体图书馆和数字资源中心。其中，先期启动的数字资源中心建设于 2014 年 10 月正式揭幕，实体图书馆则于 2014 年 12 月正式揭幕。李政道图书馆的功能定位为：以图书馆、档案馆为主，兼有陈展(博物馆)功能，同时，有限扩充科技馆和美术馆职能，形成"五馆合一"的有机整体。

2011 年 7 月初，根据李政道本人意愿，将其毕生收藏的各类科学文献、研究手稿、讲义、重要信件、个人收藏品等珍贵资料及物品全部捐赠给上海交通大学。自 2011 年 9 月开始，李政道捐赠的各类资料、艺术收藏及物品，分数批次陆续运达上海交通大学。同时，李政道图书馆工作人员先后赴全球各地展开资料征集及口述历史采访工作，积累了大量和李政道相关的资料素材。李政道图书馆的诸多藏品及档案资料包括图书、研究论文、手稿、信件、文献资料、声像资料、艺术作品等，是国家宝贵的科学、文化财富，也是馆内业务活动的物质基础。

综合分析，李政道图书馆所藏的档案资料有以下特征：

(1) 来源多样：包括李政道本人捐赠的各类研究资料、生活物品、个人收藏的艺术品及纪念品；李政道同事及友人捐赠的相关通信记录、日常生活材料；全球各地研究人员捐赠的研究笔记及研究资料；李政道图书馆工作人员征集汇总的李政道资料及对李政道友人、同事采访的音视频资料。

(2) 类型复杂：按藏品资料物品材质分类，包括实物藏品(李政道的个人收藏品及生活用品)、书面材料(各类研究成果资料、通信记录、日常生活产生的各类材料)、音像资料等。按藏品资料的内容性质分类，包括科研资料、大型活动及项目材料、生活资料等。藏品资料的复杂性，为李政道图书馆对档案资料的分类、整理以及数字化带来了新的挑战，也为如何深入发掘多样性资料的意义并满足不同层次的需要提出新的需求。对于资料的数字化分类标准以及服务策略，将在下文中详述。

(3) 数量庞大：李政道一生有着众多推动物理学发展的重大研究成果。同时，他也为推动新中国科研、教育的发展以及对外交流合作作出了重大贡献。因此，随之产生的各类文献资料也数量庞大。在征集过程中，材料难免出现重复以及过于琐碎的状况。因此，如何有效地筛选整理现有材料，以达到节约有限资源，同时保证档案资料服务的准确度和高效率，也是李政道图书馆面临的突出问题。

2 李政道图书馆档案资料的分类及分级

对档案资料的分类整理既是为了对资料进行高效率地管理利用，也为档案资料的信息化奠定了基础。根据《李政道图书馆建设方案论证报告》和《李政道图书馆数字资源中心可行性方案》中所确定的总体建设目标和思路，上海交通大学图书馆于 2011 年 9 月启动了资源整理和数字加工工作。根据李政道本人的建议，工作人员将所藏资料分为以下几类：

(1) 手稿：在创作、研究、生活过程中所产生的与李政道相关手书文字记录，包括手写资料复印件、李政道或其他人的手写文字资料等。

(2) 讲义、幻灯、研讨会发言：李政道在各种学术会议、活动上宣读、交流、展示、演讲等的文字、幻灯资料。

(3) 会议资料：由各种学术会议、活动产生的文字资料，信函、论文、讲义、幻灯、研讨会发言、图像等分入专门的类型。除此之外的日程、人员名单等入此会议资料专类。

(4) 信函：一般为手写或打印的信件，包括传真、电报、贺卡等。信函产生的论文、讲义、幻灯、研讨会发言、图像、图片、手稿、会议资料、图书、报纸等有专门资源类型的分入专门的资源类型。

(5) 论文：李政道或其他人的论文均归为此类。

(6) 图片：图片、绘画、照片等归入此类。

(7) 图书：李政道或其他人的专著均归为此类，机构非正式出版物也属于此类。

(8) 其他：李政道收藏的期刊、报纸、问题集、发票等其他资料文件归入此类。

同时，李政道图书馆藏品资料实行分级保管，参考国家文物藏品定级标准，分为一、二、三级。其中，一、二级为珍贵藏品，必须重点保管。

对于繁杂的原始资料，如何有效进行筛选对于资料的实际利用以及信息化非常重要。在实际操作过程中，因为征集来源多样，对于完全一致、重复的资料，如打印的论文、信件的复制品、未使用的纸张等物件，不进行数字化工作。此外，一些李政道生活中产生的小物品，如未使用的风光明信片等旅游纪念品，也不进行数字化。对于是否进行数字化，总体原则是“没有手写痕迹且与李政道(及其相关人士)无关的物品”，未进行数字化的档案资料仅作储存之用。

3 李政道图书馆档案资料的信息化

信息化技术对图书馆档案资料的管理及利用有极其重要的作用，当今在高校图书馆的主要运用包括：档案资料的检索、统计和编目；也可以用于档案的收集与整理，以提高资料的利用率，提升服务层次[4]。李政道图书馆的整个信息化工作的流程包括摄取到李政道图书馆数字资产管理系统、一系列快速采集技术(包括扫描原始文本)，以及一套提供扩展访问的完备系统，实现信息系统和数字化的一体化。

在明确原始资料数字化标准的基础上，对资料进行有效的编码以及制订资料的唯一标示符既是数字化的重要准备工作，也为数字化管理系统的建立提供了便利。虽然李政道图书馆获取的部分档案资料已经进行了编码，但建立新的编码体系十分必要：既能保证将所有资料纳入系统，也可将资料整理和数字化加工、资源揭示进行准确衔接。同时，根据《国家图书馆数字资源唯一标识符规范和应用指南》和《CALIS数字对象唯一标识符命名规则》的标准，在为数字化准备的资源整理阶段，李政道图书馆为档案资料制订了唯一标识符规则。

在此基础上，李政道图书馆的藏品数字化管理系统对于每件藏品都有对应的唯一标示符，在系统中还列出了展品类型、展品储存方式类型、展品状态等项目。在藏品资料加入后，资料会指派给档案处理员，而系统则会上传相应的“档案数据文件”到存储库系统，从而形成全数字化的展品群。在文件被数字化扫描之前，需要对应于文件夹级别库存秩序，以方便简化扫描程序。同时，保留这些藏品群的层次结构体现了数字化方法的可伸缩性：数量庞大的资料按分类标准全部储存在一套系统之内。

数字化扫描前的统一规范操作保证了数据库中资料的完备性和系统性。而李政道图书馆数据库系统需要满足的基本需求包括标准化、易用性、安全性等。标准化已经通过藏品的信息化规范流程有所保证，系统的易用性则需要为使用者查找、筛选、利用所需资料提供便利。一方面，李政道数字化资料提供的预览实现了资料可视化，同时分类搜索等子系统也进一步促进了系统的人性化。而对于整套系统，每个用户ID都被赋予相应的有限权限，不可共享用户账号，严格保证资料的所有权限。这既规范了资料的有效管理，保证了数据库系统的安全性，也为档案资料对外服务提供了基础。例如，与高权限用户相对应的是李政道图书馆的工作人员。对于工作人员的录取以及严格培训，保证了整个管理系统的健康有序运行。

除了相应管理系统，网站也是档案资料信息化的重要组成部分。有效的网站既能为李政道图书馆资源起宣传作用，也能提高用户对馆藏资源的利用率。网站相关问题将在“服务方式”部分详细论述。

4 李政道图书馆档案资料的服务方式

作为档案资料服务的基础，藏品保管是李政道图书馆一项经常性的重要业务工作，应由馆长分工负责领导，并设立相对稳定的专职保管工作人员。对于保管工作人员，可实行岗位责任制，在认真学习藏品保管的相关业务知识(包含相应的保管方法，熟悉所保管藏品的性质和特点、现状)的同时，更应培养保管人员忠于职守，廉洁奉公，始终把藏品安全放在工作首位的态度。而对于保管工作，则必须做到制度健全、日志清楚、鉴定确切、著录详明、保管妥善、查用方便。

李政道图书馆档案资料的对外服务，即需要满足支撑高校教学以及科研服务的需求，也需要体现对全社会的价值。随着中国大学去行政化程度的加深，高校逐渐摆脱行政从属的地位，社会化及国际化特征开始凸显。高校的档案资料部门也呈现同样趋势：改革开放前，档案部门是高校内部的一个部门，通常作为档案室或综合档案室存在，原则上不对社会提供服务；而随着高校成为独立办学实体，档案部门的服务对象也更趋灵活[5]。因此，如何有条件有限度地开放相应的档案资源，既是高校自身向社会化、国际化发展的必然结果，也是高校对社会资源支持自身的有效回馈。

考虑到李政道图书馆实物资料的唯一性、珍贵性。对于实体藏品的提取及使用需要严格的规范。且对于不同层级的使用者，应采取不同规范。当李政道图书馆馆内需要提用藏品资料时，须填写提用凭证，珍贵资料需要主管副馆长或馆长批准，其他资料经保管部门负责人批准，方可办理出库手续；用毕则应及时归库，按原凭证进行核对和注销。当馆外单位提用藏品资料时，一般应在馆内进行。珍贵藏品经主管副馆长或馆长批准，其他藏品经保管部门负责人批准后，由有关保管人员承办并负责藏品的安全，用后立即归库。且藏品资料原则上不借出馆外，特殊情况须经学校主管领导批示并经主管副馆长或馆长批准后，办理借出手续，并签署合同。借用单位必须采取措施，确保藏品安全，并按期归还。

而对于藏品资料的复制及翻录，同样遵循分层管理原则，对不同层次用户有不同要求。同时，根据藏品资料的珍贵程度，珍贵藏品须由主管副馆长或馆长批准。且这类复制品不得作为商品对外提供。

相对于实体的藏品资料，档案资料的信息化更符合普通用户使用需要。藏品数字化管理系统的对外服务主要依托网站实现。其中最重要的原则无疑是安全性。对于网上发布藏品电子信息须经部门领导审核批准，珍贵藏品以及保密性藏品信息须经主管副馆长或馆长批准。网上发布的藏品信息必须根据相关规范进行版权保护等技术处理。如在网络发现未经批准发布的藏品信息，必须立即清除并追究相关人员的责任。如上文所述，每个用户 ID 拥有不同权限，既保证系统资料安全性，也为不同层次用户提供相应服务提供了基础。

在保证安全性的基础上，系统的易用性同样十分重要。李政道图书馆以用户需要为核心，为不同层次用户量身打造相应服务。对于注册用户，打造类似 Google 的搜索平台，尽可能实现一站式搜索，使所有用户在初步了解馆内资料性质的基础上，根据自身权限获取相应信息。除了简单的资料获取，激发用户主观能动性，使其主动探索资源也十分重要。李政道图书馆网站利用馆内丰富的档案资源，定期组织相关活动。每次活动有特定主题，引导用户熟悉相关资源并亲身参与到资源利用的过程中，使李政道图书馆本身和用户能真正形成互动。在用户获取自身需要的同时，工作人员也能有机会发现系统不足，了解用户需求，从而达到不断改进自身以满足用户需要的目的。

5 结语

上海交通大学李政道图书馆的档案资料数量庞大、种类多样且来源复杂，同时其“五馆合一”的特性也对资料的信息化及服务策略提出新的挑战。对于庞杂档案资料的整理加工，需符合专业化及数字化的特性，为后续工作奠定基础。在明确安全性的基础上，开发出包含专业数据库的一整套资料管理系统，不仅为数字化工作提供便捷，也为档案资料的管理与对外开放服务提供了条件。对于档案资料的对外服务，为不同层次用户定制个性化服务，不仅包括普通的信息提取，也有激发用户主观能动性的主题活动。以此为基础推动高校科研及人才培养，激发用户兴趣以服务公众，真正提升李政道图书馆的社会价值。

参考文献

[1] 吴慰慈，刘兹恒，董焱，等. 图书馆学基础(第一版)[M]. 北京：高等教育出版社，2004.

[2] 陈煦蔚，张浩，郭晶. 高校图书馆的多功能化设计与实现探索——以上海交通大学李政道图书馆为例[J]. 图书与情报，2014(05)：40－41.

[3] 方敏. 高校图书馆档案建设与管理工作研究[J]. 大学图书馆学报，2008(01)：67－68.

[4] 聂慧. 档案工作在图书馆信息化建设中的作用[J]. 档案管理，2014(03)：94－95.

[5] 倪丽娟. 信息化背景下高校档案服务策略研究[J]. 档案学通讯，2011(05)：92－94.